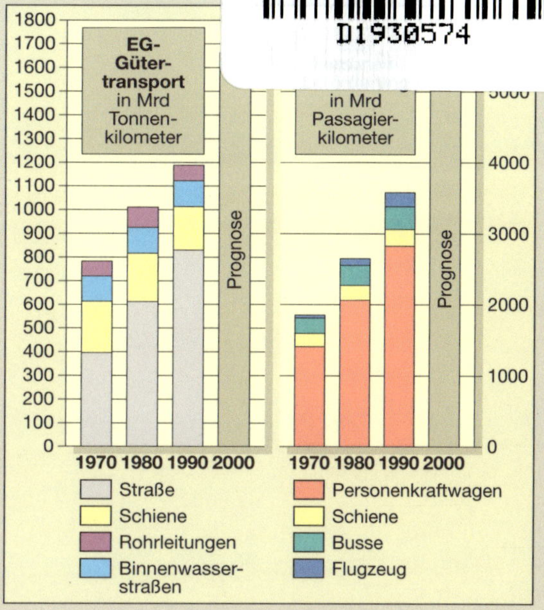

Güter und Personenverkehr in Europa

1. Beschreibe Länge und Verlauf einer Zugfahrt von Berlin nach Lissabon; nenne die geplanten Streckenverbesserungen.

2. Miß die Entfernung Glasgow-Neapel und beschreibe den Verlauf des Gütertransports per LKW auf dieser Strecke.

3. Vergleiche das Verkehrsnetz in West- und Osteuropa.

4. In welchen Regionen der EU ist das Verkehrsnetz am weitesten entwickelt? Vergleiche mit einer Wirtschaftskarte im Atlas.

5. Wo befinden sich „europäische Schlüsselverbindungen"? Erläutere den Begriff.

6. Beschreibe anhand des Diagramms die Entwicklung des Verkehrsaufkommens seit 1970. Unterscheide hierbei zwischen Güter- und Personenverkehr und nach Verkehrsträgern.

7. Vergleiche die Prognose bis zum Jahr 2000 mit dem geplanten Ausbau des Straßen- und Schienennetzes und erläutere.

Nimm deinen Atlas zu Hilfe:

8. Nenne bedeutende europäische See- und Binnenhäfen.

9. Welches sind die wichtigsten europäischen, welches wichtige transkontinentale Flugrouten?

10. Beschreibe die Erdöl- und Erdgasversorgung Europas über das Pipelinenetz.

GEO GRAPHIE 9

MENSCH UND RAUM

Gymnasien in Nordrhein-Westfalen

Herausgegeben und bearbeitet von:

Dr. Wolfgang Gerber, Rainer Koch,
Hans-Peter Konopka, Dr. Wolfgang Mittag,
Anke Müller, Jürgen Neumann, Peter Ruth,
Dr. Ulrich Theißen

in Zusammenarbeit mit der Verlagsredaktion

Cornelsen

Titelfoto: Hafeneinfahrt von St. Martin-de-Ré, Frankreich (Steininger)

Redaktion:
Hans-Ragnar Steininger
Technische Umsetzung:
Bernd Schirok
Kartographie:
Cornelsen Kartographie, Bielefeld
Graphik:
Otto Götzl, Hannover;
Skip G. Langkafel, Berlin;
Dieter Stade, Hemmingen

1. Auflage Druck 4 3 2 1 Jahr 99 98 97 96

Alle Drucke dieser Auflage können im Unterricht nebeneinander verwendet werden.

Druck: Cornelsen Druck, Berlin

ISBN 3-464-08220-2

Bestellnummer 82202

gedruckt auf säurefreiem Papier, umweltschonend hergestellt aus chlorfrei gebleichten Faserstoffen

Inhaltsverzeichnis

Der Kontinent Europa

Europäische Wirtschaftsräume

Städte in Europa

Umwelt in Gefahr

Raumanalyse: Wir untersuchen die Wasserver- und -entsorgung in Dortmund und im Ruhrgebiet

Mat. = Material: bezeichnet im Buch alle Arbeitsmaterialien (Bilder, Diagramme, Grafiken, Karten, Skizzen, Tabellen und Quellentexte)

Satellitenaufnahme von Europa

Der Kontinent Europa

Der Kontinent Europa

8.1 Wahrzeichen europäischer Städte

Mit seiner östlichen Begrenzung durch Uralgebirge und Uralfluß ist Europa bei einer Fläche von rund 10,5 Millionen Quadratkilometern der zweitkleinste Erdteil (etwa 7 % der Erdoberfläche), auf dem aber über 750 Millionen Menschen leben (etwa 14 % der Erdbevölkerung). Ohne den europäischen Teil der GUS umfaßt Europa nur 4,9 Millionen Quadratkilometer mit 513 Millionen Menschen.

Fast zwei Jahrtausende prägten die Ideen und Weltanschauungen der Europäer die Welt, deren Mittelpunkt Europa zu sein schien. Heute hat sich zwar die politische und wirtschaftliche Macht zum Teil auf andere Regionen der Erde, wie die Vereinigten Staaten von Amerika oder Japan, verlagert, doch sind die Grundlagen vielfach in Europa zu suchen. Hier hatte die industrielle Revolution ihre Wurzeln und hier formten sich geistige Strömungen, wie z. B. der Kapitalismus und der Kommunismus, der Katholizismus und der Protestantismus.

(nach: Unsere Welt heute. Mittel- und Westeuropa. Gütersloh 1991, S. 8)

8.2 Der Kontinent Europa

1. Vielfalt an Ländern und Kulturen

„Good morning, bonjour, günaydin, dobar dan, hyvää päivää" – fast unüberschaubar groß erscheint auf den ersten Blick die Zahl der Sprachen und Dialekte, die in Europa gesprochen werden. Doch nicht nur Sprachen, auch Brauchtum, Volkskunst, Baustile, Eßkultur und Lebensart unterscheiden sich in vielen Gebieten Europas voneinander. Kann man angesichts einer derartigen Vielfalt Europa überhaupt als einen einheitlichen Kulturerdteil ansehen?

Vergleicht man Europa mit den übrigen Kulturerdteilen, so wird deutlich, daß die europäischen Kulturen trotz ihrer vielen Unterschiede im Vergleich mit außereuropäischen Kulturkreisen doch viele Gemeinsamkeiten haben. So lassen sich beispielsweise die meisten europäischen Sprachen auf einen gemeinsamen Ursprung zurückführen. Auch in der bildenden Kunst, der Musik und der Literatur gibt es zwischen den einzelnen europäischen Kulturen viele Übereinstimmungen.

Europa ist die Wiege vieler bedeutender Hochkulturen, die die Geschichte der ganzen Erde nachhaltig beeinflußt haben. Griechen und Römer beherrschten jahrhundertelang den Mittelmeerraum. Die Römer drangen weit nach Asien, Afrika, Mittel- und Westeuropa vor. Spanier, Portugiesen und später Engländer, Franzosen und Niederländer besiedelten den amerikanischen Kontinent. In Amerika, aber auch in Australien, wurden die dort schon bestehenden Kulturen weitgehend verdrängt oder zerstört. Auch die industrielle Revolution ging von Europa aus und leitete in der ganzen Welt die Entwicklung der heutigen Wirtschaftsstrukturen ein. Englisch, Französisch und Spanisch sind Weltsprachen, mit denen man sich weltweit verständigen kann. In vielen Ländern orientieren sich die Menschen in Kleidung und Umgang an europäischen Vorbildern. Nicht umsonst spricht man von einer „europäisierten“ Welt. Dies wird allerdings keineswegs überall positiv gesehen: Viele außereuropäische Völker fühlen sich politisch, wirtschaftlich und kulturell von Europa (bzw. Völkern europäischer Abstammung) unterdrückt. Nur langsam setzt sich die Erkenntnis durch, daß auch Europa viel von anderen Kulturen lernen kann (vgl. S. 94ff.).

Europa ist heute von allen Kontinenten am dichtesten besiedelt und weist das engste Verkehrsnetz auf.

Viele europäische Staaten haben eine hochentwickelte Industrie und nehmen eine bedeutende Stellung im Welthandel ein. In einer Reihe von Industriebranchen sind europäische Unternehmen führend in der Welt, beispielsweise im Werkzeug- und Maschinenbau, in der Arzneimittelherstellung und im Bereich der Umwelttechnologie. Auch in der Forschung haben viele Institute und Universitäten Weltgeltung.

1. Kennst du dich in Europa aus? Ordne die Motive in Material 8.1 den entsprechenden Ländern und Städten zu.

2. Erörtert in der Klasse, was ihr mit dem Begriff Europa verbindet.

3. Nenne weltweit bedeutende europäische Industrieunternehmen.

10.1 Deutsch-niederländische Grenze

__1945__ Ende des Zweiten Weltkrieges; Beginn der Spaltung Europas in ein östliches und ein westliches Lager
__1949__ Vorerst endgültige Teilung Deutschlands in zwei Staaten: Gründung der Bundesrepublik Deutschland und der Deutschen Demokratischen Republik (DDR)
__1949__ Ostblockstaaten gründen den Rat für Gegenseitige Wirtschaftshilfe (RGW)
__1957__ Gründung der Europäischen Wirtschaftsgemeinschaft (EWG), die am 1.1.1958 offiziell ihre Arbeit aufnimmt; Bundesrepublik Deutschland ist Gründungsmitglied
__1967__ Die EWG wird in Europäische Gemeinschaft (EG) umbenannt; zur wirtschaftlichen Zusammenarbeit kommen zunehmend politische Zielsetzungen
__1973–1986__ Erweiterung der EG auf 12 Mitgliedsstaaten
__1989__ Ungarn beginnt mit dem Abbau der Grenzbefestigungen zu Österreich; die DDR öffnet die Grenze zum Westen, in den Staaten des Ostblocks stürzen die kommunistischen Machthaber
__1990__ Einheit Deutschlands
__1991__ Auflösung des RGW; Zerfall der Sowjetunion in 15 einzelne Staaten
__1993__ Europäischer Binnenmarkt innerhalb der 12 Staaten der EG, die jetzt Europäische Union (EU) heißt
__1995__ Beitritt Österreichs, Schwedens und Finnlands zur EU

10.2 Chronik Europas

10.3 Ungarisch-österreichische Grenze (Nov. 1989)

2. Europa wächst zusammen

Bis 1989 verlief quer durch Europa eine Grenze aus Stacheldraht, Ausdruck der Teilung des Kontinents. Nach dem Zweiten Weltkrieg waren die meisten Staaten des östlichen Europa unter den politischen Einfluß der Sowjetunion gekommen. Viele Staaten des übrigen Europa orientierten sich in ihrer Entwicklung an den USA.

1957 schlossen sich Frankreich, Italien, die Benelux-Staaten und die Bundesrepublik Deutschland zu einer Wirtschaftsgemeinschaft zusammen. Bis 1995 ist die daraus hervorgegangene **Europäische Union (EU)** auf 15 Mitglieder angewachsen. Ihr Ziel ist es, über die Verwirklichung einer Wirtschaftsgemeinschaft hinaus ein politisch geeintes Europa zu schaffen (vgl. S. 88ff.).

Seit 1989 kam es in Mittel- und Osteuropa zu bedeutenden politischen Veränderungen. In allen Staaten wurden die kommunistischen Regierungen gestürzt. Die neuen Regierungen der ehemaligen Ostblockländer suchen intensive Kontakte zum Westen, vor allem zur EU. Sie erhoffen sich zunächst finanzielle Hilfen, um ihre rückständige Wirtschaft und den Lebensstandard ihrer Bürger dem Niveau der EU-Staaten angleichen zu können. Einige Staaten, z. B. Polen und Ungarn, möchten Mitglieder der EU werden (vgl. S. 31ff.).

1. Europa wächst zusammen. Erläutere (Mat. 10.1 – 3, 11.1).
2. Vergleiche die Mitgliedsstaaten der EU nach Größe und Wirtschaftskraft (Mat. 11.2).

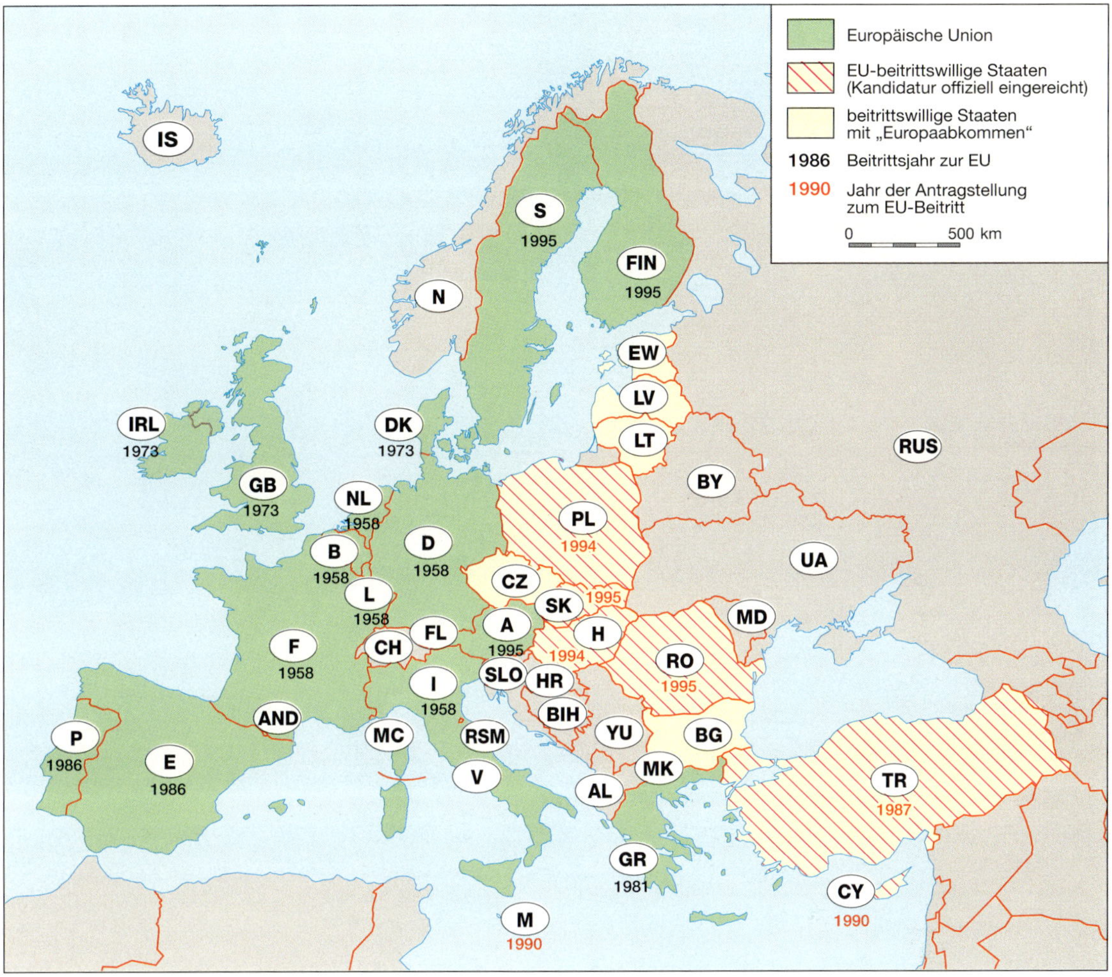

11.1 Staaten Europas (1995)

Bevölkerung	in Mio	%-Anteile
Luxemburg	0,4	0,1
Irland	3,5	0,9
Finnland	5,0	1,4
Dänemark	5,2	1,4
Österreich	7,8	2,1
Schweden	8,7	2,4
Portugal	9,8	2,7
Belgien	10,0	2,7
Griechenland	10,2	2,7
Niederlande	15,3	4,2
Spanien	39,2	10,6
Frankreich	57,4	15,6
Großbritannien	57,7	15,6
Italien	57,8	15,6
Deutschland	81,2	22,0
EU insgesamt	**369,2**	**100,0**

Wirtschaftskraft	%-Anteile
Luxemburg	0,2
Irland	0,6
Griechenland	1,0
Portugal	1,0
Finnland	1,6
Dänemark	1,9
Österreich	2,4
Belgien	2,9
Schweden	3,2
Niederlande	4,3
Spanien	7,5
Großbritannien	14,3
Italien	16,1
Frankreich	17,6
Deutschland	25,4
EU insgesamt	**100,0**

11.2 Europäische Union der Fünfzehn

Salaternte in Süditalien

Treibhauskulturen in den Niederlanden

Europäische Wirtschaftsräume

Textilindustrie in Estland

Automobilindustrie in Deutschland

Probleme der Landwirtschaft in Europa

14.1 Legehennenbatterie

1. Massentierhaltung in Südoldenburg

Nahrungsmittelproduktion am Fließband

Der Trend der Lebensmittelbranche ist klar; sie folgt dem Wunsch ihrer Kunden, landwirtschaftliche Produkte preiswert und mit hoher Qualität anzubieten. Deshalb machen der Lebensmittelhandel und die EU Vorgaben für landwirtschaftliche Produkte: So werden z. B. die Form des Eis, die Fettmenge beim Schweinefleisch, das Gewicht und die Größe von Apfel und Gurke vorgeschrieben.

Um dies leisten zu können, gibt es u. a. Betriebe, die sich spezialisiert haben, so z. B. beim Fleisch in Form der Massentierhaltung. Deshalb werden heutzutage Hühner in Betrieben bis zu 250 000 Stück auf engstem Raum untergebracht und Schweine bis zu 10 000 Stück in vollautomatischen Mastbetrieben gehalten. Diese sind gekennzeichnet durch: Mechanisierung, Automatisierung und Spezialisierung.

Wie bei der Industrie liegen dann auch in solchen Unternehmen mehrere aufeinanderfolgende Produktionsschritte – vom Ankauf des Futters über die Aufzucht bis zur **Vermarktung** des Endproduktes – in ein und derselben Hand. Diese agrarindustriellen Betriebe produzieren wesentlich kostengünstiger als bäuerliche Familienbetriebe.

Viele Landwirte, die ihre Selbständigkeit erhalten wollen, haben sich daher in Erzeugergemeinschaften zusammengeschlossen. Durch den kostengünstigen gemeinsamen Einkauf von Futtermitteln und die gemeinsame Vermarktung ihrer Produkte bleiben sie noch konkurrenzfähig.

Andere Bauern betreiben Vertragsmast, d. h., sie haben feste Abnahmeverträge mit Schlachthöfen, Großhandelsketten oder Großmästern, in deren Auftrag sie Tiere produzieren.

Derartige Formen der Massentierhaltung konzentrieren sich in Deutschland vor allem im Raum Südoldenburg und im Kreis Borken.

1. Die Betriebserkundung hinterläßt bei der Schülerin einen negativen Eindruck. Erläutere.

2. Beschreibe die Hintergründe für die Massentierhaltung (Text).

3. Erkläre und begründe die Betriebsformen der Erzeugergemeinschaften und der Vertragsmast (Text).

Tina, Schülerin der 9a, erzählt in ihrer Klasse von einem Besuch in einem Schweinemastbetrieb.

„In den Sommerferien war ich bei meinem Onkel in Vechta. Mein Onkel ist Betriebsleiter eines großen Schweinemastbetriebes. An dem Morgen, als er mich mit in seinen Betrieb nehmen wollte, mußten wir sehr früh aufstehen. Wir mußten nämlich erst mit dem Auto fahren, da mein Onkel in der Stadt wohnt und der Betrieb draußen auf dem Land ist.

Um 6.00 Uhr beginnt mein Onkel mit seiner Arbeit. Sein Betrieb sieht von außen überhaupt nicht wie ein Bauernhof aus. Lange Hallen, viele hohe Silos, Bürogebäude und ein großer Parkplatz sind dort zu sehen. Als wir näherkamen, stank es fürchterlich. Mein Onkel stellte sein Auto auf einem für ihn reservierten Parkplatz ab. Wir gingen dann in das Bürogebäude.

‚Dieser Betrieb gehört zu einer großen deutschen Großhandelskette. Sie besitzt nicht nur Mastbetriebe wie diesen,‘ sagte mein Onkel, ‚sondern importiert auch Futtermittel aus anderen EU-Staaten und aus den USA. Ein Teil kommt mit dem Schiff nach Emden und wird dort mit firmeneigenen Lkw z. B. zu meinem Betrieb transportiert. Hier werden die Futtermittel dann in den großen Silos gelagert, bis sie verfüttert werden.‘

Bevor wir das Büro meines Onkels erreicht hatten, zeigte er mir noch den Raum, in dem der Computer steht, der das ganze Firmengeschehen steuert und überwacht. Ihr glaubt gar nicht, wie groß so ein Computer ist. Fast so groß wie unser Klassenraum. ‚Dieser Computer‘, sagte mein Onkel, ‚regelt hier alles, von der Futtermitteldosierung für die Schweine über die Entsorgung und den Abtransport der Exkremente. Von der Auswahl des schlachtreifen Viehs bis hin zur Vermarktung des Endproduktes Fleisch. Dieser Rechner bestimmt den Lebensweg von ca. 11 500 Schweinen, die ständig bei uns sind.‘

Nachdem mein Onkel seine Tasche und seinen Mantel in seinem Büro abgelegt hatte, gingen wir nun endlich dorthin, wo man die Tiere sehen konnte. Auf dem Weg zu den Stallungen kamen wir an großen Tiertransportern vorbei. Aus ihnen quiekte es ganz fürchterlich. ‚Hier werden gerade kleine Ferkel angeliefert, die bei uns dann gemästet werden. Sie bleiben jetzt für 100 Tage bei uns und werden während dieser Zeit so gefüttert, daß sie dann mit 100 kg schlachtreif sind. Jeder Tag, den ein Schwein darüber hinaus an Fett zulegt und Platz für nachfolgende Masttiere besetzt, bringt für unseren Betrieb einen Verlust‘, erzählte mir mein Onkel.

Dann gingen wir in die Stallungen, in diese langgestreckten, flachen Hallen. Vorher sagte mein Onkel aber noch: ‚Hier mußt du ganz ruhig sein, denn die Tiere sind sehr sensibel und können sich leicht erschrecken. Es kann sein, daß sie dann auf der Stelle umfallen und tot sind. Die Tiere sind es nämlich nicht gewohnt, daß Menschen in den Stallungen umherlaufen.‘

Die Schweine standen in Vierergruppen eingepfercht, auf Gitterrosten ohne Stroh, derart eng zusammen, daß jeweils nur ein Schwein liegen konnte. ‚Dieses Dauerstehen stärkt die Beinmuskulatur und produziert später einen guten Schinken‘, meinte mein Onkel, als er meinen Blick sah.

Eigentlich hatte ich mir einen solchen Betrieb doch etwas tierfreundlicher vorgestellt. Hier konnten die Schweine nicht einmal mehr suhlen, geschweige denn frei herumlaufen. Nein, sie sehen während ihres kurzen Lebens von etwas mehr als 100 Tagen nicht einmal das Tageslicht.

Nachdem mir mein Onkel die Stallungen gezeigt hatte, wollte er mit mir dorthin gehen, wo das schlachtreife Vieh abtransportiert wird. Doch ich hatte keine Lust mehr. Mir war es nicht gut im Magen, als ich mir vorstellte, daß ich ein Brot mit Schinken gegessen hatte.“

(Bericht einer Schülerin nach einem Besuch eines Schweinemastbetriebes in Südoldenburg, Sommer 1994)

15.1 Besichtigung eines Schweinemastbetriebes

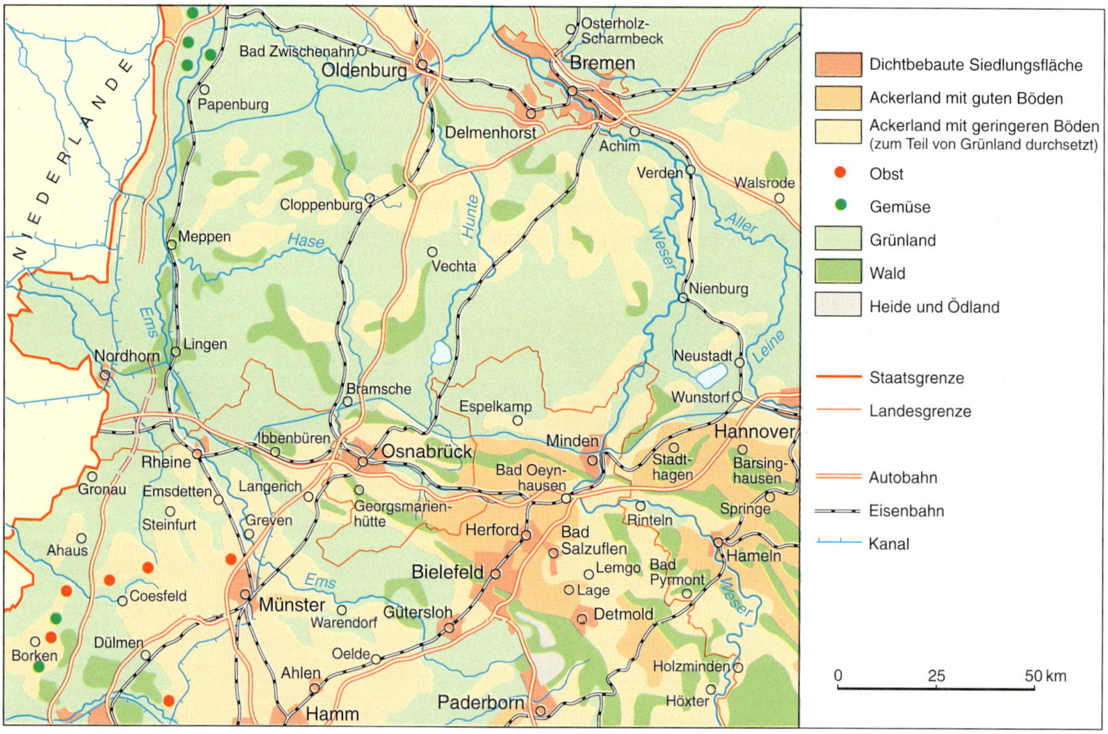

16.1 Boden- und Verkehrskarte, Raum Südoldenburg

Tierart		Bundesrepublik Deutschland	Kreis Cloppenburg	Kreis Vechta
Rinder	1960	90	78	84
	1986	128	183	184
Schweine	1960	111	296	404
	1986	294	284	1 223
Hühner	1960	449	909	1 814
	1986	495	2 440	17 011

16.2 Viehbesatz je 100 ha landwirtschaftl. Nutzfläche

Tierart		Bundesrepublik Deutschland	Kreis Cloppenburg	Kreis Vechta
Rinder	1960	1254	7,0	4,4
	1986	440	3,1	1,8
Schweine	1960	1741	7,3	4,6
	1986	419	4,0	2,5
Hühner	1960	2808	7,6	4,7
	1986	350	0,7	0,5

16.3 Entwicklung der Betriebe (in 1000)

Massentierhaltung und ihre Probleme

4. Untersuche die Lagebeziehungen Südoldenburgs zu den Absatzmärkten (Straßen- und Schienenanbindungen) und zu den Importhäfen für die Futtermittelanlieferungen (Mat. 16.1).

In Südoldenburg begann die Entwicklung zur Massentierhaltung mit Schweinemast bereits vor dem Ersten Weltkrieg. Damals hatten die Landwirte ihre Viehbestände aufgestockt, weil die ertragsarmen Böden nur ein geringes Einkommen ermöglichten. Das Vieh wurde schon damals mit importiertem Futter gemästet. Da die Bevölkerung zu dieser Zeit im Ruhrgebiet aufgrund des Arbeitsplatzangebotes rasch zunahm, ergaben sich gute Absatzmöglichkeiten.

Des weiteren änderten sich die Eßgewohnheiten der Deutschen immer mehr. Man aß zunehmend mehr Fleisch, da es die finanziellen Einkünfte nun ermöglichten. Um der steigenden Nachfrage gerecht werden zu können, mußte sich auch die Art und Weise der Tierhaltung im Raum Südoldenburg ändern. Es wurde nicht mehr nur Schweinemast betrieben, sondern die Produktion wurde um die Legehennenhaltung, Hähnchen-, Rinder- und Kälbermast erweitert.

Die Ausweitung der **Agrarfabriken** heutzutage bringt Probleme mit sich: Bei zunehmender Zahl der Tiere in einem Stall wächst die Seuchengefahr, die nur durch regelmäßiges Spritzen unterbunden werden kann. Hier stellt sich die Frage nach der artgerechten Haltung der Tiere.

Ein weiteres Problem stellt sich im Zusammenhang mit der Mistentsorgung. Jährlich fallen im Kreis Vechta über 6000 t **Gülle** an, das sind etwa 100 kg/ha. Diese Mengen können nicht mehr einfach als Flüssigdünger auf den Feldern ausgebracht werden, da sie nicht mehr ganz von den Pflanzen aufgenommen werden können. So schädigt die Gülle bei Überdüngung Grund- und Oberflächenwasser und somit auch das Trinkwasser. Hierdurch kommt es dann zur Gefährdung der menschlichen Gesundheit (vgl. S. 148ff. u. 186ff.).

In Südoldenburg hat seit Mitte der 70er Jahre eine südamerikanische Pflanze Einzug gehalten: der Mais. Er verträgt von allen Futterpflanzen die meiste Gülle. Er reagiert nicht, wie andere Futtermittelpflanzen, bei permanenter Überdüngung mit einer Ertragsminderung. Da er zudem auf Sandboden wächst, leicht mit Maschinen zu ernten ist und ein gutes Grundfutter für Schweine und Rinder ergibt, verdrängt er zunehmend andere Pflanzen. Die Landschaft verändert sich. Aber selbst durch die Ausweitung des Maisanbaus kann man der anfallenden Gülle nicht mehr Herr werden. Ihre Beseitigung ist zu einem so großen Problem geworden, daß der Gesetzgeber eingegriffen hat. Die Güllemenge, die pro Hektar ausgebracht werden darf, wurde durch Gesetze festgelegt. In den Wintermonaten darf keine Gülle mehr auf die Felder gelangen. Aufgrund dieser Probleme haben die agrar-industriellen Betriebe sich um wirtschaftlichere Gülleverwertung bemüht. So z. B. wird Gülle zur Herstellung von Biogas, Trockendünger und Substrat für Champignonzuchten genutzt.

5. Erläutere die Strukturveränderungen in der Landwirtschaft Südoldenburgs (Kreis Cloppenburg und Vechta) im Vergleich zum übrigen Deutschland.

6. Nenne Gründe, warum man Massentierhaltung insbesondere im Raum Südoldenburg betreibt (Mat. 16.1 und Text).

7. Begründe die Ausweitung des Maisanbaus (Text).

17.1 Landwirtschaftliche Nutzung und Nitratbelastung

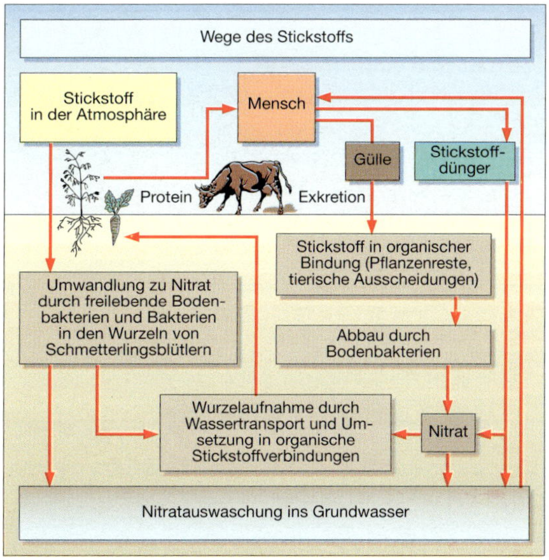

17.2 Der Stickstoffkreislauf

18.1 Lebendtiertransport

Was sagt das Tierschutzgesetz?

Wer ein Tier hält, betreut oder zu betreuen hat,

1. *muß das Tier seiner Art und seinen Bedürfnissen entsprechend angemessen ernähren, pflegen und verhaltensgerecht unterbringen,*
2. *darf die Möglichkeit des Tieres zu artgemäßer Bewegung nicht einschränken, daß ihm Schmerzen oder vermeidbare Leiden oder Schäden zugefügt werden.*

(§ 2, Tierschutzgesetz von 1987)

Sichtbare Schäden an Legehennen durch Käfighaltung

- *Gliedmaßen- und Flügelverletzungen,*
- *das Gefieder ist durch die ständige Reibung an den Gitterstäben oder Käfiggenossinnen und durch gegenseitiges Federpicken lükkenhaft und unansehnlich,*
  geschwollene Fußballen, bedingt durch den ständigen Aufenthalt auf schrägem Drahtgitterboden,
- *Verletzungen der Artgenossinnen auf Grund der Enge in den Käfigen.*

Auswirkungen der Käfighaltung auf das Verhalten der Hennen

- *Es kommt zu gegenseitigem Federfressen, gesteigerter Agression, Kannibalismus.*

18.2 Konfliktfeld Massentierhaltung

Ein bestialischer Gestank lag während der Karwoche 1991 über einem italienisch-jugoslawischen Grenzübergang nahe Triest. Auf dem Zollhof Prosecco verrotteten Kadaver von Schafen und Pferden. Die lebenden Tiere in den Viehtransportern, die seit Tagen an der Grenze festsaßen, schrien vor Durst und nagten an den Gitterstäben und Holzverkleidungen ihrer Gefängnisse. Der Grund: Die italienischen Zöllner streikten für eine bessere Überstundenregelung.

... Nach der für alle EG-Staaten verbindlichen Richtlinie von 1977 dürfen Huftiere nicht länger als 24 Stunden ohne Wasser und Futter bleiben.

... Einer englischen Studie zufolge sind aber Fahrten bis zu 30 Stunden keine Seltenheit, denn die Gefahr, als Transportunternehmer erwischt zu werden, ist gering.

(aus: GEO-Wissen vom 02.09.1991, S. 111)

18.3 „Sauerei auf allen Wegen"

8. Berichte über Tiertransporte.

9. Stelle die Pro- und die Contra-Aspekte zur Massentierhaltung in einer Tabelle gegenüber (Mat. 19.1).

10. Fasse zusammen, wieso sich die Massentierhaltung nur schwerlich mit dem Tierschutzgesetz vereinbaren läßt (Mat. 18.1 u. 2).

11. Erläutere anhand von Material 17.1 u. 17.2 den Stickstoffkreislauf und die Gefahren durch Überdüngung.

12. Welche Möglichkeiten gibt es für bäuerliche Familienbetriebe, den Agrarfabriken gegenüber konkurrenzfähig zu bleiben?

Pro

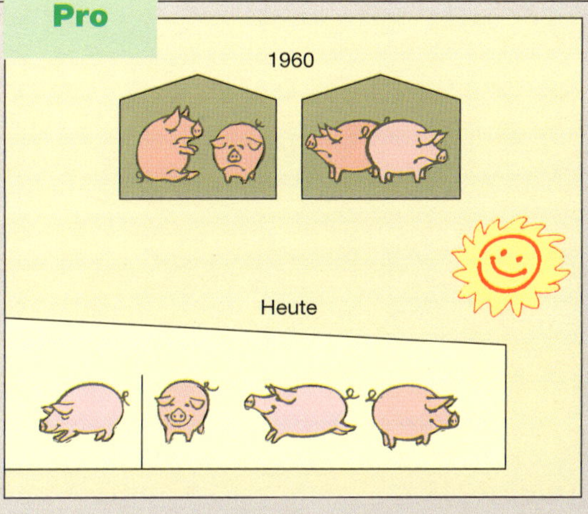

Von 20 Schweinen kann heute keine Bauernfamilie mehr leben. Deshalb standen viele Landwirte vor der Wahl, ihre Bestände zu erhöhen, um ein ausreichendes Einkommen zu erwirtschaften oder die Schweinehaltung aufzugeben. Wer sich für eine Erhöhung der Schweinezahl entschied, baute vorhandene alte Gebäude um oder errichtete neue Ställe, um kostengünstiger produzieren zu können. Im Stallbau wurden in den letzten Jahren große Fortschritte gemacht. Moderne Ställe bieten durch verbesserte Isolierungen genügend Wärme im Winter und durch Lüftungsmöglichkeiten ausreichend Kühle im Sommer. Dies wirkt sich positiv auf die Gesundheit der Tiere aus. Die moderne Tierhaltung zu verurteilen, nur weil jetzt im Stall mehr Tiere stehen, ist zu einfach, denn menschliche und tierische Bedürfnisse unterscheiden sich in weiten Bereichen stark voneinander.

Auf vielen der verbliebenen Höfe ist die Haltung von Schweinen wirtschaftlich wichtiger geworden als die Haltung von Kühen oder der Anbau von Ackerfrüchten. Nicht wenige Landwirte halten außer Schweinen keine weiteren Tiere. Der Kostendruck ist z. T. so groß, daß es auch innerhalb der Schweinehaltung zur Arbeitsteilung kommt. Die einen züchten wertvolle Vater- und Muttertiere, die anderen halten Sauen zur Erzeugung von Ferkeln oder leben von der Schweinemast.

Adresse: – Informationsgemeinschaft für Meinungspflege und Aufklärung e. V., Alexanderstraße 3, 30159 Hannover, 0511/328726, Fax: 0511/3632157

Contra

Aktiv für Tierrechte

Das Verhältnis von uns Menschen zu den Tieren ist noch immer vom „Recht des Stärkeren" geprägt. Tiere werden den Bedürfnissen von Menschen bedingungslos untergeordnet. Sie leiden in tierquälerischen Agrarfabriken, in Labors, auf Pelztierfarmen, in Zoos, im Zirkus, aber auch bei der Heimtierhaltung. Nach wie vor wird Jagd als Freizeitvergnügen ausgeübt und vermarktet.

Es muß eine grundlegende Veränderung stattfinden. Für BÜNDNIS 90/DIE GRÜNEN heißt Gewaltfreiheit und ökologische Politik auch, Tieren ein eigenständiges Recht als Lebewesen einzuräumen. Eine artgerechte Haltung muß durchgesetzt werden.

Wo dies nicht möglich ist, wie bei der Pelztierzucht, muß diese Tierquälerei verboten werden. Um die Interessen der Tiere durchsetzen zu können, muß der Tierschutz Verfassungsrang bekommen. Zur Umsetzung eines effektiven Tierschutzes fordern wir die Einsetzung eines/einer Tierschutzbeauftragten mit weitreichenden Kompetenzen.

Tierversuche sind nicht nur aus ethisch-moralischen Gründen, sondern auch aus methodenkritischen Gründen abzulehnen. Deshalb dürfen Tierversuche nicht länger vorgeschrieben werden. Tierversuchsfreie Testmethoden müssen angewandt und die Forschung in diese Richtung verstärkt werden.

(Auszug: Wahlprogramm B'90/Die Grünen 1994)

Neuorientierung des Tier- und Artenschutzes in Europa

Der brutalen Ausbeutung der sogenannten Nutztiere in der industrialisierten Landwirtschaft setzen wir eine artgemäße Tierhaltung mit flächenbezogenen Tierzahlen entgegen. Wir setzen uns für eine Begrenzung der Transporte von Schlachttieren bis zum nächstgelegenen Schlachthof ein; die maximale Verweildauer der Tiere in den Transportbehältern darf 4 Stunden nicht überschreiten.

Tierhaltung insgesamt muß sich an neu einzuführenden Positivlisten orientieren, nach denen nur solche domestizierten Tierarten gehalten werden dürfen, deren artgemäße Haltung möglich ist.

(Auszug: Europawahlprogramm B'90/Die Grünen 1994)

Adressen: – Greenpeace Gruppe-Ruhrgebiet, Bernestraße 3, 45127 Essen, 0201/229852
– BUND, im Rheingarten 7, 53225 Bonn, 0228/40097-0, Fax: 0228/40097-40
– BUND-Jugend, F.-Breuer-Straße 86, 53225 Bonn, 0228/467005

19.1 Pro- und Contra-Aspekte zur Massentierhaltung

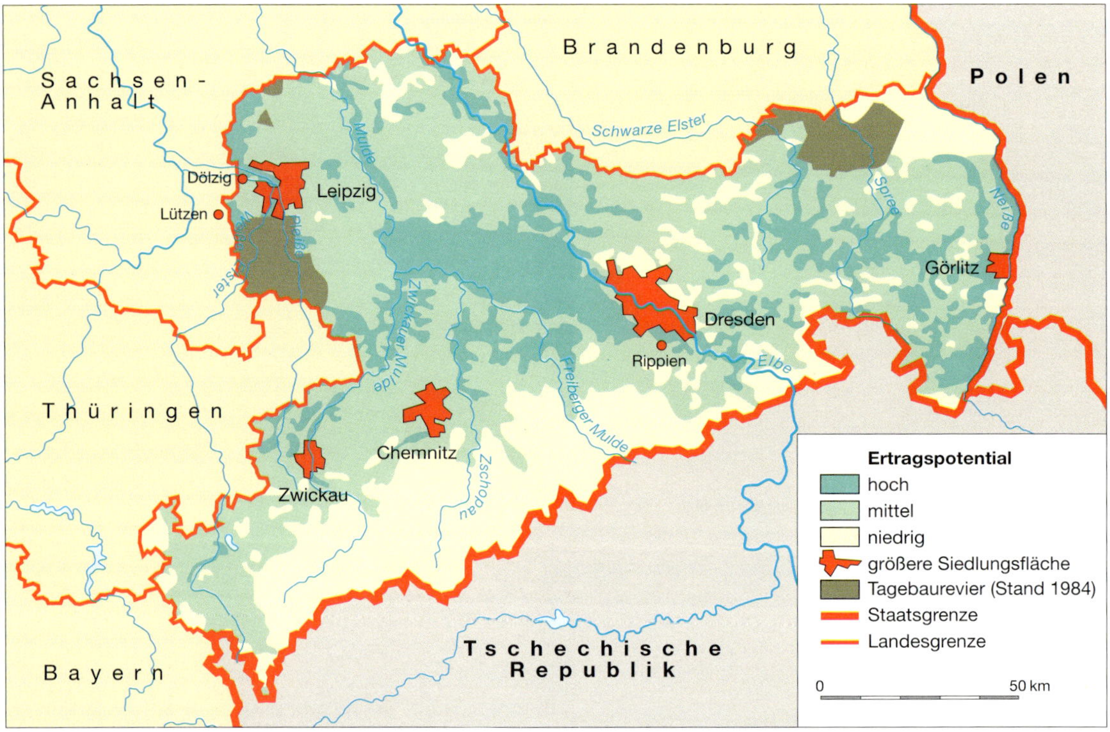

20.1 Ertragspotential der Böden in Sachsen

2. Abschied von der LPG

Nach dem Zweiten Weltkrieg fand in der damals sowjetisch besetzten Zone in Deutschland die **Bodenreform** auf dem Lande statt. Das bedeutete die entschädigungslose Enteignung von Großbauern, die mehr als 100 Hektar Boden besaßen. Aber auch Adlige verloren ihre Ländereien. Das Land wurde Kleinbauern, Landarbeitern, Kleinpächtern und Umsiedlern zugeteilt. Ihre Wirtschaftsweise mit oft einfachen Bearbeitungsgeräten reichte jedoch nicht aus, die Bevölkerung mit Nahrungsmitteln zu versorgen. Demzufolge wurde seit 1952 der Zusammenschluß zu **landwirtschaftlichen Produktionsgenossenschaften** (LPG) angestrebt. Die gebildeten Genossenschaften konnten sich nun eher Maschinen für die Feldbearbeitung und die Viehhaltung anschaffen und somit effektiver produzieren. Der Prozeß der Genossenschaftsbildung war 1960 abgeschlossen.

Neben der LPG existierte auch die Eigentumsform der **volkseigenen Güter** (VEG). Diese staatlichen Güter übernahmen vorrangig Forschungs- und Zuchtaufgaben.

In den 70er Jahren bildete man große Kooperativen, die sich auf Tier- oder Pflanzenproduktionen spezialisierten. In sogenannten **Agrar-Industrie-Komplexen** (AIK) kam es zur engen Verbindung von landwirtschaftlicher Produktion mit Verarbeitungs- und Vermarktungsbetrieben.

Seit der politischen Wende 1989 entstehen neue Eigentums- und Produktionsformen. Ehemalige LPG haben sich zu Agrargenossenschaften gewandelt. Einzelne Mitglieder der früheren LPG gründeten eigene Landwirtschaftsbetriebe. Diese sogenannten Wiedereinrichter forderten ihr Eigentum von der LPG zurück. Einige der Landwirte gingen zum ökologischen Landbau über.

Landwirte aus ganz Europa interessieren sich für die guten Böden in den neuen Ländern. Einige kauften oder pachteten Ländereien und siedelten sich dort auch an. Andere wiederum werden von der einheimischen Bevölkerung als „Tiefladerbauern“ bezeichnet. Diese haben nach der Wende Land aufgekauft und kommen zweimal im Jahr mit ihren Maschinen, die sie auf Tiefladern transportieren, um zu säen und zu ernten. Diese Form der Bewirtschaftung lindert aber nicht die Arbeitslosigkeit in der Region.

Nutzung des Ackerlandes in Sachsen (in %)				
Fruchtart	1989	1991	1992	1993
Getreide einschl. Körnermais	49,84	51,89	53,01	48,07
Hülsenfrüchte	0,05	0,35	0,45	0,64
Ölfrüchte	1,69	6,10	10,13	11,99
Mähdruschfrüchte	***51,58***	***58,34***	***63,60***	***60,70***
Hackfrüchte	14,33	6,73	6,21	4,97
Futterpflanzen	28,08	25,39	23,57	21,13
Gemüse u. sonst. Gartengew.	2,00	0,68	0,43	0,48
Sonst. Handelsgewächse	4,00	1,89	1,64	1,19
Stillegungsflächen u. Brache	0,00	6,97	4,54	11,53

21.1 Nutzung des Ackerbaus in Sachsen

Entwicklung der Betriebsgrößen nach Größenklassen	August 1991		Oktober 1993	
	Anzahl	%	Anzahl	%
Agrargenossenschaften	**617**	**100**	**649**	**100**
ohne LF	64	10	65	10
unter 1000 ha	253	41	321	49
1000–3000 ha	257	42	240	37
über 3000 ha	43	7	23	4
Privatbetriebe	**3995**	**100**	**7325**	**100**
ohne LF	42	1	330	5
unter 10 ha	1946	49	3754	51
10–50 ha	1334	33	2037	28
50–100 ha	335	9	517	7
100–200 ha	209	5	385	5
über 200 ha	129	3	302	4

(aus: Sächsischer Agrarbericht 1993)

21.2 Betriebsgrößenentwicklung in der Landwirtschaft

Entwicklung der Landwirtschaft in Sachsen

Nach der politischen Wende in der ehemaligen DDR vollzieht sich auch ein Strukturwandel in der sächsischen Landwirtschaft. Gravierende Veränderungen zeigen sich dabei vor allem in der Flächennutzungs-, Anbau- und Betriebsstruktur.

Die Trennung der Tierhaltung von der Pflanzenproduktion, wie sie in der ehemaligen DDR typisch war, die Großfeldstrukturen, der übermäßige Einsatz von Dünge- und Schädlingsbekämpfungsmitteln waren wirtschaftlich und ökologisch nicht mehr tragbar. Unwirtschaftlich war auch die zu hohe Zahl der Arbeitskräfte im Vergleich zur vorhandenen Arbeit.

Zur Absatzkrise trug bei, daß die Bevölkerung nach der Wende zunächst kaum noch Nahrungsmittel aus der heimischen landwirtschaftlichen Produktion kaufte. Westprodukte waren erst einmal gefragter. All diese Gründe führten zu einem spürbaren Wandel der sächsischen Landwirtschaft. Die Zahl der Landwirtschaftsbetriebe und der Beschäftigten sank.

Auf den guten Böden Sachsens, die sich im zentralen Teil des Freistaates von Westen nach Osten erstrecken, bemühen sich die neugegründeten Agrargenossenschaften und Einzelbauern sowie Familienbetriebe um hohe Erträge. Aber auch Bauern aus den alten Bundesländern und dem Ausland haben hier fruchtbares Land erworben, um ihre Produktion zu erweitern.

Sogar auf den wenig ertragreichen Heideböden im Nordosten Sachsens betreibt man weiter Landwirtschaft. In diesen Gebieten der Lausitz wurde zu DDR-Zeiten die Textilindustrie sehr stark gefördert. Nach der Wende brach dieser Industriezweig fast völlig zusammen, andere Industrie wurde kaum angesiedelt. Aus Mangel an Arbeitsplätzen betrieb man die Landwirtschaft auch unter ungünstigen Umständen weiter. Hier haben sich in erster Linie Agrargenossenschaften gebildet, da es den Landwirten an Eigenkapital mangelt. Ein weiterer Grund dafür ist die einseitig ausgerichtete Spezialisierung der ehemaligen Beschäftigten in den LPG der DDR. Ihre Mitglieder übten so stark spezialisierte Tätigkeiten aus, daß sie das breite Arbeitsspektrum eines Einzelbauerns nicht vollständig beherrschen können.

Inzwischen sind nach den ersten Jahren der Umstrukturierung wieder Erfolge in der sächsischen Landwirtschaft zu verzeichnen. Das drückt sich unter anderem auch darin aus, daß immer mehr Sachsen wieder Nahrungsmittel aus einheimischer Produktion kaufen.

1. Erläutere die Entwicklung der Landwirtschaft in der ehemaligen DDR.

2. Begründe die Notwendigkeit des Umstrukturierungsprozesses in der Landwirtschaft der fünf neuen Bundesländer (Mat. 21.1 u. 2).

3. Stelle Situation, Probleme und Entwicklungstendenzen der sächsischen Landwirtschaft nach der politischen Wende in der DDR dar (Mat. 20.1, 21.1 u. 2).

Alte und neue Lagerhalle der AG Lützen-Dölzig

Palette der Pflanzenproduktion der AG Lützen-Dölzig	
Feldfrucht	Hektarfläche
Getreide	3700
Zuckerrüben	600
Ölfrüchte	700
Feldfutter	500
Flächenstillegung	1000

Entwicklung des Viehbestandes			
	LPG Lützen 1989	AG Lützen 1991	AG Lützen-Dölzig 1994
Rinder	4900	2000	600
Kühe	1500	500	640
Schweine	12900	3500	0
Zuchtsauen	850	480	0
Schafe	1800	170	0
Legehennen	14000	0	0

Arbeitskräfteentwicklung			
Juni 90	Juni 91	Juni 94	Dez. 94 (nach Vereinigung mit AG Dölzig)
770	280 davon 180 Kurzarbeiter	134	67

22.1 Landwirtschaftliche Entwicklung

Tschüß LPG – es lebe die Agrargenossenschaft

„Der Wettbewerb wird es entscheiden“, meint Herr Langrock, Prokurist in der am 29. November 1991 aus der ehemaligen LPG neu gegründeten Agrargenossenschaft Lützen e. G.

Herr Langrock berichtet weiter über seine neue Genossenschaft: „Nach der Auflösung unserer LPG fanden sich ehemalige Mitglieder wieder zusammen, um eine neue Agrargenossenschaft zu gründen. Mit diesem Schritt sahen wir beste Erfolgsaussichten. Es gab nun eine ganze Reihe von Veränderungen gegenüber der LPG. Der Viehbestand wurde entscheidend reduziert. Die Legehennen zum Beispiel wurden gänzlich abgeschafft, da die Verbraucher unmittelbar nach der Wende in der DDR keine weißen, sondern nur noch braune Eier kaufen wollten.

Für das Kilogramm Rohschafwolle erhielt die Genossenschaft nicht mehr 110 Mark, wie zu LPG-Zeiten, sondern nur noch 1 DM. Dieser Preis deckte nicht einmal die Kosten für den Schafscherer.

Unser Zuckerrübenanbaugebiet mußte zugunsten des Getreide- und Ölfrüchteanbaus schrumpfen. Das Gemüse- und Blumengeschäft, die Gärtnerei sowie Gaststätten, die früher zur LPG gehörten, wurden privatisiert.

Stallgebäude und Beregnungsanlagen legten wir still. Aufgrund dieser Maßnahmen mußte der Arbeitskräftebestand reduziert werden. Den scheidenden Mitarbeitern boten wir jedoch andere Arbeitsstellen an.

Vor einiger Zeit fusionierte unsere Agrargenossenschaft mit der Agrargenossenschaft Dölzig zur AG Lützen-Dölzig. Das Besondere daran ist, daß es nun eine bundeslandübergreifende Genossenschaft ist. Lützen liegt in Sachsen-Anhalt und Dölzig in Sachsen. Durch die Zusammenlegung bewirtschaften wir nun eine größere Fläche. Die Landwirtschaftstechnik wird dadurch effektiver eingesetzt. Produktionshilfsmittel wie Diesel, Düngemittel usw. können wir in größeren Mengen und damit billiger einkaufen.

Von den 30 000 Tonnen Getreide, die wir im Jahr ernten, wird vorerst nur ein Teil verkauft. Das andere Getreide lagern wir, um es im Frühjahr zu höheren Preisen auf den Markt zu bringen. Dafür mußte jedoch ein neues, modernes Getreidelager für 5 Millionen DM errichtet werden. Um den Kredit dafür zu erhalten, wurde mit einem Getreidehändler die Agrarhandel Lützen GmbH gegründet. Die letzten Jahre haben bewiesen, daß auch ein etwas größerer Landwirtschaftsbetrieb wie unserer konkurrenzfähig bleiben kann."

Ökologischer Landbau

„Wenn Spaß, Interesse und Wille vorhanden sind, dann macht man es eben", so lautet die Meinung des Wiedereinrichters Peter Kaiser, Ökobauer aus Rippien bei Dresden.

Peter Kaiser betreibt auf einer Fläche von 11,5 Hektar ökologischen Landbau. Seine Felder wurden zu ehemaligen LPG-Zeiten vernachlässigt, das heißt, weder mit Düngemitteln noch mit anderen chemischen Substanzen bearbeitet. So hatte er das Glück, sich nach der Wende dem ökologischen Landbau widmen zu können.

Es dominiert bei Peter Kaiser die Apfelproduktion. Sie wird ergänzt durch den Anbau von Pflaumen, Birnen, Süßkirschen und Sauerkirschen. Neben dem Frischverzehr wird das Obst auch zur Saftherstellung genutzt. Außerdem werden Erdbeeren, Gemüse und Kartoffeln angebaut sowie Schafe und Hühner gehalten.

Ein Großteil der Produkte wird auf dem eigenen Hof zum Verkauf angeboten. Peter Kaiser beliefert auch den GÄA-Gemeinschaftsstand auf dem Dresdener Markt, Naturkostläden, Verbrauchergemeinschaften sowie Kindergärten und Privatkunden.

GÄA (griech.) bedeutet „Mutter Erde" und ist ein ostdeutscher Anbauverband für ökologisch wirtschaftende Landwirtschaftsbetriebe, der den ökologischen Landbau in den neuen Ländern entwickeln, fördern und kontrollieren soll.

Die Arbeit von Peter Kaiser lohnt sich immer mehr, denn das Verbraucherbewußtsein zu Bioobst und -gemüse wächst auch in Sachsen. Überhaupt kauft man in Sachsen wieder mehr einheimische Nahrungsmittel.

Die Tätigkeit eines Ökobauern ist harte Arbeit. Da gibt es kaum freie Wochenenden oder Feiertage. Bei schönem Wetter ist Familie Kaiser auf den Feldern zu finden, und abends sitzt Peter oder seine Frau am Schreibtisch, um die Buchführung zu erledigen. Als Ökobauer wird man auch nicht geboren. Da gilt es, sich ständig auf Lehrgängen, in Studienabschnitten oder mit Fachliteratur zu Hause zu qualifizieren.

23.1 Comeback ostdeutscher Nahrungsmittel

4. Lokalisiere die Orte Lützen, Dölzig und Rippien (Atlas, Mat. 20.1).

5. Erläutere die Veränderungen beim Übergang von der nach Planvorgaben arbeitenden LPG zur Agrargenossenschaft unter marktwirtschaftlichen Bedingungen am Beispiel der AG Lützen-Dölzig (Mat. 22.1).

6. Beschreibe die Voraussetzungen für den ökologischen Landbau und die Arbeiten eines Ökobauern am Beispiel des Peter Kaiser aus Rippien.

7. Vergleiche die Produktionsformen Agrargenossenschaft und Einzelbetrieb und nenne Vor- und Nachteile.

8. Bewerte das steigende Interesse der Verbraucher aus den neuen Bundesländern an einheimischen Produkten (Mat. 23.1).

3. Treibhausprodukte aus den Niederlanden gegen Freilandprodukte aus Spanien

Holland schafft seine Einheits-Tomate ab

Über Jahrzehnte hinweg war sie neben Tulpen und Käse das Erfolgsprodukt der niederländischen Landwirtschaft schlechthin: die holländische Einheits-Tomate.

Ihr Marktanteil beim größten Abnehmer in der EU, Deutschland, ist binnen zwei Jahren um ein Viertel geschrumpft. ... Lange hieß die Devise der holländischen Bauern: Die Menge macht's – auch noch, als Untersuchungen zeigten, daß der Kunde eine breitere Auswahl und mehr Spitzenprodukte wünschte. ... Hollands Bauern reagieren kaum auf die Bedürfnisse des Marktes. Noch schärfer formulierte es die führende Wirtschaftszeitung „NRC Handelsblad" (Rotterdam): „Fast der ganze niederländische Agrarsektor ist mit derselben Soße überzogen. Ob Schweine, Kartoffeln, Tomaten – überall zählt Masse. Verbraucher, die Delikatessen suchen, müssen sich an eine andere Adresse wenden. ..."

(nach: Westfälische Allgemeine Zeitung, 09.02.1995)

Einer der größten Gemüseanbieter auf dem EU-Markt waren bisher die Niederlande. Da sie riesige Flächen ihres Ackerlandes unter Glas setzten, waren sie in der Lage, Gemüsepflanzen anzubieten, die man ansonsten nur teuer aus tropischen Ländern kaufen konnte.

Solche Treibhäuser, heizbar und luftdurchlässig sowie zusätzlich beleuchtet, boten die idealen Voraussetzungen zur ganzjährigen Massenproduktion von Gemüsesorten, auch unabhängig von den Witterungsverhältnissen. Künstliche Beregnung und dauernder Düngemitteleinsatz sind hierfür jedoch unabdingbare Voraussetzungen. Obwohl z. B. die Tomaten aus den Niederlanden äußerlich gut aussehen, bezeichnen sie Kritiker als wässerig und fade im Geschmack.

Daher greift der qualitätsbewußte Verbraucher heute gerne auf Produkte aus den EU-Mittelmeerländern zurück, vor allem auch auf spanische Feldfrüchte, weil er eben meint, diese seien geschmackvoller. Die spanische Tomate z. B. wächst auf Feldern. Sie wird mit den im Boden befindlichen natürlichen Nährstoffen versorgt. Die Sonne des Mittelmeeres sorgt für eine intensive Reife.

In der Landwirtschaft Spaniens konnten früher nur solche Produkte angebaut werden, die an die sommerlichen Trockenperioden angepaßt sind. Heute hingegen schafft man dies durch einen intensiven Bewässerungsfeldbau.

Der „Gemüsegarten" Spaniens liegt in Andalusien, in der Nähe des Rio Guadalquivier. Durch seine Staustufen führt er genügend Wasser, um die Felder künstlich bewässern zu können. Ein weitverzweigtes Kanalnetz macht es möglich, der hier wachsenden Feldfrucht genügend Feuchtigkeit zuzuführen. Diese Felder nennt der Spanier **Huertas.** In diesen Gartenbaulandschaften wird durch aufeinander abgestimmte **Fruchtfolgen** erreicht, daß der Anbau ohne Unterbrechung das ganze Jahr erfolgt.

Eine derartige Anbaumethode ist sehr kostenintensiv, deshalb sind die spanischen Bauern dieser Region meist nicht in der Lage, ihre Anbauflächen zu vergrößern. Hinzu kommen ökologische Probleme. Durch immer öfter auftretende niederschlagsarme Jahre herrscht häufig Wassermangel. Weitere Probleme ergeben sich vermehrt durch das in das Grundwasser eindringende Salzwasser des Mittelmeers, das den Huertabauern große Schwierigkeiten bereitet. Die Ernten bleiben hinter den Erwartungen zurück.

Aber durch die erhöhte Nachfrage auf dem EU-Markt nach Gemüse aus den Mittelmeerländern, eben auch aus Spanien, müssen die spanischen Landwirte sich etwas einfallen lassen, um der Konkurrenz nicht hinterherzulaufen.

Deshalb hat man seit einiger Zeit das alte Verfahren der Sandabdeckung **(Enarenado-Kultur)** wiederentdeckt. Hierbei wird der Ackerboden zunächst mit 10 cm Stallmist und dann mit einer 15–20 cm dicken Schicht aus grobkörnigem Sand abgedeckt. Der Sand verhindert, daß bei kräftigen Regenfällen das Wasser oberflächlich abfließt, außerdem verhindert diese Schicht die Verdunstung. Der Mist dient als Dünger und „Puffer", der Wärme und Feuchtigkeit langsam an den Boden abgibt. Infolgedessen erzielt der Bauer höhere Erträge, und die Ernten fallen früher an. Wärmebedürftige Gemüsesorten, wie die Tomate, werden bei den Enarenado-Kulturen zusätzlich mit Plastikfolien geschützt, so daß sie auch in den Wintermonaten geerntet werden können. Zu dieser Jahreszeit gibt es auf dem europäischen Markt nur wenige Anbieter, wodurch der Absatz der spanischen Agrarprodukte gesichert ist.

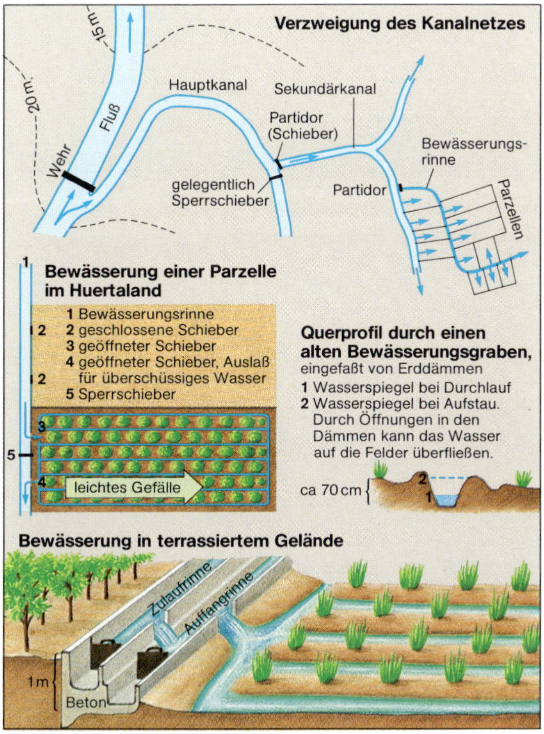

25.1 Wasserverteilung in einer Huerta

25.3 „Gläserne Stadt“ bei Boskop

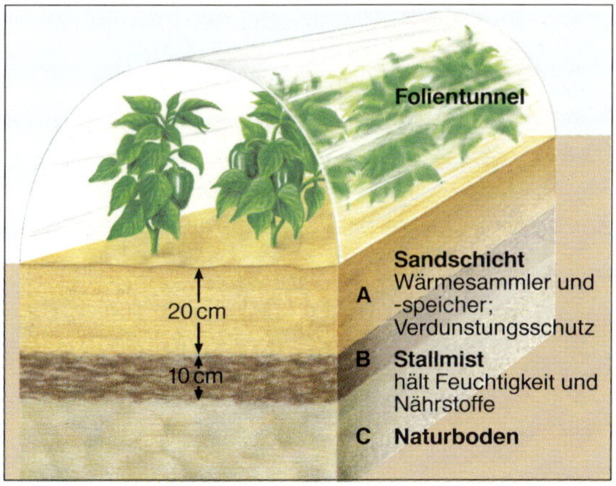

25.2 Enarenado-Kultur (Schema)

Größenklassen (ha je landwirtschaftl. Fläche)	landwirtschaftlich Betriebe				landwirtschaftlich genutzte Fläche der Betriebe			
	Spanien		Niederlande		Spanien		Niederlande	
	in 1000	%	in 1000	%	in 1000	%	in 1000	%
unter 1	221,0	13,9	12,6	10,1	104	0,4	6	0,3
1 bis 4,9	750,4	47,1	27,8	22,3	1769	7,2	75	3,7
5 bis 9,9	244,7	15,4	21,5	17,1	1695	6,9	154	7,6
10 bis 19,9	165,7	10,3	25,4	20,4	2281	9,3	367	18,3
20 bis 49,9	124,9	7,8	31,6	25,3	3845	15,7	963	47,9
50 u. mehr	87,0	5,5	6,0	4,8	14836	60,5	446	22,2
gesamt	**1593,7**	**100**	**124,9**	**100**	**24530**	**100**	**2011**	**100**

25.4 Landwirtschaftliche Produktionsgrößen

1. Ordne die Niederlande und die spanische Gemüseanbauregion Andalusien klimatisch ein (Atlas).
2. Erläutere anhand von Mat. 25.1 das Bewässerungssystem der Huerta.
3. Stelle einen Zusammenhang zwischen den Betriebsgrößen und den Hektarerträgen für Spanien und die Niederlande her (Mat. 25.4 und 5).

	Frischgemüse (in 1000 t)		Frischobst (in 1000 t)	
Durchschnitt 1990-92	insgesamt	darunter Tomate	insgesamt	davon Äpfel
Spanien	10601	2815	3560	700
Niederlande	3655	645	570	410

25.5 Erzeugung von Gemüse und Obst

26.1 Europa – deine Berge, deine Seen

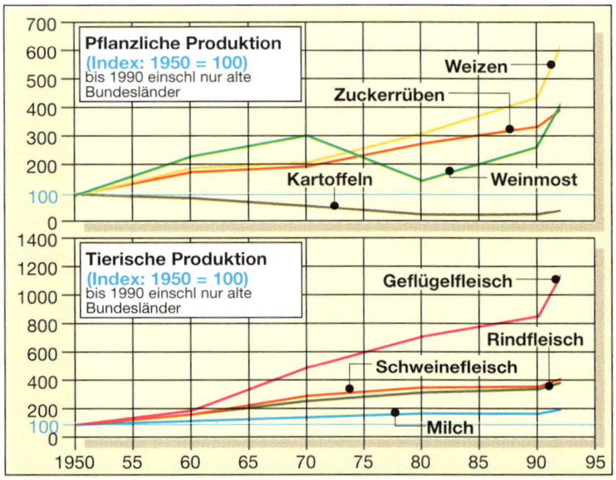

26.3 Entwicklung der Agrarproduktion in Deutschland

4. Reiche Ernten – arme Bauern? Probleme des EU-Agrarmarktes

1. Erläutere die Karikatur (Mat. 26.1).

2. Beschreibe die Entwicklung der landwirtschaftlichen Erträge in Deutschland (Mat. 26.3). Vergleiche sie mit der Gewinnentwicklung je Familienarbeitskraft (Mat. 27.2). Welche Fragen ergeben sich?

3. Erläutere die Bedeutung der Landwirtschaft in Ländern der EU (Mat. 26.2, 27.3, Atlas).
- Erarbeite an je einem Land aus Nord-, West- und Südeuropa die volkswirtschaftliche Bedeutung des Agrarsektors.
- Man spricht in diesem Zusammenhang von einem Nord-Süd-Gefälle. Erkläre.
- Diskutiert darüber, warum in der Landwirtschaft die nationalen Interessen der EU-Mitgliedsstaaten sehr unterschiedlich sind.

Am 1.7.1962 wurde der Europäische Agrarmarkt Wirklichkeit. Sein Ziel ist es, „die Produktivität der Landwirtschaft durch Förderung des technischen Fortschritts, durch Rationalisierung der landwirtschaftlichen Erzeugung ... zu steigern, um auf diese Weise der landwirtschaftlichen Bevölkerung insbesondere durch Erhöhung des Pro-Kopf-Einkommens ... eine angemessene Lebenshaltung zu gewähren“ (§ 39, Vertrag von Rom).

Um dieses Ziel zu erreichen, schirmten die Länder der EG (1987), ihren Agrarmarkt nach außen ab. Fleisch und Getreide aus Übersee wurden bei der Einfuhr mit Zöllen belegt. Andererseits

	Erwerbstätige in der Land- u. Forstwirtschaft (% aller Erwerbst.)		*Erwerbstätige in der Ind. (% aller Erbwerbst.)*	*Anteil der Land- u. Forstwirtschaft (am BIP)*	*Anteil des Ackerlands an der LF (%)*	*Düngemittelverbrauch (in 100 g je ha Anbaufläche*	*Durchschnittliche Betriebsgröße (ha LF/Betrieb)*	*Anteil der Betriebe unter 5 ha LF (%)*	*über 100ha LF (%)*
	1970	*1992*	*1992*	*1992*	*1992*	*1991/92*	*1990*		
Belgien	4,7	2	29	2	56,2	4.425	15,8	7,7	1,0
Dänemark	11,5	6	27	3	91,8	2.268	34,2	2,8	3,0
Deutschland	8,6	4	40	1	26,1	2.473	26,1	32,6	0,7
Finnland	16,7	9	28	4	–	1.313	–	–	–
Frankreich	13,9	5	29	3	60,0	2.892	28,2	27,2	3,6
Griechenland	40,8	21	28	15	55,9	1.650	4,0	77,7	0,1
Großbritannien	3,2	2	27	1	40,9	3.171	67,5	13,8	15,0
Irland	27,1	13	28	10	13,5	6.988	26,0	11,2	1,7
Italien	20,3	8	32	3	54,0	1.658	5,6	78,8	0,5
Luxemburg	9,3	1	30	1	44,2	4.425	32,1	26,1	1,0
Niederlande	6,2	4	25	4	45,1	5.807	16,1	32,4	0,4
Österreich	15,3	5	37	3	–	1.949	–	–	–
Portugal	30,0	12	33	6	58,6	788	6,7	82,3	0,5
Schweden	8,1	4	253	4	–	950	–	–	–
Spanien	11,8	10	32	4	48,9	937	15,4	61,0	1,9

[1] Belgien und Luxemburg zusammengefaßt *[2] alte Bundesländer* *[3] 1991*
(zusammengestellt aus: Agrarbericht der Bundesregierung 1994, 1995; Fischer Weltalmanach 1995; Weltentwicklungsbericht 1994; Daten des Landesamtes für Datenverarbeitung und Statistik NRW)

26.2 Die EU-Mitgliedsstaaten im Vergleich

gab es für die Bauern im EG-Markt **Absatzgarantien** und **Garantiepreise** für Erzeugnisse wie Getreide, Milch oder Rindfleisch. War die Nachfrage geringer als die Produktion, so sanken nicht die Preise, sondern die Waren wurden eingelagert. Die Absatzgarantie führte dazu, daß die Erzeugung bald über die Nachfrage hinausging. Es entstanden Überschüsse (Mat. 26.1).

Der gemeinsame Finanztopf mußte immer mehr Mittel bereitstellen, um die Produkte aufzukaufen, zu lagern und mit Verlust zu verkaufen. Der Ruf nach Reformen wurde immer lauter.

Mengenbegrenzungen schienen ein Ausweg zu sein. So wurden 1984 z. B. Milchquoten festgelegt, d. h., es wurde jedem Bauern vorgegeben, wieviel seiner Milch zum Garantiepreis aufgekauft wird. Diese Milchanlieferungsmenge lag in jedem Fall unter der des Vorjahres. So konnte die Milchproduktion um knapp 25 % verringert werden. Da bereits in den vorausgegangenen Jahren die Kosten für die Betriebsmittel eines Hofes – Saatgut, Futter-, Dünge-, Pflanzenbehandlungsmittel, Energie – fünfmal so schnell gestiegen sind wie die Agrarpreise, ist das Einkommen vieler Bauern gesunken. Betroffen sind vor allem kleine und mittlere Betriebe auf schlechten Böden.

4. Erläutere den Teufelskreis der Agrarpolitik. Warum führten die wirtschaftlichen und sozialen Ziele der Agrarpolitik zur Überschußproduktion (Mat. 27.1, vgl. Mat. 26.1 u. 3)?

5. Welche Auswirkungen ergeben sich aus der Agrarpolitik für die Landwirte?

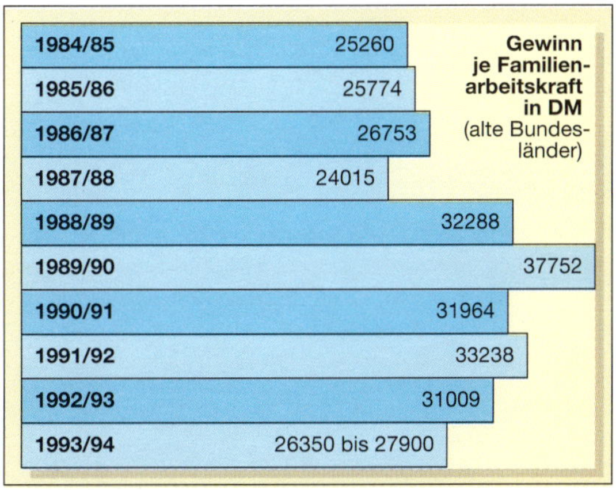

27.2 Gewinne in der Landwirtschaft (D)

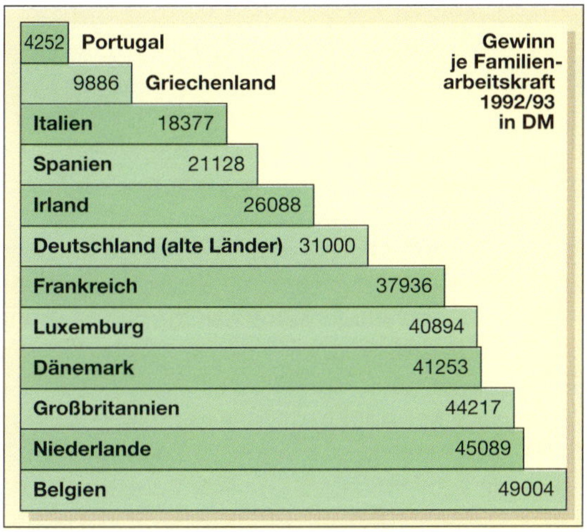

27.3 Gewinne in den EU-Mitgliedsstaaten

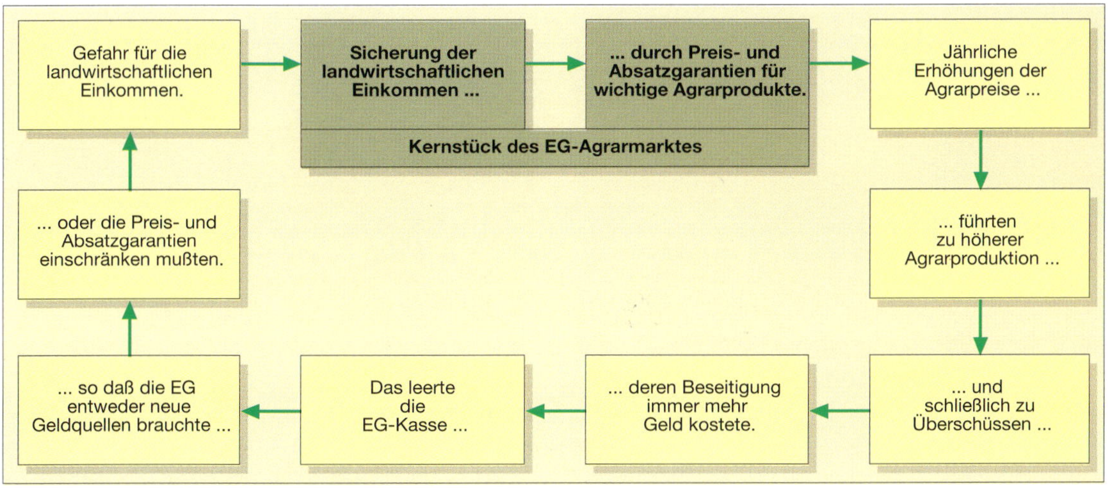

27.1 Teufelskreis der Agrarpolitik

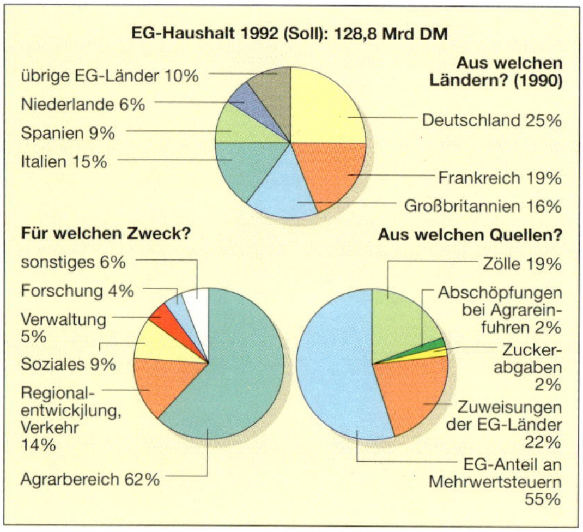

28.1 EG-Haushalt 1992

28.3 Rückständige Landwirtschaft im Zentralmassiv

Trotz der Mengenbegrenzung bei wichtigen Produkten wie Milch und Zucker schien die Agrarproduktion Anfang der 90er Jahre in eine Sackgasse zu führen. Der Agrarhaushalt verschlang mehr als die Hälfte der zur Verfügung stehenden Haushaltsmittel, die Tendenz war steigend. Dies schränkte die Möglichkeiten der Europäischen Gemeinschaft, in anderen Bereichen tätig zu werden, stark ein. Die Überschüsse, die auf den Weltmärkten z. T. weit unter den Herstellungskosten verkauft wurden, führten zu Spannungen mit anderen Ländern, z. B. den USA, die ihre Agrarprodukte ebenfalls subventionieren mußten, um sie absetzen zu können (vgl. S. 96ff.). Bis zu 80 % der Agrarausgaben wurden für Exportsubventionen und Lagerhaltung ausgegeben, nur ca. 20 % kamen den Landwirten direkt zugute. Hierbei handelte es sich oft um Großbetriebe, während kleine Betriebe, die sich den Einsatz neuer Technik und intensiver Anbaumethoden nicht leisten konnten, eher benachteiligt waren. Immer mehr Betriebe gaben auf. Dies betraf vor allem Regionen mit ungünstigen naturräumlichen Voraussetzungen oder in ungünstigen Randlagen. In ihnen nahm die Landflucht stark zu (vgl. Italien, S. 64ff.).

Immer stärker wurde auch Kritik an der Umweltbelastung durch die Landwirtschaft laut. Die zunehmend intensivere Produktion mit dem starken Einsatz von Dünge- und Schädlingsbekämpfungsmitteln sowie die Konzentration von Ver-

28.2 Verlassenes Dorf im Zentralmassiv

28.4 Weizenanbau im Pariser Becken

	1990 (in %)	1992 (in %)	1993 (in %)
Getreide	131	125	117
Zucker	135	134	135
Milch (insgesamt)	112	108	108
Rind-/Kalbfleisch	110	112	104
Schweinefleisch	105	103	104

(aus: Agrarbericht 1994, Materialband, S. 112f; Agarbericht 1995, S. 95 ff)

EU-Haushalt 1994
Gesamtvolumen der Ausgaben: 70.014 Mio Ecu
davon Agrarausgaben: 53%

EU-Haushalt 1995 (Entwurf)
Gesamtvolumen der Ausgaben: 80.872 Mio Ecu
davon Agrarausgaben: 47%
(1 Ecu = 1,91 DM – November 1994)

29.1 EU-Entwicklung des Selbstversorgungsgrades

edlungsbetrieben (vgl. Südoldenburg, S. 14) mit ihrem hohen Gülleanfall führten in einigen Regionen zur Überbeanspruchung von Boden und Wasser (vgl. S. 148ff. u. 186ff.).

Diese Probleme zwangen zur Neuausrichtung der gemeinsamen Agrarpolitik. Im Mai 1992 einigte sich in Brüssel der Rat der Agrarminister auf die bisher umfangreichste Reform in der europäischen Agrarpolitik, um den Teufelskreis aus den hohen Preisen und der Überschußproduktion zu durchbrechen.

Die hohen Preise werden schrittweise auf Weltmarktniveau abgesenkt. Dadurch entstehen jedoch Einkommensverluste für die Bauern. Diese sollen durch direkte Zahlungen ausgeglichen werden. Betriebe über 15 ha Fläche bekommen nur Ausgleichszahlungen, wenn sie mindestens 15% der Fläche stillegen. Auf diese Weise erhofft man sich eine allmähliche Reduzierung der Überschüsse und damit auch eine Verringerung der Agrarausgaben.

Die Reform umfaßt weitere Maßnahmen, die der Landflucht entgegenwirken sollen. Zu ihnen gehören die Förderung umweltfreundlicher Anbaumethoden, die Einführung von Vorruhestandsregelungen, die Pflege stillgelegter Agrar- und Forstflächen sowie Aufforstungsprogramme.

6. Erkläre die Notwendigkeit der gemeinsamen Agrarreform Anfang der 90er Jahre (Text, Mat. 28.1 – 4 u. 29.1).

7. Erläutere die Ziele und Maßnahmen der Agrarreform (Mat. 29.2).

Die beschlossene Reform der europäischen Agrarpolitik ist die umfassendste Neuausrichtung der gemeinsamen Agrarpolitik seit ihrem 30jährigen Bestehen.
Es sollen fünf Hauptziele erreicht werden.

1. *Wahrung der führenden Position der Gemeinschaft als Exporteur landwirtschaftlicher Erzeugnisse durch Stärkung ihrer Wettbewerbsfähigkeit auf den Binnen- und Außenmärkten.*
2. *Anpassung der Produktion an den Marktbedarf.*
3. *Gezielte Beihilfen für einkommensschwache Landwirte.*
4. *Schaffung von Anreizen zur Eindämmung der Landflucht.*
5. *Schutz der Umwelt, der Landwirtschaft und der natürlichen Ressourcen.*

Kernstück des Maßnahmenpakets sind Preissenkungen bei den wichtigsten Agrarerzeugnissen und Flächenstillegungen. Als Entschädigung für ihre Einkommensverluste erhalten die Landwirte ***direkte Einkommenshilfen*** *ab 1993.*

Die wichtigsten Neuerungen für die Marktbereiche sind:

- *Getreide: Der Interventionspreis, also der Preis, zu dem die EG Überschüsse ankauft, wird in drei Stufen von 318,- auf 225,- DM pro Tonne abgebaut.*
  Legen die Getreidebauern mindestens 15 Prozent ihrer Anbauflächen still, erhalten sie im Bundesdurchschnitt 593.- DM pro Hektar der zuvor bebauten Gesamtfläche als Ausgleich.
- *Milcherzeugnisse: Die Preise für Milch bleiben 1992/93 stabil und sinken dann dreimal um jeweils ein Prozent; die Quotenregelung wird verlängert.*
- *Rindfleisch: Die Interventionsmengen werden schrittweise von 750 000 Tonnen 1993 auf 350 000 Tonnen 1997 verringert.*
- *Flankierende Maßnahmen: Beihilfen für den Umweltschutz und Hilfen zur Aufforstung landwirtschaftlicher Flächen – außer für Weihnachtsbäume.*

(nach: Bundesministerium für Ernährung, Landwirtschaft und Forsten (Hg.): Die europäische Agrarreform, 1994; Kommission der EG (Hg.): Die Zukunft unserer Landwirtschaft, Brüssel 1993)

29.2 Die europäische Agrarreform

Angst vor der Zukunft

Minden. Landwirt Friedrich Dörmann und seine Frau Heike haben sich große Mühe gegeben, ihren Hof festlich herzurichten.

...

Schließlich sollte es ein großer Tag werden – der westfälisch-lippische Landwirtschaftsverband (Münster) hatte Dörmanns Hof für die regionale Erntebilanz ausgeguckt. Aber gefeiert wurde nicht. Im Gegenteil.

Wie ein roter Faden zog sich die Zukunftsangst der Landwirte durch das Treffen mit den Journalisten.

„Das erste Jahr der Agrarreform hat ein Riesenloch in die Kassen vor allem der Ackerbauern gerissen; die Preise sind so auf ein Rekordtief gesunken", so Landwirt Dörmann.

Das Übel sei, daß die staatlichen Ausgleichszahlungen im Rahmen der EG-Agrarreform zum Beispiel für Flächenstillegungen die damit verbundenen Einkommenseinbußen für die Bauern nicht ausglichen. „Je besser ein Landwirt bisher gewirtschaftet hat, desto mehr ist er nun benachteiligt." Ein 50-Hektar-Betrieb mit Weizen- und Gerstenerträgen etwa müsse trotz Ausgleichszahlungen einen Verlust von 20 000 Mark hinnehmen.

Friedrich Dörmann wird auch nächstes Jahr wieder 15 Prozent seiner Flächen stillegen. Insgesamt fünf Hektar. Er selbst, erzählt der Betriebsleiter, sei zwar „Landwirt aus Leidenschaft", aber ob einer der beiden kleinen Söhne jemals in die Fußstapfen der Eltern treten wird, kann Dörmann „nun wirklich" nicht sagen. „Darüber heute schon zu sprechen, wäre verfrüht." Doch seine Zweifel an dem Fortbestehen des Betriebes werden deutlich.

So wie ihm geht es offenbar vielen Vätern. Nach Auskunft des Landwirtschaftsverbandes lernen in Deutschland 1993 nur rund 8000 Jugendliche den Umgang mit Mähdrescher und Melkmaschine. „Das sind 24 Prozent weniger als im Vorjahr." Auch die Anzahl der Höfe in Westfalen-Lippe lasse wenig Optimismus zu. Rund 53 660 Betriebe haben sich nach Verbandsangaben 1992 über die Landkarte verteilt. Zum Vergleich: Im Vorjahr seien es noch über 54 900 gewesen.

(nach: Westfälische Nachrichten vom 22.09.1993)

30.1 Landwirte fordern eine Reform der Reform

Die **Agrarreform** ist umstritten. Erste Erfolge zeichnen sich ab (Mat. 29.1), aber es gibt auch Kritik.

Wirtschaftswissenschaftler bemängeln, daß die Reform zu stark auf die Verminderung der Getreideproduktion abzielt, während der Anbau anderer Überschußprodukte wie Wein, Zucker, Obst sowie Milch und Rindfleisch nicht oder nur geringfügig eingeschränkt wird.

Ökologen bezweifeln den Sinn der Flächenstillegungsmaßnahmen, da die Erfahrungen mit vorausgehenden Extensivierungs- und Stillegungsprogrammen weitgehend negativ sind. Stillgelegt wurden meist Flächen mit ertragsschwachen Böden. Auf guten Böden oder in wettbewerbsgünstigen Räumen wird um so intensiver produziert. Wasser und Boden werden hier verstärkt belastet. Hinzu kommt, daß eine stillgelegte Fläche nicht unbedingt eine **Brache** ist, sondern daß auf der Fläche nahezu alle gängigen Ackerfrüchte angebaut werden dürfen, wenn sie nicht in die Nahrungsmittelproduktion gehen. So gelten große maschinengerechte Felder mit Mais, dessen Körner in die Verpackungsindustrie gehen, oder mit Rüben, Kartoffeln oder Raps, aus denen Kraftstoffe oder Öle hergestellt werden, als Brache.

Raumplaner befürchten negative Folgen für Gebiete mit besonderen wirtschaftlichen Problemen. Hierzu gehören unter anderem Teile der neuen Bundesländer sowie Mittelgebirgslagen wie das französische Zentralmassiv oder der Westerwald. So liegen zum Beispiel im Lahn-Dill-Kreis 30 % der landwirtschaftlichen Nutzfläche brach. Befürchtet wird eine weitere Landflucht.

Landwirte beklagen die komplizierten Durchführungsbestimmungen, den hohen Verwaltungsaufwand sowie Einnahmeeinbußen.

8. Landwirt Dörman spricht für viele seiner Kollegen. Erläutere seine Meinung (Mat. 30.1, vgl. Mat. 29.2).

9. Stelle die vorliegenden Ergebnisse der Agrarreform zusammen (Text, Mat. 30.1, vgl. 28.1, 29.2).
- Wo zeichnen sich erste Erfolge ab?
- Welche Kritik wird geäußert? Unterscheide dabei die Meinung von Wirtschaftswissenschaftlern, Ökologen, Raumplanern und Landwirten.

10. Diskutiert mögliche Auswirkungen von Flächenstillegungen.

5. Ungarns Landwirtschaft im Umbruch

Die Zeit der Planwirtschaft

Die ungarische Landwirtschaft wurde seit den 50er Jahren durch eine sozialistische Planwirtschaft geprägt. Um 1960 wurde die Ackerfläche zu 95 % von LPG (vgl. S. 20) und Staatsgütern bewirtschaftet, während private Landwirtschaft auf kleinen Parzellen kaum noch eine Rolle spielte. Der Produktionsumfang und die Durchschnittserträge der wichtigsten Anbauprodukte sowie die technische Ausstattung der staatlichen landwirtschaftlichen Betriebe nahmen kontinuierlich zu.

In den 70er und zu Beginn der 80er Jahre näherten sich die Erträge für eine Reihe von Produkten (z. B. Getreide, Fleisch, Milch) dem Niveau der führenden Länder der Welt an. Über ein Viertel der landwirtschaftlichen Erzeugnisse konnte exportiert werden. Zur Entwicklung trugen gezielte staatliche Subventionen bei. So wurden beispielsweise Zuschüsse in Abhängigkeit von der Bodenqualität gewährt. Dadurch konnten auch landwirtschaftliche Betriebe in schlechter naturräumlicher Lage gewinnbringend produzieren. Gleichfalls wurden Investitionen, wie etwa die Elektrifizierung, der Straßenbau und die Anschaffung von Maschinen, regional unterschiedlich gefördert.

In den 80er Jahren konnten auf den internationalen Märkten die Preise nicht mehr erreicht werden, die für eine Weiterentwicklung im Agrarbereich notwendig gewesen wären. Als Folge davon wurden die staatlichen Unterstützungen für die landwirtschaftlichen Betriebe gekürzt. Investitionen mußten die Agrarbetriebe zunehmend selbst finanzieren, Arbeitskräfte mußten abgebaut werden. Die Produktivität nahm ab. Der ungarischen Landwirtschaft kam in dieser Situation zugute, daß sowohl der Binnenmarkt (durch staatlichen Aufkauf von Produkten) als auch der Export (in die Staaten der ehemaligen Wirtschaftsgemeinschaft RGW, vgl. S. 10) wenigstens einen stabilen Absatz gewährleisten konnten.

1. Erläutere die räumliche Verteilung der landwirtschaftlichen Produktion (Mat. 31.1, Atlas).
2. Fasse wichtige Phasen der ungarischen Landwirtschaft zusammen und stelle ihre Situation Ende der 80er Jahre dar (Mat. 31.2 u. 3).

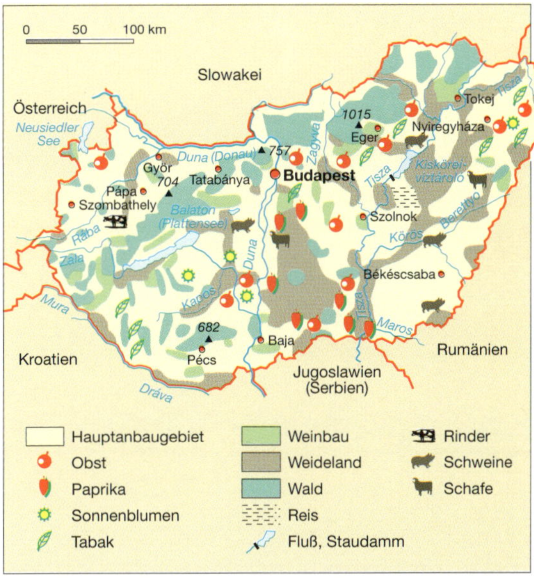

31.1 Land- und Forstwirtschaft in Ungarn

31.2 Bauerndorf am Westrand der Tiefebene

	Großbetriebe in %	Kleinbetriebe in %
Pflanzenproduktion	74,4	25,6
davon: Weizen	98,9	1,1
Kartoffeln und Gemüse	30,2	69,8
Obst	44,5	55,5
Wein	54,5	45,5
Tierzucht	58,8	41,2
davon: Rinder	77,8	22,2
Schweine	46,1	53,9
Geflügel	58,8	41,2
gesamte Produktion	66,0	34,0

31.3 Produktion in Groß- und Kleinbetrieben

Kennziffer/Jahr	1986	1992
Getreide (in Mio t)	14,300	10,100
Zuckerrüben (in Mio t)	4,460	3,000
Sonnenblumenkörner (in 1000 t)	862,000	757,000
Obst (in Mio t)	1,822	1,151
darunter aus Kleinproduktion	1,070	0,850
Gemüse (in Mio t)	1,912	1,650
darunter aus Kleinproduktion	1,420	1,500
Weintrauben (in Mio t)	4,421	3,889
darunter aus Kleinproduktion	2,653	2,900
Rinderbestand (in Mio Stück)	1,725	1,159
darunter aus Kleinproduktion	0,335	0,268
Schweinebestand (in Mio Stück)	8,687	5,364
darunter aus Kleinproduktion	4,237	2,499
Schafbestand (in Mio Stück)	2,337	1,752
darunter aus Kleinproduktion	0,508	1,022
Kunstdüngerverbrauch (Wirkstoff kg/ha)	262,000	36,000
Brachliegendes Ackerland (in 1000 ha)	65,000	329,000

(aus: Europa regional, H. 2/1994)

32.1 Entwicklung der landwirtschaftlichen Produktion

Umbruch zu Beginn der 90er Jahre

Seit 1989 wurden in Ungarn Schritte unternommen, die Landwirtschaft wieder zu privatisieren. Allerdings fiel dies in eine Zeit ungünstiger wirtschaftlicher Rahmenbedingungen. Der RGW wurde aufgelöst, was in allen Wirtschaftsbereichen zu erheblichen Handelseinbußen führte. Dadurch schrumpfte auch der gesamte Binnenmarkt. Zudem steckte die Weltwirtschaft in einer tiefen Krise. So verschlechterte sich die Situation im Agrarbereich drastisch.

Mit dem Wechsel von der Plan- zur Marktwirtschaft traten in Ungarn zahlreiche Reformen in Kraft, die darüber hinaus die Lage der Landwirtschaft schwieriger werden ließen:

- Die staatlichen Subventionen wurden weiter gekürzt, und hohe Steuern verhindern notwendige Investitionen,
- der staatlich garantierte Aufkauf von landwirtschaftlichen Produkten wurde abgeschafft, was besonders die Kleinbauern traf,
- die Auflösung der Großbetriebe und die Aufteilung an die ehemaligen Besitzer haben zur Folge, daß ca. 20 % der Anbaufläche in Zukunft von Kleinbetrieben bewirtschaftet werden, die arm an Kapital und Geräten sind,
- der einstige sichere Absatzmarkt im Osten ging verloren, der Handel muß sich dem internationalen Wettbewerb stellen.

3. Erläutere die Entwicklung der landwirtschaftlichen Produktion 1986–1992 (Mat. 32.1 u. 2).

32.2 Privater Gemüsestand in Budapest

Ungarn – ein Mitglied der EU?

Die Länder Mittel- und Osteuropas sehen in einer Mitgliedschaft in der EU einen Weg, sich zu marktwirtschaftlich orientierten, demokratischen Staaten zu entwickeln. Die Neuorientierung der ungarischen Wirtschaft, von den östlichen Ländern weg hin zu den westlichen Industrieländern, begann bereits 1988. Damals wurde mit der EG ein Abkommen über wirtschaftliche Zusammenarbeit und den Ausbau des Handels vereinbart. Ein weiterer Schritt auf dem Weg zu der von Ungarn angestrebten Vollmitgliedschaft in der EU ist ein 1992 abgeschlossenes Assoziierungsabkommen. Mit diesem Vertrag wurde vereinbart, daß die Zölle und Handelsbeschränkungen langsam abgebaut werden sollen. Um die Eingliederung in das westliche Wirtschaftssystem zu erleichtern, sieht der Vertrag vor, daß Ungarn eher vom Abbau der Handelsbarrieren profitieren kann als die EU.

4. Vergleiche die Struktur der Landwirtschaft Ungarns mit der der EU-Staaten (Mat. 33.1, 26.2).
5. Setze die Angaben aus Mat. 33.3 in ein Kreisdiagramm um und erarbeite daran sowie an Mat. 33.2 die Handelsbeziehungen Ungarns mit Deutschland.
6. Erläutere den Handel Ungarns mit der Europäischen Union (Mat. 33.1 u. 2).
7. „Die Landwirtschaft Ungarns – ein wichtiger Pfeiler zukünftiger europäischer Agrarpolitik". Nimm Stellung zu dieser These.

Exportstruktur wichtigste Abnehmerländer in %		**Importstruktur** wichtigste Lieferländer in %	
Deutschland	27,8	Deutschland	23,6
GUS	13,1	GUS	16,8
Österreich	10,7	Österreich	14,4
Italien	9,5	Italien	6,3
Jugoslawien	3,5	ehem. CSFR	4,3
Frankreich	3,2	Frankreich	3,1
USA	3,2	Niederlande	3,0
ehem. CSFR	2,7	USA	2,9
Niederlande	2,2	Schweiz	2,9
Belgien	2,2	Großbritannien	2,9

(nach: DIHT 1993)

33.2 Handelsstruktur Ungarns nach Ländern (1992)

Ware	deutsche Importe aus Ungarn in %	deutsche Exporte nach Ungarn in %
Nahrungsmittel und lebende Tiere	15,4	3,2
Getränke und Tabak	0,7	0,6
Rohstoffe tierischen und pflanzlichen Ursprungs	4,1	1,8
Mineralische Brennstoffe und Schmiermittel	2,1	0,5
Tierische und pflanzliche Öle, Fette und Wachse	0,2	0,1
Chemische Erzeugnisse	4,7	11,7
Bearbeitete Waren	17,3	22,4
Maschinenbau, elektrotechn. Erzeugnisse u. Fahrzeuge	23,4	43,6
Sonstige bearbeitete Waren	30,0	15,2
Sonstiges	2,1	0,9

(aus: Osteuropa-Perspektiven 1993)

33.3 Handelsbeziehung Deutschland-Ungarn

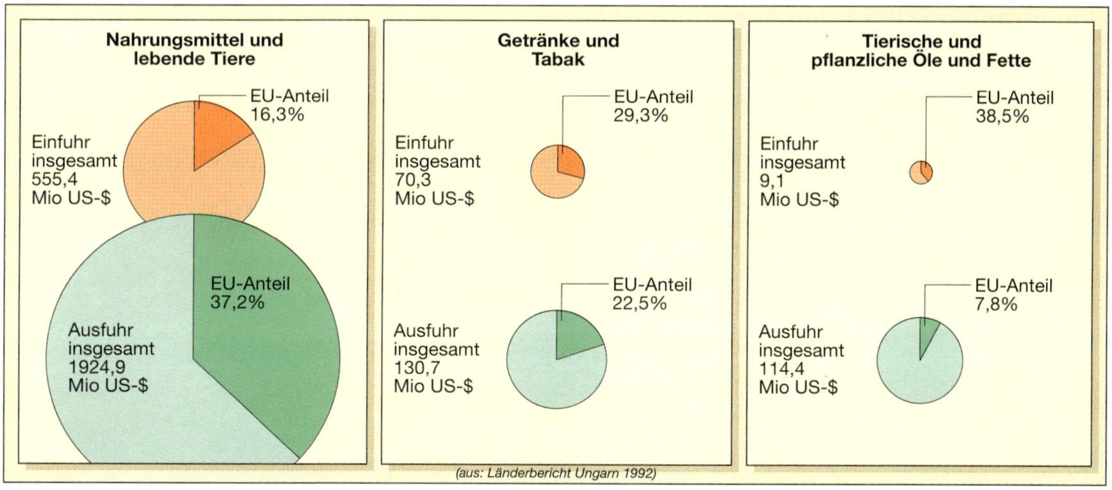

33.1 Handelsstruktur Ungarns nach ausgewählten landwirtschaftlichen Produkten

NORWEGEN
Kongeriket Norge

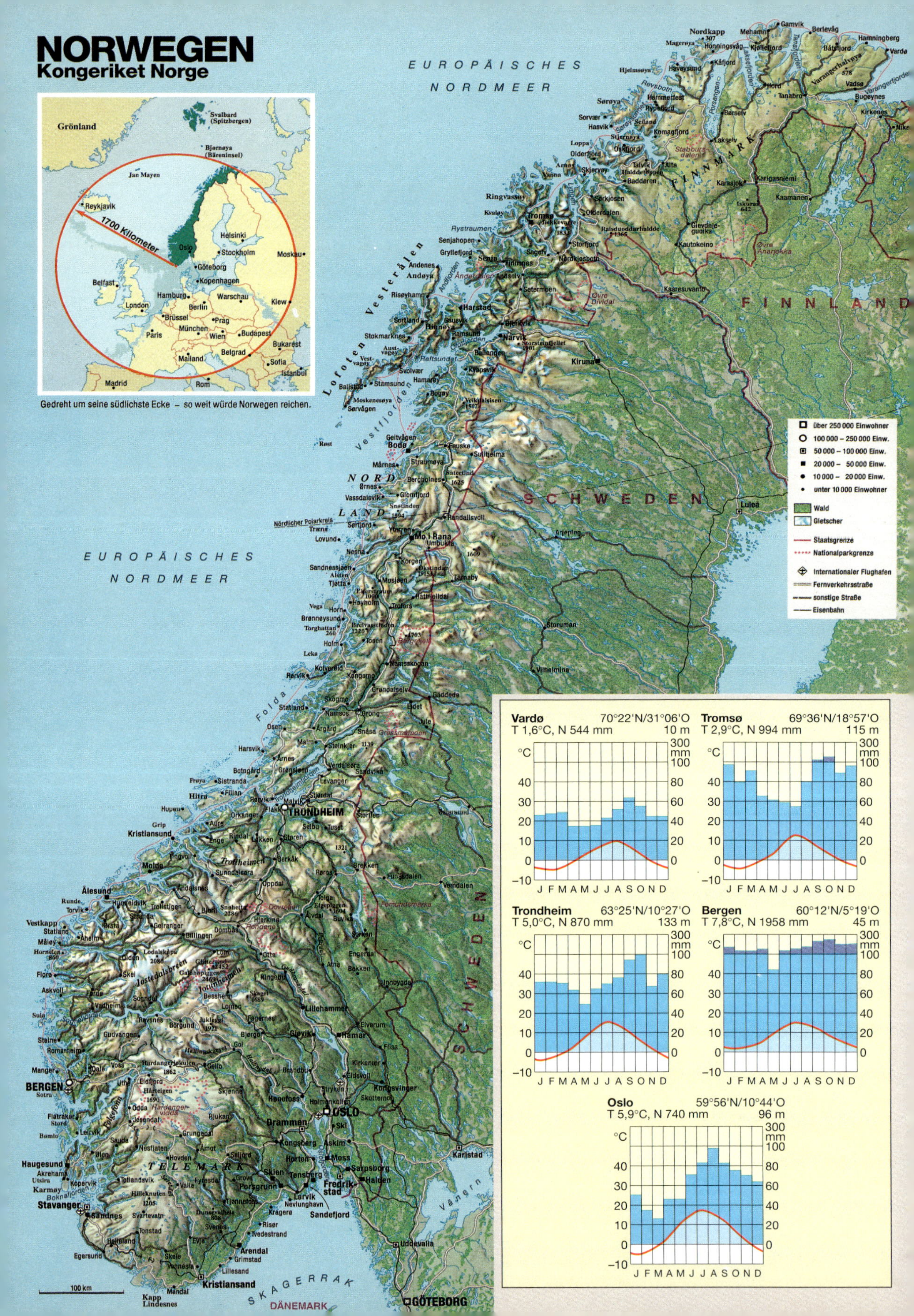

Gedreht um seine südlichste Ecke – so weit würde Norwegen reichen.

Räume im Wandel

1. Norwegen – vom Fisch zum Öl

Norwegen ist überwiegend ein Gebirgsland. Die Oberflächengestalt wurde durch die Eiszeiten geprägt, von denen die letzte vor ca. 11 000 Jahren zu Ende ging. Gletscher hobelten die zum Atlantik entwässernden Täler aus: Zahlreiche **Fjorde** entstanden. Die Länge der Uferlinie erreicht ca. 20 000 km, während der grobe Küstenumriß nur 2650 km lang ist. Dem Festland sind etwa 150 000 Inseln vorgelagert. Die Gebirgsregionen, als Fjell bezeichnet, sind teilweise vergletschert.

Aufgrund seiner nördlichen Lage sowie der Oberflächengestalt war Landwirtschaft in Norwegen schon immer nur begrenzt möglich, obwohl der Golfstrom bis in hohe Breiten für ein maritimes Klima sorgt. In der Fjellregion macht das teilweise bis zur Oberfläche anstehende Gestein Ackerbau und Viehzucht fast unmöglich. Seen und Moore erschweren die Zugänglichkeit dieses Gebietes. So konzentriert sich der Anbau auf die weiten Täler im Süden sowie die nördlichen Ufer der Fjorde.

Die Bewohner, vor allem im hohen Norden, waren weitestgehend auf den Fischfang angewiesen. Wale und Robben, deren Jagd heutzutage stark kritisiert wird, dienen seit jeher u. a. der Gewinnung von Fleisch, Tran und Pelzen. Heute bilden Hering, Kabeljau, Makrele und Lodde die Grundlage der Fischwirtschaft. Allerdings sind die Bestände wegen jahrelanger Überfischung stark zurückgegangen. Um die Nachfrage zu sättigen, wird seit Anfang der siebziger Jahre Fischaufzucht betrieben. In Fischreusen werden Lachse und Forellen gezogen. Norwegischer Lachs macht 60 % der Welterzeugung aus.

1969 ist man bei der Suche nach Öl und Gas im Ekofisk-Feld, ca. 500 km vor der Küste im **Offshore**-Bereich, fündig geworden. Seitdem ist Norwegen zu einem führenden Erdöl-Produzenten aufgestiegen. In der Förderung nimmt es die siebente Stelle, im Export die vierte Stelle weltweit ein. An Reserven werden 1,2 Mrd t vermutet. 80 000 Beschäftigte sind direkt in der Ölförderung tätig, weitere 20 000 arbeiten in der Zulieferindustrie. Durch Abgaben, Steuern und Gebühren der staatlichen Ölkonzerne und internationalen Unternehmen tragen Öl und Gas mehr als zur Hälfte zu den Staatseinnahmen Norwegens bei.

1. Untersuche die Möglichkeiten landwirtschaftlicher Nutzung in Norwegen. Vergleiche mit Deutschland (Mat. 34.1, Atlas).

2. Beschreibe Art und Lage von Bodenschätzen im norwegischen Meeresgebiet (Atlas).

3. „Vom Fisch zum Öl." Erläutere die Entwicklung der norwegischen Wirtschaft (Mat. 35.1 u. 2, Text).

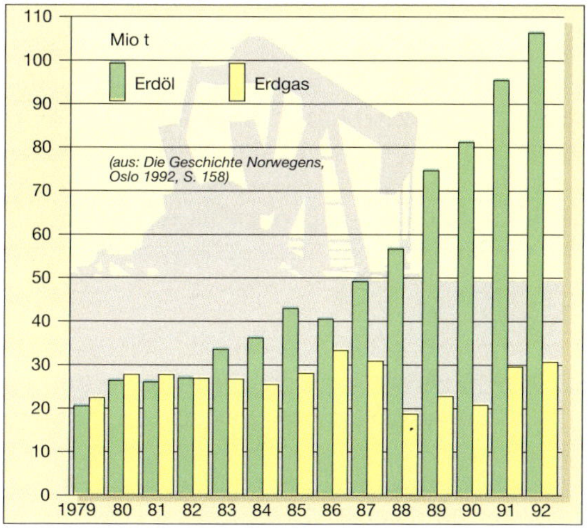

35.1 Förderung von Rohöl und Erdgas

Gesellschaften		Umsatz 1991 (Mio NKr)
Statoil	Erdöl, Erdgas, in Staatsbesitz	78300
Norsk Hydro	Erdöl, Erdgas, Landw., 51% Staatsbesitz	61423
Kværner Industrier	Schiffsbau/Maschinenbau, Offshore usw.	18655
Orkla	Nahrungsmittel, Medien	16133
Televerket	Norwegische Telekommunikation	14279
Aker	Installationen f. Offshore, Maschinenbau	13600
Esso Norge	Ölgesellschaft	12056
ABB Norge	Elektrotechnik	10641
Norske Skogsind.	Holzwirtschaft	8975
Postverket	Die norwegische Post	8723
Norske Shell	Ölgesellschaft	8279
Elkem	Ferrolegierungen, Silizium, Aluminium	7814
Dyno Industrier	Sprengstoffe, chemische Rohstoffe	7724
DNL	Norwegischer Anteilseigner von SAS	7405
NKL	Großhandelsuntern. für Nahrungsmittel	7231
Hagen-Gruppen	Nahrungsmittel	7074
Philips Petroleum	Ölgesellschaft	6916
Elf Aquitaine	Ölgesellschaft	6811
Fina Norge	Ölgesellschaft	6426
Mobil Norge	Ölgesellschaft	6200

(aus: Tatsachen über Norwegen 1994-95)

35.2 Die 20 größten Unternehmen in Norwegen

34.1 Relief und Klima in Norwegen (aus: GEO Spezial, Norwegen 1/1990)

36.1 Anzeige zum Weltölkongreß 1994

Bevölkerungswachstum Stavangers						
1965	1970	1975	1980	1985	1988	2000[1]
78167	81643	85569	89913	94200	96150	105781

Durchschnittliches Jahreseinkommen der Erwerbstätigen in Stavanger in NKr				
1965	1975	1980	1984	1985
17641	46172	74937	109410	117739

Städtische Steuereinnahmen in Mio NKr	1980	1983	1986
Gesamt	471,1	699,0	911,1
davon aus der Ölwirtschaft	137,7 (29,2%)	230,4 (35,1%)	228,9 (25,1%)

1) Prognose
(nach: Department of Information, Stavanger)

36.2 Daten zur Entwicklung Stavangers

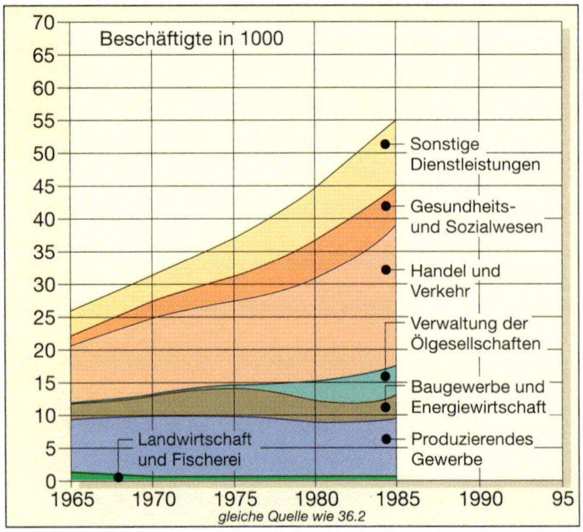

36.3 Entwicklung von Wirtschaftszweigen in Stavanger

Ölhauptstadt Stavanger

Stavanger, an der atlantischen Südwestküste Norwegens gelegen, war seit altersher eine bedeutende Hafen-, Handels- und Bischofsstadt. Ende des 19. Jahrhunderts entwickelte sich im Zuge der aufkommenden Heringsfischerei eine Fischkonservenindustrie. Nach dem Zweiten Weltkrieg siedelten sich zusätzlich Betriebe der Eisen- und Metallverarbeitung sowie eine Werft mit über 1300 Beschäftigten an.

Stavangers Entwicklung zur Ölmetropole fand praktisch im Zeitraum 1965 – 76 statt, d. h. von der ersten Vergabe von Bohrkonzessionen im Nordseeschelf bis zur Etablierung wichtiger Organe der norwegischen Ölwirtschaft.

Ausschlaggebend für die Standortwahl waren die Nähe zum Fördergebiet sowie die gute Verkehrssituation. Nicht zuletzt konnte man auf ein modernes Stadtzentrum mit allen notwendigen Dienstleistungen zurückgreifen. Die Region Stavanger wurde zu der am schnellsten wachsenden Agglomeration des Landes. Dazu trugen u. a. die großen Versorgungsbasen für den Offshore-Bereich sowie die Montageplätze für die riesigen Tanks und Plattformen bei.

(nach: E. Gläßer, Norwegen, S. 119, Köln 1992)

Die Entwicklung zum Zentrum der Ölindustrie brachte jedoch auch negative Folgen. Der Bedarf an Wohn-, Geschäfts- und Büroräumen ließ die Mieten erheblich steigen. Die ortsansässigen Firmen konnten die hohen Löhne und Gehälter wie in der Ölindustrie nicht zahlen. Dadurch mußten zahlreiche einheimische Gewerbe- und Industriebetriebe schließen. Zwischen 1970 und 1980 gingen über 1000 Arbeitsplätze verloren, seitdem stagniert die Zahl der Beschäftigten. Außerdem stiegen die Lebenshaltungskosten erheblich stärker als im übrigen Land. Die ausufernde Bebauung dringt immer tiefer in das südlich benachbarte Jæren vor, die leistungsstärkste Agrarregion Norwegens.

4. Nenne die günstigen Standortfaktoren Stavangers für die Ölindustrie (Mat. 37.1 u. 2, Atlas).

5. Weise nach, daß die Entwicklung und Wirtschaft Stavangers vom Erdöl geprägt sind (Mat. 36.1 – 3, 37.2, Text).
Nenne positive und negative Auswirkungen.

37.1 Stavanger

37.2 Ölmetropole Stavanger – historische Entwicklung

38.1 Manchester um 1885

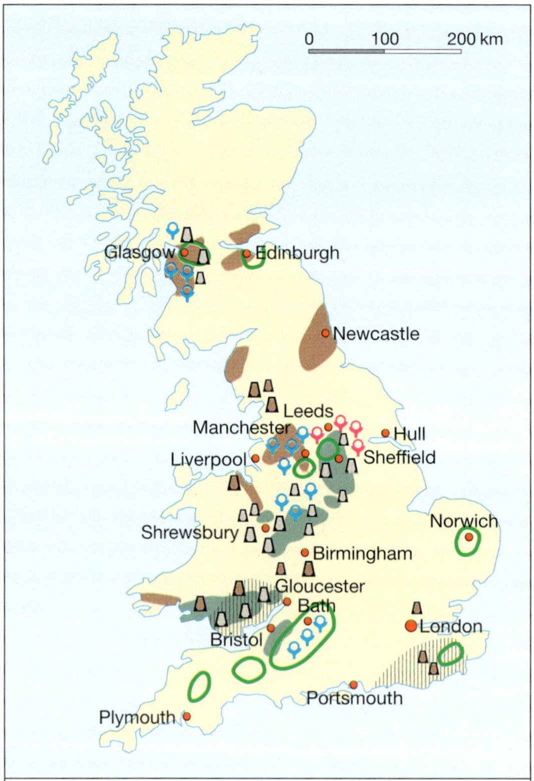

38.2 Bodenschätze und Industrie im 18. u. 19. Jh.

Manchester, 5. Juli 1835

Auf dem Gipfel der Hügel erheben sich dreißig oder vierzig Fabriken. Mit ihren sechs Stockwerken ragen sie hoch in die Luft und künden weithin von der Ansammlung der Industrie.

Der Boden ringsherum ist schon aufgewühlt, an tausend Stellen aufgerissen; aber er ist noch nicht von menschlichen Siedlungen bedeckt. Die Straßen, welche die einzelnen, noch schlecht zusammengefügten Teile der großen Stadt miteinander verbinden, bieten wie alles andere auch das Bild eines hastigen und noch nicht vollendeten Werkes. Einige dieser Straßen sind gepflastert, aber die Mehrzahl besteht aus Buckeln und schlammigem Boden, in dem der Fuß des Passanten oder der Wagen des Reisenden einsinkt. Nirgendwo haben die Grundwaage des Geometers und das Band des Feldmessers ihre Arbeit verrichtet.

Ein dichter Qualm liegt über der Stadt. Durch ihn hindurch ist die Sonne nur schemenhaft zu erkennen. In diesem verschleierten Licht bewegen sich unablässig dreihunderttausend Menschen. Tausend Geräusche ertönen ununterbrochen in diesem Labyrinth: die Schritte einer geschäftigen Menge, das Knarren der Räder, die ihre gezahnten Räder gegeneinander reiben, das Zischen des Dampfes, der dem Kessel entweicht, das gleichmäßige Hämmern des Webstuhles, das schwere Rollen der Wagen.

(nach: Alexis de Tocqueville, Die neue Welt der Industrie. Notizen von einer Reise nach England 1835)

38.3 Reisebericht

2. England – der älteste Industrieraum in der Krise

Die Entstehung des mittelenglischen Industrieraumes

Mitte des 18. Jahrhunderts, fast 100 Jahre früher als in Deutschland, begann der Industrialisierungsprozeß in England. Mittelengland entwickelte sich zum ersten Industriegebiet. Zunächst war es die Textilindustrie, die diesen Raum prägte, denn sie fand günstige Standortvoraussetzungen vor:
- heimischer Flachsanbau bildete die Grundlage der Leinenindustrie (Heimarbeit),
- Wolle der Hochlandschafe wurde verarbeitet,
- die Wasserkraft der Flüsse aus den Pennines diente als Energie für den Antrieb der Spinnmaschinen und der mechanischen Webstühle,
- die Erfindung der Dampfmaschine ermöglichte die maschinelle Massenproduktion,
- der hierfür benötigte neue Energierohstoff Kohle war in den Pennines standortnah vorhanden.

Als die heimischen Textilrohstoffe Flachs und Wolle nicht mehr ausreichten, wurde Baumwolle aus den Kolonien in Übersee importiert. Große Häfen wie Liverpool entstanden an der Westküste; von hier aus wurde die Baumwolle auf Kanälen zum „Baumwollzentrum" Manchester weitertransportiert. Nach der Erfindung der Dampflokomotive entstand zwischen Liverpool und Manchester die erste Eisenbahnstrecke der Erde.

Bis Mitte des 19. Jahrhunderts hatte die **eisenschaffende Industrie** die Textilindustrie in der Bedeutung als wichtigster Industriezweig abgelöst. Große Mengen an Eisen wurden benötigt für Maschinen, Eisenbahnen, Schiffe, Brücken. In den Pennines waren Kohle und Erz vorhanden. In kürzester Zeit entstanden Großstädte wie Manchester, Leeds, Birmingham und Sheffield in dem Black Country genannten Industriedreieck. In dieser Zeit seines wirtschaftlichen Vorsprunges entwickelte sich England zu einer See- und Kolonialmacht mit weltumspannenden Einflüssen.

1. Erläutere die Standortgunst des mittelenglischen Industrieraums (Mat. 38.2, Atlas).

2. Zeige den Zusammenhang zwischen industrieller Entwicklung und Ausbreitung des Eisenbahnnetzes auf (Mat. 39.1 u. 2).

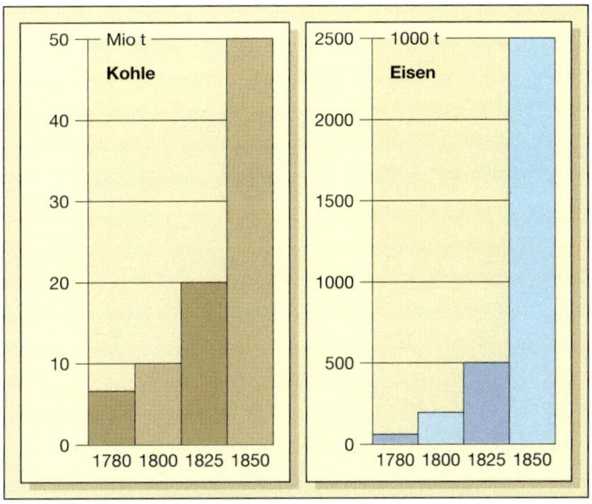

39.1 Kohleförderung und Eisenerzeugung

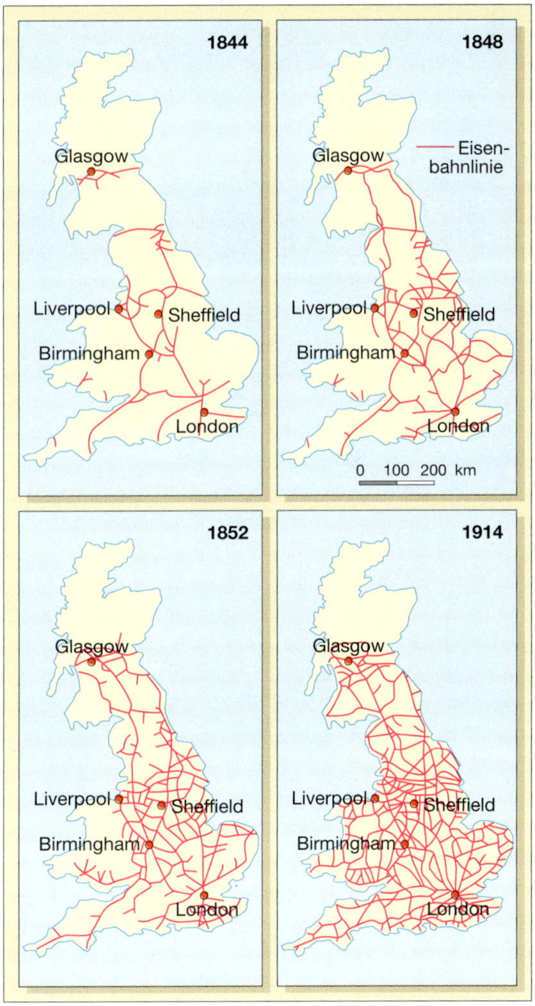

39.2 Entwicklung des Eisenbahnnetzes in England und Schottland

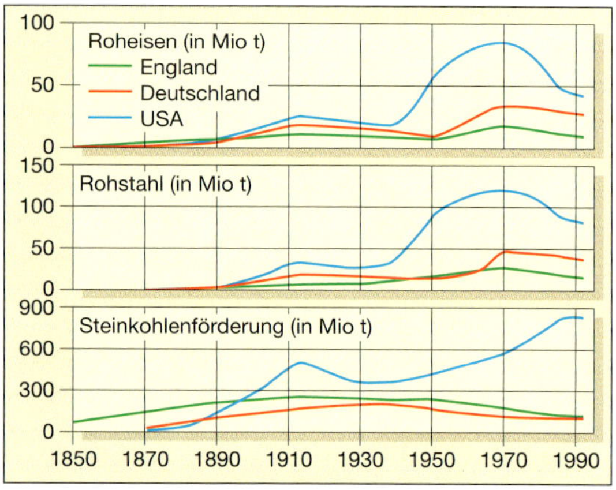

40.1 Entwicklung der Schwerindustrie

Liverpool

Wo das Geld für den Abriß fehlte, stehen mit Wellblech verbarrikadierte Ruinen von Geschäften und Mietskasernen mutwillig herum wie Kulissen einer Filmstadt, in der schon lange nicht mehr gedreht wird. (...)

Aus den Docks und den Hafenbecken hat sich der River Mersey zurückgezogen. An den Kais der Lagerhallen, wo vor zwanzig Jahren noch die Schiffe aus Amerika und dem Commonwealth festgemacht haben, könnte man heute mit dem Lastwagen vorfahren: Der Fluß ist hier nur noch Schlick und Steppe. (...)

• *Quer durch **Großbritannien** zieht sich die trostlose Spur der Industrieruinen: verlassene Werke, verödete Dockanlagen, aufgegebene Werften, ausgeweidete Güterbahnhöfe.*

(nach: Der Spiegel, Nr. 36/1983 und Nr. 11/1986)

Nottinghamshire

Die Bilsthorpe-Kohlengrube wird Ende November geschlossen und mit ihr weitere 26. Einst gab es hier 170 davon, 1995 sind es nur noch 23. Der Niedergang des Steinkohlenbergbaus zeigt Folgen: Grundstücks- und Häuserpreise sinken, Geschäfte schließen, die Arbeitslosenquote steigt, viele wandern ab. *(nach: The Times vom 14.10.1992)*

Birkenhead/Merseyside

Der Versuch, die Schiffswerft am Leben zu erhalten, endete gestern erfolglos. Im Juli wird sie geschlossen, 900 Arbeitsplätze gehen verloren.

(The Times vom 3.12.1992)

40.2 Zeitungsberichte 1983–1992

Niedergang und Strukturwandel

Die Ursachen der **Wirtschaftskrise** in Großbritannien sind vielfältig. Die Textilindustrie war nach dem Zweiten Weltkrieg dem internationalen Wettbewerb nicht mehr gewachsen. Auch die Schwerindustrie bekam Absatzprobleme auf dem Weltmarkt, weil die eigenen Produktionskosten stiegen: Kohle mußte aus immer größeren Tiefen gefördert werden, und weil die Ausbeutung der heimischen Erzlagerstätten nicht mehr rentabel war, mußten Erze teuer importiert werden.

Das Black Country war vom Niedergang der Industrie in mehrfacher Hinsicht betroffen: Als der Import ausländischer Erze über die Häfen der Westküste zunahm, verlagerten viele Hüttenwerke ihren Standort dorthin, die industrielle Produktion ging zurück, Arbeitsplätze gingen verloren. Im Zusammenhang mit der Absatzkrise verschärfte sich die Situation, es kam zu Massenentlassungen.

In den 70er Jahren versuchte Großbritannien, neue Schwerpunkte bei der industriellen Produktion zu setzen, indem markt- und wachstumsorientierte Industrien, z. B. Betriebe der Elektrotechnik oder der Elektronik, staatlich gefördert wurden. Auch die Automobilbranche boomte damals. Doch bei diesen Industrien zeigten sich bald Verfallserscheinungen: Britische Autos z. B., lange Zeit ein wichtiger Exportartikel, sind nicht konkurrenzfähig genug; sie sind zu teuer, entsprechen zu wenig „europäischen" Qualitätsansprüchen und sind zu wenig an den Wünschen der Käufer orientiert. Selbst der Binnenmarkt ging bis Ende der 80er Jahre nach und nach verloren. 1994 wurde das Rover-Werk von BMW aufgekauft.

Die Möglichkeit einer wirtschaftlichen Gesundung boten die Erdöl- und Erdgasfunde in der Nordsee zu Beginn der 70er Jahre. Großbritannien entwickelte sich zum größten europäischen Erdölproduzenten. An der Nordostküste Englands entstanden Standorte der chemischen Industrie. Die Hoffnung, mit den Exporteinnahmen aus dem Erdöl- und Erdgasgeschäft die Schwächen der krisengeschüttelten Textil- und Schwerindustrie ausgleichen zu können, hielt nur bis 1986. Damals fielen die Ölpreise auf dem Weltmarkt drastisch, die staatlichen Einnahmen gingen zurück, es entstand allein in diesem Jahr ein **Handelsdefizit** von 19 Mrd Pfund. Bis 1994 erholte sich die erdölverarbeitende Industrie Großbritanniens wieder, doch nur unter Reduzierung der Beschäftigten.

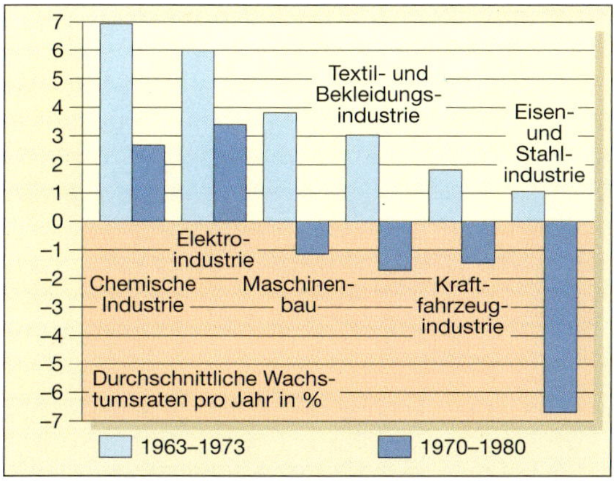

41.1 Wachstumsraten der britischen Industrie

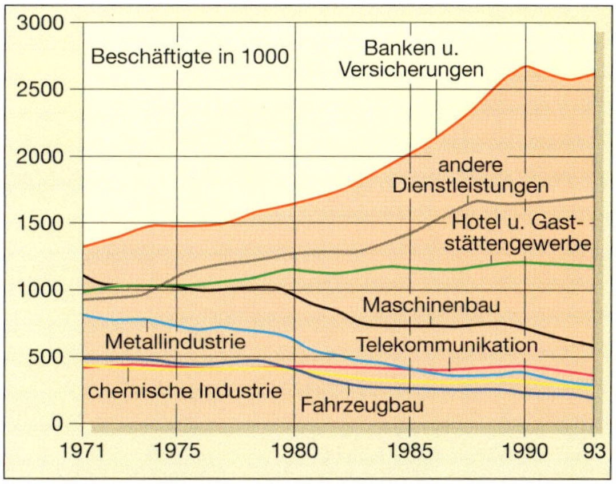

41.3 Entwicklung der Beschäftigtenzahlen

Durch einen weiteren Umstrukturierungsprozeß versucht Großbritannien seit Mitte der 80er Jahre, der De-Industrialisierung im Norden und in Mittelengland entgegenzuwirken und mit seiner Industrie Anschluß an den Weltmarkt zu halten: Das Wachstum der High-Tech-Industrie, der Informationstechnologie sowie Forschungs- und Entwicklungsaktivitäten sind die Hauptansatzpunkte dieser „Neuindustrialisierung“.

Der allgemeine Bedeutungsrückgang der Industrie läßt sich wie in den übrigen Industrienationen auch in England nicht aufhalten; statt dessen kommt dem Dienstleistungssektor immer größere Bedeutung zu.

3. Wie hat sich die Bedeutung der Schwerindustrie entwickelt (Mat. 40.1 u. 2, 41.1 u. 3)?

4. Erläutere die Folgen des industriellen Niedergangs (Text, Mat. 41.2).

5. Suche im Atlas die Öl- und Gasvorkommen Großbritanniens und lokalisiere die Standorte der chemischen Industrie.

6. Beschreibe die Strukturentwicklung der britischen Industrie und erläutere ihre Voraussetzungen (Mat. 41.1 u. 2).

7. England entwickelt sich zur Dienstleistungsgesellschaft. Erläutere anhand von Mat. 41.3.

8. Beschreibe das britische Nord-Süd-Gefälle und suche eine Erklärung hierfür (Mat. 41.2).

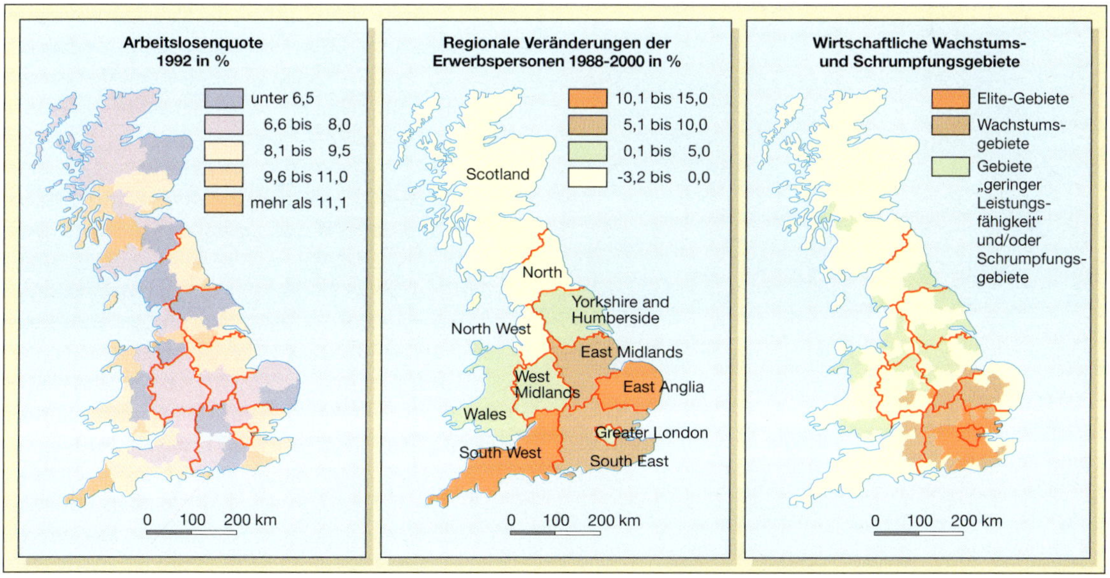

41.2 Das britische Nord-Süd-Gefälle

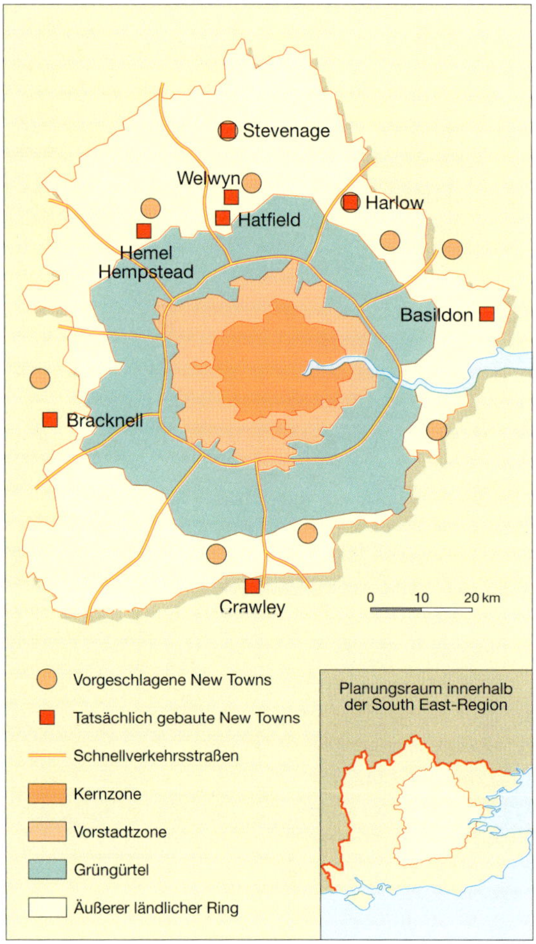

42.1 Greater London Plan von 1944

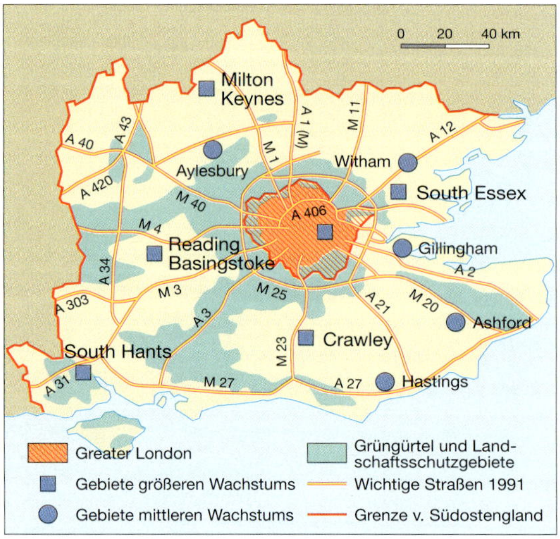

42.2 Strategic Plan for the South East von 1978

Raumplanung in Großbritannien

Die staatliche **Raumplanung** hat u. a. die Aufgabe, einem regionalen Ungleichgewicht entgegenzuwirken und wirtschaftlich rückständige Gebiete zu fördern. Sie stellt Raumplaner zur Verfügung, gibt Zuschüsse und gewährt steuerliche Erleichterungen, schafft die gesetzlichen Voraussetzungen und weist in den jeweiligen Raumentwicklungsplänen **Fördergebiete** aus. Solche Förderung findet sowohl innerhalb einzelner Städte (urban development) als auch in größeren Regionen statt (regional development).

Als abzusehen war, daß anhaltende Zuzüge und ungeplante Verdichtung zunehmend Probleme im Großraum London entstehen ließen, wurde 1944 der **Greater London Plan** in die Tat umgesetzt. Zum einen wollte man wegen der Nähe zum europäischen Kontinent den Süden wirtschaftlich stärken, zum anderen eine Ordnung in die Siedlungsstruktur Londons bringen. Als jedoch der Bedeutungsverlust des Nordens und Mittelenglands stärker als erwartet anhielt, entschloß man sich in Form des **Strategic Plan for the South East** 1978 zu einer stärker dezentralen Planung sowie zu einer Wiederbelebung des Mittelwestens.

Als die Rezession 1990/92 besonders den Dienstleistungssektor betraf (vgl. Mat. S. 43), beschloß die britische Regierung 1993, die Industrie durch finanzielle Zuschüsse und Exporterleichterungen wieder stärker zu unterstützen. Ergänzende Unterstützung erhält Großbritannien aus dem Europäischen Fond für regionale Entwicklung (EFRE): 38 % sämtlicher EFRE-Gelder dienen allein der Re-Industrialisierung vor allem in Mittelengland.

9. Worin unterscheiden sich der Greater London Plan und der Strategic Plan for the South East (Mat. 42.1 und 2)?

10. Wie haben sich die wirtschaftlichen Rezessionen im Norden und Süden Großbritanniens ausgewirkt (Mat. 43.2, Tabelle und Text)?

11. Erläutere den Raumentwicklungsplan 1993 vor dem Hintergrund der bisher erarbeiteten Ergebnisse (Mat. 43.2 und Seiten 38 – 42).

12. Beantworte die in der Überschrift von Mat. 43.2 gestellte Frage: Kann mit Hilfe des 1993er Förderprogrammes der britischen Regierung das Nord-Süd-Gefälle beseitigt werden? Ziehe hierzu das Kapitel „Der Eurotunnel“ hinzu.

Übersetze mit Hilfe eines englisch-deutschen Wörterbuches zunächst die Begriffe.

a) Mit welchen Standortvorteilen wirbt Doncaster?
b) Wer ist an einer Re-Industrialisierung Mittelenglands interessiert? (Mat. 43.3, Text S. 42)

43.1 Regionalwerbung für Doncaster

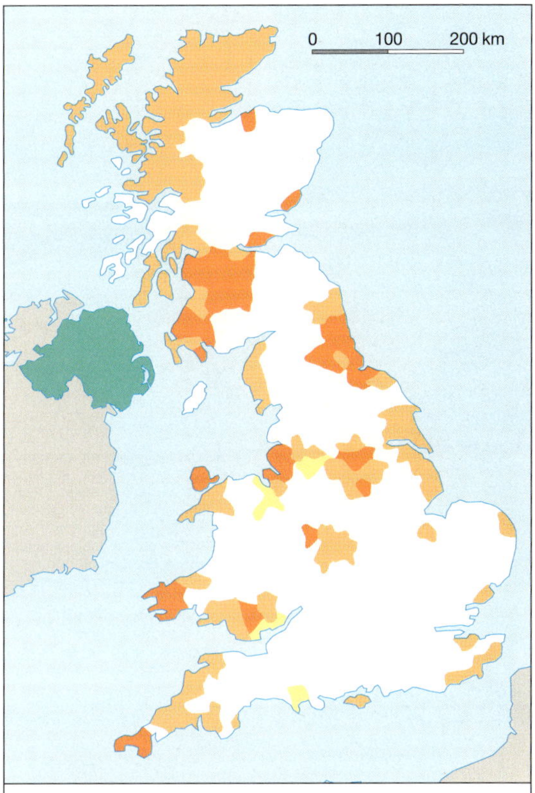

- Gebiete mit intensiver staatlicher Förderung
- Gebiete mit staatlicher Förderung
- Gebiete mit geringer staatlicher Förderung
- Nicht geförderte Gebiete
- Nordirland

43.3 Staatliche Fördergebiete 1993

Das Ende des Nord-Süd-Gefälles?
In den 80er Jahren wurde das Hauptgewicht bei der Regionalförderung von der Industrie weg, hin zum Dienstleistungssektor verlagert. Der 1993er Raumentwicklungsplan nun hält fest an den bisherigen Zielsetzungen, „...regionale wirtschaftliche Disparitäten zu verringern und die Entwicklung vorhandener regionaler Potentiale innerhalb der ausgewiesenen Fördergebiete auf breiter Basis und möglichst langfristig zu unterstützen." Zum ersten Mal überhaupt sind auch im Südosten Englands Fördergebiete ausgewiesen. Dies ist das Ergebnis der starken wirtschaftlichen Rezession, die 1990 begann und erst 1992 langsam zurückging. Unter ihr litt besonders der Dienstleistungsbereich im SO, wo die Arbeitslosenquote erstmals auf über 10 % stieg. Im Norden und in Mittelengland hat man für das Miteinbeziehen des Südostens in den staatlichen Förderplan wenig Verständnis: Dort sind die Folgen der Wirtschaftskrise aus den Jahren 1979 – 81 noch kaum überwunden; zudem gibt es im SO deutlich weniger Langzeitarbeitslose, und man sagt ausschließlich dieser Region bis zum Jahr 2000 neue Wachstumsansätze wegen des Eurotunnels voraus.

Arbeitsplatzverluste als Folge zweier Rezessionen

(Angaben in 1000)	1979 – 81 ind. Produktion	1979 – 81 Dienstleistungen	1990 – 1992 ind. Produktion	1990 – 1992 Dienstleistungen
GB	– 1152	– 112	– 1047	– 363
Süden	– 356	– 12	– 491	– 406
Norden	– 796	– 100	– 556	– 43

Süden = Südosten, East Anglia, Südwesten, East Midlands
Norden = restliche Gebiete Großbritanniens
(nach: Regional Studies, University of Cambridge 1993)

43.2 Britische Regionalplanung

44.1 Anzeige des KVR

3. Der „Kohlenpott“ – Abschied vom Klischee

„Verflixt, denke ich, wo ist eigentlich der Kohlenpott? Haben sie den geklaut? Als ich kurz vor Bochum bin und statt Schornsteinen und Fabriken nur Wälder, Felder, Wiesen und schon herbstlich buntgefärbte Abraumhalden um mich herum sehe, wird mir klar: Das Ruhrgebiet, unser guter, alter Kohlenpott ist wirklich verschwunden – einfach weg. Ich hab's nicht glauben wollen, diese Verwandlung ... In kurzer Zeit haben sie eine seit 150 Jahren zermarterte Landschaft umgekrempelt wie einen alten Hut.“

(aus: Schulbuchinformationsdienst, KVR 1990)

„Letzte Dortmunder Zeche geschlossen“, „Stahlwerks-Stillegungen in Hattingen und Oberhausen“. Die Bergbaukrise Ende der 50er Jahre war der Beginn einer tiefgreifenden Veränderung im Ruhrgebiet. Die **Montanindustrie**, wie Steinkohlenbergbau sowie Eisen- und Stahlindustrie genannt werden, hatte einst das Ruhrgebiet zum größten Industrie- und Verdichtungsraum werden lassen. Als aber der preiswerte Energieträger Erdöl und billige Importkohlen auf den Markt drängten, geriet die erste der beiden Wirtschaftssäulen ins Wanken. Die zweite geriet in die Krise, als in den siebziger Jahren Japan und andere neue Stahlexportländer billigen Massenstahl auf dem Weltmarkt anboten – enorme Absatzeinbußen für den Ruhrgebietsstahl waren die Folge.

Doch auch andere Industriezweige waren betroffen, wie z. B. Zulieferindustrien. Fast eine halbe Million an Arbeitsplätzen ging verloren, viele Arbeitskräfte wanderten ab, die Arbeitslosenziffer stieg rasant. Konnte es für einen altindustrialisierten Raum wie diesen überhaupt eine wirtschaftliche Zukunft geben?

1. Nenne gegenwärtige Standorte der Schwerindustrie im Ruhrgebiet (Atlas).
2. Erläutere die Entwicklung der Schwerindustrie (Mat. 45.2).
3. Erkläre den Zusammenhang zwischen wirtschaftlicher und bevölkerungsmäßiger Entwicklung (Mat. 45.3 u. 4, 45.1).
4. Erläutere die Kapitelüberschrift (Mat. 44.1, 45.1 und Atlas).

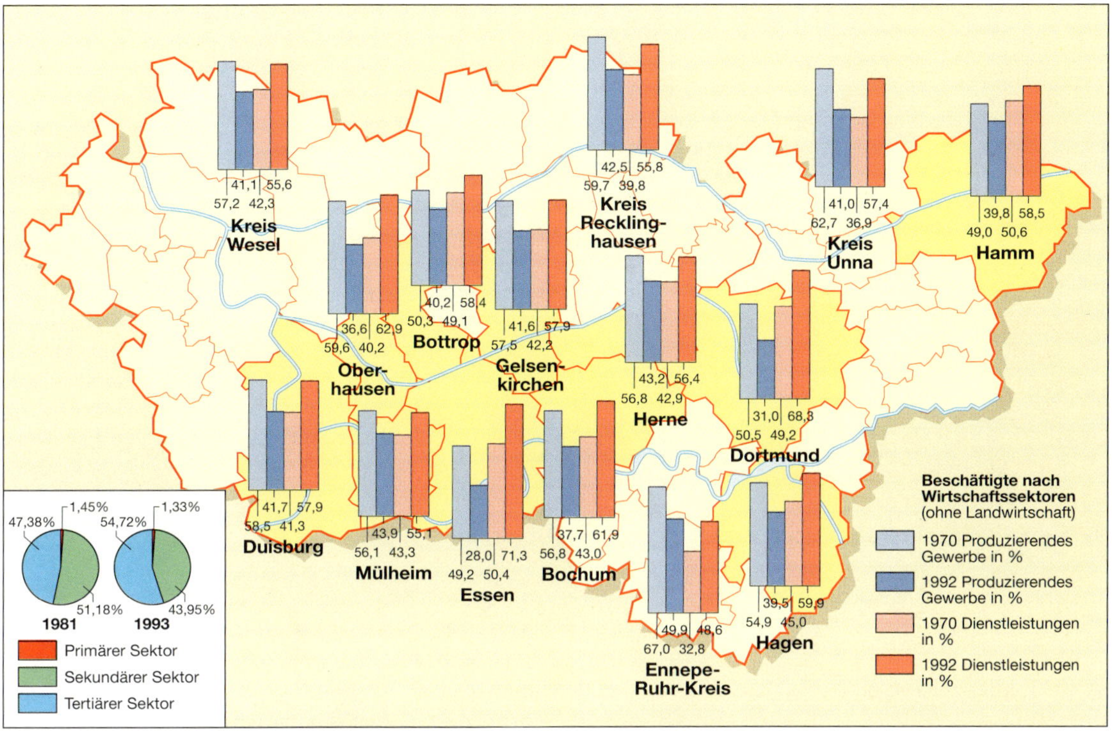

45.1 Strukturwandel im Ruhrgebiet

*Seit dem **13. Jahrhundert:** Nutzung von Steinkohle, nahe an der Oberfläche abgebaut.*

*Um **1840:** Erstmals Förderung von Kohle im Tiefbau.*

***1849:** Erste Verhüttung von Eisenerz zu Roheisen mit Ruhrkoks statt wie bisher mit Holzkohle.*

***Seit 1900** Nutzung von Teer, Benzol, Ammoniak als Rohstoffe in der chemischen Industrie.*

***1945:** Kohlenförderung mit 33 Mio t auf den Stand des Jahres 1865 zurückgefallen.*

***1956:** Höchststand der Kohlenförderung im Ruhrgebiet nach dem Zweiten Weltkrieg (125 Mio t).*

***1958:** Erste Feierschichten (Kurzarbeit) im Bergbau zur Verringerung der Kohlenförderung.*

***1964:** Bisher 53 Zechen mit 35 000 Arbeitsplätzen seit 1958 stillgelegt.*

***1975:** Einschränkung der Stahlproduktion auf 24 Mio t (1974: 32 Mio t); Beginn der Stahlkrise.*

***1985:** Nur noch 28 Zechenanlagen und 25 % Belegschaft, aber 4,5 t Schichtleistung pro Bergmann (1960: 2 t).*

***1993:** 80 % der 500 000 Arbeitsplätze im Bergbau seit 1958 abgebaut. Die Stahlriesen Hoesch und Krupp bilden eine Fusion. Die Stahlproduktion ist auf 19 Mio t (1970: 28 Mio t), die Steinkohlenförderung auf 51 Mio t (1955: 121 Mio t) gesunken.*

45.2 Zur Wirtschaftsgeschichte des Ruhrgebiets

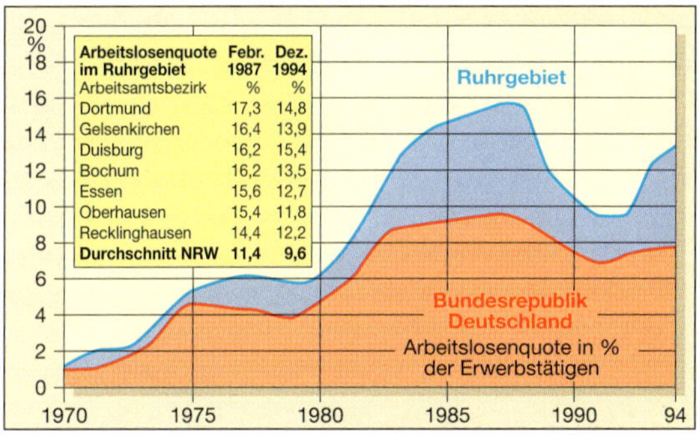

Arbeitslosenquote im Ruhrgebiet Arbeitsamtsbezirk	Febr. 1987 %	Dez. 1994 %
Dortmund	17,3	14,8
Gelsenkirchen	16,4	13,9
Duisburg	16,2	15,4
Bochum	16,2	13,5
Essen	15,6	12,7
Oberhausen	15,4	11,8
Recklinghausen	14,4	12,2
Durchschnitt NRW	**11,4**	**9,6**

45.3 Arbeitslosenquote 1970–1994

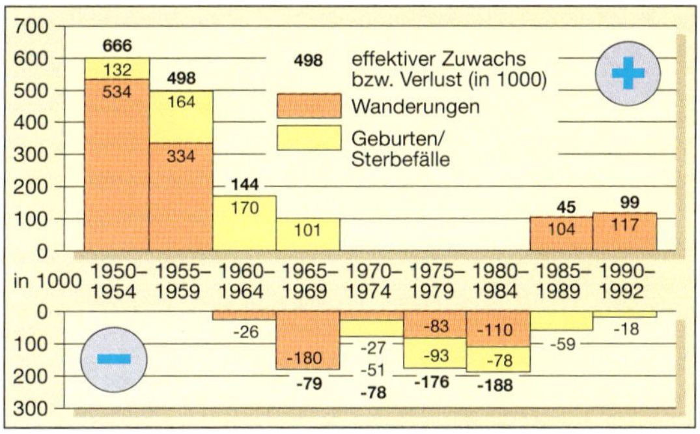

45.4 Bevölkerungsentwicklung 1970–1992

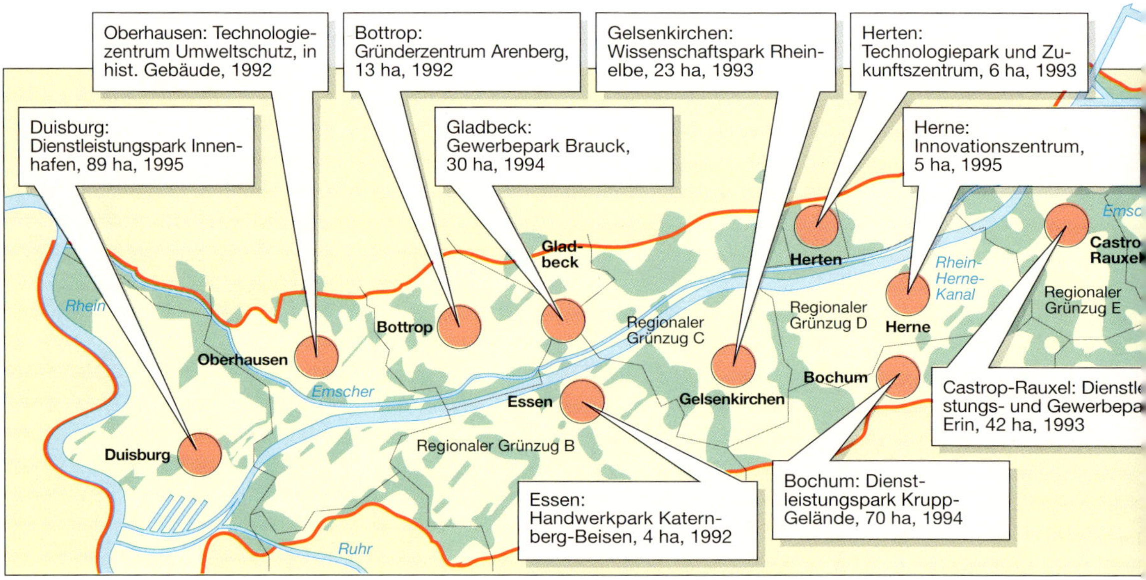

46.1 Internationale Bauausstellung Emscherpark. Programm: „Arbeiten im Park“ (Auszug)

Internationale Bauausstellung Emscherpark

Wirtschaftliche Probleme, die das gesamte Ruhrgebiet trafen, machten sich in der Emscherzone am deutlichsten bemerkbar. Hier hatte sich mit der allmählichen Nordwärtswanderung des Bergbaus entlang der Emscher der Schwerpunkt der Schwerindustrie herausgebildet. Städte waren schnell und unkontrolliert gewachsen, Wohn- und Gewerbegebiete gingen ineinander über, die ökologische Belastung überschritt häufig den Grad des Zumutbaren. Stillgelegte Zechen und Hüttenwerke, ungenutzte ehemalige Industrieflächen, sog. **Industriebrachen** und ökologische **Altlasten** zeugen von den besonderen Problemen dieser Industriezone. Wenn vom „Kohlenpott“ die Rede ist, meint man vor allem die Emscherzone.

Das Zauberwort, das dieser Region und damit dem gesamten Ruhrgebiet neuen Glanz verleihen soll, heißt **IBA – Internationale Bauausstellung**.

In einem 65 km langen und 20 km breiten durchgehenden Landschaftspark, der von Duisburg bis Kamen reicht und 17 Städte umfaßt, soll die Industrielandschaft ein neues Gesicht für das 3. Jahrtausend erhalten. In die vorhandene Stadt- und Siedlungsstruktur sinnvoll eingepaßt, sollen hochwertige Industrie- und Gewerbestandorte entwickelt werden, wobei nicht nur ökonomische, sondern auch ökologische und soziale Bedingungen erfüllt werden sollen: Arbeitsplätze im tertiären Sektor sollen neu geschaffen, Landschaft wiederhergestellt (Re-Vitalisierung), neue Formen sozialen und kulturellen Lebens geschaffen werden.

Bereits 1980 hatte die nordrhein-westfälische Landesregierung im Rahmen ihres **„Aktionsprogrammes Ruhr“** eine von ihr gegründete Gesellschaft veranlaßt, Zechen-, Industrie- und Verkehrsbrachen im Ruhrgebiet aufzukaufen, zu sanieren, in einen sog. Grundstückfonds Ruhr einzubringen und Investoren anzubieten. Ziel war es, im Rahmen des notwendigen Strukturwandels die Menschen im Ruhrgebiet sozial abzusichern und Hilfestellung beim wirtschaftlichen Neuanfang zu leisten. So gelang es z. B., Ersatzarbeitsplätze an Stahlstandorten zu schaffen, wo viele Menschen arbeitslos geworden waren.

Mit der IBA Emscherpark sollen grundsätzliche Erfahrungen gesammelt werden für die Bewältigung von Problemen, die sich früher oder später in allen hochentwickelten und verdichteten Industrieräumen einstellen werden.

5. Welche Städte und Industrien gibt es in der Emscherzone (Mat. 46.1, Atlas)?

6. Erläutere die wirtschaftlichen Ziele der IBA Emscherpark (Mat. 46.1).

7. Zeige am Beispiel Herne den räumlichen und strukturellen Wandel auf (Mat. 47.1 u. 45.1).

8. Erläutere die Zielsetzungen des „Grundstückfonds Ruhr“ (Text, Mat. 47.2).

9. „Strukturwandel“ bedeutet mehr als nur „Industriewandel“ – fasse abschließend zusammen (Text, Mat. 47.3 u. 4).

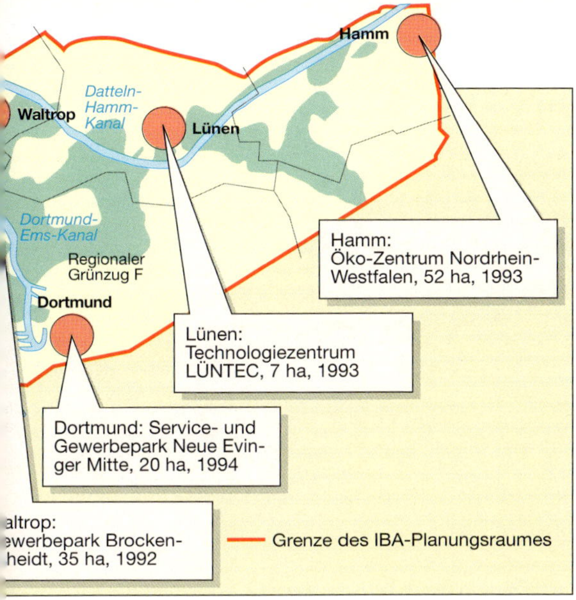

Auf brachgefallenen Industrieflächen sollen hochwertige Industrie-, Gewerbe-, Dienstleistungs- und Wissenschaftsparks entstehen. Diese müssen drei Qualitätskriterien erfüllen:

1. eine landschaftliche bzw. städtebauliche Gestaltung, d. h., die Gewerbegebiete sollen einen attraktiven Übergangsbereich mit zusätzlichen Funktionen (Freizeit, Naherholung) von der Stadt zur Landschaft bilden.

2. eine den Produktionsbedingungen entsprechende und ästhetisch überzeugende Architektur.

3. ein ökologischer Umbau der Gewerbegebiete: Die Oberflächenversiegelung soll minimiert, Straßen und Gebäude begrünt, vernetzte Biotope geschaffen werden.

(aus: E. Wührl, in geographie heute Heft 113)

47.3 IBA-Programm „Arbeiten im Park" (Auszug)

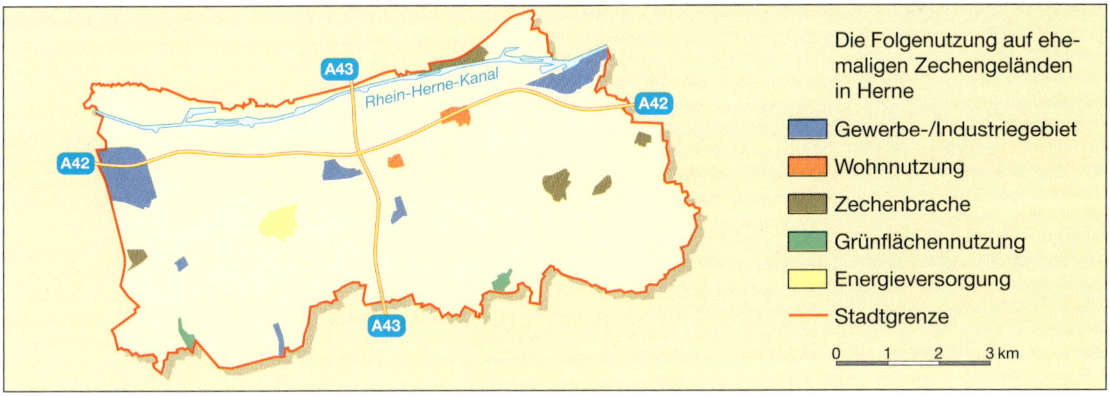

47.1 Industriebrache als Potential für strukturellen Wandel in Herne

Stadt (Anzahl der Grundstücke) *Stand: 31.5.1986*	Künftige Nutzung (in 1000 m²) Gewerbe/ Industrie	Wohnen	Grün- u. Freiflächen
Bochum (17)	647	12	1512
Bottrop (2)	114	–	–
Castrop Rauxel (2)	599	85	27
Dortmund (6)	732	63	18
Duisburg (4)	328	–	35
Essen (6)	118	–	760
Gelsenkirchen (2)	168	–	39
Herne (4)	76	15	121
Herten (2)	61	77	45
Kamen (2)	177	90	787
Oberhausen (3)	632	–	92
Witten (2)	–	35	–
Sonstige (6)	752	210	666

47.2 Künftige Nutzung der durch den Grundstückfonds Ruhr angekauften Grundstücke

I B A

1. ***Emscher Landschaftspark***
   Schaffung einer West-Ost-Grünzone
2. ***Ökologische Verbesserung des Emschersystems***
   Abwassersystem, Bachrenaturierung u. a.
3. ***Rhein-Herne-Kanal als Erlebnisraum***
   Freiflächen, Yachthäfen, Wasserwirtschaft
4. ***Industriedenkmäler als Kulturträger***
   Identifikationsmerkmale erhalten; Neunutzung
5. ***Arbeiten im Park***
   Strukturwandel, Infrastrukturverbesserung
6. ***Neue Wohnungen und Wohnformen***
   Modernisierung alter Werks- und Zechensiedlungen, Integration moderner Formen
7. ***Neue Angebote für soziale, kulturelle und sportliche Tätigkeiten***
   Steigerung der Wohn- und Lebensqualität

47.4 Die IBA-Programme

48.1 Das Gelände der Neuen Mitte Oberhausen in den 60er Jahren

Oberhausen – eine Ruhrgebietsstadt im Wandel

Oberhausen entstand erst 1846 im Zuge der Industrialisierung aus einer Bahnhofsgründung der Cöln-Mindener-Eisenbahn und den nachfolgend angesiedelten Zechen und Hüttenwerken. Da damals nur die Bodennutzungsinteressen der Eisenbahngesellschaft und der Schwerindustrie dominierten, gab es keine geordnete **Stadtentwicklung;** vielmehr entstand ein Wildwuchs von eng beieinanderliegenden Gewerbe-, Verkehrs- und Siedlungsflächen. Mit Mühe konnte genug Platz für die Entwicklung eines echten Stadtzentrums bereitgestellt werden, dem jedoch Platz für spätere Erweiterungen fehlte. Bahnlinien und Industrieflächen schnürten ganze Stadtteile voneinander ab. In der Stadt, die aus mehreren Siedlungskernen bestand, fehlte es an innerstädtischem Zusammenhang. Die schnell auf über 250 000 Einwohner steigende Bevölkerung, die z. T. unter äußerst schlechten Wohnumfeldbedingungen lebte, machte Oberhausen zu einer der am dichtesten besiedelten Städte Deutschlands (2900 E/km^2).

Neben der Stadtstruktur entwickelte sich bis in die 90er Jahre des 20. Jahrhunderts auch die Beschäftigtenstruktur problematisch. Einseitig auf Kohle und Stahl gestützt (vgl. Mat. 45.1), gingen im Laufe der Kohlen- und Stahlkrise fast 40 000 Arbeitsplätze verloren; die Arbeitslosenquote stieg bis auf 17 %, große Industrieflächen fielen brach. Auf den brachliegenden ehemaligen Industrieflächen der 1985 stillgelegten Thyssen-West-Stahlwerke und der 1990 geschlossenen Zeche und Kokerei Osterfeld bot sich der Stadt Oberhausen mit der sog. *Neuen Mitte Oberhausen* die Möglichkeit, mit finanzieller Unterstützung des Landes Nordrhein-Westfalen einen **doppelten Strukturwandel** einzuleiten: Einerseits einen städtebaulichen Wandel, der die Neue Mitte als neuen zusätzlichen funktionalen Schwerpunkt mit u. a. 2000 neuen Wohnungen vorsieht; andererseits durch die Ansiedlung einer zukunftsorientierten Mischung von Industrie- und Dienstleistungsunternehmen einen Wandel in der Beschäftigtenstruktur, weg von der Massengüterproduktion, hin zur **Dienstleistungswirtschaft** (tertiärer Sektor). Verkehrstechnische und umweltgerechte Verbesserungen der Stadt- und Infrastruktur sowie neue zentrale Einrichtungen sollen als flankierende Maßnahmen das Image der alten „Kohlenpottstadt" verbessern und Oberhausen zu einem attraktiven Wirtschafts- und Wohnstandort in der Emscherzone machen.

10. Vergleiche alte und neue Flächennutzung im Bereich der Neuen Mitte Oberhausen (Mat. 48.1 und 49.1).

11. Zeige die Auswirkungen der Ruhrgebietskrise für Oberhausen auf (Mat. 45.1–4, Atlas).

12. Erläutere die städtebaulichen Probleme Oberhausens (Mat. 48.1, Text, Atlas).

13. Erläutere die Zielsetzungen des Projektes „Neue Mitte Oberhausen" (Mat. 49.2–5, Text).

14. Vergleiche die Ziele der „Neuen Mitte Oberhausen" mit Zielen der „Internationalen Bauausstellung Emscherpark" (vgl. S. 46f.).

15. Das Ruhrgebiet – ein starkes Stück Deutschland? Nimm Stellung.

49.1 Das Modell der Neuen Mitte Oberhausen 1995

49.2 Werbeplakat: Projekt Neue Mitte Oberhausen

Geschätzte Investitionen CentrO.	
Einkaufszentrum mit 70.000 m² Verkaufsfläche	900 Mio DM
Mehrzweckhalle für 12.000 Besucher auf 50.000 m²	100 Mio DM
Freizeitpark	70 Mio DM
Büro- und Gewerbebauten auf 100.000 m²	300 Mio DM
Sportanlagen mit Tennis-Center-Court auf 40.000 m²	20 Mio DM
Promenade und Kinozentrum	100 Mio DM
Infrastruktur	125 Mio DM
Weitere geschätzte Investitionen für die Neue Mitte	
Trasse für den öffentlichen Personennahverkehr	250 Mio DM
Ausbau der Osterfelder Straße	50Mio DM
Bootshafen am Rhein-Herne-Kanal mit Wohnbebauung auf 115.000 m²	150 Mio DM
Technologiezentrum (TV-Studios)	130 Mio DM
Landesgartenschau 1999	75 Mio DM
750 neue Wohneinheiten	180 Mio DM

49.4 Investitionen in die Neue Mitte Oberhausen

	in ha	in %
Industrie und Gewerbe (sekundärer Sektor)	ca. 12	8,0
Gewerbe (tertiärer Sektor) mit Wohnen	ca. 15	10,0
Wohnen	ca. 6	4,0
Marina mit Wohnen (Yachthafen)	ca. 10	6,7
Einkaufen	ca. 21	14,0
Mehrzweckhalle und Sport	ca. 5	3,3
Freizeitpark	ca. 15	10,0
Landesgartenschau	ca. 25	16,7
Technologiezentrum (TV-Studios)	ca. 3	2,0
Gemeinbedarf (Museum)	ca. 2	1,3
Grün und Erschließung	36	24,0
Gesamt	150	100,0

49.3 Flächennutzung der Neuen Mitte Oberhausen

	Beschäftigte
Gewerbe	4500
Einkauf	5000
Sportstadt	200
Hotel	200
Marina	500
Technologiezentrum für neue Film- und Videoproduktionstechniken	100
In der Bauphase für drei bis vier Jahre	20000

49.5 Schaffung von Arbeitsplätzen

50.1 Produktion von Kabelbäumen bei INDELMA, ein Siemens-Tochterunternehmen in Setúbal

In der Konfektionsfabrik Santa Marta bei Vizela sitzen 80 Arbeiterinnen an den Maschinen. Santa Marta ist ein Familienbetrieb. Aus den Deckenlautsprechern tönt ein alter Song auf das Rattern der Nadeln. Wer aufsteht, bewegt sich im Laufschritt: Ballen schleppen, Spindeln wechseln. Zwischen 1200 und 1900 Bademäntel schneiden und nähen die Arbeiterinnen jeden Tag zusammen. Zu 80 Prozent geht die Produktion ins Ausland. In Deutschland werden die Bademäntel 59 Mark kosten, die Preisschilder sind schon geliefert.

Sandra arbeitet seit sieben Monaten bei Santa Marta, Maria hockt sei zwei Jahren an der Nähmaschine, Fátima und Cidália haben erst vor kurzem angefangen. Sandra, Maria und Fátima sind 13 Jahre alt, Cidália ist zwölf. Schule ist für sie Luxus, den sie sich nicht leisten können. Die Schulpflicht beträgt nur 6 Jahre.

Die Mädchen arbeiten 45 Stunden in der Woche, über 180 Stunden im Monat. Trotzdem verdienen sie nur wenig, da sie nicht wie Erwachsene bezahlt werden müssen.

(nach: GEO, Juli 1988)

50.2 Schule oder Arbeit?

4. Portugal – verlängerte Werkbank Europas

Portugal ist ein „Schlaraffenland“ für deutsche Unternehmen. Die **Lohnstückkosten**, d. h., die Herstellungskosten der Waren, sind aufgrund der geringen Löhne nur halb so hoch wie in Deutschland. Die Arbeitskräfte sind motiviert, und die politische Stabilität sichert gute Produktionsbedingungen. Kein Land der Europäischen Union hat im letzten Jahrzehnt so wenige Streiks erlebt wie Portugal. In keinem anderen Land der EU wird so lange gearbeitet: Die Portugiesen kommen auf 1900 Stunden Jahresarbeitszeit, während die Deutschen dagegen nur noch 1600 Stunden im Jahr arbeiten.

Die Einbindung in den Europäischen Binnenmarkt und vor allem die Investitionshilfen machen Portugal als **Produktionsstandort** attraktiv. Einige ausländische Unternehmen mieten sich lediglich Hallen, fahren mit einem Lastwagen voller Nähmaschinen vor, drücken den Näherinnen die ebenfalls mitgebrachten Stoffe in die Hände und exportieren die fertigen Textilien wieder in die Heimat.

Die Näherinnen arbeiten unter schlechten Arbeitsbedingungen: 45 Stunden in der Woche für

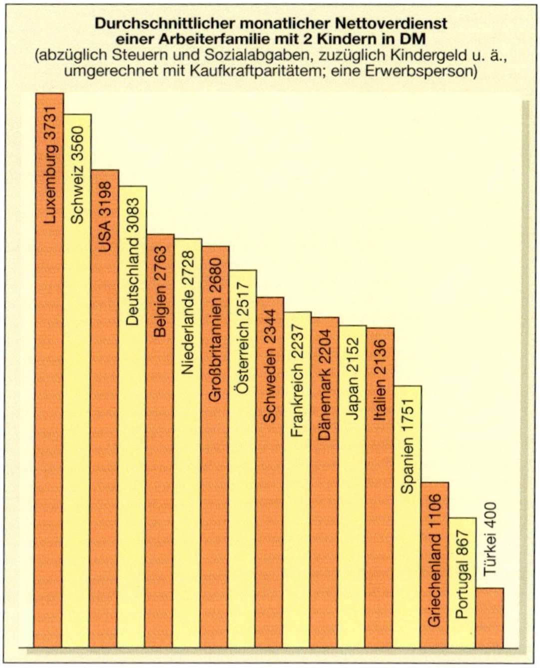

51.1 Arbeitnehmerverdienst

Einfuhren

	in Mrd DM	in Mrd Esc
Gesamteinfuhren	**4.252,00**	**3.901**
Einfuhren aus der EU	3.063,90	2.811
davon:		
Agrarprodukte	172,20	158
Erzeugnisse der verarb. Industrie	2864,50	2.628
davon:		
Nahrungs- u. Genußmittel	206,10	189
Textilien, Bekleidung, Lederwaren	396,70	364
Kork, Holz	37,06	34
Papier, graph. Gewerbe	81,70	75
Maschinen, mechan.	355,30	326
Maschinen, elektr.	317,19	291
Fahrzeuge	546,00	501

Ausfuhren

	in Mrd DM	in Mrd Esc
Gesamtausfuhr	**2.692,30**	**2.470**
Ausfuhren nach der EU	2.033,90	1.866
davon:		
Nahrungs- u. Genußmittel	113,30	104
Textilien, Bekleidung, Lederwaren	817,50	750
Holz, Kork	125,30	115
Papier, Druckerzeugn.	107,90	154
Maschinen, mechan.	45,78	42
Maschinen, elektr.	244,16	224
Fahrzeuge	155,87	143

51.2 Ein- und Ausfuhren 1993

ganz geringe Löhne. Häufig arbeiten Kinder und junge Mädchen in den Textilfabriken, obwohl Kinderarbeit offiziell verboten ist. Es ist aber für die Betriebe günstiger, die geringen Strafen bei Kontrollen zu zahlen, als ausgebildete Erwachsene zu angemessenen Löhnen zu beschäftigen.

Deutsche Unternehmen tätigen inzwischen schon 50 % aller direkten ausländischen Investitionen des Landes. Traditionell konzentrieren sich deutsche Unternehmen in Portugal auf die Industrie. So haben z. B. nahezu alle deutschen Schuhhersteller ihre lohnintensive Herstellung nach Portugal verlagert.

„Wir sind billiger als alle alten Industrieländer, aber besser als alle Billiglohnländer in Osteuropa und Übersee". Mit diesem Motto hat Portugal inzwischen den gewaltigen Sprung vom rückständigen Agrarland zum expandierenden Industriestandort geschafft.

1. Erkläre, warum deutsche Unternehmen in Portugal produzieren (Mat. 51.1, Text).
2. Erläutere die Bedeutung der Textilindustrie für Portugal (Mat. 51.2 u. 3, Text).
3. Erläutere, warum es Kinderarbeit in der Textilindustrie gibt, und begründe, warum daran nichts geändert wird (Mat. 50.2, Text).

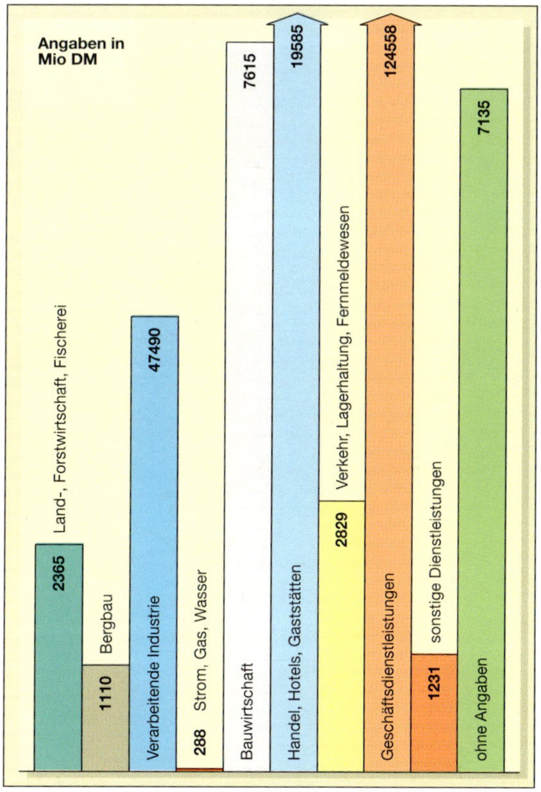

51.3 Ausländische Direktinvestitionen 1993

52.1 Wein- und Olivenkulturen

52.3 Rückständige Landwirtschaft

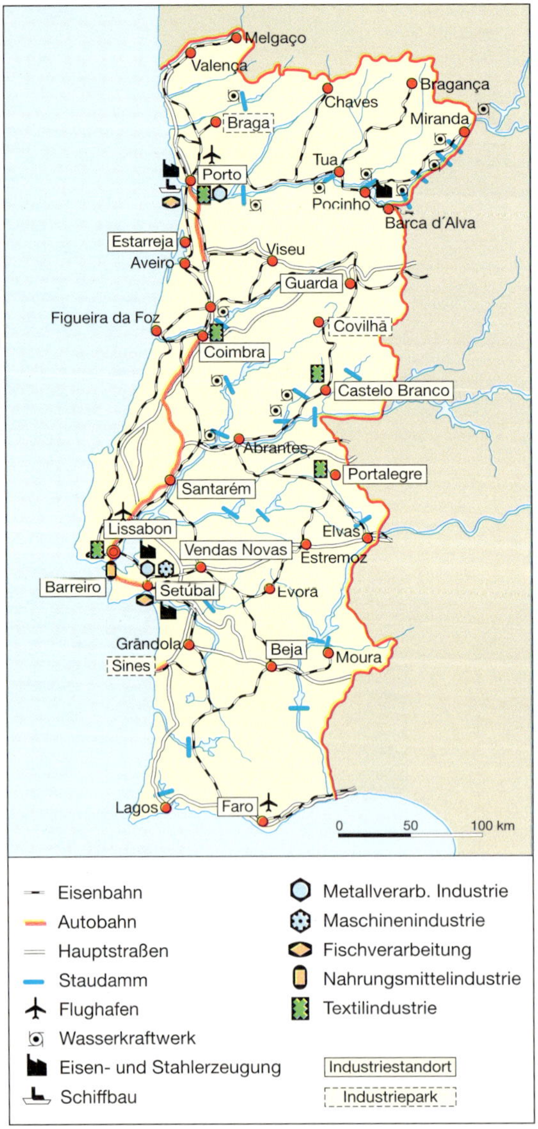

52.2 Wirtschaftskarte Portugal

Trotz der positiven Ansätze in der Industrie zählt Portugal nach wie vor zu den ärmsten Ländern Westeuropas. Die natürlichen Bedingungen für die Landwirtschaft sind ungünstig, die Erträge gering. Portugal muß 32 % seines Nahrungsmittelbedarfs importieren. Die Industrie ist fast ausschließlich auf die Herstellung von Textilien, Bekleidung und Lederwaren sowie die Nahrungsmittelproduktion beschränkt. Es wird in Klein- und Mittelbetrieben gefertigt.

Portugal hat sich durch den Beitritt zur EG 1986 vor allem den Zugang zu Investitionshilfen, wie z. B. verbilligte Kredite, erhofft, um die Wirtschaft zu modernisieren. Ausländische Investoren sollten neue Arbeitsplätze schaffen, letzte Exportbeschränkungen sollten fallen.

So heißt es in der Beitrittserklärung zur EG: „Wir treten in einen der dynamischsten Kreise der Welt ein, und in fünf Jahren wird unser Land ein anderes und besseres für alle sein."

Es gab aber auch Bedenken gegen den Beitritt. Man befürchtete, daß die EG nur an größeren Betrieben interessiert sei, da diese schneller die in der EG üblichen Produktionsweisen einführen könnten.

Die Europäische Gemeinschaft begrüßte Portugals Beitritt; sie erhoffte sich bessere Exportchancen für ihre Industrieerzeugnisse und vor allem einen günstigen Produktionsstandort.

Was ist aus diesen Hoffnungen und Bedenken geworden? Seit dem Beitritt zur EG im Jahre 1986 hat Portugal aufgeholt. In den Jahren 1986 bis 1990 lagen die Wachstumsraten in der Wirtschaft bei 4,0 % bis 5,5 %, eine der höchsten der EG. Seither ist das Wachstum höher als in anderen europäischen Staaten. Dieser Wirtschaftsboom ist vor allem auf die Wirtschaftshilfe aus den EU-Kassen zurückzuführen (vgl. Mat. 105.1).

	Portugal		zum Vergleich Deutschland
Hauptstadt	Lissabon		Berlin
Fläche (km²)	92.389		356.853
Einwohner (Mio) 1993	9,8		81,3
Bevölkerungsdichte (E/km²)	107		228
BSP je Einwohner (US-$) 1993	9.130		23.560
Rangordnung in der Welt (BSP)	36.		10.
Verstädterungsgrad (in %)	35		85
Anteil am BSP	**1980**	**1993**	**1993**
Land-, Forstwirts., Fischerei (%)	29	5	1
Produz. Gewerbe (%)	36	39	37
Dienstleistungen (%)	35	56	62

53.1 Ländersteckbrief

Nach portugiesischen Berechnungen wird das Land bis 1999 mehr als 40 Mrd DM von den reichen EU-Partnern einstreichen können. Auf einmal ist Geld für viele Projekte da: Straßenbau, Schulen, Wasserwerke, Kanalisationen, Stromversorgung, Umweltschutzprogramme usw. Der Geldsegen macht die EU in Portugal fast zu jedermanns Freund.

Auch in der Textilindustrie hat es Veränderungen gegeben. Wie befürchtet, werden vor allem die Großbetriebe von der EU unterstützt. Rund um Porto haben in den vergangenen Jahren Dutzende „Textilfabriken" aufgeben müssen. Die Regierung spricht von „Gesundschrumpfen" und fordert weitere Rationalisierungen.

Um dem starken Konkurrenzdruck billiger Anbieter, vor allem aus Osteuropa, standzuhalten, haben die Portugiesen ihre Angebotspalette verändert. Es werden z. B. nicht mehr viele billige T-Shirts gefertigt, sondern teurere und aufwendig zu fertigende Qualitätswaren. Bei dem geringen Lohnniveau konnte sich Portugal bisher gegen die osteuropäische Konkurrenz durchsetzen.

Seit einigen Jahren läßt die EU auch Textilimporte aus außereuropäischen Staaten zu. Portugal muß sich also auch gegen diese Anbieter behaupten. Um dabei zu helfen, wurde von der EU beschlossen, daß Portugal 400 Mio ECU (rund 770 Mio Mark) erhalten soll.

4. Begründe, warum Portugal der EG beigetreten ist (Text, Mat 52.1 u. 3).

5. Zeige auf, wie sich der Beitritt zur EG für Portugal ausgewirkt hat. Vergleiche mit den Erwartungen (Text).

6. Erläutere die Handelsbeziehungen innerhalb der EU (Mat. 53.3).

7. Beschreibe die heutige wirtschaftliche Situation Portugals (Mat. 52.2 und 53.1–3).

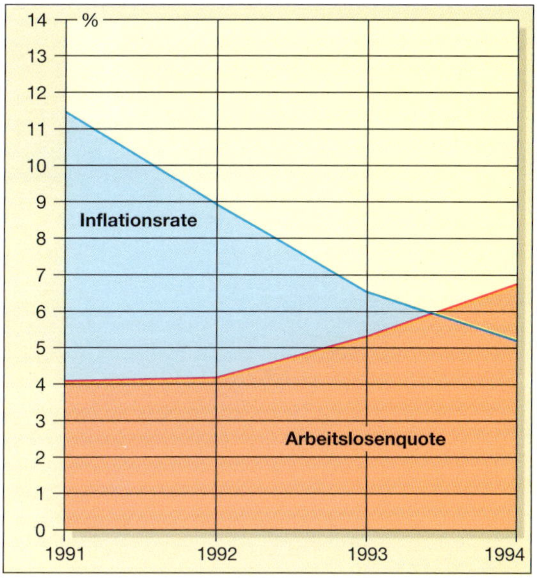

53.2 Ausgewählte Strukturdaten

	Einfuhren (in Mio DM)		Ausfuhren (in Mio DM)	
	1987	**1993**	**1987**	**1993**
EU/EG	947,00	3.064,4	721,20	2.034,0
Frankreich	164,40	553,5	167,60	411,1
Belgien/Luxemburg	47,60	158,9	30,50	92,8
Niederlande	60,20	208,5	67,36	140,2
Deutschland	219,10	748,1	157,20	530,9
Italien	133,00	371,6	39,10	80,7
Großbritannien	124,20	317,7	140,20	306,0
Irland	5,45	22,8	4,36	10,5
Dänemark	14,30	32,3	25,20	37,2
Griechenland	5,80	4,6	2,50	13,2
Spanien	173,50	754,2	86,90	389,1

53.3 Außenhandel Portugals nach Ländern

Der Auftrag der Treuhandanstalt

1. **Privatisierung** aller überlebensfähigen Betriebe aus der Erbmasse der DDR-Staatswirtschaft.
2. **Entflechtung** von Betriebszusammenschlüssen (Kombinaten, sonstigen zwischenbetrieblichen Einrichtungen),
3. **Sanierung** solcher Betriebe, für die sich zunächst keine Käufer finden, die jedoch nach Rationalisierung und Modernisierung Chancen haben, sich im Wettbewerb durchzusetzen.
4. **Stillegung** sämtlicher nicht mehr sanierbarer Betriebe.

Der Privatisierung wurde im Treuhandgesetz der **Vorrang** eingeräumt.

(aus: Deutschland und Europa. H. 27, S. 10. Stuttgart 1994)

54.1 Auftrag der Treuhandanstalt

ERP-Kredite	zinsverbilligte Kredite aus dem Sonderfonds (**E**uropean **R**ecovery **P**rogram) des Bundes (bis zu 2,75% unter Marktzins; fünf tilgungsfreie Jahre)
Eigenkapitalhilfen	für freie Berufe und mittelständische Unternehmen
Steuervergünstigungen und Investitionszuschüsse	für Investitionen ostdeutscher Unternehmen (zweijährige Befreiung von der Steuer)
Investitionszulagen	Förderung von Investitionen bis zu 23% der Investitionssumme
Strukturanpassungs-hilfen	Kredite für privatisierte Unternehmen
Exportkredit-versicherungen	Bürgschaften der Bundesregierung bei Krediten für osteuropäische Staaten
Länderprogramme	Existenzgründungsprogramme, Modernisierungsprogramme, Energiesparprogramme, Ökologieprogramme etc.

(aus: Deutschland und Europa. H. 27, S. 12. Stuttgart 1994)

54.2 Förderprogramme für die neuen Länder

Die Gewinner – Zunahme der Nettoproduktion 2. Halbjahr 1993 gegenüber 2. Halbjahr 1990 in Prozent

Die Verlierer – Abnahme der Nettoproduktion 2. Halbjahr 1993 gegenüber 2. Halbjahr 1990 in Prozent

Die Gewinner		Die Verlierer	
Kunststoffverarbeitung	+121	Ledererzeugung	−84
Stahl- und Leichtmetallbau	+82	Büromaschinen, EDV	−70
Ziehereien, Kaltwalzwerke	+79	Feinmechanik, Optik	−76
Steine- und Erdenindustrie	+58	Bekleidungsgewerbe	−72
Druckerei, Vervielfältigung	+40	Textilgewerbe	−68
Mineralölverarbeitung	+37	Maschinenbau	−65
EBM-Industrie	+31	Gießerei	−64
Ernährungsindustrie	+8	Schiffbau	−60
Holzverarbeitung	+1	Holzbearbeitung	−57
Stahlverformung	+1	Feinkeramik	−55

(EBM-Industrie = Eisen-, Blech- und Metallwarenindustrie)

54.3 Ostdeutsche Industrie: Gewinner und Verlierer

5. Wirtschaftlicher Strukturwandel in den fünf neuen Ländern

Die Arbeit der Treuhand in den neuen Ländern

Die DDR hinterließ nach der politischen Wende kaum wettbewerbsfähige Wirtschaftsunternehmen. Nach dem Beitritt zum Bundesgebiet wurden u. a. 8500 Staatsbetriebe mit etwa 4 Mio Beschäftigten der neugegründeten Treuhandanstalt übertragen. Ziel der Treuhandanstalt war eine rasche Entstaatlichung der volkseigenen Wirtschaft, die schnelle Herstellung der Wettbewerbsfähigkeit möglichst vieler ostdeutscher Unternehmen. Das bedeutet die Sicherheit und Neuschaffung von Arbeitsplätzen sowie den Aufbau einer effizienten Wirtschaftsstruktur, beruhend auf Privateigentum. Diese Ziele sollten nach den Grundsätzen der sozialen Marktwirtschaft verwirklicht werden. Die Treuhandanstalt übernahm somit eine Schlüsselrolle im Strukturwandel der neuen Länder.

Ende 1994 stellte die Treuhandanstalt bis auf einige Nachfolgeeinrichtungen ihre Arbeit ein. Innerhalb von vier Jahren wurden 14 000 Unternehmen und Unternehmensteile privatisiert. Die Treuhandanstalt erhielt für 200 Mrd DM Investitionszusagen und 1,5 Mio Arbeitsplatzzusagen. Darunter befinden sich auch zahlreiche ausländische Investoren, da Deutschland beim Wiederaufbau seiner Wirtschaft nach dem Zweiten Weltkrieg gute Erfahrungen mit der Hilfe ausländischer Unternehmen gemacht hatte. Es wurden Schulden aus der DDR-Zeit in Höhe von 105 Mrd DM übernommen und 44 Mrd DM für ökologische Sanierungen gezahlt, so zum Beispiel im Uranbergbau der Wismut. Unter dem Strich verbleibt bei der Treuhand und ihren Nachfolgern ein Defizit von 270 Mrd DM.

Die Nachfolgeeinrichtungen der Treuhandanstalt haben allgemein die Aufgabe, die übrigen Grundstücke zu privatisieren und die Entwicklung der privatisierten Betriebe zu kontrollieren.

1. Erläutere Unterschiede zwischen der Industrie in Ostdeutschland vor und nach der Wende sowie zwischen der Industrie der alten und neuen Bundesländer (Mat. 54.3, 55.1 u. 2).

2. Begründe die Notwendigkeit der Arbeit der Treuhandanstalt und beschreibe ihre Tätigkeit (Mat. 54.1 u. 2).

3. Berichte über Ergebnisse der Treuhandarbeit (Mat. 54.3 und 55.2).

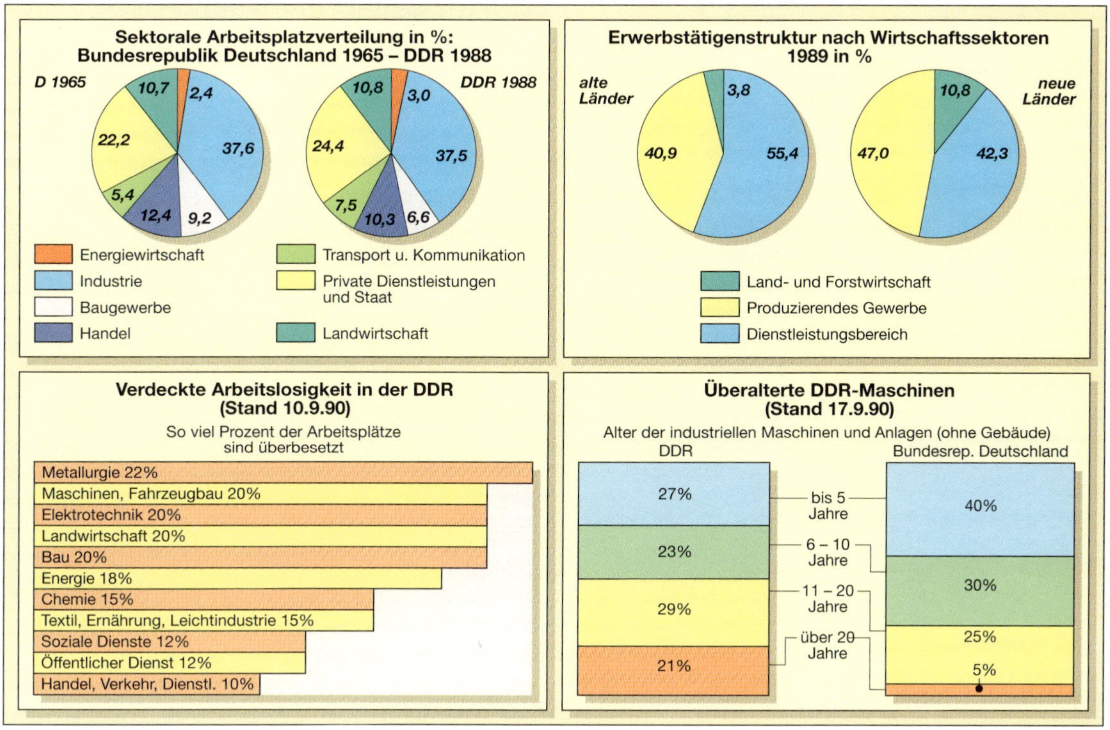

55.1 Die Wirtschaft in Ostdeutschland vor der Wende

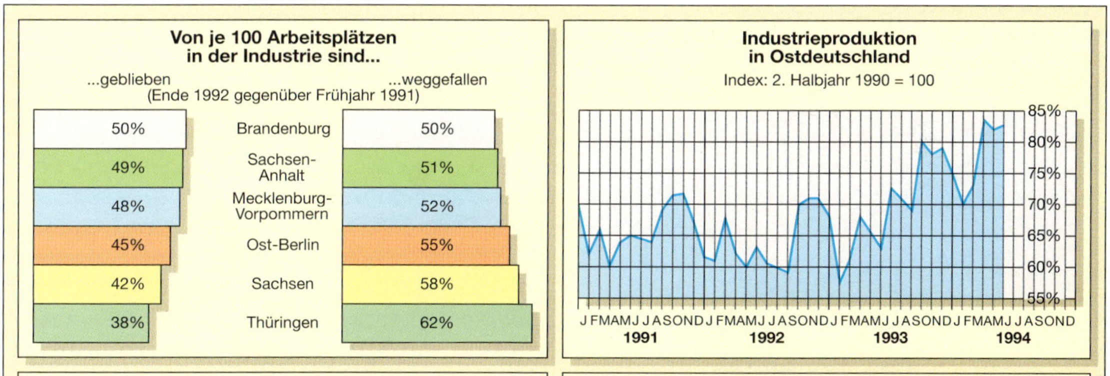

Industrieproduktion in Ostdeutschland

Index: 2. Halbjahr 1990 = 100

	3. Quartal 1992	3. Quartal 1993
Stahl- und Leichtmetallbau	155	177
Steine- und Erdenindustrie	112	166
Druckerei, Vervielfältigung	143	146
Mineralölverarbeitung	131	141
Nahrungs-/Genußmittel	95	102
Holzverarbeitung	67	89
Straßenfahrzeugbau	49	82
Verarbeitendes Gewerbe insgesamt	63	73
Stahlindustrie	61	67
Chemische Industrie	53	57
Elektrotechnik	47	47
Maschinenbau	29	33
Textilgewerbe	28	30

55.2 Die Wirtschaft in Ostdeutschland nach der Wende

Planungsregionen	Betriebe 1991	Betriebe 1992	Veränderung (%)	Beschäftigte je 1.000 Einw. 1991	Beschäftigte je 1.000 Einw. 1992	Veränderung* (%)
Oberlausitz/ Niederschlesien	345	277	–19,7	122,3	62,3	–49,0
Oberes Elbtal/ Osterzgebirge	478	423	–11,5	126,8	68,2	–46,2
Chemnitz/ Oberes Erzgebirge	679	546	–19,6	141,6	69,5	–50,9
Westerzgebirge/ Vogtland	456	373	–18,2	134,8	69,8	–48,2
Westsachsen	520	444	–14,6	121,7	61,6	–49,4
Sachsen	2.478	2.063	–16,7	129,3	66,2	–48,8

*Veränderungen der Einwohnerzahl bleiben unberücksichtigt

56.1 Entwicklung der Betriebe und Beschäftigten

Arbeitslosenquote in % in den Kreisen der Dichtegebiete der Lausitz

Kreis	7/90	9/90	11/90	1/91	3/91	5/91
Oberlausitz						
Bautzen	2,1	3,7	5,4	7,4	7,7	8,0
Bischofswerda	1,8	5,0	7,2	10,0	9,6	9,8
Löbau	1,7	4,6	6,4	9,8	9,7	9,5
Zittau	1,4	3,3	4,8	7,1	7,8	7,9
Niederlausitz						
Hoyerswerda	2,2	4,3	5,6	6,3	6,7	7,2
Senftenberg	1,7	3,0	3,8	4,5	5,0	5,3
Spremberg	0,7	1,4	1,6	2,4	2,8	3,1
Weißwasser	2,5	3,2	5,0	6,7	7,4	8,0
DDR/Fünf neue Länder	–	5,0	6,7	8,6	9,2	9,5

56.2 Arbeitslosenquote in der Lausitz

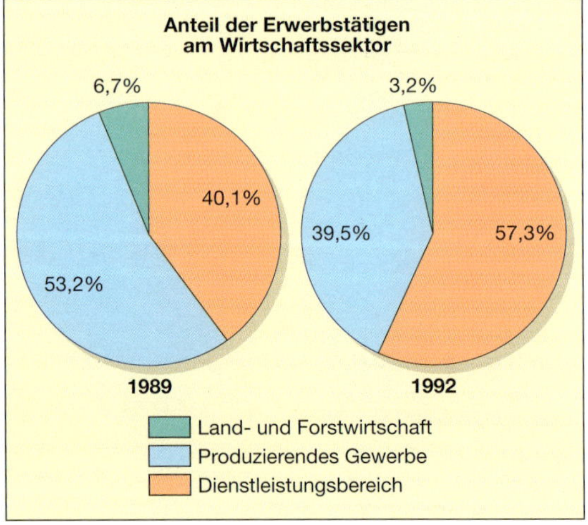

56.3 Entwicklung der Erwerbstätigenstruktur

Strukturwandel der ostdeutschen Industrie am Beispiel Sachsen

Die Industrie hat sich zu DDR-Zeiten in den drei sächsischen Bezirken Leipzig, Dresden und Chemnitz (früher Karl-Marx-Stadt) unterschiedlich entwickelt. Relativ gute Voraussetzungen für den Strukturwandel haben die Verdichtungsräume Dresden und Leipzig, da hier eine große Branchenvielfalt mit günstigen Betriebsgrößen, eine gut erhaltene Industriesubstanz, naheliegende Forschungskapazitäten sowie gute Kooperationsbeziehungen vorhanden sind. Weniger gute Ausgangsbedingungen haben dagegen die Lausitz, das Vogtland, sowie der Verdichtungsraum Chemnitz-Zwickau. Hier herrscht häufig eine einseitige Industriestruktur (vorrangig Textilindustrie) mit überalterten Betrieben vor. Die kleinen Betriebe wirken sich auch nachteilig aus, da hier zu DDR-Zeiten kaum Investitionen getätigt wurden. Viele derartige Produktionsstätten müssen aufgegeben werden. Es kommt sogar zur De-Industrialisierung von ganzen Regionen wie z. B. in der Lausitz. Der damit verbundene Abbau von Arbeitsplätzen führt zum sozialen Abstieg und zur Abwanderung ganzer Bevölkerungsgruppen. Derzeit sind in Sachsen 320 000 Arbeitslose und 200 000 Kurzarbeiter, (ABM- und Umschulungskräfte zu verzeichnen). ABM bedeutet Arbeitsbeschaffungsmaßnahmen. Im verarbeitenden Gewerbe kommt es zum Umbau der Branchenstruktur. Textil- und Leichtindustrie gehen zurück, Maschinen- und Fahrzeugbau stagnieren. Druckereigewerbe, Bauindustrie, Elektronik, Feinmechanik, Optik, Nahrungs- und Genußmittelindustrie sowie die Pharmazie erzielen Gewinne.

Nach dem Boom von privaten Gewerbeanmeldungen nach der Wende müssen nun allerdings wieder viele Betriebe Konkurs anmelden. Probleme einheimischer Investoren sind ungeklärte Eigentumsverhältnisse, eine zu schwache eigene Finanzausstattung, ungenügende Banksicherheiten bei Kreditaufnahme, steigende Lohnkosten und Steuern.

„Mit der Privatisierung ging viel Soziales den Bach hinunter." Das meint Herr Fritzsche, der heute als Pförtner in der Pittler-Tornos Werkzeugmaschinen GmbH in Leipzig tätig ist: *„Früher, als mein Betrieb noch VEB Drehmaschinenwerk (DREMA) hieß und einer der wichtigsten Großbetriebe mit über 2000 Beschäftigten in Leipzig war, bestimmte*

ich als Gewerkschafter die Geschicke des Betriebes maßgeblich mit. Unser zu einem großen Kombinat gehörender Betrieb produzierte in der DDR Drehautomaten, die in 25 Länder exportiert wurden. Kombinate waren in der DDR Zusammenschlüsse von Betrieben einer Branche.

Nach der Wende wurde mein Betrieb von der Treuhandanstalt privatisiert. Die Pittler-Tornos AG produzierte nun mit einem Fünftel des ehemaligen Produktionsvolumens und mit 200 Beschäftigten weiter.

Ein Großteil unserer ehemaligen Betriebsfläche wurde verkauft und anderweitig genutzt. Hier befinden sich heute u. a. eine Tankstelle und eine Großverkaufseinrichtung. Es ist abzusehen, daß der Betrieb weiter schrumpfen wird.

Mit der Massenentlassung nach der Privatisierung gingen auch viele soziale Einrichtungen verloren, die in DDR-Zeiten zum Betriebsleben gehörten. So wurden unsere Ferienheime, die Kinderferienlager, das Klubhaus, die Betriebsküche, die Betriebsbibliothek, die Arztpraxis, das Schwimmbad und viele andere Einrichtungen geschlossen, die wir als Betriebsangehörige nutzten. Die Gesundheitsbetreuung der Beschäftigten sowie die Betreuung unserer Pensionäre, die aus dem Betrieb ausgeschieden waren, kann nicht mehr fortgesetzt werden. Der technische Unterricht, den früher etwa 2000 Schüler des Stadtbezirkes im Betrieb erhielten, ist seit einigen Jahren eingestellt."

Auf das Betriebsleben, wie es vor der Wende war, blickt Herr Fritzsche etwas wehmütig zurück. Er ist jedoch froh darüber, daß er noch einige Stunden in seinem ehemaligen Betrieb arbeiten kann.

4. Verschaffe dir auf einer Wirtschaftskarte im Atlas einen Überblick über wichtige Industriestandorte und -zweige in Sachsen. Lokalisiere die sächsischen Verdichtungsräume.

5. Beschreibe die wirtschaftliche Entwicklung in Sachsen nach der Wende (Mat. 56.1–3).

6. Nenne Gründe für die regional differenzierte Wirtschaftsentwicklung nach der Wende in Sachsen und erläutere dabei die Entwicklung der Arbeitslosenrate in der Region Lausitz (Mat. 56.1 u. 2).

7. Erläutere, welche Veränderungen sich durch die Privatisierung des VEB DREMA Leipzig zur Pittler-Tornos AG für die Beschäftigten des Betriebes vollzogen haben (Mat. 57.1 u. 2).

57.1 Pittler-Tornos AG

- *Erster Kontakt zum Betrieb in der Grundschule durch ein Produktionsteam aus dem VEB DREMA, das die Patenschaft über die Schulklasse übernahm*
- *3 Jahre Berufsausbildung mit Abitur, Abschluß als Facharbeiter (Maschinenschlosser) mit Abitur*
- *18 Monate Dienst in der Nationalen Volksarmee, Betreuung durch den Betrieb (Besuche der Kollegen, Päckchen zu Weihnachten und zum Geburtstag, Erhalt von Zusatzprämien und Beteiligung an der Jahresendprämie = 13. Gehalt)*
- *1 Jahr Arbeit in der Produktion als Maschinenschlosser*
- *4 Jahre Studium an der Technischen Universität Dresden (Delegierung durch den Betrieb), 3 Monate Praktikum im Betrieb, Abschluß als Diplomingenieur für Maschinenbau*
- *Einsatz im Betrieb als Montagetechnologe*
- *Nach 3 Jahren Beförderung zum Gruppenleiter für Montagetechnologie, Besuch verschiedener Qualifizierungslehrgänge*
- *Nach der Wende Verlust des Arbeitsplatzes (bis auf zwei Kollegen wurde die komplette Montageabteilung entlassen).*

57.2 Werdegang eines ehemaligen Betriebsmitglieds des VEB DREMA Leipzig

ESTLAND

Internationale Ausschreibung von Industriebetrieben durch die Estnische Privatisierungsagentur

Betriebsnummer, Name, Ort *(in Klammern: Produktionsschwerpunkt [Kapazitäten p. a. soweit bekannt], [Umsatz in 1993 in EEK (Estnischen Kroonen) soweit bekannt]/Anzahl der Mitarbeiter, Stand Ende 1993)*

Brotfabriken/Getreidemühlen

(EE-060) RAS Narva Leib, EE2000 Narva
(Brot [16.200 t], Gebäck [1.080 t], Kekse [400 t], Sahnebonbons [300 t], [23 Mio. EEK[/206)

(EE-063) RAS Haapsalu Leivatehas
EE3170 Haapsalu
(Brot und Backwaren [1.596 t], Gebäck [30 t], [7 Mio. EEK]/68)

Holz/Holzverarbeitung

(Produktionskapazität p.a. [S=Schnittholz, R=Rohholz)

(EE-141) RAS Tarmeko, EE2400 Tartu
(Holzfällerei, Schnittholz [S 65.000 m³, R 100.000 m²], Möbel, andere Holzprodukte [98 Mio. EEK]/1233)

(EE-154) RAS Püssi Puitlaastplaadikombinaat, EE2041 Püssi
(Hartfaserplatten [15.2 Mio. m²], Spanplatten [140.000 m²], beschichtete Hartfaserplatten [4 Mio. m²], [76 Mio. EEK]/1050)

(EE-417) RAS Räpina Metsamajand
EE2611 Ristipalo
(Holzhandel, Schnittholz [S 8.000 m³, R 23.000 m³], Holzmöbel, Gartenhäuser, Holzhäuser, Saunas, Bauholz, andere Holzprodukte/186)

Hoch- und Tiefbau/Baumaterialien

(EE-298) RAS Elamu, EE0107 Tallinn
(Betonformteile, Plattenbauten, Metallbaukonstruktionen [Betonformteile 200.000 m³], [29 Mio. EEK]/392)

(EE-301) RAS Eesti Vesiehiturs
EE0017 Tallinn
(Wasserbau [18 Mio. EEK]/274)

Elektrotechnik

(EE-128) RAS Volta, EE0110 Tallinn
(Wechselstrom-Elektromotoren [100.000 St.], [35 Mio. EEK]/968)

(EE-136) RAS Tarkon, EE2400 Tartu
(Meßinstrumente für Flugzeuge und Flugplätze, elektrische Meßgeräte, Bauteile für Radio- und Fernsehgeräte [37 Mio. EEK]/1.150)

Medizin/Pharma

(EE-239) RAS MRE (Meditsiintehnika Remondi Ettevõte), EE0001 Tallinn
(Installation und Dienstleistungen für medizinische Geräte, [4 Mio. EEK]/106)

(EE-498) RAS Tallinna Farmaatsiatehas
EE0013 Tallinn
(Verpackte Medikamente [100 Mio. St.], [40 Mio. EEK]/205)

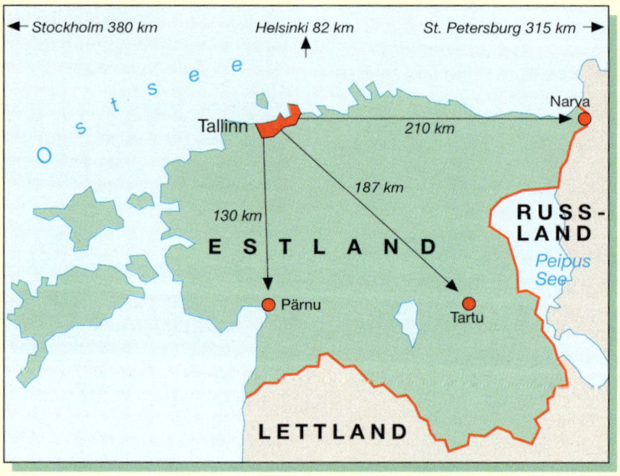

Kraftfahrzeugvertrieb und -Wartung

(EE-462) RAS Koeru Autoremonditehas
EE2824 Koeru
(Autoreparaturen, Autolackiererei, Herstellung von Sitzen für Pkw und Busse [3 Mio. EEK]/86)

(EE-501) RAS Autotenindus
EE0016 Tallinn
(Autovertrieb und -wartung, [3 Mio. EEK]/208)

Transport und Verkehr

(EE-456) RAS Mootor, EE0014 Tallinn
(Internationale und nationale Bustransporte [250 Busse], [35 Mio. EEK]/645)

Treibstofflager

(Großhandel und Tanklager von festen Brennstoffen, Benzin, Diesel, Schmier-, Heizöl und anderen Öl-Produkten)

(EE-530) Hiiumaa Station der RE Eesti Kütus,
EE3200 Kärdla
(39 Tanks von zusammen 11.300 m³, [13 Mio. EEK]/20)

(EE-531) Järvamaa Station der RE Eesti Kütus
EE2820 Paide
(43 Tanks von zusammen 3.000 m³, [13 Mio. EEK]/16)

58.1 Ausschnitt aus einer Anzeige zur Privatisierung estnischer Industriebetriebe

6. Estland – wirtschaftliche Erfolge durch Privatisierung

Estland gehört zu den Staaten, die Ende der 80er Jahre durch das Auseinanderbrechen der Sowjetunion selbständig geworden sind. Während der Zeit der Sowjetherrschaft kontrollierte der Staat die Wirtschaft (Zentralverwaltungswirtschaft). So entschieden staatliche Organe, welche Produkte die Industriebetriebe in welchen Mengen herzustellen hatten. Die Preise wurden ebenfalls vom Staat festgesetzt. Eigentum an Grundstücken oder an Produktionsstätten gab es nicht; alle größeren Firmen waren Staatsbetriebe. Ein Wettbewerb zwischen verschiedenen Erzeugern gleichartiger Waren, wie dies in Staaten mit Marktwirtschaft üblich ist, bestand nicht.

Seitdem Estland ein selbständiger Staat ist, fördert die Regierung die Privatisierung der ehemaligen Staatsbetriebe. Anzeigen von Objekten, die zum Verkauf anstehen, werden von Zeit zu Zeit auch in großen ausländischen Zeitungen aufgegeben (vgl. Mat. 58.1). Bis 1993 gelang es, fast die Hälfte der Unternehmen an estnische oder ausländische Investoren zu verkaufen.

Die Privatisierung zeigt erste Erfolge. Nachdem es Anfang der 90er Jahre zu massiven Produktionseinbrüchen gekommen war, wurden viele Industriebetriebe inzwischen modernisiert, so daß sie ihre Erzeugnisse erfolgreich auch im Ausland anbieten können. 1994 wurde mit der EU ein Freihandelsabkommen geschlossen, das estnischen Firmen für eine Reihe von Industrieerzeugnissen den zollfreien Zugang zum europäischen Binnenmarkt ermöglicht.

Die wirtschaftlichen Erfolge in Estland beschränken sich bisher weitgehend auf die Industrie sowie Dienstleistungen in den Städten. Die Privatisierung und Modernisierung in der Landwirtschaft geht nur schleppend voran. Vielen Menschen auf dem Lande geht es noch bedeutend schlechter als den Stadtbewohnern.

1. Nenne Schwerpunkte der Wirtschaft Estlands (Atlas, Mat. 58.1, 59.2 u. 3).

2. Zeige an Beispielen Anzeichen eines Wirtschaftsaufschwungs in Estland auf (Mat. 59.2).

59.1 Estnischer Industriebetrieb

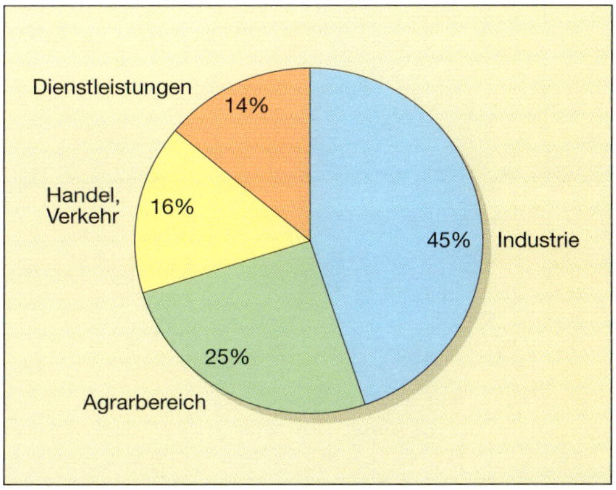

59.3 Anteil der Wirtschaftssektoren am BIP (1992)

Dem Besucher, der die Entwicklung in Estland mit der in den beiden anderen baltischen Staaten vergleichen kann, verschlägt es immer wieder den Atem. In Estland beginnt ein Wirtschaftswunder. Der vor zwei Jahren in einem kühnen Akt und gegen den Rat der Weltbank gewagte Sprung in eine neue und konvertible Währung, die Kroon, hat die Umstrukturierung der Wirtschaft und die Hinwendung zu neuen Märkten mit einer Geschwindigkeit erzwungen, die vermutlich selbst die politischen Akteure überrascht. Schon 1993 ist das Schrumpfen der Wirtschaft beendet und die Wende erreicht worden. Für 1994 werden für Estland die höchsten Zuwachsraten in Europa erwartet.

Im Außenhandel, den das Land noch 1990 zu über 90 % zur Sowjetunion unterhielt, hat sich gegenüber 1992 eine Verdopplung und zugleich eine dramatische Kehrtwende zu westlichen Märkten und Lieferanten ergeben. Beim Export liegt Rußland mit 23 % immer noch an der Spitze, vor Finnland, Schweden, Lettland und Deutschland. Doch beim Import führen schon die Lieferanten aus Finnland mit 28 % vor denen aus Rußland, Deutschland und Schweden. Beim Export dominieren bisher Textilien, Vieh und tierische Produkte, Lebensmittel und Getränke, Transportgeräte und Metalle, beim Import Treibstoffe, Fahrzeuge und Maschinen.

Nicht von der Exportstatistik erfaßt wird die indirekte Ausfuhr durch Hunderttausende finnischer Touristen, die oft nur zu einer Tagestour auf den Fähren von Helsinki herüberkommen, vor allem Tallin überschwemmen und sich hier preiswert mit Lebensmitteln und alkoholischen Getränken eindecken (ein Brot 50 Pfennig, eine Flasche Wodka 3 DM) und auch Textilien günstig einkaufen. Während bei der Bevölkerung ein gewisses Murren über die Touristen, die das Land „leerkaufen“ und die Preise hochtreiben, zu spüren ist, verweist die Regierung kühl darauf, dies sei die Marktwirtschaft, höhere Preise kurbelten die Produktion an, die Touristen schafften also Arbeitsplätze.

Gleichzeitig mit der Steigerung des Außenhandels verzeichnet Estland auch einen erheblichen Anstieg der Seetransporte. Vor allem durch den gestiegenen Außenhandel, aber auch durch neue Dienstleistungsunternehmen, sind viele neue Arbeitsplätze geschaffen worden. Mit ihnen haben sich die Entlassungen in den staatlichen Betrieben, besonders in der einstigen sowjetischen Rüstungsindustrie, ausgleichen lassen. In Tallin herrscht mit nur 1,5 % Arbeitslosigkeit fast Vollbeschäftigung.

Schwieriger ist die Lage auf dem flachen Land, wo die Kleinprivatisierung und die Auflösung der Produktionsgenossenschaften keine Investitionen gebracht haben. Sozial, aber auch politisch schwierig ist die Lage im fast ausschließlich von Russen bewohnten Nordosten. Doch hat hier die Regierung die einstigen sowjetischen Großkombinate mit Subventionen unterstützt, damit Massenentlassungen verhindert werden konnten. Die Einführung der neuen Währung hat jedoch auch die „russischen“ Konzerne zu einer blitzartigen Umstellung auf neue Märkte und zu Rationalisierungen gezwungen, so daß sie überleben konnten und jetzt gute Aussichten bei der Privatisierung haben.

(nach: Frankfurter Allgemeine Zeitung vom 18.04.1994)

59.2 Wirtschaftsblüte im einstigen „Europa der UdSSR“

60.1 Im Stadtzentrum von Brüssel

7. Brüssel – Dienstleistungs- und High-Tech-Standort

Belgien ist ein Staat mit förderalistischer Struktur. Das bedeutet, daß den Regionen weitgehende politische Eigenständigkeit zugesprochen wird. Menschen mit niederländischer (Flamen), französischer (Wallonen) und deutscher Muttersprache leben hier zusammen. Immer wieder haben die kulturellen Unterschiede zu tiefgreifenden Meinungsverschiedenheiten innerhalb der Bevölkerung geführt, wie z. B. im Sprachenstreit zwischen Flamen und Wallonen.

Brüssel nimmt innerhalb des niederländischen Sprachgebietes eine besondere Rolle ein: Der Anteil der französisch sprechenden Bevölkerung beträgt ca. 80 %. Ein Versuch der Integration war 1989 die Schaffung einer Brüsseler Region (Région de Bruxelles-Capitale), die neben dem ursprünglichen Stadtgebiet Brüssel weitere 18 Umlandgemeinden umfaßt.

Neben Straßburg und Luxemburg gehört Brüssel zu den Städten, die den Anspruch erheben, Europas Hauptstadt zu sein (vgl. S. 88ff.). Mit dem Sitz der Europäischen Kommission, des Europäischen Ministerrates sowie als Tagungsort des Europäischen Parlaments ist die Hauptstadt Belgiens ein Zentrum europäischer Politik. Darüber hinaus haben hier weitere international bedeutende Institutionen, wie z. B. die NATO, ihren Sitz.

Aufgrund seiner politischen Bedeutung hat Brüssel auch einen enormen Zuwachs im wirtschaftlichen Bereich zu verzeichnen. Begünstigt durch die nahen Nordseehäfen ist es auf dem Weltmarkt zweitgrößter Umschlagplatz für Rohstoffe, Industrie- und Konsumgüter; weltweit nimmt es als internationale Kongreßstadt die dritte Stelle ein. Ein Ring von 19 Gewerbeparks umgibt die Stadt an ihrer Peripherie. Hier werden in den Labors wissenschaftlicher Institute die Ergebnisse der Universitäten und der Fachhochschulen in die Praxis umgesetzt. Daneben befindet sich in Brüssel eines der wichtigsten Börsenzentren Europas. Als Folge davon expandiert das Hotel- und Gaststättengewerbe überdurchschnittlich. Ebenso entwickelt sich Brüssel auf Grund des Straßen- und Schienennetzes sowie der Flughafenkapazität zu einem wichtigen Verkehrsknotenpunkt Europas.

1. Stelle die Bedeutung Brüssels innerhalb Belgiens dar (Mat. 61.1 u. 2).

2. Brüssel – im Zentrum Europas? Miß die Entfernungen zu den Hauptstädten der Europäischen Union (vorderer Einband). Erläutere die Notwendigkeit einer gut ausgebauten Verkehrsinfrastruktur (Mat. 61.3).

3. Nenne Einrichtungen, die Brüssel zu einem internationalen Standort machen.

Die Innenstadt von Brüssel verändert ihr Gesicht. Die Konzentration der Verwaltungsgebäude der Europäischen Union in einem Wohngebiet in der Nähe der Altstadt war der Beginn eines Prozesses, der immer tiefgreifender das Bild Brüssels verändert. Vielerorts bestimmen Baustellen das Bild der Stadt. Die Ansiedlung der zahlreichen internationalen Institutionen hat einen Bauboom großen Ausmaßes ausgelöst. Alte, z. T. unter Denkmalschutz stehende Häuser werden abgerissen, preiswerter Wohnraum geht verloren. An seiner Stelle entstehen Bauten mit neuen Büroflächen. Ganze Straßenzüge werden für den Bau von Verwaltungs- und Bürohochhäusern geopfert. Die Bodenpreise sind stark gestiegen – so verlassen viele kleinere Industriebetriebe Brüssel und siedeln sich im Umland an.

Brüssel hat sich zu einer Stadt mit einem hohen Kaufkraftgefälle entwickelt. Viele einheimische Bewohner arbeiten noch im traditionellen Gewerbe (Handel, Industrie) zu landesüblichen Löhnen. In den Hauptniederlassungen von Großbanken, Konzernen und in der Bürokratie der Europäischen Union werden die Beschäftigten jedoch überdurchschnittlich bezahlt.

Dies hat u. a. zur Folge, daß preiswerter Wohnraum knapper wird und Güter des täglichen Lebens immer teurer werden. Viele Einwohner Brüssels haben die Stadt bereits verlassen. Auch die Beamten und Angestellten der Bürokratie sowie der internationalen Konzerne bewohnen Häuser in den Vororten und Nachbargemeinden, von wo aus sie täglich zur Arbeit in die Innenstadt Brüssels fahren müssen. Darüber hinaus haben Luftverschmutzung, Verkehrsprobleme und Lärm die Stadt zum Leben unattraktiv gemacht.

Für die 300 000 Pendler wird die vorhandene **Verkehrsinfrastruktur** verbessert: Neue Straßen werden durch die Stadt gelegt, Tunnel gebaut, Tiefgaragen erstellt. Allerdings ist das Angebot an öffentlichen Verkehrsmitteln noch nicht sehr attraktiv: Das Netz der U-Bahn ist wenig entwickelt, und der Bus bleibt oft im täglichen Verkehrschaos stecken.

4. Arbeite mit Mat. 62.1:
- Belege, daß Brüssel ein Dienstleistungsstandort ist.
- Beschreibe die Entwicklungen auf dem Arbeitsmarkt innerhalb des letzten Jahrzehnts.
- Zeige den Einfluß der Europäischen Union auf den Arbeitsmarkt Brüssels auf.

5. Lokalisiere die Standorte von Einrichtungen des tertiären Sektors, die direkt auf die Europäische Union zurückzuführen sind (Mat. 63.1). Erläutere Vor- und Nachteile, die sich aus der räumlichen Konzentration ergeben.

6. Die Entwicklung Brüssels zu einer europäischen Hauptstadt hat nicht nur Vorteile. Erläutere (Mat. 62.2, Text).

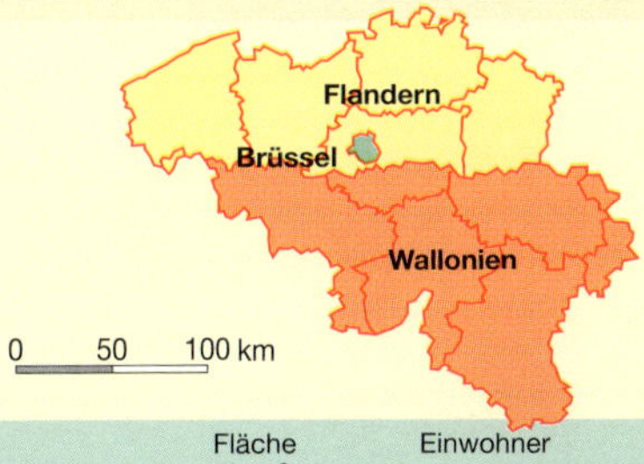

	Fläche (in km²)	Einwohner	darunter Ausländer
Flandern	13.512	5.769.856	257.735
Wallonien	16.844	3.258.795	372.203
Brüssel	162	960.324	274.590
Belgien	**30.518**	**9.988.975**	**904.528**

Jahr	Flandern	Wallonien	Brüssel
Bruttoinlandprodukt[1] (in %)			
1970	53,8	29,1	17,1
1980	56,6	27,6	15,8
1990	58,8	26,5	14,7
Einwohnerzahl[2] (in %)			
1970	55,9	33,0	11,1
1980	57,0	32,8	10,2
1990	57,9	32,7	9,4

[1] 1990: 145,5 Mrd US-$. [2] 1990: 9,989 Mio

(aus: Nationaal Instituut voor de Statistiek, Brussel, Verschiedene Jahrgänge.)

61.1 Brüssel als Region Belgiens

Brüssel/Hauptstadt			
1900	600.000	1973	1.100.000
1930	892.000	1986	977.000
1947	955.000	1993	950.000

(aus: Nationaal Institut voor de Statistiek, Brussel, Verschiedene Jahrgänge.)

61.2 Einwohnerentwicklung in der Region Brüssel

Brüssel, Europa-Treffpunkt

	Flugzeug	*Bahn*	*Pkw km*
Amsterdam	40 min.	2.20 h.	198
Luxemburg	40 min.	2.10 h.	225
Düsseldorf	45 min.	3.00 h.	269
Paris	50 min.	2.20 h.	292
London	55 min.	7.15 h.	375
Frankfurt	60 min.	5.00 h.	409
Zürich	1.10 h.	6.50 h.	632
Kopenhagen	1.25 h.	14.12 h.	759
Berlin	1.05 h.	12.28 h.	842
Wien	1.35 h.	15.10 h.	1.099
Rom	2.00 h.	19.51 h.	1.518
Madrid	2.10 h.	18.53 h.	1.546
Oslo	3.05 h.	24.00 h.	1.797
Stockholm	3.15 h.	22.00 h.	1.865
Lissabon	2.40 h.	29.21 h.	2.204

61.3 Entfernungen nach Brüssel

Herkunft der internationalen wissenschaftlichen, kulturellen, gewerkschaftlichen, humanitären, wirtschaftlichen und sozialen Institutionen

1.	Belgien	1022
2.	Frankreich	944
3.	USA	840
4.	Großbritannien	791
5.	Schweiz	559

Anzahl der Unternehmen mit Sitz in Brüssel

1.	USA	671
2.	Großbritannien	174
3.	Frankreich	170
4.	BRD	162
5.	Skandinavische Länder	93
6.	Japan	84
7.	Schweiz	80
8.	Italien	75
9.	Spanien	35
10.	Kanada	16

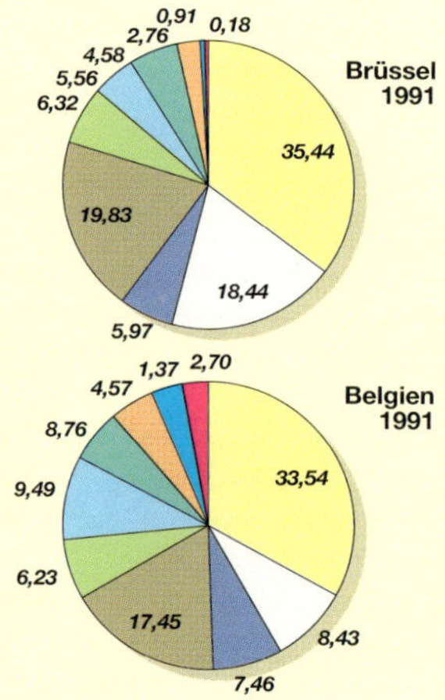

Beschäftigte in Brüssel im Dienstleistungssektor

	1980	1990	Diff.	Entwicklung
Handel Restauration Beherbergung	102330	103715	1385	1,4%
davon Hotel- u. Gaststätten	*13324*	*18250*	*4926*	*37,0%*
Transport u. Kommunik.	37297	36285	-1012	-2,7%
Bank Versicherung	104505	128715	24210	23,2%
And. Dienstleistungen	220118	232744	12626	5,7%
Région de Bruxelles-Capitale gesamt	464250	501459	37209	8,0%

Betriebe: Verteilung der Wirtschaftsbereiche in %

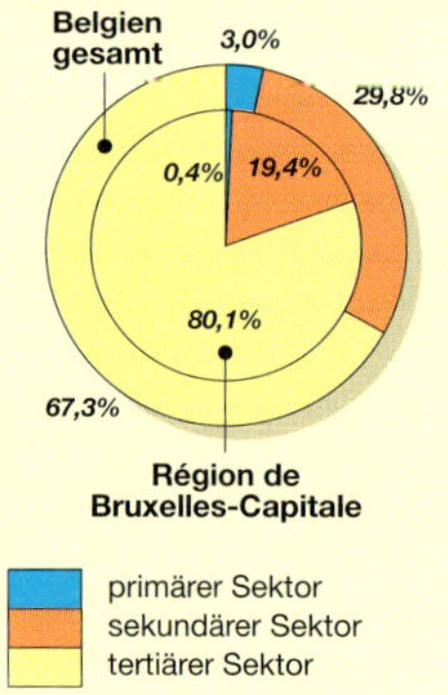

Entwicklung der Wirtschaftbereiche in der Region Brüssel 1980-1990 in %

	Wirtschaftssektoren	Brüssel Entwicklung der Betriebe 1980-1990 in %
0	Landwirtschaft, Fischerei, Jagd	- 5,2
1	Energie und Wasser	- 35,7
2	Verarbeitende und chemische Industrie	- 20,3
3	Metallindustrie, Feinmechanik	- 21,9
4	Andere Industrien, Handwerk	- 9,8
5	Bau- und Ingenieurwesen	+ 10,0
1–5		- 5,9
6	Handel, Restauration, Beherbergung	+ 12,0
7	Transport und Kommunikation	+ 26,4
8	Bank, Versicherung	+ 70,7
9	Andere Dienstleistungen	+ 0,9
6–9		+ 20,7
0–9		+ 14,5

(Quelle: nach verschiedenen Quellen 1990-94 kombiniert)

Beschäftigte in Brüssel aufgrund der Europäischen Union

	1994	2005
Europäische Institutionen		
Ministerrat	2164	3130
Europäische Kommission	12553	20700
Europaparlament	1103	1300
Regionalausschüsse	545	910
Pers., die aufgrund der EU in Brüssel ansässig sind		
Ständ. Ausschuß d. Ministerrates	1080	1440
Diplom. Corps	1624	1380
Intern. Presse	1413	1970
Lobbies	2214	3520
Anwaltsbüros	2157	3430
Regionalbüros	482	770
Intern. Verbände	9200	*zusammen*
Intern. Banken	2830	
Unternehmensservice	13536	
Sonstige	2712	42000
		geschätzt

62.1 Brüssel – internationales Zentrum

In Belgien wird jetzt mit Zwang vermietet

Fast überall in Brüssel finden sich traurige Bauten, an denen der Zahn der Zeit ungebremst nagt: Leerstehende Altbauten mit grauen, bröckelnden Fassaden, zerbrochenen Fensterscheiben, einfallenden Dächern.

Zu Recht fragt der Besucher: „Herrscht hier keine Wohnungsnot?“ Glaubt man den amtlichen Schätzungen, muß dies mit Nein beantwortet werden: Bis zu 60 000 Wohnungen sollen in der Europa-Metropole leerstehen, das wären fast 16 % der verfügbaren Wohnfläche. Die Zahl der leerstehenden Wohnungen soll sich zwischen 1970 und 1993 vervierfacht haben.

In begehrten Stadtvierteln wie z. B. dem Europa-Hauptquartier rund um EG-Kommission und -Ministerrat ist die Immobilien-Spekulation daran schuld. Altbauten wurden aufgekauft, absichtlich vernachlässigt und schließlich abgerissen, um modernen, luxuriösen Büro- oder Wohngebäuden Platz zu machen. Diese können zu saftigen Preisen an Lobbyisten, EG-Beamte oder andere „Neu-Brüsseler“ vermietet werden, die wegen der Europäischen Gemeinschaft zuwandern.

Inzwischen hat sich Brüssel zur größten Bürozentrale Europas entwickelt – mit unaufhörlich steigenden Mieten. Gleichzeitig verliert die Hauptstadt für ihre eine Million Einwohner als Wohnort zunehmend an Attraktivität. Vor allem Familien wandern darum lieber in die Vorstädte ab – und mit ihnen Steuereinnahmen der Stadt. Wer bleibt, sind junge Singles, ältere Menschen und Ausländer. Mit einer in Belgien bisher beispiellosen Initiative darf jetzt leerstehender Wohnraum konfisziert und zwangsvermietet werden. Die Regierung beschloß, daß Bürgermeister künftig Wohnungen oder Häuser beschlagnahmen dürfen, wenn sie mindestens 6 Monate leerstehen und der Eigentümer nicht nachweisen kann, mit aller Kraft einen Mieter gesucht zu haben.

(nach: Borkener Zeitung vom 20.05.1993)

62.2 Brüssel – vom Wohn- zum Bürostandort

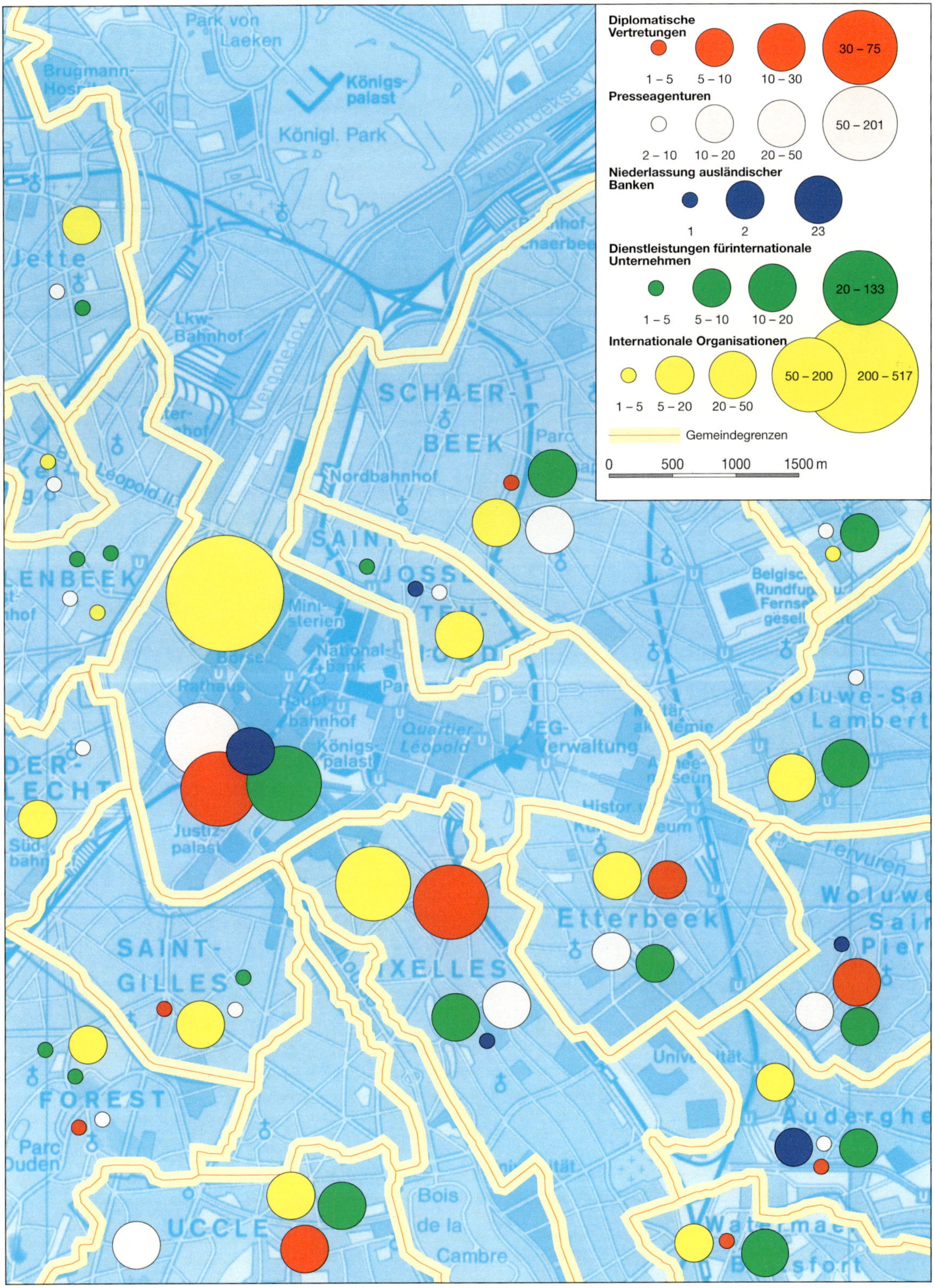

63.1 Standorte europäischer Institutionen in Brüssel

Überwindung von Entwicklungsunterschieden und Grenzen

64.1 Stadtansichten: Mailand und Neapel

1. Italien hat zwei Gesichter

Im Norden

Wenn man vom Brenner kommend Verona erreicht, öffnet sich der Blick in die Weite der Poebene. Hier bestimmen Reis-, Weizen- und Zuckerrübenfelder das Landschaftsbild. Die Hälfte der italienischen Weizenernte sowie die Hälfte der Weinerzeugung kommen von hier. Der überwiegende Teil der Butter- und Käseproduktion, der Reis- und der Zuckerrübenernte stammt aus der Poebene. Möglich wird dies durch eine intensive Nutzung der Felder: 73 % aller Bewässerungsflächen des Landes liegen hier im Norden, und zwei Drittel des Düngers wird hier verbraucht.

Auf gut ausgebauten Straßen fahren wir über Modena und Mailand nach Turin. Das ist nicht das Italien, das wir uns vorgestellt hatten. Hier herrscht die Industrie vor, keine Spur von südländischer Gelassenheit! Mailand und Turin sind die Wirtschaftszentren Italiens. Hochhäuser mit Banken, Versicherungen und Geschäftspassagen bestimmen das Bild der Innenstädte. Die Außenbezirke sind geprägt von endlosen Industriegebieten.

Im Süden:
Ein Dorf in Kalabrien

Unter schattigen Bäumen sitzen etwa 20 Männer auf den Steinbänken. Sie unterhalten sich leise oder dösen vor sich hin. Arbeit hat keiner von ihnen. Hin und wieder ergibt sich eine Gelegenheit, für ein paar Lire auf dem Weingut zu helfen oder für einen Geschäftsmann einen Botengang zu machen. Das ist aber selten genug. Weil es keine Arbeit gibt, haben die jungen Leute längst das Dorf verlassen, zurück bleiben nur die Alten.

Neapel

Während in Mailand die Kinder zur Schule gehen, sieht man in den Altstadtgassen Neapels Tausende von Kindern atemlos laufen. Elfjährige tragen Tabletts mit Espresso auf dem Kopf, die sie in Büros und Handwerkerbetriebe bringen. Sie schuften zwölf Stunden am Tag. Ihr Lohn ist gering, aber sie tragen zum Familieneinkommen bei. Herr Principe, der ehemalige Bürgermeister, sagt dazu traurig: ‚Sie werden keine Arbeit finden, weil sie nichts gelernt haben, sie gehen nicht zur Schule, weil sie arbeiten müssen.'

(nach: „Il Giorno", Mailänder Tageszeitung)

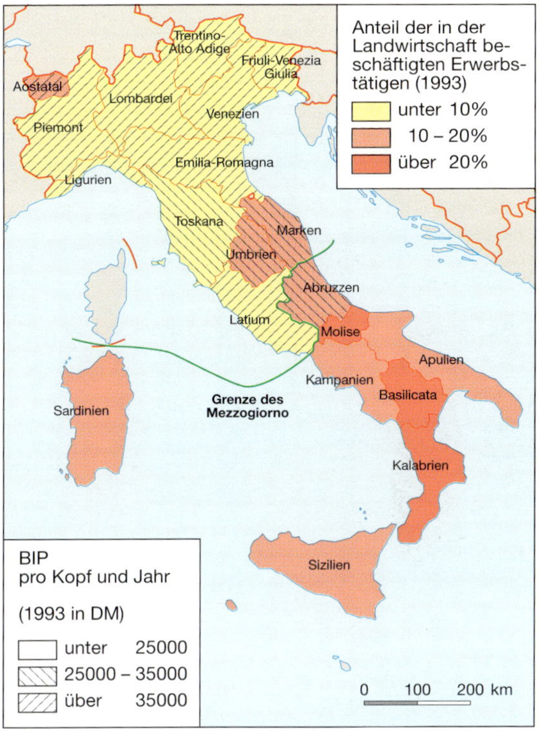

65.1 Erwerbstätigkeit in der Landwirtschaft und BIP

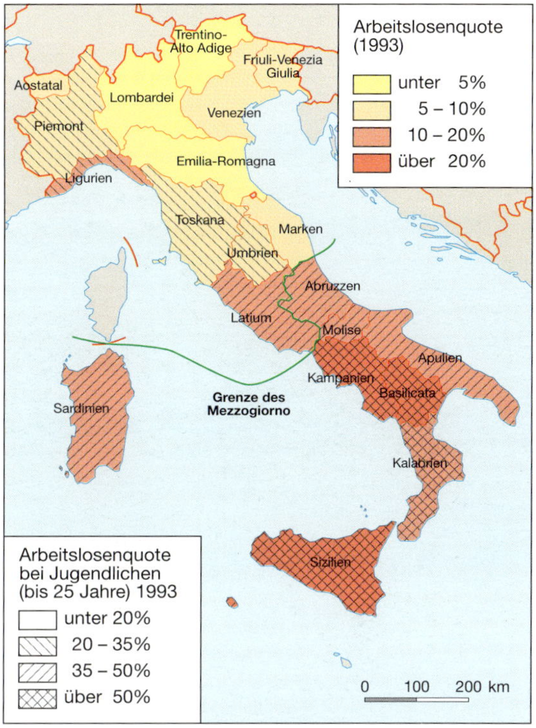

65.2 Arbeitslosigkeit und Jugendarbeitslosigkeit

1861, als der Norden und der Süden Italiens in einem Staat vereinigt wurden, begann der Aufschwung des Nordens. Der Norden verfügte über ein relativ gut ausgebautes Verkehrsnetz. Die großen Städte waren der **Absatzmarkt** für die bereits existierende Industrie und den Handel. Außerdem war die Entfernung zu den Verdichtungsräumen West- und Mitteleuropas wesentlich geringer als vom Süden aus. Deshalb investierte die Wirtschaft lieber im Norden, und der Abstand zwischen Nord- und Süditalien wurde immer größer.

1. Werte die Quellentexte aus: Welche Eindrücke werden vom Norden, welche vom Süden Italiens vermittelt?
2. Beschreibe die Unterschiede zwischen Nord- und Süditalien (Mat. 64.1 und 65.1 – 3).
3. Stelle anhand einer Atlaskarte und Mat. 65.3 fest, welche Industriezweige in Nord- und welche in Süditalien vorhanden sind.
4. Vergleiche die Standortfaktoren Norditaliens mit denen Süditaliens (Mat. 65.3, Atlas, Text).
5. Zeige mit Hilfe der Mat. 65.1 – 3 Zusammenhänge zwischen Wirtschaftsstruktur, Arbeitslosenquote und BIP pro Kopf auf.

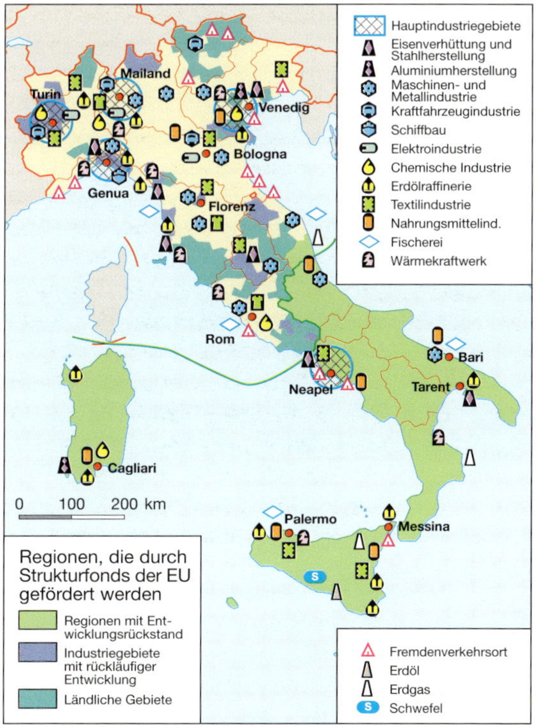

65.3 Wirtschaftsräume und EU-Hilfe

66.1 Dorf im Mezzogiorno

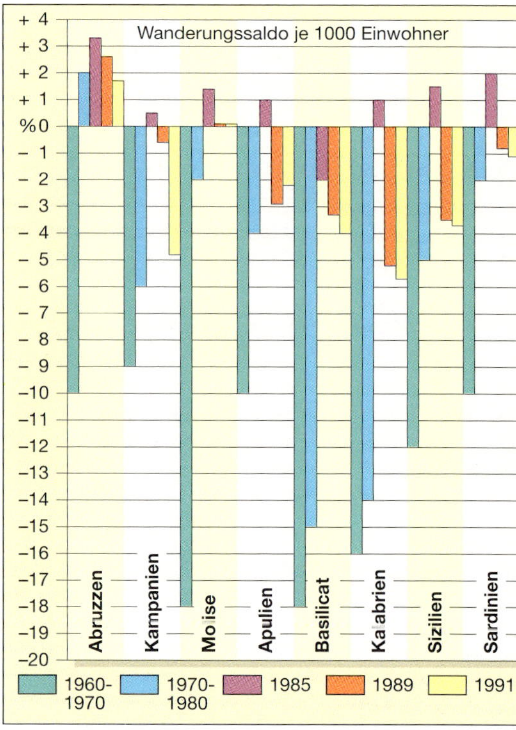

66.2 Abwanderungen aus dem Mezzogiorno

Hilfe für den Süden

Eine Zwischenbilanz

Über 100 Jahre leidet der Mezzogiorno nun schon unter schlechten Arbeits- und Lebensbedingungen; die Aussichten für die Zukunft waren für die meisten Bewohner nie gut. Deshalb verließen viele Menschen den Süden. Zwar hat der Staat seit 1950 verstärkt Arbeitsplätze in der Industrie und im tertiären Sektor geschaffen, bis 1970 über eine Million, aber im gleichen Zeitraum gingen in der Landwirtschaft 1,8 Millionen Arbeitsplätze verloren! 1977 waren schon 700 000 Personen im Mezzogiorno arbeitslos, davon allein 400 000 Jugendliche unter 19 Jahren.

Wer würde angesichts einer solchen Situation nicht ans Weggehen denken? Und diejenigen, die sich dazu entschließen, sind meist jüngere Menschen, tatkräftig, dazu mit einer halbwegs vernünftigen Ausbildung. So verliert der Mezzogiorno nicht nur Menschen, sondern ausgerechnet diejenigen, die er eigentlich dringend braucht.

(nach: U. Theißen, Der Mezzogiorno – Italiens unterentwickelter Süden. – In: Geographie im Unterricht, Heft 6/1981)

Die großen Unterschiede zwischen Norditalien und dem Süden, dem **Mezzogiorno,** mit ihren negativen Auswirkungen für die Bevölkerung des Südens wollte der italienische Staat beseitigen. Dazu gründete er 1950 die Cassa per il Mezzogiorno, die bis 1986 Entwicklungsprogramme plante, finanzierte und durchführte. Weitere Hilfe erhielt der Süden aus dem „Europäischen Fonds für regionale Entwicklung", den die EG 1975 einrichtete (vgl. S. 105). Sein Ziel war, „den Rückstand der weniger begünstigten Gebiete zu verringern". Aus diesen **Fonds** flossen in den ersten fünf Jahren über 40 % der Gelder nach Italien.

Die Cassa per il Mezzogiorno konzentrierte ihre Bemühungen zunächst auf die Landwirtschaft. Im Rahmen eines Enteignungsverfahrens wurde ein Teil der Flächen von Großgrundbesitzern an besitzlose Kleinbauern vergeben. Insgesamt konnten 800 000 ha auf 110 000 Familien verteilt werden. Als weitere Maßnahmen zur Verbesserung der Lebens- und Produktionsbedingungen führte der Staat Strukturverbesserungen durch. Es wurden Nutzflächen im Bergland terrassiert, Staudämme gebaut und Bewässerungsanlagen errichtet. Versumpfte Küstengebiete wurden drainiert, von der Mückenplage befreit und nutzbar gemacht. Ferner ließ die Cassa Verkehrswege anlegen, Siedlungshäuser, Schulen und Versorgungszentren errichten. Die erste Phase der Förderung verschlang bis 1970 rund 4 Milliarden DM, und trotzdem stellte sich nicht überall der Erfolg ein. Die den Siedlern übergebenen Flächen waren mit 4 bis 15 ha auf Dauer zu klein. Bei manchen Projekten verhinderten Planungsfehler den Erfolg.

Ebene von Sybaris/Kalabrien

Hier sind die Mißachtung der ökologischen Voraussetzungen (schwere Tonböden, hoher Salzgehalt), der schleppende Ausbau der Bewässerung und die zu kleine Größe der Siedlerstellen Kennzeichen einer verfehlten Planung. Noch weniger haben sich die Investitionen im süditalienischen Binnenraum oder in Sizilien gelohnt, wo der Aufbau neuer Siedlungszentren und anderer Infrastruktureinrichtungen vernachlässigt worden ist. Solche Siedlerstellen sind seit langem aufgegeben; es herrscht wieder der alte Zustand. (nach: Rother, Das Mezzogiorno-Problem. – In: Geographische Rundschau 1982, S. 157)

Tiefland von Metapont

Hier hat die Agrarreform eine neue Agrarlandschaft hervorgebracht. Die von extensiver Landwirtschaft bestimmten Areale sind einem Mosaik von Betrieben verschiedener Größe mit intensiver Landnutzung gewichen. Ermöglicht wurde diese Intensivierung durch den Bau umfangreicher Bewässerungsanlagen. Das Wasser wird Stauseen an den Flußoberläufen entnommen und durch ein Kanalsystem in die Bewässerungsgebiete geleitet. Die neuen Verteilersysteme arbeiten mit unterirdisch verlegten Rohrnetzen. Darüber hinaus gibt es auch bewegliche Systeme mit fahrbaren Sprinkleranlagen und Schläuchen. Tröpfchenbewässerung für den Obstbau sowie Unterflurbewässerung für Erdbeeren und Gemüse sind bei Klein- und Großbetrieben weit verbreitet.

(nach verschiedenen Quellen zusammengestellt)

6. Erläutere die Folgen der Unterentwicklung des Mezzogiorno (Mat. 66.1 u. 2).

7. Berichte über die Maßnahmen zur Entwicklung des Mezzogiorno (Mat. 67.1–3, Text).

8. In Metapont waren die Maßnahmen zur Entwicklung der Landwirtschaft erfolgreich, in anderen Regionen weniger. Begründe (Mat. 67.2 u. 3, Text).

67.1 Neusiedlerstelle im Mezzogiorno

67.2 Bewässerungskulturen in Metapont

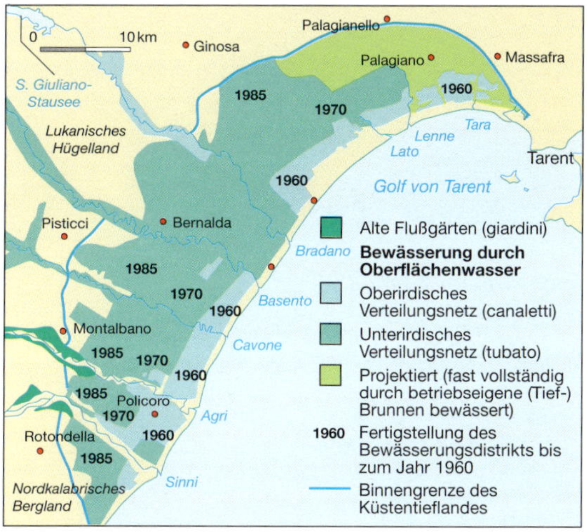

67.3 Bewässerung in Metapont

„Komplexe wie das Stahlwerk in Tarent sollten als Entwicklungspole dienen und viele kleine und mittlere Betriebe als Folgeindustrien nach sich ziehen. Das Hütten- und Stahlwerk in Tarent nahm 1964 die Produktion auf. Die notwendigen Rohstoffe wurden über einen eigens für das Werk errichteten Massenguthafen importiert. Da in der Nähe von Tarent keine Betriebe der Stahlverarbeitung vorhanden waren, wurde der Rohstahl ins Ausland oder nach Norditalien exportiert und dort weiterverarbeitet. Die erhofften Folgeindustrien siedelten sich indes nicht an. Stahlverarbeitende Betriebe hätten ihre Fertigprodukte zum Norden oder zu den Absatzmärkten Mittel- und Westeuropas transportieren müssen, was vom weit entfernten Tarent hohe Transportkosten verursacht hätte – also blieb man lieber im Norden. Ein weiterer Nachteil des Standortes Tarent war das Fehlen qualifizierter Arbeitskräfte, denn die meisten Arbeitssuchenden kamen aus der Landwirtschaft. So blieb der Hüttenkomplex weitgehend isoliert, Kritiker sprachen von einer ‚Kathedrale in der Wüste'. Inzwischen machte sich noch eine Schwäche des Konzeptes bemerkbar: Die Monostruktur ‚Eisen und Stahl' machte Tarent empfindlich für Konjunkturschwankungen im Stahlbereich."

(aus: Aktuelle IRO/Seydlitz Landkarte 4/90, S. 15)

68.1 Kathedrale in der Wüste

Industrieansiedlung im Süden

Parallel zur **Agrarreform** versuchte der Staat, durch Kredit- und Steuerbegünstigungen Industriebetriebe in den Süden zu locken. Doch die Industrie investierte lieber im Norden, und die staatlichen Maßnahmen erwiesen sich als unzureichend. Deshalb erließ man 1957 ein Gesetz, nach dem die Staatsbetriebe 40 % ihrer Investitionssummen im Süden anlegen mußten. Zusätzlich wurden im Mezzogiorno Industriezonen errichtet, um den Unternehmen geeignete Standorte anbieten zu können. Zur Verbesserung der Infrastruktur baute der Staat neue Autobahnen und erweiterte das übrige Straßennetz.

Um die strukturschwache Region Apulien zu fördern, begann der Staatskonzern Italsider 1960 mit dem Bau eines Hüttenwerks in Tarent. Es war für eine Jahreskapazität von 10 Millionen Tonnen Stahl ausgelegt und sollte in seiner Endausbaustufe über 20 000 Personen beschäftigen. Hinzu kamen weitere Arbeitsplätze im Bau- und Reparaturgewerbe sowie im Bereich der Dienstleistungen. Die Nachteile der **Monostruktur** des Komplexes machten sich jedoch schon früh bemerkbar: Als zu Beginn der 1980er Jahre in Europa eine Stahlkrise mit drastischen Absatzeinbußen begann, hatte dies auch Folgen für Tarent. Das Stahlwerk mußte bis 1989 über 5000 Beschäftigte entlassen. Auch heute noch leidet Tarent unter den

68.2 Hüttenkomplex Tarent

ungünstigen **Standortfaktoren.** Um das Stahlwerk vor dem wirtschaftlichen Aus zu retten und um schwerwiegende Folgen für die Bevölkerung der Region zu vermeiden, muß die italienische Regierung den Komplex hoch subventionieren.

In Bari ging man bei der Anlage des **Industrieparks** einen anderen Weg als in Tarent, wo das Hüttenkombinat und die übrige Metallindustrie 90 % der Arbeitsplätze stellten. Statt kapitalintensiver Großbetriebe wurden hier kleine und mittlere Betriebe angesiedelt, die arbeitsintensiv sind, also trotz ihrer geringen Größe und des niedrigen Kapitalbedarfs relativ viele Arbeitsplätze bieten. Außerdem achtete man darauf, daß – im Gegensatz zu Tarent – die Betriebe unterschiedlichen Branchen angehören. In Bari sind nur 43 % der Arbeitnehmer in der metallverarbeitenden Industrie beschäftigt, 25 % in der chemischen Industrie, 13 % in der Fertigung von Elektrogeräten, 7 % in der Textilindustrie, der Rest verteilt sich auf sechs weitere Branchen. Bereits wenige Jahre nach Eröffnung hatten sich rund 80 Betriebe mit über 14 000 Arbeitsplätzen angesiedelt. Begünstigt wurde die Industrieansiedlung in Bari auch durch das Angebot zur Aus- und Weiterbildung von Arbeitskräften, z. B. in einer Industriearbeiter-Fachschule, sowie durch einen umfassenden Ausbau der Infrastruktur. Auf diese Weise konnte der Industriepark Bari weitere Betriebe anziehen und aus eigener Kraft ein Wirtschaftswachstum erzielen. Seit 1985 ist ein „Technopark" in Betrieb, der über 500 z. T. hochqualifizierte Arbeitsplätze bietet. Im Vergleich zu Tarent hat im Industriepark von Bari weniger Kapital zu mehr Arbeitsplätzen geführt.

69.2 Industriepark Bari

9. Erläutere die Maßnahmen des italienischen Staates zur Industrialisierung im Mezzogiorno.

10. Stelle am Beispiel von Tarent die Vor- und Nachteile der „Entwicklungspole" zusammen.

11. Untersuche am Beispiel von Bari und Tarent, welches Konzept für die Industrialisierung des Südens besser geeignet ist (Mat. 68.1 u. 2, 69.1 u. 2).

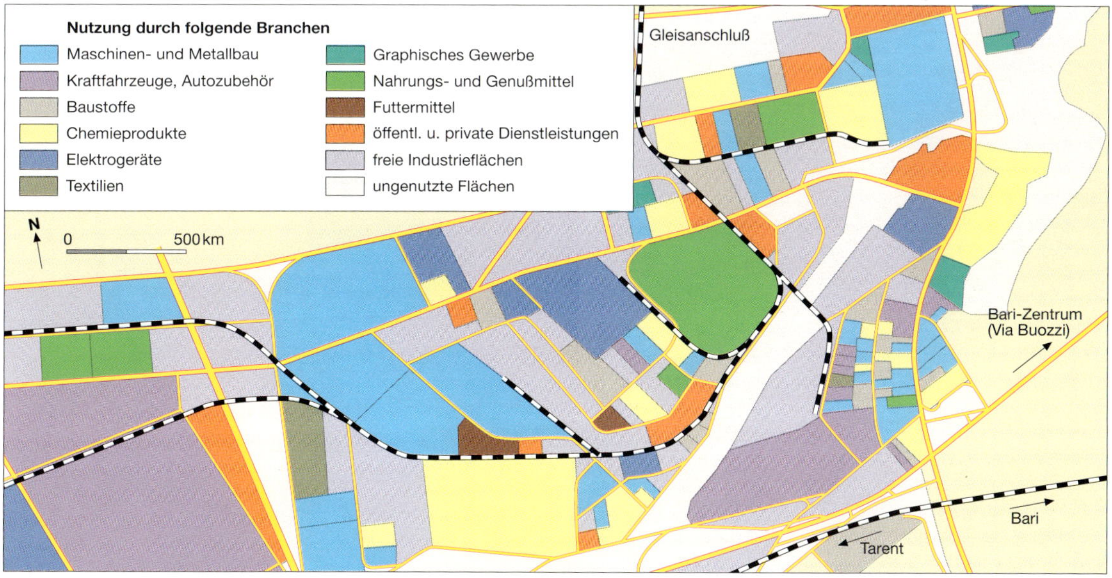

69.1 Industriepark Bari

70.1 Grenzbegegnung (Euregio-Information 1992)

70.2 Grenze Dinxperlo – Suderwick 1995

2. Planung für eine gemeinsame Zukunft – Euregio

Niederländisches Blut fließt in deutschen Adern

„Weitgehend ohne gesetzliche Regelungen beginnt in der Euregio das Gesundheitswesen immer mehr grenzüberschreitend zu greifen. Davon profitieren derzeit vor allem schwerverletzte oder schwerkranke Bundesbürger, denen in immer mehr Fällen Hilfe von der anderen Seite der Grenze zuteil wird. …

Seit kurzem werden alle Blutspender der Blutbank Twente-Achterhoek des Niederländischen Roten Kreuzes in Enschede um ihre schriftliche Zustimmung gebeten, daß ihr gespendetes Blut im Notfall deutschen Krankenhäusern zur Verfügung gestellt werden darf. Wie aus den Niederlanden zu erfahren war, haben die Spender damit bisher keine Probleme gehabt." *(aus: Bocholt-Borkener-Volksblatt vom 21.06.1994)*

Diese grenzüberschreitende Maßnahme wurde von der **Euregio** Gronau-Enschede ergriffen.

Der Name Euregio steht für europäische Region. Er bezieht sich geographisch auf das deutsch-niederländische Grenzgebiet. Zu ihm gehören das Westmünsterland in Nordrhein-Westfalen und die Grafschaft Bentheim in Niedersachsen sowie Twente und Ost-Gelderland in den Niederlanden. Dieser Raum umfaßt zirka 8500 km^2. Beiderseits der Grenze wohnen jeweils eine Million Menschen.

Ursprünglich bildete der Raum kulturell eine Einheit. Das gemeinsame Platt zeigt dies noch heute. Erst 1648, im Westfälischen Frieden, wurde das Gebiet durch eine Staatsgrenze geteilt. Im 19. und 20. Jahrhundert verstärkte sich der nationalstaatliche Einfluß. Verkehrswege wurden unterbrochen, nationale Medien prägten zunehmend Sprache und Kultur. Zugleich schränkte die Grenze den Handel ein. Die vielen Nachteile durch die nationale Randlage führten 1958 zur Bildung einer Interessengemeinschaft, die grenzüberschreitende Beziehungen aufbaute. Dies war die eigentliche Geburtsstunde der Zusammenarbeit, die sich seit 1965 unter dem Namen Euregio vollzieht. Die Euregio-Idee will das gegenseitige Verständnis sowie die Zusammenarbeit der Bewohner und Institutionen des Grenzgebietes im Geiste eines neuen Europas fördern.

Kleine Schritte im Rahmen der sozialen, kulturellen, wirtschaftlichen und infrastrukturellen Zusammenarbeit haben einen regionalen Beitrag zur europäischen Einigung geleistet und machen die Euregio Gronau-Enschede zum Modell für weitere regionale grenzüberschreitende Zusammenschlüsse, wie z. B. an der Ostgrenze der neuen Bundesländer.

1. Beschreibe die Lage der Euregio Gronau-Enschede in Europa (Mat. 71.1, Atlas).

2. Untersuche die Verkehrserschließung in der Euregio und beurteile, ob sich die Staatsgrenze noch als Hemmnis darstellt (Mat. 71.1).

3. Erkläre, was die Euregio ist. Unterscheide dabei zwischen dem Raum und der Organisation. Erläutere die Ziele der Euregio (Mat. 71.1 u. 2, Atlas).

4. Nenne Beispiele der grenzüberschreitenden Zusammenarbeit (Text, Mat. 70.2).

71.1 Die Euregio: Verwaltungsgliederung und Verkehrswegenetz

Deutsch	*Niederländisch*
§ 1 Sinn und Zweck	*Artikel 1 Doel*
(1) Die EUREGIO fördert in ihrem Arbeitsgebiet grenzüberschreitende Entwicklungen in den Bereichen von Infrastruktur, Wirtschaft, Kultur, Freizeit und anderen gesellschaftlichen Aufgaben. Das Arbeitsgebiet umfaßt den Raum zwischen Rhein, Ems und Ijssel.	*(1) De EUREGIO bevordert in haar werkgebied grensoverschrijdende ontwikkelingen op het terrein van infrastructuur, economie, cultuur, recreatie en van andere maatschappelijke taken. Het geografische werkterrein omvat het gebied tussen Rijn, Eems en Ijssel.*
(2) Die EUREGIO vertritt die Belange ihres Gebietes bei den zuständigen Behörden und Stellen.	*(2) EUREGIO behartigt de belangen van haar gebied bij de bevoegde overheidsinstanties en instellingen.*
§ 2 Rechtsform und Sitz	*Artikel 2 Rechtsvorm en zetel*
(1) Die EUREGIO ist eine kommunale Arbeitsgemeinschaft.	*(1) De EUREGIO is een regionale belangengemeenschap.*
(2) Sie hat ihren Sitz in Gronau (Westfalen) und Enschede (Niederlande).	*(2) De EUREGIO is gevestigd in Gronau (Westfalen) en Enschede (Nederland).*

71.2 Satzung der Euregio

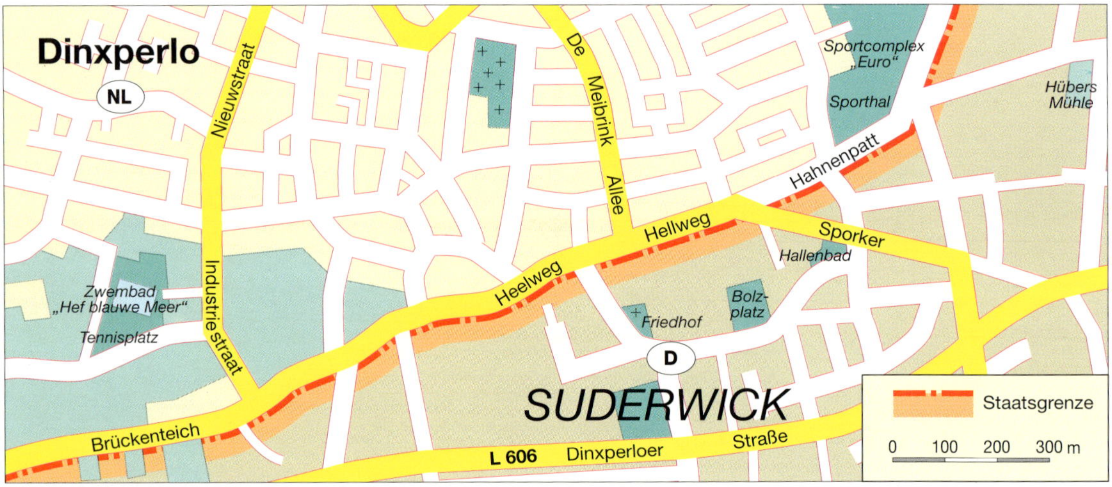

72.1 Bocholt-Suderwick und Dinxperlo

Herr De Wolf ist Technischer Leiter der Gemeinde Dinxperlo (NL). Er kennt die Probleme der Grenzlage genau:

„Nach dem Zweiten Weltkrieg, bis 1963, gehörte der Bocholter Stadtteil Suderwick zur Gemeinde Dinxperlo. Mit der Rückgabe des Ortsteils an Deutschland wurde eine enge Zusammenarbeit vereinbart, die sich zunehmend vertiefte und 1971 in einem Staatsvertrag festgelegt wurde.

Wir arbeiten in fast allen Bereichen eng mit den Bocholtern zusammen. Verkehrsplanung und Baugenehmigungen werden gemeinsam besprochen. Deutsches Wasser aus Suderwick fließt in unsere niederländische Kläranlage. Die Katastrophenschutzpläne sind aufeinander abgestimmt, und die deutschen und niederländischen Feuerwehren üben gemeinsam. Das war zunächst nicht einfach, da in Deutschland und den Niederlanden unterschiedliche Schläuche und Rohranschlüsse eingesetzt werden. Ein deutscher Schlauch konnte nicht mit einem niederländischen verbunden werden. Die Feuerwehrleute waren findig. Sie bastelten einen Adapter, ein Verbindungsstück, das heute in jedem Feuerwehrauto im Grenzgebiet bereitliegt. Es entspricht nicht den deutschen und nicht den niederländischen Industrienormen, aber es funktioniert.

Ein anderes Problem bestand bei Kindergärten und Schulen. In Suderwick gibt es kein Kindertagesheim und keinen Kindergarten. So besuchen die deutschen Kinder bis zum Alter von vier Jahren das niederländische Kindertagesheim. Anschließend wechseln sie in die niederländische Grundschule, die für Kinder in den Niederlanden von vier bis zwölf Jahre dauert. In den beiden ersten Grundschulklassen lernen und spielen niederländische und deutsche Kinder miteinander. Rund die Hälfte der 120 Kinder, die diese Klassen in der Gemeinschaftsgrundschule „De Wegweijzer“ besuchen, kommt aus Deutschland. Die meisten dieser Kinder wechseln mit sechs Jahren, wenn in Deutschland die Schulpflicht beginnt, in die Grundschule von Suderwick. Der Vorteil dieser Kinder: Sie sprechen meist recht gut Niederländisch.

Unsere Kinder aus Dinxperlo besuchen andererseits gemeinsam mit den Kindern aus Suderwick das Hallenbad und die Musikschule in Bocholt. Sie fahren mit niederländischen oder deutschen Bussen, denn grenzüberschreitende Buslinien sind in die Linien der kommunalen Netze eingebunden. Sie zahlen in DM oder Gulden – die Busse, das Hallenbad sowie viele Geschäfte im Grenzgebiet nehmen deutsches und niederländisches Geld.“

5. Beschreibe den Grenzverlauf zwischen Bocholt-Suderwick und Dinxperlo. Nenne mögliche Problembereiche. Wo bietet sich Zusammenarbeit an (Mat. 72.1 und Text)?

6. Beschreibe die Zusammenarbeit von Dinxperlo und Bocholt und begründe ihre Notwendigkeit (Text, Mat. 72.1, 73.1).

7. Erläutere, wie es in der Euregio Gronau-Enschede weitergehen soll (Mat. 73.2, vgl. Mat. 71.1).

73.1 Grundschulklasse: Junge Europäer in Dinxperlo

EUREGIO im Jahr 2000

Landwirtschaft

Da das EUREGIO-Gebiet über eine gut entwickelte Landwirtschaft verfügt, bemüht man sich in Zukunft verstärkt um die Ansiedlung hochwertiger, unmittelbar an die Landwirtschaft anschließende Produktionen, die bisher fehlen (z. B. Fleischverarbeitung).

Ein besonders interessantes Projekt stellt die Pilotanlage „Flachsschwinge" dar, das in Zusammenarbeit mit der ansässigen Textilindustrie entwickelt wird. Diese Anlage erzeugt Flachsfasern für die textile Verarbeitung. Durch einen sich ausweitenden Flachsanbau (pro Anlage 300 ha) wird ein Beitrag zum Abbau agrarischer Überproduktionen geleistet. Kosten der Anlage: 3 Mio DM.

Entwicklung von Industrie und Handwerk

Das Schwergewicht der Maßnahme liegt in der Förderung und Beratung kleiner und mittlerer Unternehmen durch:

- *eine grenzübergreifende Informationsstelle bei der EUREGIO,*
- *finanzielle Förderung von Innovationsbemühungen und Marktuntersuchungen,*
- *Gründung eines Innovationsförderungsvereines; Stiftung eines Innovationspreises der EUREGIO ,*
- *Entsendung eines Repräsentanten der Textilindustrie in fernöstliche Länder zur Vermarktung hochentwickelter textiler Produkte,*
- *Schaffung eines kooperierenden Netzes von Gründer- und Innovationszentren beiderseits der Grenze.*

Darüber hinaus wird der grenzüberschreitende Technologietransfer nachhaltig verstärkt durch:

- *grenzübergreifende Technologie- und Lizenzbörsen,*
- *das Innovationsberatungsprojekt „Euro-Transfer",*
- *Koppelung der Transfernetze.*

Kosten: ca. 30 Mio DM.

Ausbau der Koordinations- und Informationsfunktion der EUREGIO

Besonders hervorzuheben ist das Projekt „Einrichtung einer EU-Informationsstelle" bei der EUREGIO als:

- *Verbindungspunkt der EU zu der Region,*
- *Schaltstelle zu den EU-Organen für regionale Anliegen,*
- *Koordinationspunkt für die Zusammenarbeit der Wirtschaftsförderungsinstitutionen.*

Kosten: ca. 2 Mio DM.

Sonstige Maßnahmen

- *Grenzüberschreitende Hilfeleistung in Katastrophen- und Unglücksfällen,*
- *Errichtung und grenzüberschreitende Nutzung von Gesundheitseinrichtungen.*

Weitere Programmschwerpunkte sind die Stärkung des Handels- und Dienstleistungssektors, die Verbesserung der Arbeitsmarktsituation, der Verkehrs- und Kommunikationsstruktur, der Schutz von Umwelt, Natur und Landschaft sowie die Grenzpendlerproblematik.

73.2 Programm für eine grenzüberschreitende Zukunft

§ 1 Name
Unter dem Namen Arbeitsgemeinschaft Europäischer Grenzregionen (AGEG) schließen sich europäische Grenz- und grenzüberschreitende Gebiete zusammen.
§ 2 Aufgabe (Programm) und Ziel
1. *Erfahrungen unter den Grenzregionen austauschen mit dem Ziel, aus der Vielfalt der grenzüberschreitenden Probleme die gemeinsamen Interessen zu formulieren und zu koordinieren.*
2. *Durchführung von Veranstaltungen, auf denen Probleme der Grenzregionen öffentlich diskutiert und damit einer Lösung näher gebracht werden.*
3. *Bei der Lösung spezifischer Probleme der Grenzregionen mitzuwirken und besondere Aktivitäten zu unterstützen.*
4. *Herausgabe eines Informationsblattes für grenzüberschreitende Fragen.*
5. *Gemeinsame Aktionen der Grenzregionen vorzubereiten und durchzuführen.*
6. *Gesamtinteressen der Grenzregionen gegenüber nationalen und internationalen Behörden, Organen und Institutionen zu vertreten.*
7. *Unterstützung der gewählten politischen Vertreter der Grenzregionen in allen Parlamenten.*
8. *Mitwirkung bei dem Europäischen Zentrum für Grenzregionen.* *(nach AGEG Gronau)*

74.1 Satzung für die Arbeitsgemeinschaft Europäischer Grenzregionen (AGEG)

Ziel der Arbeit in Grenzregionen und der grenzüberschreitenden Zusammenarbeit ist der Abbau von Hemmnissen und trennenden Faktoren in diesen Regionen, letztlich die Überwindung der Grenze bzw. das Absenken ihrer Bedeutung zur Verwaltungsgrenze. In der fortschreitenden wirtschaftlichen Zusammenarbeit müssen auch die Menschen in den Grenzgebieten ihr Recht auf gleichwertige Lebensverhältnisse in diesem neuen Europa fordern können. Das „menschliche Gesicht“ der europäischen Politik kann sich am ehesten dort beweisen, wo der Wille zur Zusammenarbeit lebensnotwendig ist und praktiziert wird: in den Grenzregionen. Hier muß der Abbau der Barrieren fortgesetzt und das Leben „Rücken an Rücken“ in ein Miteinander umgewandelt werden. *(nach Gabbe: Europäische Charta der Grenz- und grenzüberschreitenden Regionen. Gronau o. J., S. 6)*

74.2 Die europäische Charta für Grenz- und grenzüberschreitende Regionen

Zusammenarbeit ohne Grenzen

Die trennende Wirkung der Grenzen, die Handel und Wandel in vielen Gebieten und Bereichen des Lebens behinderte, führte seit 1957, dem Gründungsjahr der EWG, zu vielen grenzüberschreitenden Kontakten auf regionaler Ebene.

Für diese Zusammenschlüsse wurde 1965 der Name **Euregio** gewählt.

Der deutsche Geschäftsführer der Euregio Gronau-Enschede, Jens Gabbe, der von Anfang an dabei war, schildert die Entwicklung:

„An den Grenzen der europäischen Staaten hat sich neben den unmittelbaren Kontakten der Städte und Gemeinden ein Interesse an einer grenzüberschreitenden Zusammenarbeit auf regionaler Ebene entwickelt. Von der norwegisch-schwedischen Grenze am Nordkap bis zur französisch-spanischen Grenze in den Pyrenäen und der französisch-italienischen Grenze am Mittelmeer entstanden regionale Aktivitäten in unterschiedlicher Organisationsform zum Abbau der grenzbedingten Hemmnisse auf kommunaler, regionaler und staatlicher Ebene.

Gegründet wurden an der Westgrenze Deutschlands z. B. die Euregio Gronau-Enschede, die Region Aachen-Maastricht-Lüttich, die Region Saarland-Lothringen-Luxemburg und die Regio Basiliensis im Dreiländereck bei Basel, in dem die Nordschweiz, das französische Oberelsaß und Südbaden zusammenarbeiten.

1995 gibt es 72 Euregionen. An den Grenzen nach und in Osteuropa werden weitere entstehen.

Zusammengeschlossen sind die Euregionen in der AGEG, der Arbeitsgemeinschaft Europäischer Grenzregionen, deren Satzung ich mitgebracht habe (vgl. Mat. 74.1).

Diese Grenz- und grenzüberschreitenden Regionen wollen und können einen Beitrag zur möglichst breiten und intensiven Begegnung und Verschmelzung im Sinne einer europäischen Integration leisten. Die Heranbildung eines Kreises von engagierten Sachkennern (Multiplikatoren) ist notwendig. Regionale Medien, Schulen, Einrichtungen der Erwachsenenbildung, Bibliotheken und Museen sind eingeladen, an der Verbreitung der Kenntnisse über die Region mitzuwirken. Studienfahrten, Gemeindepartnerschaften, Jugendbegegnungen, Seminare, Familientreffen, Sportveranstaltungen, Studientage, Fachveranstaltungen etc. über die regionale Thematik sind zu fördern.

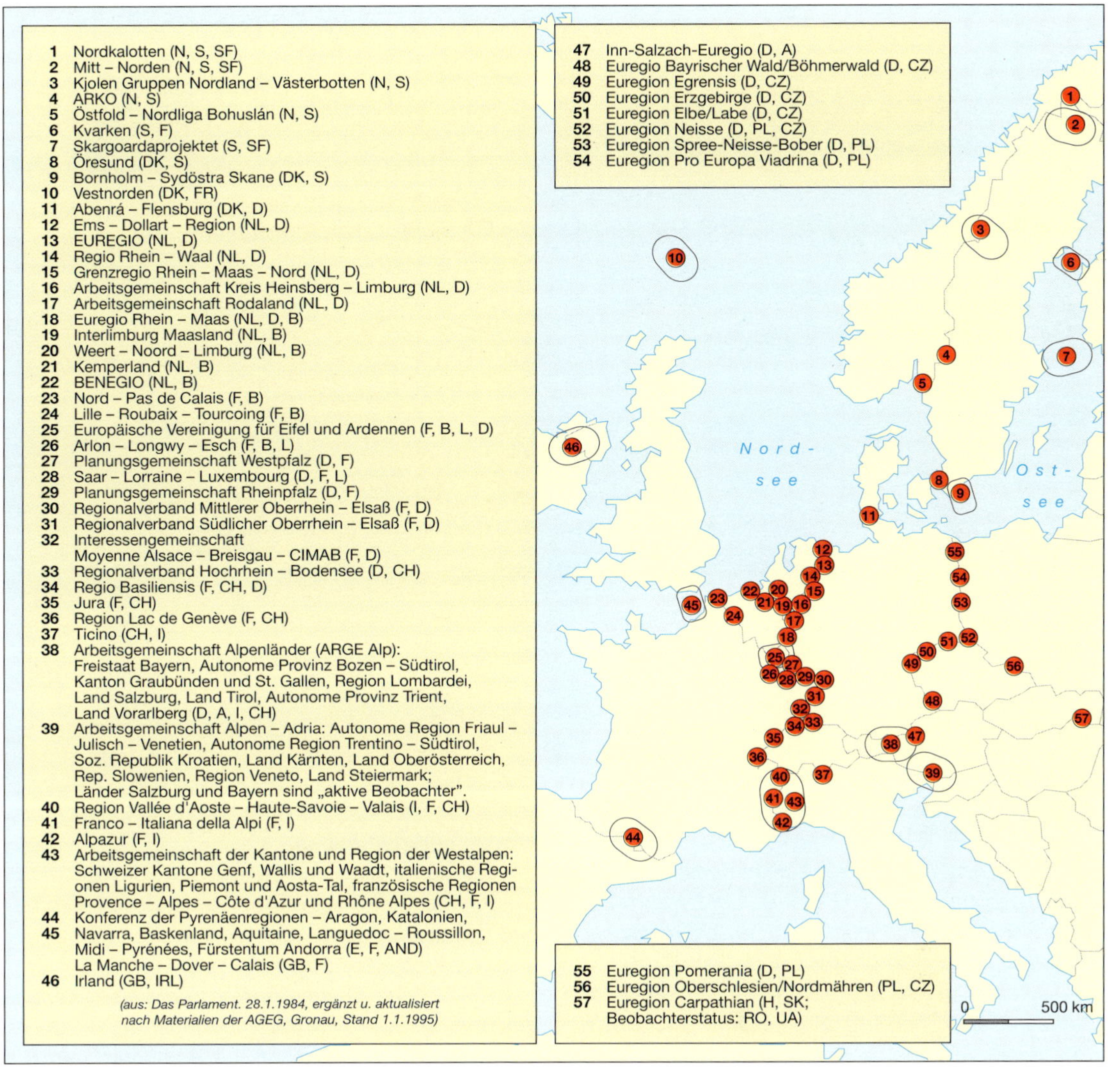

75.1 Grenzüberschreitende Zusammenarbeit in Europa

Nirgends mehr als in den Grenzgebieten benachbarter Staaten ist für jedermann die Notwendigkeit erkennbar, behindernde nationalstaatliche Regelungen zu beseitigen. Er muß unter der Grenze leiden und wünscht deshalb die Beseitigung der Gründe für das Entstehen seiner Probleme. Die Bereitschaft der Bürger, Gemeinden und Regionen, gemeinsam grenzüberschreitende Lösungen zu suchen, beinhaltet nicht die Absicht, die Souveränität der Nationalstaaten aufzuheben. Es sollen lediglich die Narben der Geschichte überwunden, der Bevölkerung an den Grenzen eine verbesserte Zusammenarbeit ermöglicht und ein „Europa der Bürger" verwirklicht werden."

8. Arbeite mit Material 75.1 und dem Atlas.
- Nenne und lokalisiere grenzüberschreitende Regionen an den Grenzen Deutschlands. Welche davon liegen in Nordrhein-Westfalen?
- In welchen grenzüberschreitenden Regionen arbeiten drei und mehr Länder zusammen?

9. Nenne und erläutere die Ziele, die sich die Arbeitsgemeinschaft Europäischer Grenzregionen gesetzt hat (Mat. 74.1 u. 2). Welche Möglichkeiten der Umsetzung sieht Herr Gabbe?

10. Erläutere zusammenfassend, warum es neben dem Zusammenschluß der Staaten der EU auch noch regionale Zusammenschlüsse gibt.

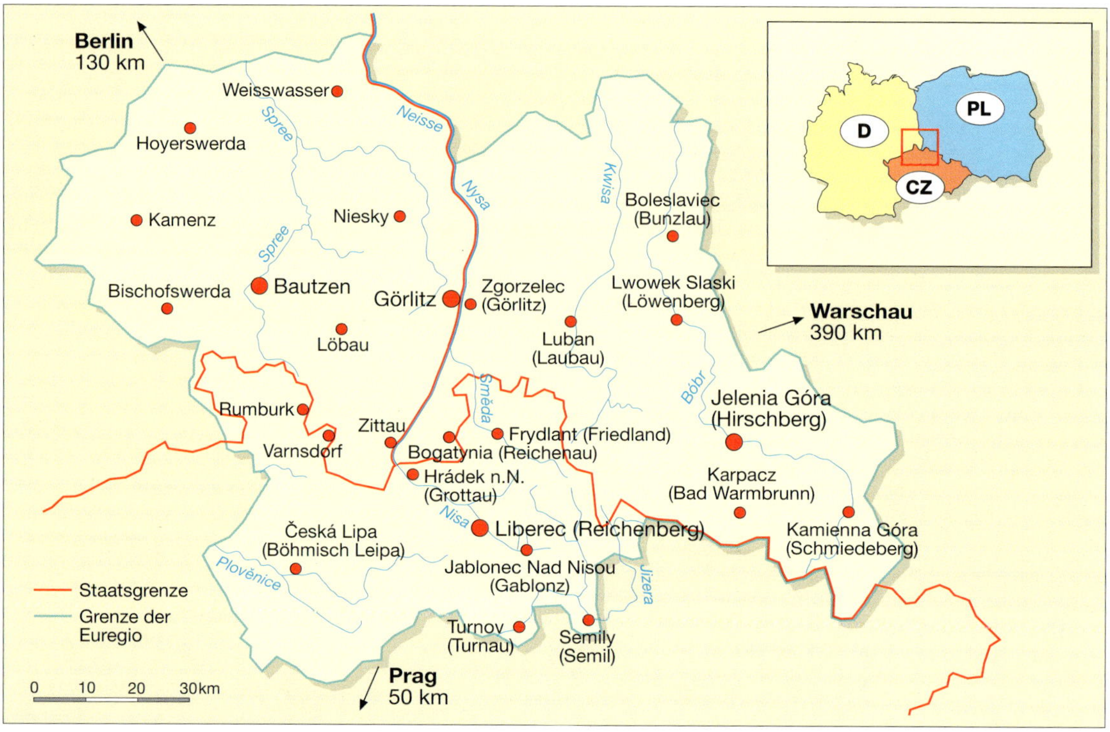

76.1 Lage der Euroregion Neisse

Die Euroregion Neisse

„Die Euroregion Neisse ist ein Zusammenschluß dreier Grenzgebiete im Herzen Europas, der Berührungsraum zwischen der Republik Polen, der Tschechischen Republik und der Bundesrepublik Deutschland.

Alle drei Gebiete sind durch ihre gemeinsamen Interessen, aber auch ihre gemeinsamen Probleme, miteinander verbunden, die u. a. ihren Ursprung in der wechselnden Geschichte unseres Kontinentes haben.

Zum heutigen Zeitpunkt ergibt sich aus dem Verlauf der EG-Außengrenzen durch diese Region eine außergewöhnliche geopolitische Lage, mit all ihren Risiken, aber auch Chancen. Schon jetzt spürt man hier hautnah die Entwicklung einer neuen europäischen Dimension in den Ost-West-Beziehungen.

Die Euroregion Neisse als länderübergreifender Interessenverband entstand durch die Initiative kommunaler Gebietskörperschaften des Grenzgebietes und feierte ihre Geburt im Mai 1991 in Zittau. …

Formell besteht die Euroregion Neisse aus drei kommunalen Verbänden der Gemeinden, Städte und Kreise, die mittels Vereinbarung ihre Zusammenarbeit auf der Basis speziell entwickelter, den konkreten Bedingungen angepaßter Organisationsformen geregelt haben.

Spitzenorgane sind der Rat und das Präsidium. Die Besetzung erfolgt durch Wahl aus den kommunalen Einzelverbänden, welche wiederum aus gewählten Vertretern bestehen.

Als Vollzugsorgan der Euroregion Neisse fungiert ein Sekretariat (Koordinierungsbüro) in Zittau, dessen Arbeit unmittelbar von Präsidium und Rat geleitet wird. Das Koordinierungsbüro ist zentraler Anlaufpunkt und zuständig für die Begleitung der Arbeitsgruppentätigkeit aus organisatorischer Sicht.

Die Tätigkeit der Arbeitsgruppen orientiert sich an den, durch die Politiker der Euroregion Neisse formulierten und festgeschriebenen Prioritäten.

Für die Tätigkeit aller Organe gelten die Grundprinzipien: Parität, Rotation und Konsens."

(aus: Euroregion Neisse, Nisa, Nysa (Ern))

11. Lokalisiere die Euroregion Neisse auf Atlaskarten (Mat. 76.1).

12. Beschreibe Ziele, Aufgaben und Probleme der Euroregion Neisse (Mat. 77.1 u. 2).

13. Erläutere Vor- und Nachteile der Entwicklung der Euroregion Neisse (Mat. 77.1 u. 2).

Ziele der Euroregion Neisse

1. Verminderung der hinderlichen Wirkung der Staatsgrenzen
2. Anhebung des Lebensniveaus der Einwohner
3. Verbesserung der Natur-, kulturellen und Lebensbedingungen
4. Entfaltung des wirtschaftlichen Potentials

Langfristige Prioritätsaufgaben der Euroregion Neisse

1. Ausarbeitung eines regionalen Projektes zur wirtschaftlichen Entwicklung
2. Erhöhung der Durchlässigkeit der Grenzen bei Berücksichtigung regionaler Verkehrsverbindungen und des Tourismus
3. Ausarbeitung eines gemeinsamen Programmes zur Verbesserung der Umwelt
4. Aufbau eines gemeinsamen Kommunikations-Informations-Netzes zwischen den einzelnen Teilen der Euroregion Neisse.

Organisationsstruktur

Präsidium (3 Sitze)

Rat der Euroregion Nisa-Neisse-Nysa (30 Sitze)

Tschechischer Teil (10 Sitze)	Deutscher Teil (10 Sitze)	Polnischer Teil (10 Sitze)
Euroregion Nisa – regionální komunální sdružení měst a obcí severních čech	Kommunalgemeinschaft Euroregion Neisse Sektion BRD e.V.	Stowarzyszenie gmin polskich euroregionu Nysa

Sekretariat

Tschechischer Teil (Fond)	Deutscher Teil (Fond)	Polnischer Teil (Fond)

Arbeitsgruppen

1 Energie Umwelt	2 Regionalplanung Verkehr Tourismus Telekommunikation	3 Kultur Bildung Jugend Denkmalpflege	4 Wirtschaft Landwirtschaft	5 Katastrophenschutz Sicherheit	6 Gesundheit Soziales	7 Staatsverwaltung Selbstverwaltung

Euroregion in Ziffern

	Tschechischer Teil	Deutscher Teil	Polnischer Teil
Gesamtfläche:	3.100 km²	4.378 km²	4.378 km²
Einwohnerzahl:	419.000	713.000	518.000
Bevölkerungsdichte:	135 auf 1 km²	163 auf 1 km²	118 auf 1 km²

Struktur der Besiedelung der Städte

Einwohnerzahl	Anzahl der Städte (Tschechischer Teil)	Anzahl der Städte (Deutscher Teil)	Anzahl der Städte (Polnischer Teil)
> 100.000	1	0	0
50.000–100.000	0	2	1
20.000– 50.000	2	3	5
10.000– 20.000	5	5	5

77.1 Organisationsstruktur der Euroregion Neisse

Beinahe alle derzeitigen Probleme der Euroregion Neisse ergeben sich aus ihrer besonderen geopolitischen Lage. Das über Jahrzehnte anhaltende Aufeinandertreffen verschiedener Machtinteressen in diesem Gebiet führte zu schmerzlichen Fehlentwicklungen. Insbesondere sind heute die Folgen der Politik der sich als Ergebnis des Zweiten Weltkrieges entwickelten totalitären Regime zu spüren. Diese können u. a. so formuliert werden:

1. Der hinderliche Einfluß der Grenzen zwischen den Staaten führte zu einer Vernachlässigung der Infrastruktur in allen Ebenen (Verkehrswege, Telekommunikation, Versorgungs- und Dienstleistungssysteme).

2. Die durch fortschreitenden Raubbau an den Naturressourcen geprägte Wirtschaftspolitik hat erhebliche ökologische Auswirkungen. Die hohe Immissionsbelastung der Luft insbesondere durch die Energiestandorte innerhalb und außerhalb der Region schwächt die Flora bedenklich, besonders im Iser- und Riesengebirge und führt zu Gesundheitsschäden bei den Menschen. Dies ist darüber hinaus der Nutzung des zweifellos vorhandenen Tourismuspotentials als Wirtschaftsfaktor abträglich. Nicht zuletzt weisen die Gewässer einen hohen Verunreinigungsgrad auf.

3. Darüber hinaus konnte u. a. die Bildungspolitik der Länder ihrem selbstformulierten Anspruch zur Erziehung der Jugend zum Internationalismus nicht im geringsten gerecht werden. Es erfolgte keine Motivierung zum Erlernen der Sprache des Nachbarn. Ein Ergebnis dieser Entwicklung sind Sprachbarrieren.

4. Eine hohe Arbeitslosigkeit bedingt eine hohe Kriminalität.

5. Als Folge der Wirtschafts- und Währungsunion im Zuge der Wiedervereinigung Deutschlands wurde die wirtschaftliche Zusammenarbeit zwischen der Republik Polen und der Tschechischen und Slowakischen Förderativen Republik mit der Bundesrepublik Deutschland akut gestört.

Die Überwindung all dieser Probleme und damit die Erreichung der selbstgesteckten Ziele erfordert die Kraftanstrengung breitester Kreise einerseits, zum anderen aber auch Geduld und gelegentlich die Reduzierung durchaus wünschenswerter Vorhaben auf das Machbare. Als Voraussetzung für diesen Prozeß ist das Wollen der hier lebenden Menschen unabdingbar. Diese Willensbekundung ist durch die Vertreterkörperschaften in allen drei Teilregionen erfolgt.

(nach: Euroregion Neisse, Nisa, Nysa (Ern), S. 78)

77.2 Hauptprobleme der Euroregion Neisse

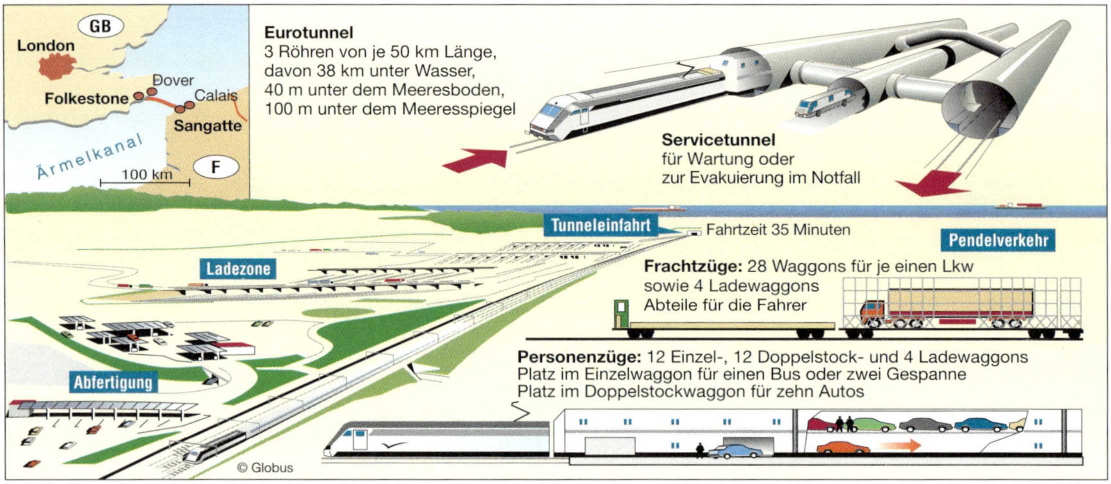

78.1 Der Eurotunnel unter dem Ärmelkanal

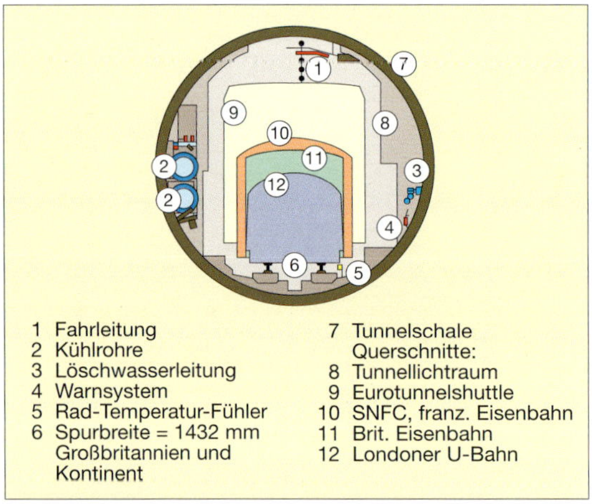

78.2 Der Eurotunnel im Querschnitt

78.3 Bauarbeiten im Eurotunnel

3. Eine Insel erhält Anschluß – der Eurotunnel

„Der große Vorteil ist, daß ich mitten in Paris in den ‚Eurostar' einsteigen kann und nach nur drei Stunden ebenfalls mitten in London, in Waterloo Station, aus dem Zug aussteige. Jetzt gibt es keine Taxifahrten mehr zum Flughafen, kein umständliches Ein- und Aus-Checken und kein Warten bis zum Aufrufen des Flugzeuges. Bei mindestens einer Fahrt pro Woche bedeutet dies wertvollen Zeitgewinn für mich, und preiswerter und bequemer ist die Fahrt auch noch."

Ein französischer Geschäftsmann in einem Fernsehinterview am 14. 11. 1994 bei der Abfahrt des ersten Personenzuges auf der Strecke Paris–London.

Die Idee, Großbritannien und das europäische Festland dauerhaft mit einer Brücke oder einem Tunnel zu verknüpfen, ist mehr als 200 Jahre alt. Doch erst 1985 wurde der Vertrag zwischen Frankreich und Großbritannien zum Bau des Eurotunnels geschlossen. Da die Engländer einen Straßentunnel, die Franzosen jedoch einen Eisenbahntunnel wünschten, war ein Kompromiß notwendig: Zunächst wurden zwei Eisenbahntunnels gebaut; im Jahr 2010 soll über den zusätzlichen Bau eines Straßentunnels verhandelt werden.

Bis zu 20 Züge pro Stunde können in jeder Richtung die Tunnelröhren durchfahren. Hierunter fallen sowohl Fernreise- und Güterzüge (einschließlich Containertransport) als auch die speziellen Autoreisezüge (shuttles), die Pkw, Lkw und

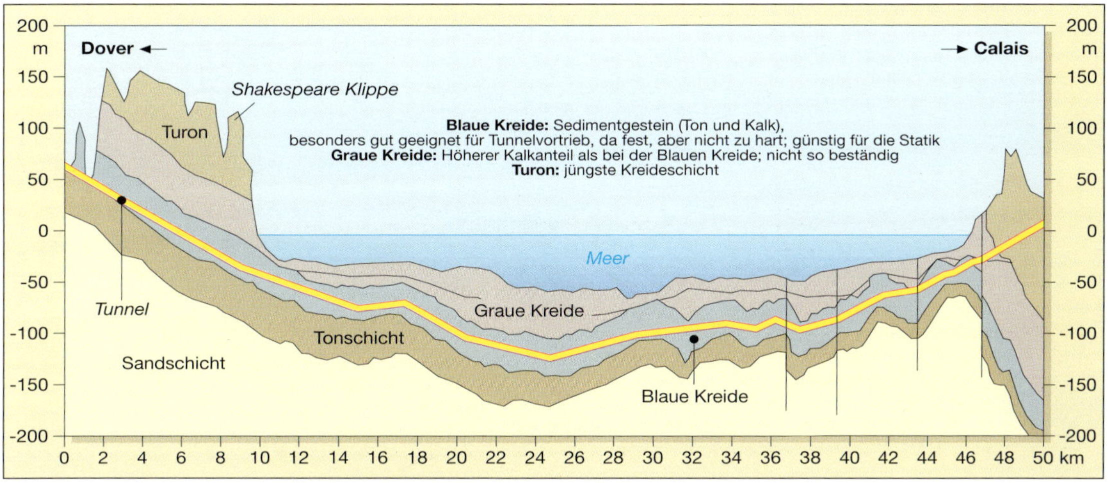

79.1 Die Tunneltrasse im geologischen Schnitt

sonstige Fahrzeuge in 35 Minuten über die 50,5 km lange Tunnelstrecke transportieren. Der Shuttle-Verkehr ist jedoch nur zwischen den beiden Terminals möglich, da die Shuttle-Waggons deutlich größer sind als andere. Fahrkartenverkauf und eine dem Flughafenbetrieb ähnelnde Sicherheitskontrolle sowie Zollformalitäten werden gemeinsam durchgeführt, so daß der Zeitaufwand einschließlich Ab- und Auffahrt zu den Straßen nicht mehr als 75 Minuten beträgt.

Das „technische Wunderwerk" soll die Überfahrt wetterunabhängig und sicherer machen und zudem preiswerter sein. Sein Erfolg wird nicht zuletzt davon abhängen, wie schnell die Anbindung an das europäische Hochgeschwindigkeitsnetz der Eisenbahn erfolgt (vgl. Einband vorne und Mat. 80.1). Die Schnellzugstrecke nach London wird frühestens 1998 fertiggestellt sein, während der Eurotunnel in Calais sofort an das französische TGV-Netz angebunden ist.

1. Lokalisiere den Eurotunnel (Mat. 78.1, Atlas).
2. Erläutere die technische Ausstattung des Tunnelsystems (Mat. 78.1 – 3).
3. Beschreibe die geologischen Verhältnisse unter dem Ärmelkanal und erläutere die Tunnelführung (Mat. 79.1).
4. Welche Schwierigkeiten traten beim Tunnelbau auf (Mat. 79.1, Text)?
5. Vergleiche die Reisezeiten (Mat. 79.2).
6. Beschreibe die Entwicklung des Transportaufkommens seit 1983. Welche Bedeutung kommt hierbei dem Eurotunnel zu (Mat. 79.3)?

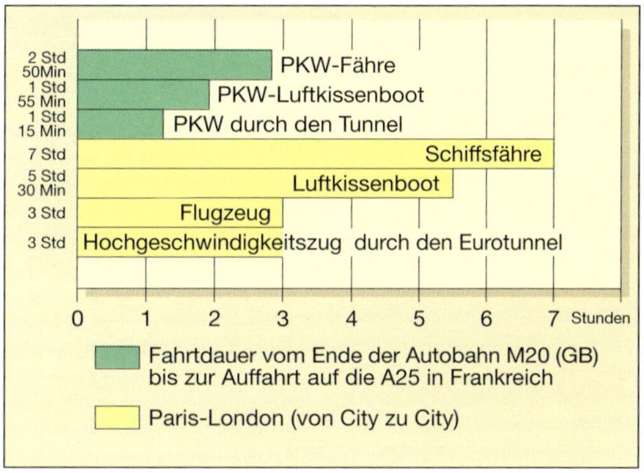

79.2 Reisezeiten im Vergleich

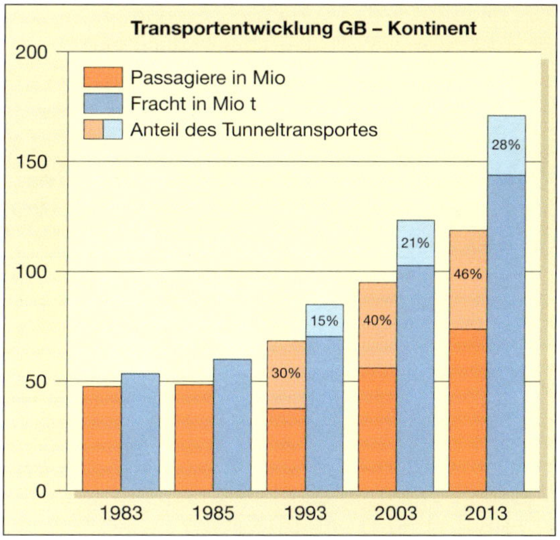

79.3 Fracht- und Passagieraufkommen

Mögliche Verkürzungen der Reisezeiten (mit Hochgeschwindigkeitszug durch den Tunnel)

von London nach...	Entfernung (km)	Reisezeit 1991 (Stunden)	zukünftige Reisezeit (Stunden)
Paris	465	5,5	2,2
Brüssel	355	5,0	2,0
Köln	583	8,0	3,7
Amsterdam	556	8,0	3,5
Hamburg	1044	13,0	7,2
Frankfurt/M.	816	10,5	4,7
München	1210	15,0	7,2
Basel	897	12,5	5,1
Mailand	1301	18,0	7,5
Madrid	1929	23,5	9,9

80.1 Die verkehrsmäßige Anbindung des Eurotunnels

Pro und Contra Eurotunnel

Der Eurotunnel stellt eine wichtige Verbindung innerhalb Europas und der Europäischen Union dar. Ohne umgeladen werden zu müssen, können Waren auf Güterzügen von Großbritannien auf den europäischen Markt gelangen und umgekehrt. Dies senkt die Preise, steigert die Konkurrenzfähigkeit, denn: Zeit ist Geld. Andererseits stellt die Öffnung des Europäischen Binnenmarktes zum 1.1.1993 Anreiz und Handelsimpuls an sich dar.

Außer Industriegütern lassen sich auch regionale landwirtschaftliche Produkte günstiger absetzen, bereichern die jeweils gegenüberliegenden Märkte nicht nur in Paris und in London. Andererseits geht landwirtschaftliche Nutzfläche im Zuge der Raumerschließungsmaßnahmen verloren.

Das gewaltige Bauwerk des Eurotunnels lockt eine Vielzahl von Touristen an. Tagesausflügler, Kurzreisende und Langzeiturlauber haben bereits merklich zugenommen; fraglich ist, ob der Reiz des Neuen anhält oder schon nach kurzer Zeit vergeht. Und da Kurzzeiturlauber die Umwelt stärker belasten als andere, sehen Umweltschützer deren massenhaftes Auftreten sowieso mit Skepsis.

Sowohl im Norden Frankreichs als auch im Süden Englands wurden im Zuge des Tunnelbaus große Verkehrs- und Industrieflächen ausgewiesen. Besonders in England widersetzten sich hiergegen große Teile der einheimischen Landbevölkerung und Vertreter des Umweltschutzes – mit dem Ergebnis, daß sich britische Industrie z. T. an der französischen Küste ansiedelte, wo zudem die Bodenpreise erheblich niedriger waren.

Obwohl der Eisenbahnverkehr durch den Tunnel sehr umweltfreundlich ist, erwartet man durch das hohe Verkehrsaufkommen auf beiden Seiten des Tunnels deutlich steigende Umweltbelastungen. Lärmbelastung und Luftverschmutzung nehmen zu, das Unfallrisiko steigt und die Verkehrsachsen schlagen Schneisen in die Landschaft.

7. Erläutere die Bedeutung des Eurotunnels für die Anbindung Großbritanniens an das Festland (Mat. 80.1).

8. Erkläre, inwiefern es sich beim Eurotunnel um eine europäische „Schlüsselverbindung“ handelt (Karte Einband vorn).

9. Nenne Auswirkungen des Tunnelbaus auf die betroffenen Regionen (Text, Mat. 81.1).

10. Stelle in einer Pro- und Contra-Tabelle das Für und Wider des Eurotunnels dar (Mat. 81.1).

11. Bewerte den Eurotunnel aus Sicht britischer Raumplaner (vgl. S. 42/43).

In Frankreich erwartet man 1700–3000 Dauerarbeitsplätze in den Bereichen Industrie, Handel und Tourismus bis zum Jahre 2000. Zum größten Teil wird die Region Nord Pas-de-Calais von den Aktivitäten im Zusammenhang mit dem Tunnelbau profitieren. Hier werden das Transportwesen, der Dienstleistungssektor, der Tourismus und das Beherbergungswesen die größten Nutznießer sein. Abgesehen davon wird der Eurotunnel für ganz Frankreich eine Erhöhung des Tourismusaufkommens nach sich ziehen.

(nach: Eurotunnel Information Groupe Paris 1987)

Es ist davon auszugehen, daß die Fährgesellschaften unter der Konkurrenz des Tunnels deutlich leiden werden. Eine Verringerung des Personalbestandes ist unumgänglich, soll der Fährverkehr konkurrenzfähig bleiben. Die einzige Überlebensmöglichkeit für die Fährgesellschaften besteht in der Inbetriebnahme moderner und leistungsstarker Schiffe.

(nach: Calais Presse Information Nr. 41, Jan. 1988)

„An dem anderen Ende befindet sich ein Markt mit 280 Millionen Menschen. An diesem Ende befindet sich Folkestone, Stadt des Eurotunnel-Terminals. Dieser Standort bietet sich für Sie geradezu an, falls Sie ihren Betrieb neuansiedeln, erweitern oder umsiedeln wollen, denn er bietet größte Vorteile im Hinblick auf den Europäischen Markt: Neue Flächen sind für die Ansiedlung von Industrie- und Dienstleistungsbetrieben bereitgestellt worden. Ihre räumliche Beschränkung trägt zur Sicherung und zum Schutz der Natur bei. Pacht- und Baupreise sind noch ziemlich niedrig, örtliche Arbeitskräfte ausreichend vorhanden. Die Shepway-Region ist ideal gelegen zwischen Kanalküste und Hinterland; in dieser reizenden Umgebung läßt es sich gut wohnen und arbeiten." (nach: The Times vom 11.10.1989)

„Und was ist mit Schottland?", fragt anklagend ein Abgeordneter der schottischen Nationalisten. Im Norden Großbritanniens befürchtet man, daß der Tunnel die wirtschaftliche Anziehungskraft von Südostengland noch verstärken wird. Auch in Kent ist man nicht einer Meinung. Ein Sprecher der Handelskammer in Dover sagte nicht weniger als den „vollständigen Zusammenbruch unserer Wirtschaft" voraus, wenn erst einmal im benachbarten Folkestone die Pendelzüge in der Tunnelröhre verschwinden. (nach: Die ZEIT Nr. 5, Januar 1986)

In Kent befürchtet man eine Vervierfachung des gegenwärtigen Verkehrsaufkommens. Die nationale Verkehrsplanung sieht lediglich die Schließung der M 20-Lücke zwischen Ashford und Maidstone vor, wohingegen in Nordfrankreich gleich drei Autobahnen den Tunnel optimal anbinden. Um die jetzt schon unhaltbaren Straßenbelastungen im Großraum London nicht bis zum Verkehrsinfarkt zunehmen zu lassen, ist nach Meinung der British Road Federation der Bau einer völlig neuen Ostküsten-Autobahn Richtung Southampton für den Verkehr in Richtung Norden und Nordwesten notwendig.

(nach: Rainer Koch, Eurotunnel. – In: geographie heute 11/1991)

Der Osten der Grafschaft Kent weist eine völlig stagnierende Wirtschaft und eine mangelhafte Infrastruktur auf, mit ihm geht es ständig bergab. Im Nordosten Frankreichs setzt bereits ein Investitionsboom ein; die Franzosen errichten ein attraktives Einkaufs- und Gewerbeareal, das auch über den Kanal hinaus anziehend wirkt; wir hingegen verpassen den Anschluß an die neue Entwicklung mit unseren wenigen verblassenden Küstenstädten. Mehr als 10 000 Arbeitsplätze werden Dover und sein Hinterland bis 1998 verlieren, wenn die Tunnelbauten abgeschlossen und wegen des Binnenmarktes viele Zollbedienstete überflüssig sein werden.

(nach: Tony Dawe. – In: The Times vom 24.07.1993)

Der Tourismus boomt bereits in Calais; Hoteliers und Restaurantbesitzer reiben sich zufrieden die Hände. Vorbei sind die Zeiten, wo der Norden Frankreichs abseits lag, der Tunnel hat ihn in den Mittelpunkt gerückt. Die Investitionen im tertiären Sektor sind schnell zu tätigen und zahlen sich umgehend aus.

Aber für die Industrie gibt es kaum Hoffnung. Bei 18 % pendelt sich die Arbeitslosenquote ein, der Niedergang der Schwerindustrie zeigt Wirkung. Und auch die Automobilindustrie wie Renault, die mit staatlicher Hilfe Mitte der 70er Jahre hier angesiedelt wurde, ist inzwischen veraltet und kaum noch konkurrenzfähig. Textil- und Lederwarenindustrie wie z. B. Samsonite leiden unter den Billigimporten aus den Ländern der Dritten Welt. Selbst Grundstückspreise, die nur ein Viertel des üblichen Wertes erreichen, locken kaum Investoren an; zu ungünstig scheint die gesamte Standortsituation.

(nach: Ross Tiemann – In: The Times vom 25.07.1994)

81.1 Der Eurotunnel im Widerstreit der Meinungen

4. Lübeck – eine Region wächst zusammen

Bis zum 9. November 1989 war für die Einwohner Lübecks, wenn sie nach Osten wollten, die Fahrt bereits nach sechs Kilometern zu Ende. Am damaligen Grenzübergang Schlutup endete der Weg. Die Bäder an der Ostseeküste der DDR, die kleineren und größeren Zentren wie Wismar, Schwerin oder auch Grevesmühlen, waren nicht erreichbar. Lübeck war nach Osten hin ohne Hinterland. In dieser Randlage waren alle Verbindungen nach Westen hin ausgerichtet. Der **Einzugsbereich** des Einzelhandels, in dem ca. 300 000 Menschen lebten, beschränkte sich wie die Herkunft der 15 000 Berufspendler auf das ostholsteinische Umland. Das verarbeitende Gewerbe setzte seine Produkte fast ausschließlich in den alten Bundesländern ab. Auch der Ausbau des überregionalen Verkehrsnetzes – Straße und Schiene – war nur für die nach Westen und Norden gerichteten Verkehrsströme ausreichend bemessen.

Bis 1989 waren andererseits auch die Verbindungen vom ehemaligen DDR-Gebiet nach Westen unterbrochen. Grevesmühlen, eine kleinere Stadt auf halbem Wege zwischen Lübeck und Wismar, war von der nach Westen undurchlässigen Grenze stark betroffen. Die Wirtschafts- und Bevölkerungsentwicklung stagnierte, obwohl die Stadt Sitz der Kreisverwaltung war und dadurch Verwaltungs- und Versorgungsaufgaben übernommen hatte. Die Verarbeitung landwirtschaftlicher Rohstoffe spielte wegen des agrarisch geprägten Umlands eine große Rolle. Die Industriebetriebe waren auf die Zulieferung der Industrieräume Schwerin und Wismar ausgerichtet.

Genossenschaften des Handwerks sowie auch private Handwerksbetriebe stellten eine große Anzahl der Klein- und Mittelbetriebe. Trotzdem war das Angebot an Arbeitsplätzen knapp: Mehr als 10 % der Arbeitskräfte mußte täglich auspendeln. Ziel waren vor allem die Industrie- und Verwaltungszentren in Schwerin und Wismar.

Die ersten Monate nach der Grenzöffnung kennzeichneten einen gewaltigen Verkehrsstrom von Ost nach West. Gründe dafür waren die für die Ostdeutschen neu gewonnene Freiheit, unbeschränkt reisen zu können, sowie das ungewohnt reichhaltige Angebot an Waren im Westen. Auf die Stadt Lübeck kamen enorme Verkehrsprobleme zu, da das Verkehrsnetz den neuen Anforderungen nicht gewachsen war.

Gleichzeitig schufen die neuen Käufer aus dem Osten aber für die Wirtschaft Lübecks, zunächst im Handel, einen neuen Absatzmarkt. Andererseits profitierten auch fliegende Händler aus dem Westen von der Grenzöffnung. Sie bestimmten das Bild der Städte und Dörfer im Kreis Grevesmühlen.

1. Stelle die Wirtschaftslage und die Verkehrssituation der Stadt Lübeck sowie des Kreises Grevesmühlen vor der Grenzöffnung dar.
2. Was hat sich 1989 verändert? Erläutere anhand der Handels- und Verkehrssituation (Mat. 82.1, 83.1).

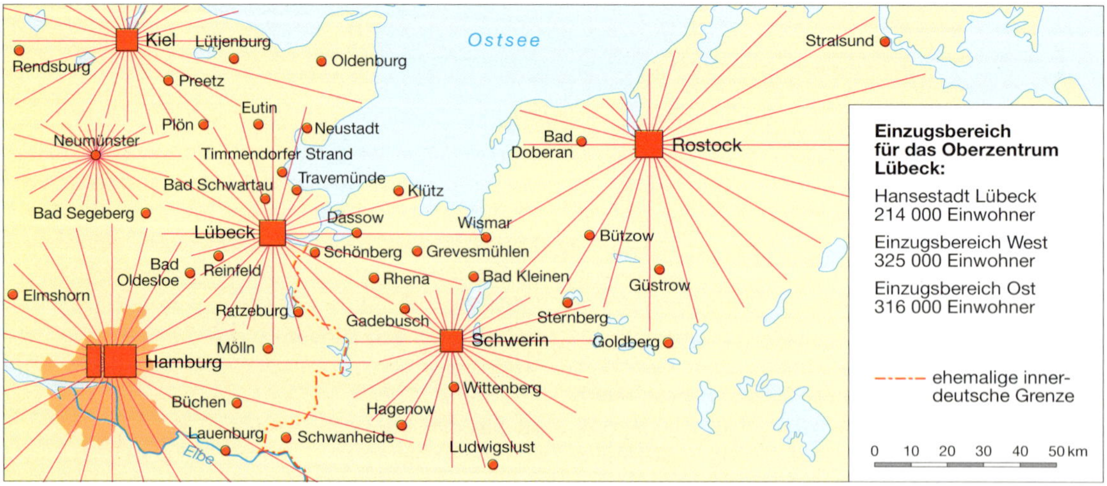

82.1 Stadtzentren und Einzugsgebiete im Großraum Lübeck 1991

Turbulenzen am Grenzübergang

Nach Öffnung der Grenzen hatten die Beamten vor allem in Schlutup viel zu tun. Lockere Handhabe der Vorschriften auf beiden Seiten hielt das Warten in Grenzen.

Grenzöffnung verändert Lübeck

Bausenator: Verkehrsverbindungen ausbauen und kulturelle Angebote erweitern

Besucherstrom aus der DDR hält an

Lübeck. Der DDR-Besucherstrom hält an. An allen schleswig-holsteinischen Grünzübergängen herrschte lebhafter Einreiseverkehr. Insgesamt 50.000 DDR-Bürger besuchten Schleswig-Holstein. Die erstmals eingesetzte Ostsee-Fähre zwischen Lübeck-Travemünde und Wismar soll wegen des großen Zuspruchs bei der DDR-Bevölkerung vom kommenden Sonnabend an täglich verkehren.

Trabis blieben vor den Toren

Fahrzeuge aus der DDR wurden direkt zum Volksfestplatz umgeleitet

Die Trabis und Wartburgs sollen in der DDR bleiben

Großes Park-and-ride-System geplant – Mit Bussen über die Grenze nach Lübeck

Bürger und Bürgerinnen aus der DDR sind willkommen, ihre Trabis und Wartburgs sollen sie jedoch möglichst zu Hause lassen: Ein groß angelegtes Park-and-ride-System soll ab dem nächsten Wochenende dazu beitragen, daß sich der Ausnahmezustand, der in den vergangenen Tagen in Lübeck herrschte, nicht wiederholt. Ziel ist, in Selmsdorf und Grevesmühlen Großparkplätze einzurichten.

83.1 Grenzöffnung im November 1989

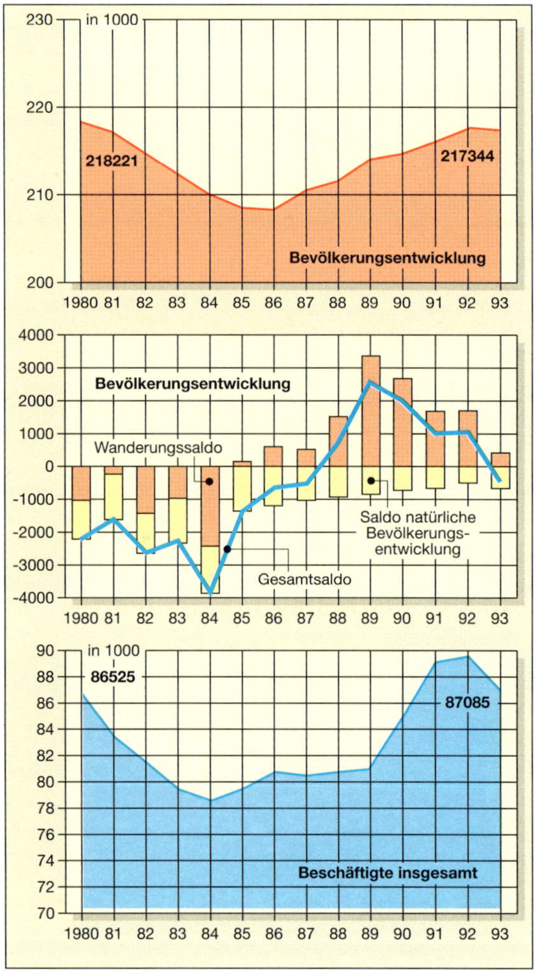

84.1 Bevölkerung und Beschäftigte in Lübeck

84.2 In der Fußgängerzone von Lübeck

Lübeck im Wandel

In den 90er Jahren steht die Stadt Lübeck vor völlig neuen Aufgaben in der Stadtentwicklung. Durch die Rückgewinnung des traditionellen Umlandes im Osten entwickelt sich die Stadt zum Zentrum einer Region mit fast 600 000 Einwohnern. Zudem ist durch die deutsche Vereinigung der Wirtschaftsraum „Norddeutsche Küstenregion“ mit den Bundesländern Schleswig-Holstein, Mecklenburg-Vorpommern und Hamburg entstanden, in dessen Zentrum Lübeck liegt. Somit ist die Stadt Lübeck wieder das Tor zur Ostsee geworden.

Das Bevölkerungswachstum hat eine stark gestiegene Nachfrage nach Wohnflächen zur Folge. In den nächsten Jahren müssen 8000 neue Wohnungen geschaffen werden. Dafür besteht ein Bedarf an 150 ha Fläche. Weitere 150 ha Land sind für neue Gewerbeflächen notwendig, um die akute Nachfrage decken zu können. Da der Bedarf nicht vollständig auf Lübecker Stadtgebiet abgedeckt werden kann, wird auch das Umland beiderseits der ehemaligen Grenze von den Baumaßnahmen beeinflußt werden.

Die enorme Zunahme der Verkehrsbelastung stellt die Stadt vor große Probleme. Die Zahl der **Einpendler** ist um fast 10 % gestiegen. Um 80 000 Fahrten pro Tag hat sich die Benutzung der bereits vorher ausgelasteten Straßen durch den Verkehr aus dem östlichen Umland erhöht. Dazu kommen noch zusätzliche Belastungen durch das wachsende Verkehrsaufkommen nach Skandinavien sowie nach Osteuropa. Erschwerend kommt hinzu, daß die Straßen teiweise in einem schlechten Ausbauzustand sind.

Andererseits sind aber auch ein Abbau von Arbeitslosigkeit sowie Umsatzsteigerungen in Handel und Industrie zu verzeichnen. Die Zahl der Beschäftigten konnte im Maschinenbau, im Großhandel und in der Ernährungsindustrie anfangs jährlich um jeweils über 10 % gesteigert werden. Im Einzelhandel betrugen in den ersten Jahren nach der Grenzöffnung die Zuwachsraten bis zu 25 %. Dies war überwiegend auf Käufer aus dem östlichen Umland zurückzuführen.

3. Liste auf, welche Veränderungen sich durch die Öffnung der ehemaligen Grenze in Lübeck ergeben (Mat. 84.1, Text). Beurteile, welche Entwicklungen für die Stadt positiv bzw. negativ zu bewerten sind.

Veränderungen in Grevesmühlen

Wie in der gesamten ehemaligen DDR hat die Grenzöffnung auch im Kreis Grevesmühlen tiefgreifende Probleme verursacht. Besonders in der Landwirtschaft waren Entlassungen überdurchschnittlich hoch. Auch im verarbeitenden Gewerbe gingen zahlreiche Arbeitsplätze verloren, da die traditionellen Absatzmärkte im Osten Europas weggebrochen sind.

Die Aussicht auf bessere Verdienstmöglichkeiten im Westen hat eine Abwanderung in die alten Bundesländer, vor allem in den Raum Lübeck, verursacht. 5 % der Bevölkerung zogen aus Grevesmühlen weg. Der Anteil der jungen Personen machte drei Viertel der Abwanderer aus. Zudem ist auch ein drastischer Geburtenrückgang spürbar: Die Zahl der Geburten hat sich seit 1989 halbiert. Dies führt man u. a. auf die allgemeine soziale Unsicherheit zurück.

Für die Entwicklung des Kreises müssen positive Anreize geschaffen werden. Diese erhofft man sich von einer Umstrukturierung der Wirtschaft zugunsten des **tertiären Sektors** (Handel und Dienstleistungen). Ein Vorteil dabei ist, daß Grevesmühlen schon immer Kreisstadt war. Man erwartet, daß in Zukunft fast 50 % der Beschäftigten in Banken, Versicherungen, öffentlichen Einrichtungen u. a. arbeiten werden.

4. Erläutere die Entwicklung von Grevesmühlen nach 1989 (Mat. 85.1 – 3) und zeige Unterschiede zur Entwicklung von Lübeck auf.

85.2 Ländliche Strukturen im Kreisgebiet

Bevölkerungsentwicklung in 1000
Wirtschaftsregion Grevesmühlen in den Jahren 1990–93

1990	1991	1992	1993
18,7	18,2	17,8	17,7

Beschäftigte nach Wirtschaftszweigen der Wirtschaftsregion Grevesmühlen für die Jahre 1989–91 in %

Anteile in %	Wirtschaftsregion GVM 1989	1990	1991
Land/Forst/Fischerei	41,0	28,7	18,8
Energie/Bergbau + Verarb. Gewerbe	17,9	15,5	17,1
Baugewerbe	6,6	9,0	11,0
Handel	7,6	9,4	9,0
Verkehr/Nachrichten	3,2	3,9	3,8
übrige Dienstleistungen	23,7	33,5	40,3

Unternehmen im Kreis Grevesmühlen

Wirtschaftszweig	Dez 91	Jun 93
Land/Forst/Fischerei	11	18
Energie/Bergbau	1	5
Verarb. Gewerbe	19	38
Baugewerbe	5	15
Handel	130	362
Verkehr/Nachrichten	79	128
übrige Dienstleistungen	161	401
Gesamt	**406**	**967**

(Stadt Grevesmühlen: Wirtschaftliche Entwicklung Grevesmühlen 1995)

85.3 Entwicklung der Wirtschaft in Grevesmühlen

Grevesmühlen hat im Verlauf seiner nunmehr fast 770-jährigen Geschichte viele Veränderungen durchlebt, doch wohl keine ging mit einem so rasanten Tempo vor sich, wie es jetzt seit der Kommunalwahl 1990 geschieht. Das Stadtparlament und die Verwaltung schufen alle Voraussetzungen, daß sofort mit der Verbesserung der Infrastrukturmaßnahmen begonnen werden konnte.

Durch die frühzeitige Aufnahme Grevesmühlens in das Städtebauförderungsprogramm des Landes wurde die großzügige Innenstadtsanierung ermöglicht. Bereits im Dezember 1992 konnte das erste Gewerbegebiet voll erschlossen zur Besiedlung freigegeben werden. Die vorrangige Aufgabe, neuen Wohnraum zu schaffen, soll mit dem Bauvorhaben am Kapellenberg realisiert werden. Hier entstehen Wohneinheiten durch den Bau von Einfamilien- und Reihenhäusern sowie Geschoßwohnungsbau und sozialen Wohnungsbau.

85.1 Grevesmühlen – eine Region im Aufbruch

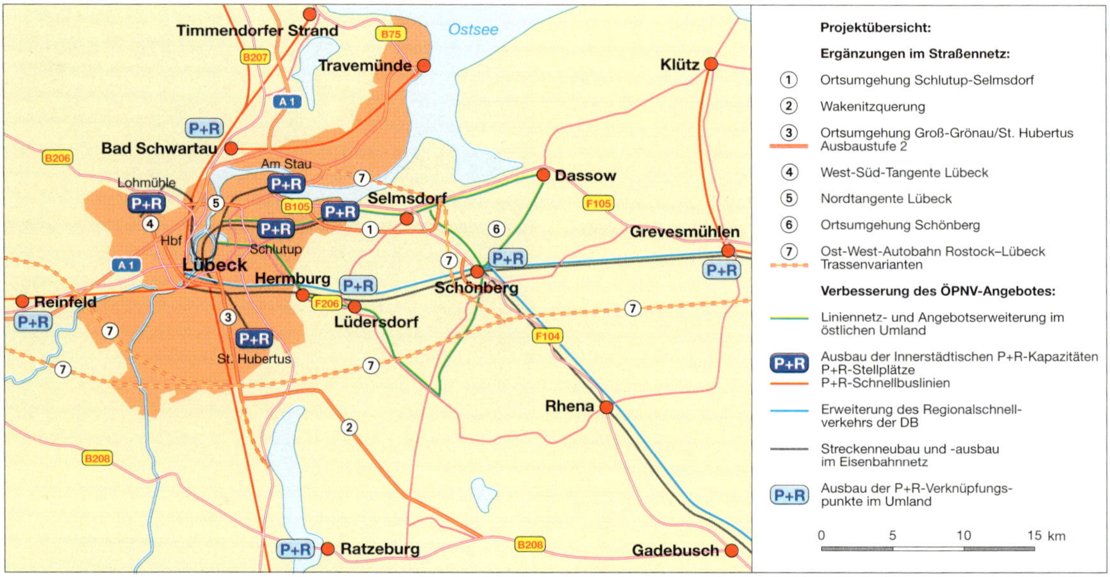

86.2 Geplantes regionales Verkehrsnetz

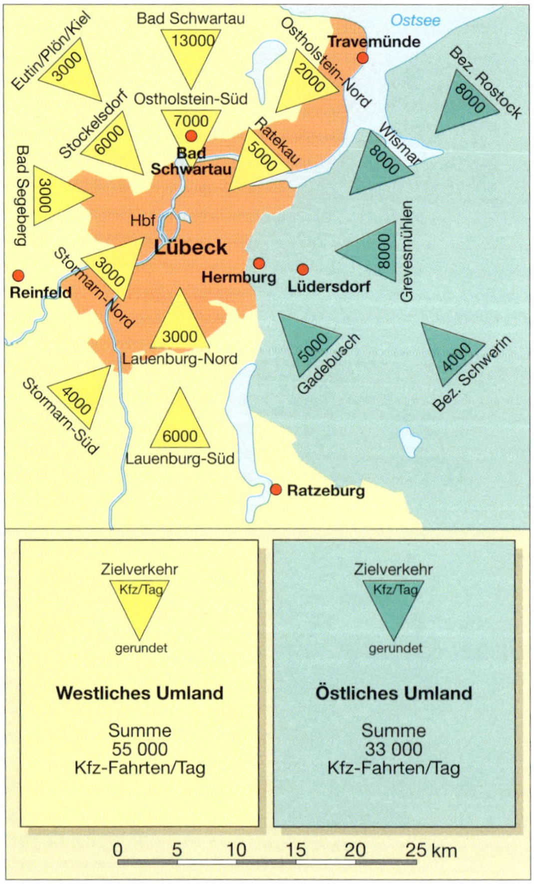

86.1 Einpendler nach Lübeck

Verkehrsprobleme

Lösungsansätze im Nahraum ...

Mit der Einbindung der östlichen Gemeinden in den Großraum Lübeck sind für einige Orte auch neue Probleme entstanden. Für die Zahl der Pkw und Lkw, die täglich nach Lübeck einpendeln, ist das bisherige Verkehrsnetz nicht ausreichend: schmale Straßen, enge Ortsdurchfahrten sowie gefährliches Kopfsteinpflaster erfordern viel Zeit. Andererseits belasten Lärm, Abgase und eine ungewohnt hohe Verkehrsdichte die Anwohner der bisher ruhigen Durchgangsstraßen. **Öffentliche Verkehrsmittel** wie Bus und Eisenbahn stehen bisher nur in geringem Umfang zur Verfügung.

Eine gute **Verkehrsplanung** ist Voraussetzung für die ökonomischen und städtebaulichen Entwicklungen Lübecks sowie die des Umlands: Industrie und Handel benötigen regional und überregional gute und schnelle Verbindungen, die Innenstadt muß von neugeplanten Wohnvororten direkt erreichbar sein. Die Umwelt soll geschont werden; eine Verbesserung des **öffentlichen Personennahverkehrs (ÖPNV)** wird angestrebt.

5. Beschreibe das Pendleraufkommen im Großraum Lübeck (Mat. 86.1). Nenne Gründe.

6. Benenne Verkehrsprobleme und erläutere, wie sie in der jetzt zusammenwachsenden Region gelöst werden sollen (Mat. 86.2).

... Belastungen im Großraum

Für die Wirtschaft in den neuen Bundesländern sind umweltgerechte und leistungsstarke Verkehrswege notwendig. Das insgesamt 17 Maßnahmen umfassende Programm „Verkehrsprojekte Deutsche Einheit“ beinhaltet den Ausbau und die Neuanlage von Straßen, Schienen- und Schiffahrtswegen. Ein solches Projekt ist der Neubau der Küstenautobahn A 20. Damit sollen der Ostseeraum sowie weite Bereiche Mecklenburg-Vorpommerns an das europäische Verkehrsnetz angeschlossen werden. Dies käme auch dem Wirtschaftsraum „Norddeutsche Küstenregion“ zugute, der somit Anbindungen nach Osteuropa sowie über Rügen nach Skandinavien erhalten würde.

Kritiker der A 20 erklären, daß der Autobahnbau überflüssig sei, und fordern, auf den Neubau zu verzichten. Der Güterverkehr könne nämlich über die Eisenbahn abgewickelt werden. Auf diese Weise würden weiträumige Naturlandschaften geschont und eine noch intakte Umwelt erhalten bleiben.

7. Erläutere das Verkehrsprojekt Küstenautobahn A 20 (Mat. 87.1).

8. Erörtere Vor- und Nachteile des Autobahnbaus (Mat. 87.1 u. 2).

9. Erkundige dich, ob es auch in deiner Umgebung ein Verkehrsprojekt gibt. Welche Gründe führen die Befürworter an, welche die Gegner? Erörtere, welche Argumente für dich mehr Gewicht haben.

Das Peenetal im Osten des Bundeslandes Mecklenburg-Vorpommern ist als größtes zusammenhängendes Flußmoor in Mitteleuropa weit über Deutschlands Grenzen hinaus einmalig. Bei dem 35 000 ha großen Unteren Peenetal handelt es sich nicht nur um eines der 29 Naturschutzgebiete der Bundesrepublik, sondern auch um ein europäisches Vogelschutzgebiet. 60 Millionen Mark läßt sich die Bundesrepublik zwischen 1992 und 2003 die Erhaltung und Pflege der Peeneufer und der sich dahinter erstreckenden Buchenwälder und Moorwiesen kosten.

Die Kernzone des geplanten Schutzgebietes erstreckt sich zwischen dem Kummerower See im Westen und der Peenemündung. Dort scheint die Welt noch heil. Das Niedermoorgebiet, in dem bis in die 30er und 40er Jahre hinein Torf in kleinen Stichen abgebaut wurde, blieb nach dem Zweiten Weltkrieg von menschlichem Wirtschaften verschont. Das ist der Natur gut bekommen. Dort ist das Moor noch intakt, und die Vielzahl von bedrohten und selten gewordenen Pflanzen- und Tierarten hat in weitem Umkreis nicht ihresgleichen. 61 der vorkommenden Pflanzenarten sind auf Roten Listen verzeichnet.

Auch für die Vogel- und Tierwelt wurde das Gebiet zum wertvollen Rückzugsraum. Vom Aussterben bedrohte Vogelarten wie Kornweihe und Sumpfohreule, Weißstorch und Wiesenralle sind hier ebenso heimisch wie eine überaus reiche Amphibien- und Insektenfauna. Ungestört leben hier Fischotter sowie Biber, die erst Mitte der siebziger Jahre wieder angesiedelt wurden, nachdem sie zwei Jahrhunderte lang aus Mecklenburg-Vorpommern verschwunden waren.

(nach: Kosmos 12/94)

87.2 Verkehrsplanung contra Umweltschutz

87.1 Planungsraum A 20

Die Europäische Union und die Welt

88.1 Europäisches Parlament in Straßburg

1. Entwicklung und Institutionen der EU

Nach dem Ende des Zweiten Weltkrieges ging es in Europa darum, den Frieden dauerhaft zu sichern. Dazu sollten das Wirtschaftswachstum gefördert und die Lebensbedingungen verbessert werden. Deshalb beschlossen einige westeuropäische Länder, in Zukunft wirtschaftlich und politisch zusammenzuarbeiten. Am 25. März 1957 unterzeichneten Belgien, die Bundesrepublik Deutschland, Frankreich, Italien, die Niederlande und Luxemburg in Rom die Verträge zur Gründung der **Europäischen Wirtschaftsgemeinschaft (EWG).**

Die sechs Länder hatten schon seit 1951 im Bereich Kohle und Stahl zusammengearbeitet. Sie wollten den Aufbau Europas zunächst auf wirtschaftlichem Gebiet fortsetzen. Ein wichtiger Teil des EWG-Vertrags war der geplante **Gemeinsame Markt.** Zwischen den beteiligten Ländern sollten alle Zölle abgebaut werden. Gegenüber anderen Handelspartnern wollte man sich durch Außenzölle schützen. Vorreiter im Gemeinsamen Markt sollte der Agrarmarkt sein, um die Versorgung mit Nahrungsmitteln zu sichern. Das Reisen und der Austausch von Waren und Dienstleistungen zwischen den Staaten der Gemeinschaft sollten schrittweise erleichtert werden.

Viele politische und wirtschaftliche Entscheidungen treffen inzwischen nicht mehr die Regierungen der einzelnen Mitgliedsstaaten, sondern Organe der EU (vgl. Mat. 89.1).

Im **Europäischen Rat** legen die Regierungschefs der Mitgliedsstaaten die Leitlinien der Unionspolitik fest. Beschlüsse des Europäischen Rates werden oft als Aufträge an den **Ministerrat** (Rat der Europäischen Union) weitergegeben. Hier beraten und beschließen die nationalen Fachminister die europäischen Gesetze.

Die **Europäische Kommission** ist das eigentliche Verwaltungsorgan der EU. Hier werden Gesetzesvorschläge in allen Einzelheiten erarbeitet und dem Ministerrat vorgelegt. Der **Wirtschafts- und Sozialausschuß,** in dem die wichtigsten gesellschaftlichen Gruppen vertreten sind, und der **Regionalausschuß,** dem Vertreter verschiedener Regionen angehören, wirken beratend mit. Auch das **Europäische Parlament** ist an politischen Entscheidungen beteiligt, es hat aber noch nicht so viele Rechte wie die nationalen Parlamente. Der **Europäische Gerichtshof** sorgt dafür, daß das EU-Recht auch eingehalten wird. Der **Europäische Rechnungshof** schließlich überwacht die Haushaltsführung der EU.

1. Berechne Fläche und Einwohnerzahl der EU mit Hilfe der Übersicht im hinteren Bucheinband. Vergleiche mit den USA und Japan.
2. Beschreibe nach Material 11.1, wie sich die EU entwickelt hat. Erkläre die Begriffe „Norderweiterung“ und „Süderweiterung“.

Meilensteine der europäischen Einigung

- *1951 schließen sich sechs Staaten zur **Europäischen Gemeinschaft für Kohle und Stahl** (EGKS oder Montanunion) zusammen.*
- *1957 werden die Verträge zur Gründung der **Europäischen Wirtschaftgemeinschaft** (EWG) und der **Europäischen Atomgemeinschaft** (EURATOM) in Rom unterzeichnet.*
- *1959 beginnt der Abbau der Binnenzölle.*
- *1967 werden EWG, Montanunion und EURATOM zur **Europäische Gemeinschaft (EG)** zusammengeschlossen.*
- *1972 beschließen die Mitgliedsstaaten, zunehmend auch außenpolitisch zusammenzuarbeiten.*
- *1973 erfolgt eine „Norderweiterung“ der EG.*
- *1979 wird zum erstenmal ein **Europäisches Parlament** gewählt. – Das **Europäische Währungssystem** führt den **ECU** (European Currency Unit) als Verrechnungseinheit ein.*
- *1981 und 1986 wird die EG nach Süden erweitert.*
- *1990 werden durch die deutsche Einigung die neuen Bundesländer in die EG einbezogen.*
- *1993 tritt der Vertrag von Maastricht in Kraft: Die **Europäische Union** (EU) ist gegründet. Die Mitgliedsstaaten vereinbaren Zusammenarbeit in der Außen- und in der Sicherheitspolitik sowie in der Justiz- und Innenpolitik. – Der **Binnenmarkt** wird nach 35 Jahren Vorarbeit verwirklicht.*
- *1995 wird die EU auf 15 Mitglieder erweitert.*

89.2 Chronik der Europäischen Union

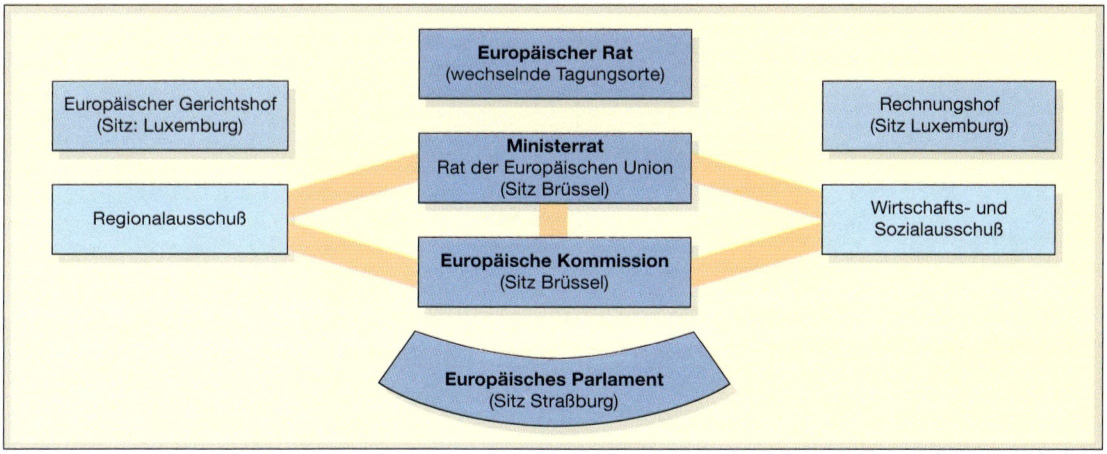

89.1 Organe der Europäischen Union

90.1 Stau am Grenzübergang

90.3 Offene Grenzen

Grenzenloses Europa – der EU-Binnenmarkt

„Was ist denn im »Binnenmarkt Europa« anders als früher? Stellen Sie sich einfach vor, was Sie bisher innerhalb Ihres Heimatlandes tun können – und übertragen Sie dies auf das Gebiet zwischen Helsinki und Lissabon, zwischen Irland und Kreta. In diesem Raum können Sie Ihren Wohnsitz wählen, eine Arbeit annehmen, ein Geschäft eröffnen, an Kommunalwahlen teilnehmen, ein Studium beginnen, sich zur Ruhe setzen. Kurzum: Sie können sich im ganzen EU-Raum wie zu Hause fühlen.

Auch der Wirtschaft werden aus dem Binnenmarkt große Vorteile erwachsen. Und wenn u. a. die Zölle beim Export und Import entfallen, wenn Produkte nicht mehr für verschiedene Märkte kostenaufwendig in verschiedenen Ausführungen hergestellt werden müssen, wenn die enormen Entwicklungskosten für neue Produkte sich auf größere Stückzahlen verteilen, dann führt das ja zu günstigeren Preisen und zu vielfältigerem Angebot für die Verbraucher. Außerdem kann auch der größere Wettbewerb im Binnenmarkt zu Preissenkungen führen."

(aus: Europa 2000, Presse- und Informationsamt der Bundesregierung, Bonn 1995)

Freier Personenverkehr

Freizügigkeit im Binnenmarkt schließt ein: freie Einreise, freien Aufenthalt, freies Wohnrecht, Niederlassungsfreiheit, Freiheit der Arbeitsplatzwahl. Gleichwertige Hochschulabschlüsse werden inzwischen EU-weit anerkannt.

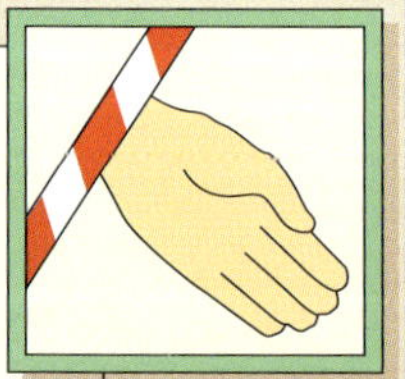

Freier Dienstleistungsverkehr

Dienstleistungen dürfen EU-weit angeboten werden. Die Märkte für Banken, Versicherungen, Transport- und Telekommunikationsunternehmen werden geöffnet, nationale Bestimmungen werden nach und nach angeglichen.

Freier Warenverkehr

Jedes Erzeugnis, das in einem EU-Staat rechtmäßig hergestellt ist, darf überall im Binnenmarkt verkauft werden. Unterschiedliche Normen und Vorschriften werden anerkannt oder angeglichen, z.B. bei Lebensmitteln.

Freier Kapitalverkehr

Seit 1992 kann Kapital in der EU ungehindert über die Grenzen fließen. EU-Bürgerinnen und -Bürger können EU-weit Geld auf Konten einzahlen, in Wertpapieren anlegen, in Unternehmen investieren oder Immobilien damit erwerben.

90.2 Die vier Freiheiten des EU-Binnenmarktes

Die EU ist mit fast 370 Mio Menschen in 15 Staaten, dem grenzenlosen **Binnenmarkt** und dem gemeinsamen Außenzolltarif eine bedeutende Wirtschafts- und Handelsmacht.

3. Sprich über die wirtschaftliche Leistungsfähigkeit der EU im weltweiten Vergleich (Mat. 91.2).

4. Beurteile die Bedeutung der EU als Welthandelsmacht (Mat. 91.3).

5. Arbeite mit Material 91.1:
   a) Stelle die Angaben zum Bruttosozialprodukt pro Einwohner in Form von Säulendiagrammen dar. Ordne die Länder nach den durchschnittlichen Einkommensverhältnissen und sprich über Unterschiede zwischen den EU-Mitgliedsstaaten.
   b) Welche Länder sind wirtschaftlich besonders stark in die EU eingebunden, welche sind in ihren Handelsbeziehungen (noch) nicht so stark integriert?
   c) Äußere dich zu den Bereichen „Arbeitslosigkeit“ und „Inflationsrate“ in den Ländern der EU. Vergleiche mit den Wirtschaftsmächten USA und Japan.

6. Welche Freiheiten des EU-Binnenmarktes sind für dich persönlich besonders wichtig?

7. Diskutiert über mögliche negative Begleiterscheinungen des EU-Binnenmarktes.

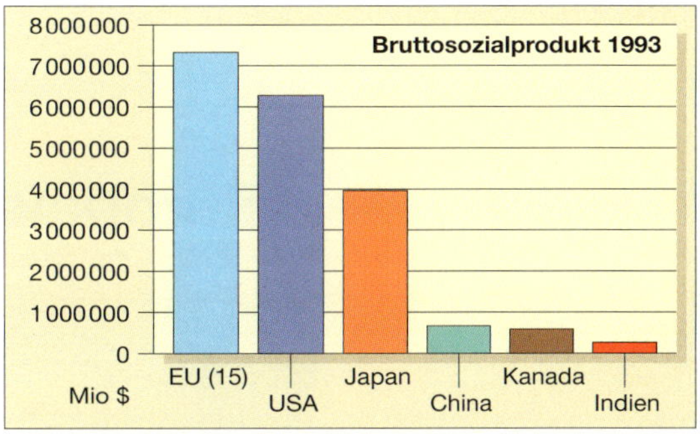

91.2 Wirtschaft im Vergleich (1993)

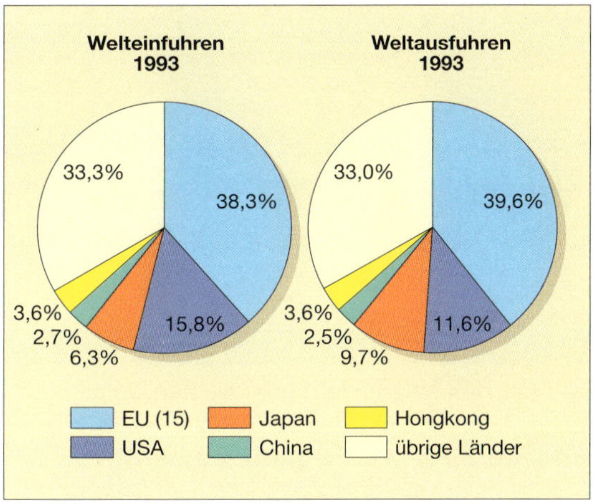

91.3 Anteil der EU am Welthandel (1993)

Land	BSP in Mrd US-$	BSP/Kopf in 1000 US-$	Inflationsrate in %	Arbeitslosenquote in %	Einfuhr aus EU in % der Gesamteinfuhr	Ausfuhr in EU in % der Gesamtausfuhr
Belgien	213,4	21,6	2,8	12,1	69,3	73,0
Dänemark	137,6	26,7	1,1	12,1	52,6	52,3
Deutschland	1 903,0	23,5	4,2	8,9	48,2	49,8
Finnland	96,2	19,3	3,0	18,2	44,8	45,4
Frankreich	1 289,2	22,5	2,1	11,6	63,9	59,8
Griechenland	76,7	7,4	14,4	10,0	60,3	55,9
Großbritannien	1 042,7	18,0	3,9	9,8	48,9	52,9
Irland	44,9	13,0	2,6	16,9	64,9	69,7
Italien	1 135,0	19,8	3,5	10,2	55,4	53,3
Luxemburg	14,2	37,3	3,5	2,3	69,3	73,0
Niederlande	316,4	20,9	2,0	8,3	55,5	71,3
Österreich	183,5	23,5	3,7	4,8	67,0	63,6
Portugal	77,7	9,1	6,3	5,1	71,7	74,9
Schweden	216,3	24,7	5,2	9,6	55,0	53,1
Spanien	534,0	13,6	4,8	22,7	62,0	62,2

Das **Bruttosozialprodukt (BSP),** die Summe aller in einem Land erwirtschafteten Werte aller Güter und Dienstleistungen, gibt Auskunft über die wirtschaftliche Leistungsfähigkeit im weltweiten Vergleich.
Das **BSP/Kopf** (BSP geteilt durch die Einwohnerzahl) zeigt in etwa die durchschnittlichen Einkommensverhältnisse in einem Land.

91.1 Der Binnenmarkt in Zahlen (1993)

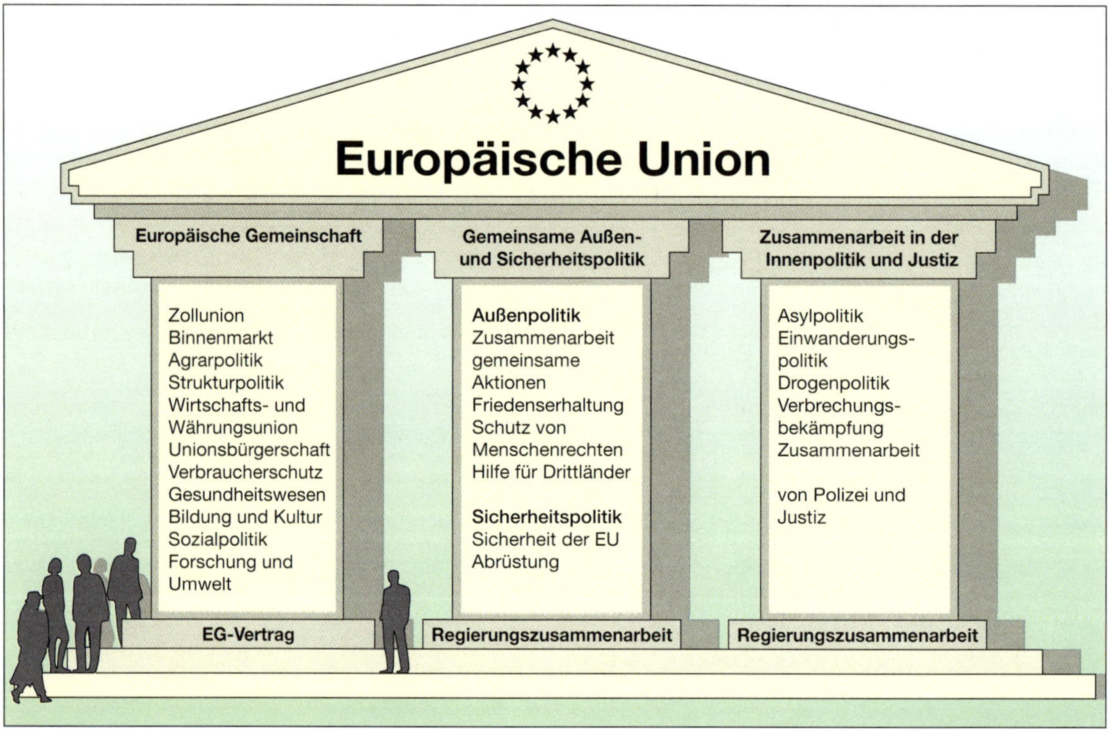

92.1 Die drei Säulen der Europäischen Union

Europa 2000 – Wie geht es weiter?

Mit dem **Vertrag von Maastricht** haben sich die beteiligten Staaten verpflichtet, die Europäische Union weiterzuentwickeln. Aber der Weg bis zu diesem Ziel wird weiterhin mühselig sein. Auf einige Grundsätze haben sich die Mitgliedsstaaten in Maastricht geeinigt. So muß die Union

- die Eigenständigkeit der Einzelstaaten achten, d. h., sie darf kein zentraler Staat werden;
- Entscheidungen möglichst nicht zentral, sondern bürgernah auf den unteren Verwaltungsebenen treffen;
- für Freiheit, Demokratie, Rechtsstaatlichkeit und Menschenrechte eintreten;
- weiteren Mitgliedern offenstehen.

Wie die Entwicklungen unter dem Dach der Europäischen Union im einzelnen verlaufen werden, ist jedoch noch nicht genau vorherzusehen. Viele Bürgerinnen und Bürger fürchten, daß „Brüssel" zuviel Macht an sich ziehen wird. Sie sind besorgt, daß manche Bestimmungen, z. B. beim Umweltschutz oder in der Lebensmittelkontrolle, weniger streng sein werden, als das in Deutschland schon der Fall ist. Auch um ihre Arbeitsplätze und ihre soziale Absicherung sind manche besorgt, denn sie befürchten den Zuzug von immer mehr Menschen aus anderen Mitgliedsstaaten.

Eine der wichtigsten Fragen für die EU-Politik ist: „Erweiterung" oder „Vertiefung" der EU? Erweiterung würde bedeuten, daß möglichst bald auch die osteuropäischen Staaten, die in die EU streben, aufgenommen werden sollten. Die Wirtschaftskraft dieser Länder ist aber meist noch sehr gering. Die Zahl der Regionen, die finanzielle Förderung aus dem sogenannten **Strukturfonds** brauchen, würde sich also stark erhöhen.

Andere Politiker möchten lieber erst eine stärkere Vertiefung der EU. Dazu muß vor allem schrittweise die **Wirtschafts- und Währungsunion** (WWU) verwirklicht werden. Deren Ziel ist eine einheitliche Währung aller Mitgliedsstaaten. Bevor diese Währungseinheit eingeführt werden kann, müssen die beteiligten Länder bestimmten Mindestanforderungen im Hinblick auf Zinsniveau, Inflationsrate, Haushaltsdefizit und Währungsstabilität genügen. Vorläufig können jedoch nur wenige Mitgliedsstaaten diese Kriterien erfüllen.

Sicherheitspolitische Gründe – Friedenssicherung
Die Staaten der heutigen EU haben bis 1945 viele Kriege gegeneinander geführt, nahezu jeder gegen jeden. Seit Gründung der EWG ist ein Krieg Deutschlands gegen Frankreich oder England undenkbar geworden. Einigung schafft Frieden.

Außenpolitische Gründe
Nur bei wachsender Gemeinsamkeit können die Staaten der EU mehr als heute zur Lösung von Konflikten und Kriegen anderswo in Europa oder in der Welt beitragen. Gemeinsam können sie auch den neuen Demokratien in Osteuropa und den Entwicklungsländern besser helfen.

Innenpolitische Gründe
Das Asyl- und Einwanderungsrecht kann nur gemeinsam zufriedenstellend geregelt werden. Drogenhandel und andere internationale Kriminalität können nur gemeinsam wirksam bekämpft werden.

Soziale Gründe
In Europa gibt es arme Regionen neben reichen. Den armen Regionen muß geholfen werden, aber das ist nur mit gemeinsamer Politik möglich.

Wirtschaftliche Gründe
Heute sind Märkte mit Hunderten von Millionen Menschen nötig, damit Entwicklungskosten neuer Produkte sich lohnen. Kein Staat Europas ist einzeln wettbewerbsfähig gegenüber den USA oder Japan.

Ökologische Gründe
Schadstoffe in Luft und Wasser machen an Grenzen nicht halt. Eine wirksame Umweltpolitik ist auf nationaler Basis allein nicht mehr möglich.

Alltägliche Gründe
Die Menschen in der Europäischen Union können sich seit 1993 frei innerhalb der EU bewegen. Das Leben ist vielfältiger, bunter und lebendiger geworden, seit Staaten Europas ihre Grenzen untereinander geöffnet haben.

(aus: Claus D. Grupp: Europa 2000, Köln 1994)

93.1 Gründe für ein gemeinsames Europa

8. Welche Bereiche der Zusammenarbeit sind durch den Vertrag von Maastricht zur ursprünglichen EG hinzugekommen (Mat. 92.1)?

9. Stelle Gründe für und gegen ein gemeinsames Europa zusammen (Mat. 93.1).

10. Trage in eine Skala von +3 (höchste Zustimmung zur EU) bis –3 (absolute Ablehnung der EU) deinen persönlichen Standort ein und begründe ihn. Diskutiert eure Einzelentscheidungen innerhalb einer Gruppe oder mit der ganzen Klasse.

11. Äußere dich zu Material 93.2 u. 3.

Hier gibt es Informationsmaterial über die EU

Presse- und Informationsamt
der Bundesregierung, Welckerstr. 11
53105 Bonn

Europäische Kommission
Zitelmannstr. 22
53113 Bonn

Europäisches Parlament
Bundeskanzlerplatz
53113 Bonn

93.2 Ohne Worte

93.3 Schwierige Richtungswahl

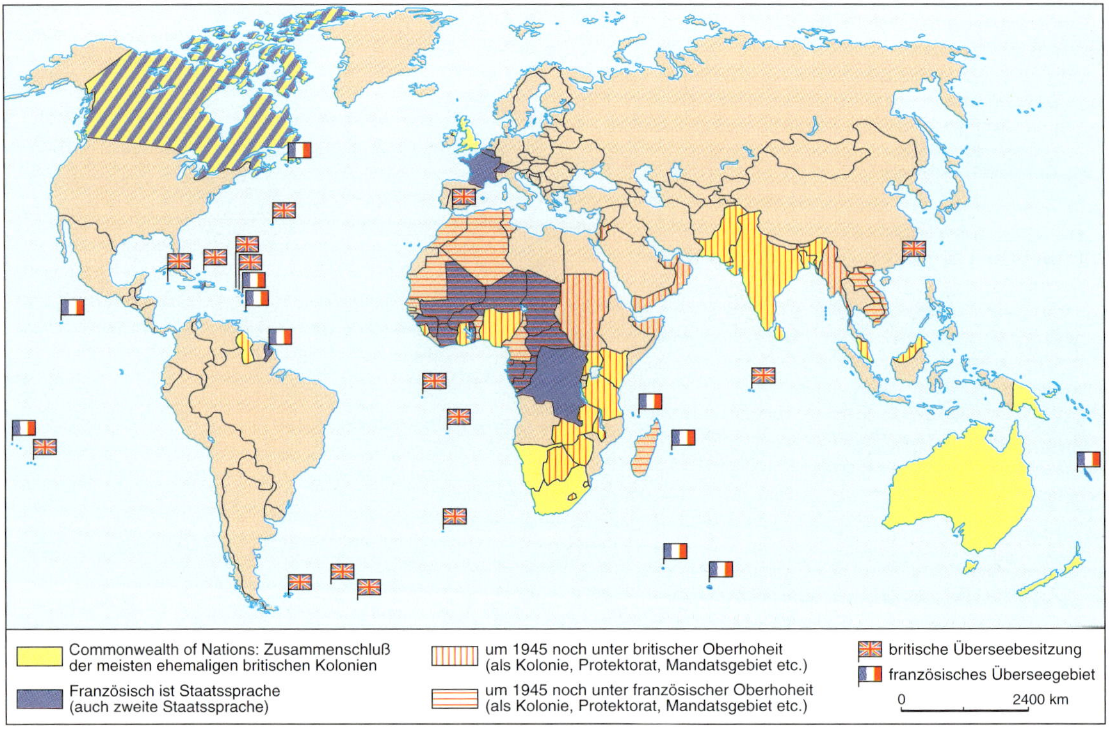

94.1 Ehemalige britische und französische Kolonien heute

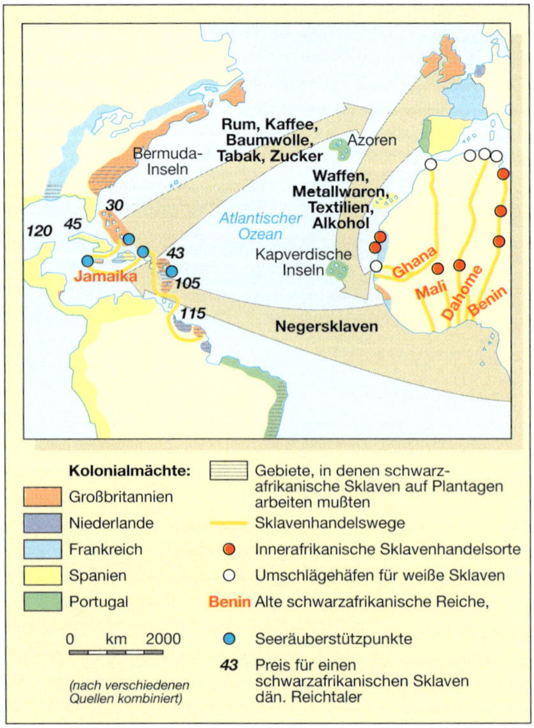

94.2 Dreieckshandel

2. Das europäische Haus – das einzige Haus in der Welt?

Im Jahr 1992 feierte Europa den 500. Jahrestag der Entdeckung der Neuen Welt. Indianer in Amerika hingegen sahen keinen Grund zum Feiern. Sie bezeichneten die Landung von Christoph Columbus im Jahre 1492 als den Beginn eines rücksichtslosen Eindringens von Europäern, die die indianischen Kulturen und Gesellschaften zerstörten.

Portugal, Spanien, die Niederlande, Großbritannien, Frankreich, Belgien, Italien, Dänemark und auch Deutschland – gründeten in Amerika, Afrika, Australien und Ozeanien sowie in Teilen Asiens **Kolonien**. Folgen der Kolonialpolitik sind noch heute zu erkennen. So werden in vielen Teilen der Erde Englisch, Spanisch, Portugiesisch oder Französisch als Haupt- oder Verkehrssprache gesprochen. Das Christentum wurde, oft mit brutaler Gewalt, verbreitet. Das englische und französische Rechts-, Schul- und Gesundheitssystem prägen viele Staaten in Afrika, Südasien, Australien und Ozeanien. Die von europäischen Philosophen entwickelten Prinzipien von Freiheit und Demokratie sind weltweit anerkannt und Modell für den Aufbau vieler Staaten.

Europa hat nicht nur im kulturellen und politischen, sondern vor allem auch im wirtschaftlichen Bereich weite Teile der Erde geprägt. In den Kolonien wurde die Wirtschaft ganz auf die Bedürfnisse der „Mutterländer" ausgerichtet. Mit dem Aufbau von Plantagen begann im 17. und 18. Jahrhundert der berüchtigte Dreieckshandel zwischen Europa, Afrika und Amerika (s. Mat. 94.2). Er dauerte bis in das frühe 19. Jahrhundert. Dann änderte sich das Gefüge der Weltwirtschaft: Entkolonialisierung Amerikas, Aufhebung der Sklaverei, aber auch die Züchtung neuer Pflanzen, wie die Zuckerrübe, die Europa vom Rohrzucker aus Übersee unabhängig machte, sowie der Bau von leistungsfähigen Dampfschiffen waren wichtige Ursachen.

Die Welt ist enger geworden. Immer mehr Menschen müssen sie sich teilen. Waren es 1850 noch 1,2 Milliarden und 1900 erst 1,6 Milliarden, so waren es 1995 schon 5,5 Milliarden und im Jahr 2000 werden es 6 Milliarden sein.

Die Welt ist kleiner geworden. Durch moderne Verkehrs- und Kommunikationssysteme verlieren Entfernungen an Bedeutung. Das Bewußtsein, voneinander abhängig zu sein, wächst. Umweltschäden gefährden das globale ökologische Gleichgewicht. Hunger, Armut und Konflikte wie Kriege und Vertreibungen veranlassen Menschen zur Auswanderung. Ziel der Flüchtlinge ist auch das Gebiet der EU. In den Staaten der EU setzt sich immer stärker die Überzeugung durch, daß sie einen Beitrag bei der Lösung dieser Probleme leisten müssen.

1. „Europa entdeckt die Neue Welt" – Erläutere diese Feststellung. Wie sehen die Indianer diese Entdeckung? Erläutert die unterschiedlichen Blickwinkel.

2. Beschreibe und erkläre den Dreieckshandel (Mat. 94.2). Nenne Folgen für Europa, Afrika und Amerika (Mat. 94.1; Atlas: Karte der Rassen und Kulturen).

3. Lokalisiere die Kolonialreiche europäischer Staaten. Wann wurden die Kolonien unabhängig? Ordne die Staaten nach Kontinenten (Mat. 94.1 und Atlas).

4. „Wenn die Welt ein Dorf wäre ..." (Mat. 95.1). Charakterisiere die Unterschiede und sprecht über die Verantwortung der Europäer.

Wenn wir die Welt als Dorf betrachten, dann kann das nicht gerade berauschende Ergebnis der bisherigen „Entwicklung" in diesem Dorf folgendermaßen beschrieben werden:

Seit 1950 hat sich das Durchschnittseinkommen unserer 5,3 Mrd Dorfbewohner auf 3300 US-Dollar (pro Jahr) verdoppelt. Die Früchte dieses „Fortschritts" ernten aber fast ausschließlich die ohnehin schon Vermögenden. Für die Bewohner der reicheren Viertel unseres Dorfes hat sich das Einkommen seit den fünfziger Jahren fast verdreifacht, während es sich für die Bewohner der ärmeren Viertel kaum verändert hat. 16 % der Dorfbewohner haben weit über die Hälfte des Einkommenkuchens; 76 % der Dorfbewohner müssen sich 30 % des Kuchens teilen. Die 20 % der reichsten Dorfbewohner sind 150 mal reicher als die 20 % der Ärmsten. 1992 gab es in unserem Dorf 223 (Dollar-) Milliardäre, etwa 2 Mio Millionäre und 100 Mio Obdachlose.

Dabei verläuft die Trennung zwischen Arm und Reich nicht geographisch zwischen Nord und Süd. Das heißt, die Reichen wohnen nicht alle im Norden, und im Süden gibt es nicht nur Arme. Betrachtet man das Dorf als Ganzes, so kann man sagen, daß sich im besten Falle so etwas wie eine globale Mittelklasse herausgebildet hat, die aus der Mehrheit im Norden des Dorfes und der Klasse der Gutsituierten im Süden besteht. Diese Mittelklasse, oder auch „Ein-Drittel-Gesellschaft", ist mit Autos, Mikrowellenherd, Bankkonto und realisierbaren Aufstiegswünschen ausgestattet und steht in heftiger Konkurrenz zueinander, während die Minderheit im Norden und die Mehrheit im Süden draußenvorstehen und von den Besitzenden anscheinend schon aufgegeben und als Sozialfälle abgeschrieben wurden.

In unserem Dorf herrschen schon recht seltsame Verhältnisse. So geben im US-amerikanischen Viertel unseres Dorfes die Bewohner jährlich 5 Mrd Dollar für Schlankheitskuren u. ä. aus, um ihre Kalorienaufnahme zu verringern, während in vielen anderen Vierteln die Menschen so unterernährt sind, daß sie unter körperlichen und geistigen Verfallserscheinungen leiden.

Jeder dritte Dorfbewohner leidet unter Hunger, während im europäischen Viertel für jede Hauskatze pro Jahr mehr als 200 US-Dollar ausgegeben werden. *(aus: FES (Hrsg.): Der Nord-Süd-Konflikt)*

95.1 Wenn die Welt ein Dorf wäre ...

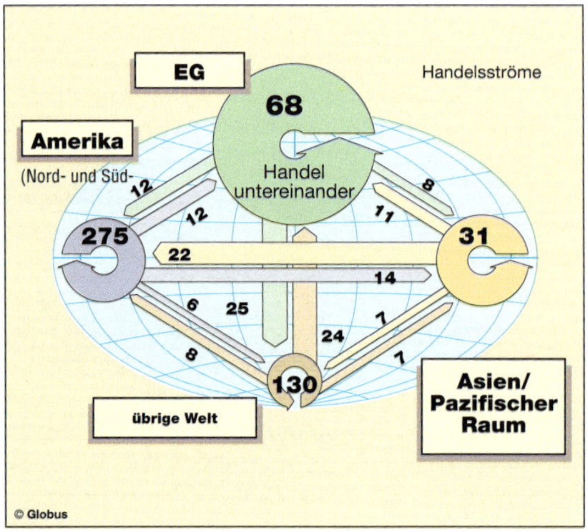

96.1 EU-Welthandel 1992

1. Assoziierte Staaten: Malta, Türkei, Zypern
Ziel ist die Vorbereitung dieser Länder auf eine spätere Vollmitgliedschaft in der EU.
2. Beziehungen zu Ostmittel- und Südosteuropa: Es besteht eine Vielzahl von Handels- und Kooperationsabkommen nach dem Grundsatz, Zugeständnisse an Fortschritte in der Entwicklung der Politik (mehr Demokratie) und Wirtschaft (Aufbau von marktwirtschaftlichen Strukturen) zu knüpfen.
Ziel ist die Öffnung des EU-Marktes durch Abbau von Einfuhrbeschränkungen. Unterstützt wird die Entwicklung in Reformländern durch Hilfsprogramme. Unterzeichnet wurden Abkommen mit Albanien, Bulgarien, Estland, Lettland, Litauen, Polen, Rumänien, Slowakei, Slowenien, Tschechien und Ungarn sowie mit Moldawien, Rußland und der Ukraine.
3. AKP-Staaten (Staaten Afrikas, der Karibik und des Pazifiks): z. Z. 70 Staaten (vgl. Mat. 97.1).

96.2 Außenbeziehungen der EU

Die Europäische Union hat bisher keine Hauptstadt. Arbeitssitze sind Brüssel, Straßburg und Luxemburg. Dennoch unterhalten ca. 150 Staaten der Erde diplomatische Missionen, die bei der EU in Brüssel akkreditiert sind. Allerdings gibt es eine gemeinsame Außen- und Sicherheitspolitik (GASP) erst im Ansatz. Die nationalen Außenpolitiken der EU-Mitgliedsstaaten werden in Brüssel mühsam koordiniert. Dabei steht die Handelspolitik weiterhin im Mittelpunkt, denn die EU ist die Nummer 1 im Welthandel.

Von besonderer Bedeutung sind die Handelsbeziehungen mit den großen außereuropäischen **Industrienationen** USA und Japan sowie mit anderen hochentwickelten Staaten wie Kanada, Australien, Neuseeland. Eines der Ziele der EU ist es, beizutragen zur „harmonischen Entwicklung des Welthandels, zur schrittweisen Beseitigung der Beschränkungen im Handelsverkehr und zum Abbau der Zollschranken" (EG-Vertrag, Art. 110). Dennoch kommt es immer wieder zu Handelsstreitigkeiten, vor allem mit den USA. Anlaß sind oft Subventionen, die Brüssel zahlt, um einheimische Produkte, z. B. im Agrarbereich oder beim Stahl, auf dem Weltmarkt konkurrenzfähig zu machen. Auch Versuche, den europäischen Markt abzuschotten, führten zu Streit. Beispielhaft ist der „Hähnchenkrieg" zwischen den USA und der EG: Behinderungen der Hähnchenfleischimporte aus den USA wurden von diesen mit einer Erhöhung der Zölle auf EG-Fertigwaren beantwortet und traf z. B. die deutsche Automobilindustrie hart. Aufgrund gemeinsamer Interessen am freien Handel und wegen der gemeinsamen politischen Wertvorstellungen konnten bisher bei diesen Streitigkeiten Kompromisse gefunden werden.

Die Veränderungen in **Ostmittel- und Südosteuropa** seit 1989, die zu mehr Demokratie und Marktwirtschaft führen, bringen engere Kontakte dieser Länder zur EU. In vielen Fällen heißt das Ziel: Mitgliedschaft. Handels- und Kooperationsabkommen öffnen diesen Staaten schrittweise den EU-Markt. Ausgenommen bleiben allerdings „sensible" Wirtschaftsgüter wie Agrarerzeugnisse, Eisen, Kohle, Stahl und Textilien – Produkte, die diese Länder kostengünstig anbieten, die aber in der EU im Überfluß vorhanden sind.

Die Zusammenarbeit zwischen einer Reihe von Entwicklungsländern und der EU wird durch das **Lomé-Abkommen** geregelt, das 1975 in der Hauptstadt des westafrikanischen Staates Togo unterzeichnet wurde. Ihm gehören 70 Staaten an, die in Afrika, der Karibik und im Pazifik liegen und deswegen **AKP-Staaten** genannt werden.

Viele dieser Länder waren früher Kolonien. Einige von ihnen zählen heute zu den ärmsten Staaten der Erde. Das Lomé-Abkommen regelt den Handel zwischen diesen Staaten und der EU.

Die AKP-Staaten erhalten freien Zugang zum EU-Markt für den überwiegenden Teil ihrer Produkte. Sie brauchen keine Zölle zu zahlen und können ihre Waren daher zu günstigen Preisen anbieten. Da diese Staaten vor allem auf Erlöse aus Rohstoffexporten angewiesen sind und deren Preise stark schwanken, wurde ein Fonds zur Stabilisierung der Exporterlöse, STABEX genannt,

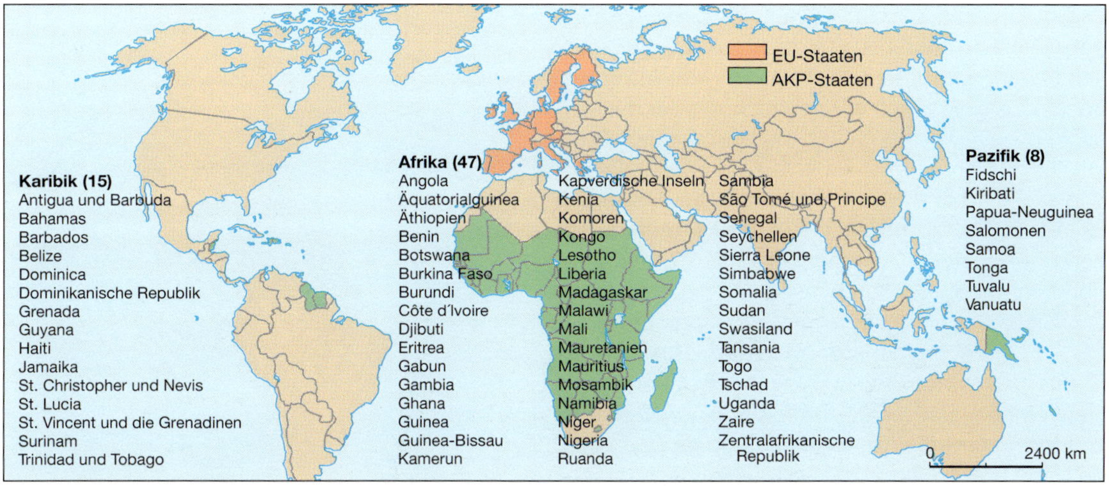

97.1 AKP-Staaten (1995)

gegründet. Für über 40 Agrarrohstoffe wie Zucker, Kaffee, Kakao und verschiedene Erze zahlt die EU einen Preisausgleich bei starkem Preisverfall.

Allerdings sieht auch das Lomé-Abkommen eine Schutzklausel vor. Wird durch die Wareneinfuhr ein Wirtschaftsbereich der EU gefährdet, z. B. bei Textilien, so kann die EU Schutzzölle erheben.

5. Erläutere den Außenhandel der EU (Mat. 96.1):
- Beschreibe die Ausfuhr und die Einfuhr (nenne Länder und Mengen).
- Welche Probleme ergeben sich für die Staaten der Dritten Welt aus diesen Handelsbeziehungen (s. Text)?

6. Charakterisiere die Handelsbeziehungen zwischen der EU und den Industrieländern am Beispiel der USA.

7. Erläutere den Stand der Handelsbeziehungen der EU mit den Staaten in Ostmittel- und Südosteuropa (Mat. 96.2, Atlas, Text).

8. Erkläre den Begriff AKP-Staaten. Lokalisiere ausgewählte AKP-Staaten (Mat. 97.1, Atlas). Zu welchen Kolonialreichen gehörten sie, und welche Sprachen werden in ihnen gesprochen (Mat. 94.1, Atlas)? Welche Produkte dieser Länder sind für den Export geeignet (Atlas, Wirtschaftskarte)?

9. Stelle die Merkmale des Lomé-Abkommens zusammen. Erläutere sie am Beispiel des Zuckers (Mat. 97.2).

10. Vergleiche die Ziele des EG-Vertrages (Art. 110) mit der Außenhandelspolitik der EU. Diskutiert in der Klasse über diese Politik.

In der EU wird auch Zucker produziert; nicht aus Zuckerrohr wie auf den Philippinen, auf Haiti oder in der Dominikanischen Republik, sondern aus Zuckerrüben. So wird beispielsweise in Holland Land eingedeicht, um Zuckerrüben zu produzieren. Die Produktionskosten des daraus gewonnenen Zuckers sind um ein Vielfaches höher als die Produktionskosten von Rohrzucker.

Trotz dieser wesentlich höheren Produktionskosten ist die EU, bei einem Zucker-Selbstversorgungsgrad von 136 %, weltweit der zweitgrößte Zuckerexporteur. Dies ist nur durch Export-Dumping möglich, was den Weltzuckerpreis auf das real niedrigste Niveau seit mehr als einem halben Jahrhundert fallen ließ.

Auf der philippinischen Insel Negros leben etwa 90 % der Menschen mehr schlecht als recht vom Zucker. Für 10 t Zuckerrohr aufladen gibt es 4 DM Lohn. Trotz dieses Hungerlohns ist der philippinische Zucker gegenüber dem EU-subventionierten Zucker auf dem Weltmarkt nicht konkurrenzfähig – eine absurde Situation.

Haiti und die Dominikanische Republik wurden 1990 im Rahmen der Lomé-IV-Verhandlungen in den Kreis der AKP-Länder aufgenommen. Sie genießen somit gegenüber der EU die Vorteile, die das Lomé-Abkommen bietet; nur bezüglich ihrer Zuckerexporte bleiben sie außen vor. Sie wurden im Zuckerprotokoll nicht berücksichtigt. Das heißt: Mitgliedschaft ja, jedoch ohne ihren Zucker; der darf nicht in die EU exportiert werden.

(aus: FES (Hrsg.), Der Nord-Süd-Konflikt, Bonn 1992, S. 42)

97.2 Das Beispiel Zucker

Es gibt Zusammenschlüsse, weltweit wie die UNO, oder räumlich begrenzt, wie die EU. Auch die Zielsetzungen sind unterschiedlich. Es gibt internationale Vereinigungen mit politischen oder militärischen Zielen wie die NATO, mit humanitären Zielen wie das Rote Kreuz. Viele Zusammenschlüsse haben vor allem wirtschaftliche Gründe. Bekannt ist die OPEC, zu der sich 1960 13 erdölexportierende Staaten zusammenschlossen, um einen höheren Erdölpreis durchzusetzen.

Nicht unbeeinflußt vom Erfolg der EWG – EG – EU haben sich in den letzten Jahren viele Staaten zu Wirtschafts- und Handelsabkommen zusammengeschlossen, um ihren Warenverkehr zu fördern und die Abhängigkeit von der EU und den USA abzubauen. Zu diesen Zusammenschlüssen gehören z. B. ASEAN, der Andenpakt und Mercosur. Als Gegengewicht der EU entstanden 1989 die APEC und 1992 die NAFTA.

Vor diesem globalen Hintergrund wird deutlich, daß das europäische Haus nur *ein* Haus neben anderen ist. Was manchem Europäer als „Einigung des Abendlandes" erscheint, ist für den Computerspezialisten in Sydney ein wichtiger, aber regional begrenzter wirtschaftspolitischer Zusammenschluß. Im Mittelpunkt seines Interesses – und der Handelsbeziehungen seiner Firma – steht der Asiatisch-Pazifische Raum.

Ein australisches Schulbuch mit dem grammatischen Titel ‚Asia Pacific focus' schreibt zur Gründung und Entwicklung der APEC:

„Australian Initiatives in Asia
The economic Asia-Pacific Economic Cooperation (APEC) initiative revolved around the idea of promoting a regional grouping of countries in the fast-growing Asia Pacific region. This initiative arose from the concern that Europe and North America, important trading partners for Australia, were moving toward isolationist trading policies which would promote trade within these groups of countries, but make access more difficult from the outside. The Australian government wanted to establish. Austalia within our own neighbouring region as a way of reorienting our trade and investment patterns."

(aus: Asia Pacific focus, Australien 1993, S. 184)

11. Beschreibe die Verbreitung internationaler Zusammenschlüsse (Mat. 98.1). Erläutere ihre Ziele (Mat. 98.2, Atlas, Lexikon).

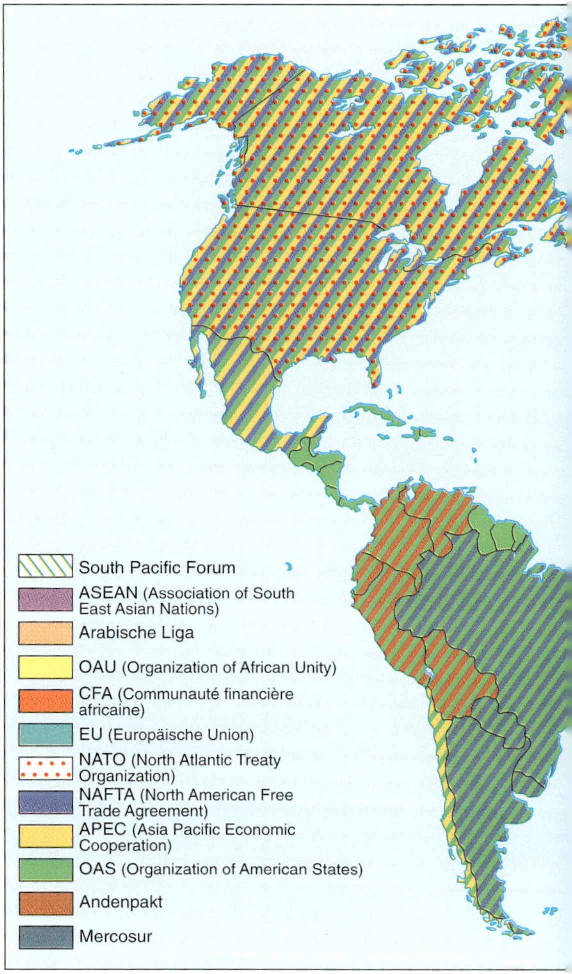

98.1 Internationale Organisationen 1994

Andenpakt (1968):
Schaffung einer gemeinsamen Freihandelszone mit gemeinsamen Einfuhrzöllen, Harmonisierung der Sozialpolitik
APEC: Asia Pacific Economic Cooperation (1989):
Liberalisierung des Handelssystems und ungehinderter Technologieaustausch, gemeinsames Auftreten bei internationalen Konferenzen zur Unterstützung des Wachstums der Region
Arabische Liga (1945):
Förderung der Beziehungen auf politischem, kulturellem und wirtschaftlichem Gebiet; Wahrung der Unabhängigkeit und Souveränität der Mitgliedstaaten; Anerkennung Palästinas als unabhängiger Staat; Wahrung der arabischen Außeninteressen; Verhütung und Schlichtung von Streitfällen der Mitgliedstaaten. Der von den Mitgliedern mehrheitlich abgelehnte Führungsanspruch des Irak und dessen Einmarsch in Ku-

98.2 Kleines Lexikon internationaler Organisationen

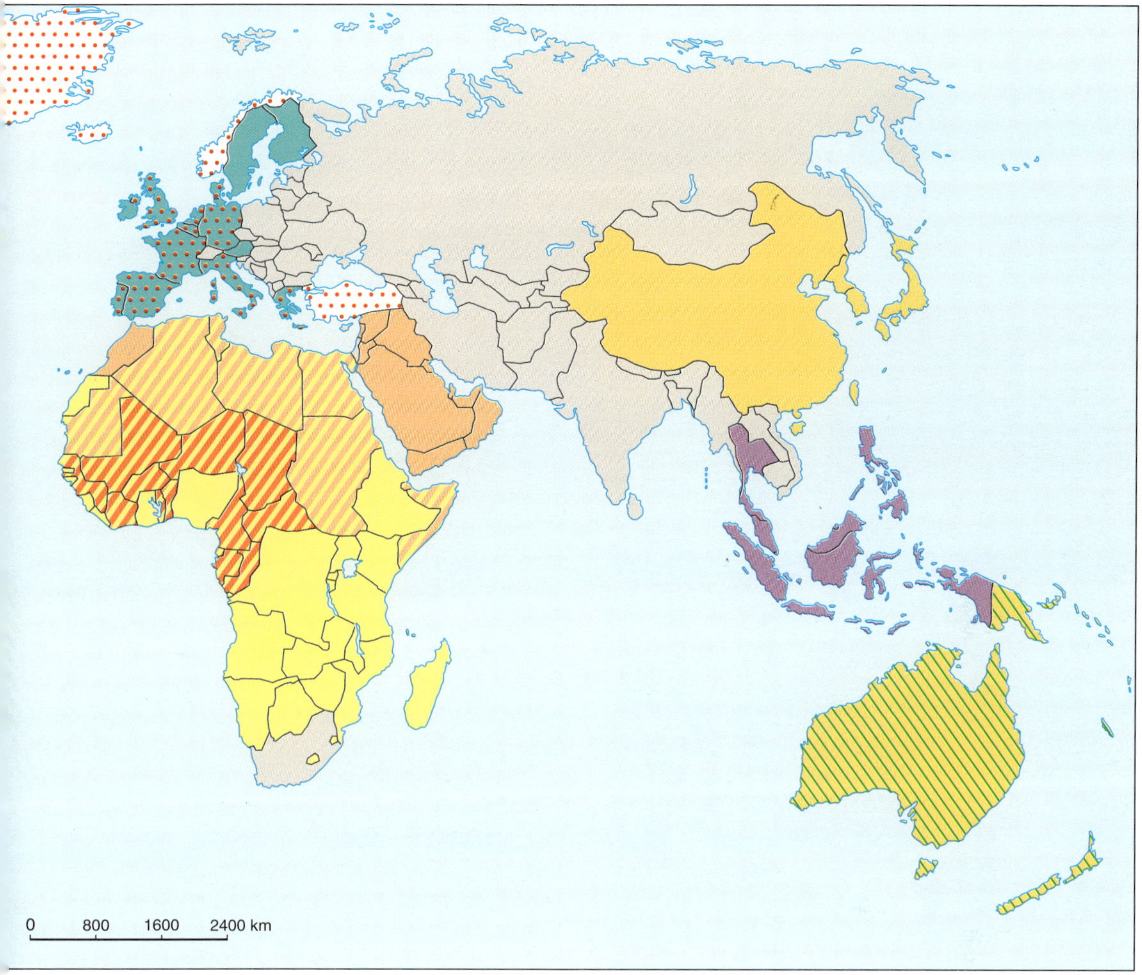

wait 1991 führten zur Spaltung der Liga und machten sie zur Zeit bedeutungslos.

ASEAN: Association of Southeast Asian Nations (1967): Wirtschaftliche, soziale und kulturelle Zusammenarbeit zur Festigung des Friedens in Südostasien.

CFA: Communauté financière africaine (1948): Währungspolitische Zusammenarbeit, gemeinsame Währung CFA-Franc.

EU: Europäische Union (1958: EWG): s. Seite 10 ff.

Mercosur: Mercado Común del Conor Sur (1991) (gemeinsamer Markt des südlichen Teils Südamerikas): Errichtung eines Binnenmarktes, gemeinsame außenpolitische Positionen.

NAFTA: North American Free Trade Agreement (1994): Durch stufenweisen Abbau der Zolltarife soll bis 2015 eine Freihandelszone für gewerbliche Güter, Dienstleistungen und den Kapitalverkehr entstehen.

NATO: North Atlantic Treaty Organization (1949): Stärkung der Sicherheit durch Zusammenarbeit auf politischem, wirtschaftlichem und militärischem Gebiet.

OAS: Organization of American States (1948): Stärkung des Friedens und der Sicherheit; Verteidigung von Souveränität und Integrität der Mitgliedsstaaten, solidarische Aktionen bei einer Aggression von außen und untereinander (Streitschlichtung wirtschaftliche, soziale und kulturelle Zusammenarbeit).

OAU: Organization of African Unity (1963): Förderung der Einheit und Solidarität der afrikanischen Staaten, Koordinierung der innerafrikanischen und weltweiten Zusammenarbeit, Verteidigung der Souveränität und territorialen Integrität der Mitgliedstaaten. Beseitigung aller Formen des Kolonialismus.

South Pacific Forum (1971): Förderung der Beziehungen der Staaten auf politischem, kulturellen und wirtschaftlichem Gebiet.

100.1 Projektarbeit

100.2 Der einmillionste Gastarbeiter wird 1964 gefeiert

100.3 Karikatur von heute

Aktionstage bieten sich an, um einmal ganz anders Informationen und Wissen zu erarbeiten. Überlegt in eurer Klasse, welche Möglichkeiten ihr nutzen könnt, auch außerhalb des Klassenzimmers mehr über das Zusammenleben von Menschen verschiedener Kulturen und deren Probleme zu erfahren.

Innerhalb Europas leben Menschen ganz verschiedener Kulturen. Wenn diese Menschen nach Deutschland kommen, um dort zu arbeiten und zu leben, wird deutlich, wie unterschiedlich die Lebensweisen sind.

In den 50er Jahren bestand in der Bundesrepublik aufgrund des rapiden Wirtschaftswachstums ein Arbeitskräftemangel. In dieser Situation beschloß die Regierung, durch Anwerbung, Vergünstigungen und Beihilfen mehr Arbeitskräfte aus dem Ausland in die Bundesrepublik zu holen.

1973 entschied die Regierung wegen der sich verschlechternden Arbeitsmarktlage einen Anwerbestopp für ausländische Arbeitnehmer. Ab 1983 sollte mit Rückwanderungsprämien die Rückkehr von Gastarbeitern in ihre Heimat gefördert werden. Beide Maßnahmen hatten wenig Erfolg, denn die Rückkehrbereitschaft hängt wesentlich von den Verhältnissen im Heimatland ab. Je größer das wirtschaftliche und soziale Gefälle zwischen der Bundesrepublik Deutschland und der Heimat der Gastarbeiter ist, desto geringer ist die Rückkehrbereitschaft. Viele Gastarbeiter bedenken dabei auch die Zukunft ihrer Kinder, die z. T. bei uns geboren sind, sich hier zu Hause fühlen und bessere Ausbildungschancen haben.

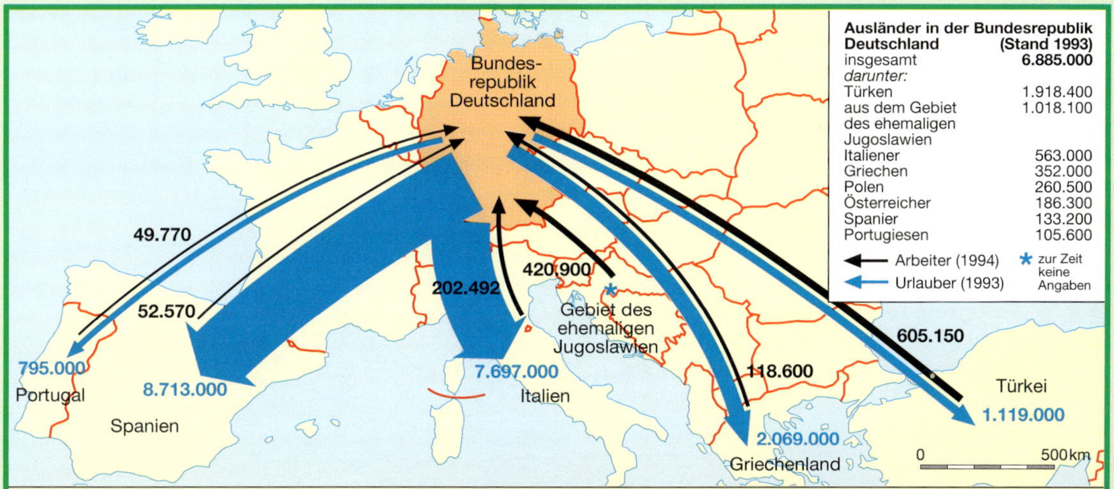

Wo Ausländer arbeiten (von je 100 Beschäftigten)	
23 Reinigung	13 Landwirtschaft
21 Gasstätten	12 Elektrotechnik
16 Metallerzeugung	12 Autoindustrie
16 Kunststoff	11 Holz und Papier
14 Textil	11 Ernährung
13 Bau	08 Chemie
13 Steine und Erden	07 Handel

Ausländer in deutschen Großstädten 1994

Städte mit der größten Ausländerdichte:		Städte mit den meisten Ausländern:	
Frankfurt	28,3% der Bevölkerung	Berlin (W.)	257.800
Stuttgart	23,7% der Bevölkerung	München	221.200
Köln	21,6% der Bevölkerung	Hamburg	175.800
München	20,8% der Bevölkerung	Frankfurt	148.300
Mainz	20,0% der Bevölkerung	Köln	137.800
Mannheim	19,6% der Bevölkerung	Stuttgart	102.600

101.1 Ausländische Arbeitnehmer in der Bundesrepublik Deutschland und deutsche Urlauberströme

Seit Beginn der 80er Jahre nimmt die Zahl der Deutschen zu, die für eine Rückkehr der Gastarbeiter in ihre Heimatländer sind. Die Forderung nach Rückkehr wird oft mit der hohen Arbeitslosigkeit in Deutschland begründet. Viele Deutsche glauben, daß es weniger Arbeitslose gäbe, wenn die Gastarbeiter in ihre Heimat zurückkehrten. Dabei wird unterstellt, daß die von Gastarbeitern besetzten Arbeitsplätze dann von Deutschen eingenommen werden könnten. Das ist aber kaum anzunehmen, denn in der Regel arbeiten Gastarbeiter in Berufen, die wegen der Arbeitszeiten, wegen Lärm und Schmutz am Arbeitsplatz wenig attraktiv sind.

1. Finde heraus, in welchen Bereichen Ausländer beschäftigt sind (Mat. 101.1).
2. Erläutere die Karikatur (Mat. 100.3, Text).
3. Erkläre die Unterschiede in der Stimmung gegenüber Gastarbeitern 1964 und 1995 (Mat. 100.2 u. 3, Text).
4. Befragt ausländische Mitschüler über ihre Heimatländer. Erkundigt euch, ob sie wieder in ihr Heimatland zurückkehren möchten.
5. Erstellt zwei Listen, in denen ihr aufführt, welche Gründe für bzw. gegen eine Rückkehr in das Heimatland sprechen.
6. Informiert euch über die wirtschaftliche Situation des Heimatlandes (z. B. Länderberichte aus der Bibliothek, Fremdenverkehrsamt, Botschaft des Landes).
7. Findet heraus, in welchen europäischen Ländern Deutsche Urlaub machen (Mat. 101.1).
8. Befragt eure Mitschüler, ob sie als Urlauber Heimatländer ausländischer Mitschüler kennengelernt haben.
9. Stellt zusammen, was eure Mitschüler über die Länder wissen und wie sie diese als Urlauber gesehen haben.
10. Vergleicht die Antworten mit den Aussagen der ausländischen Mitschüler.
11. Findet Gründe, wenn die Aussagen nicht übereinstimmen.
12. Überlegt euch, wie ihr eure Ergebnisse am besten euren Mitschülern darstellen könnt (z. B. Wandzeitung, Informationsband, Diavortrag, Film, thematische Karten).

Übersicht: Wirtschaftliche Aktivräume in den Staaten Europas

102.1 Landwirtschaft in Europa

1. Arbeite mit Material 102.1.
- Liste tabellarisch die landwirtschaftlichen Produktionsgebiete in Europa auf. Unterscheide nach den Anbauprodukten.
- Nenne Anbauzonen, die in der Nähe von Verdichtungsräumen liegen. Welche Vor- und Nachteile ergeben sich aus dieser Lage (vgl. Mat. 103.1)?
- Untersuche, wo natürliche Voraussetzungen der Landwirtschaft entgegenstehen.
- Erläutere die Lage der Grünlandgebiete. Berücksichtige dabei Klima und Relief dieser Regionen. Benutze auch den Atlas.

2. „Europa – einer der agrarischen Kernräume der Erde". Überprüfe diese Aussage anhand geeigneter Atlaskarten.

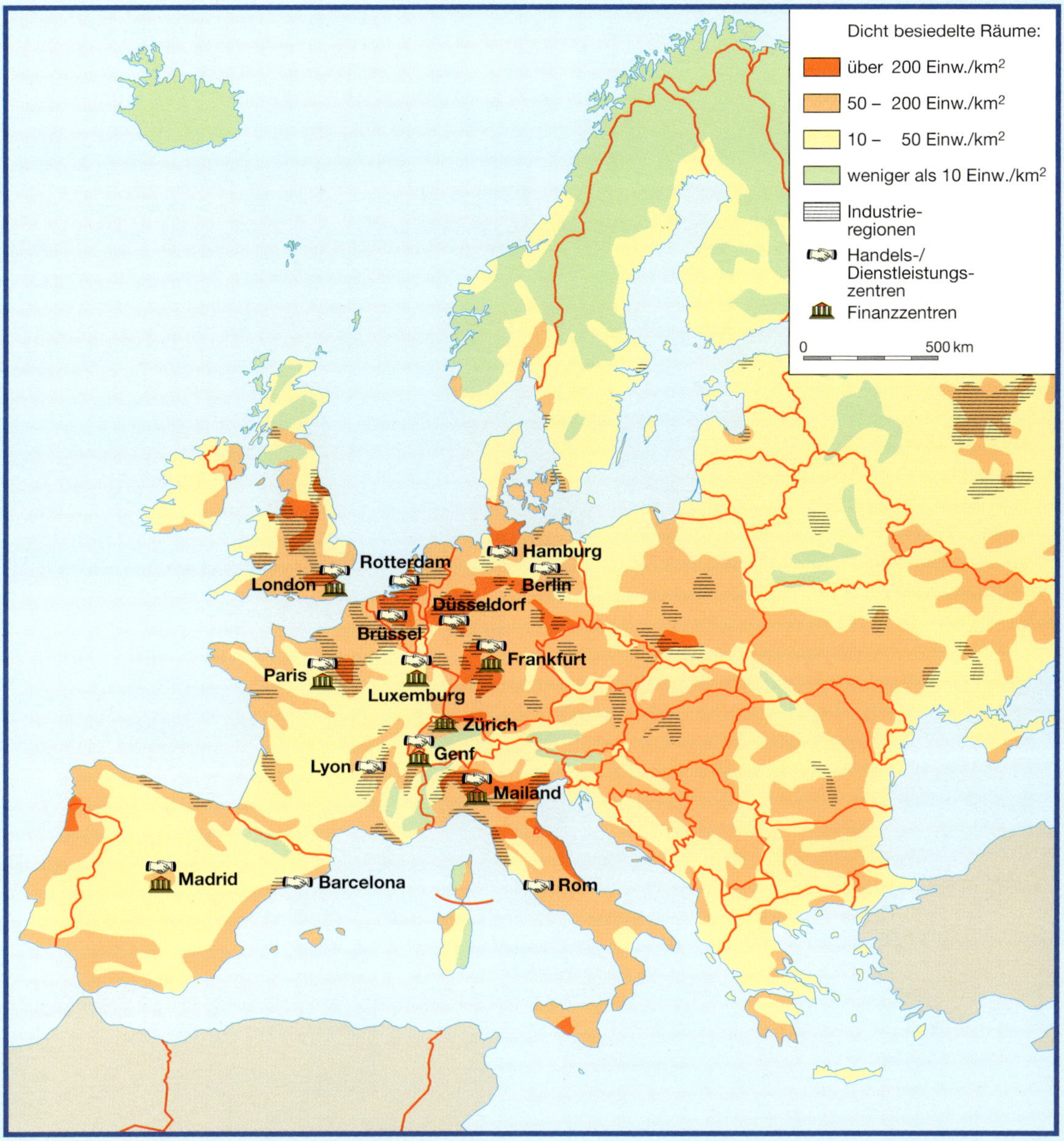

103.1 Industrie- und Dienstleistungszentren in Europa

Arbeite bei den folgenden Aufgaben mit Material 103.1.

3. Erstelle, regional geordnet, eine Tabelle mit den Industrieregionen Europas.

4. Untersuche, welche Industrieregionen mit Rohstoffvorkommen verbunden sind (Atlas).

5. Überprüfe, wo die Verdichtungsräume mit den Industrieregionen übereinstimmen. Begründe, wo dies nicht der Fall ist, die Besonderheit des Raumes.

6. Erläutere die Funktion ausgewählter Finanz-, Handels- und Dienstleistungszentren.

7. Zeige auf, wie die Zentren durch Verkehrsverbindungen miteinander verknüpft sind (vgl. Einband vorn, Mat. 61.3, 80.1).

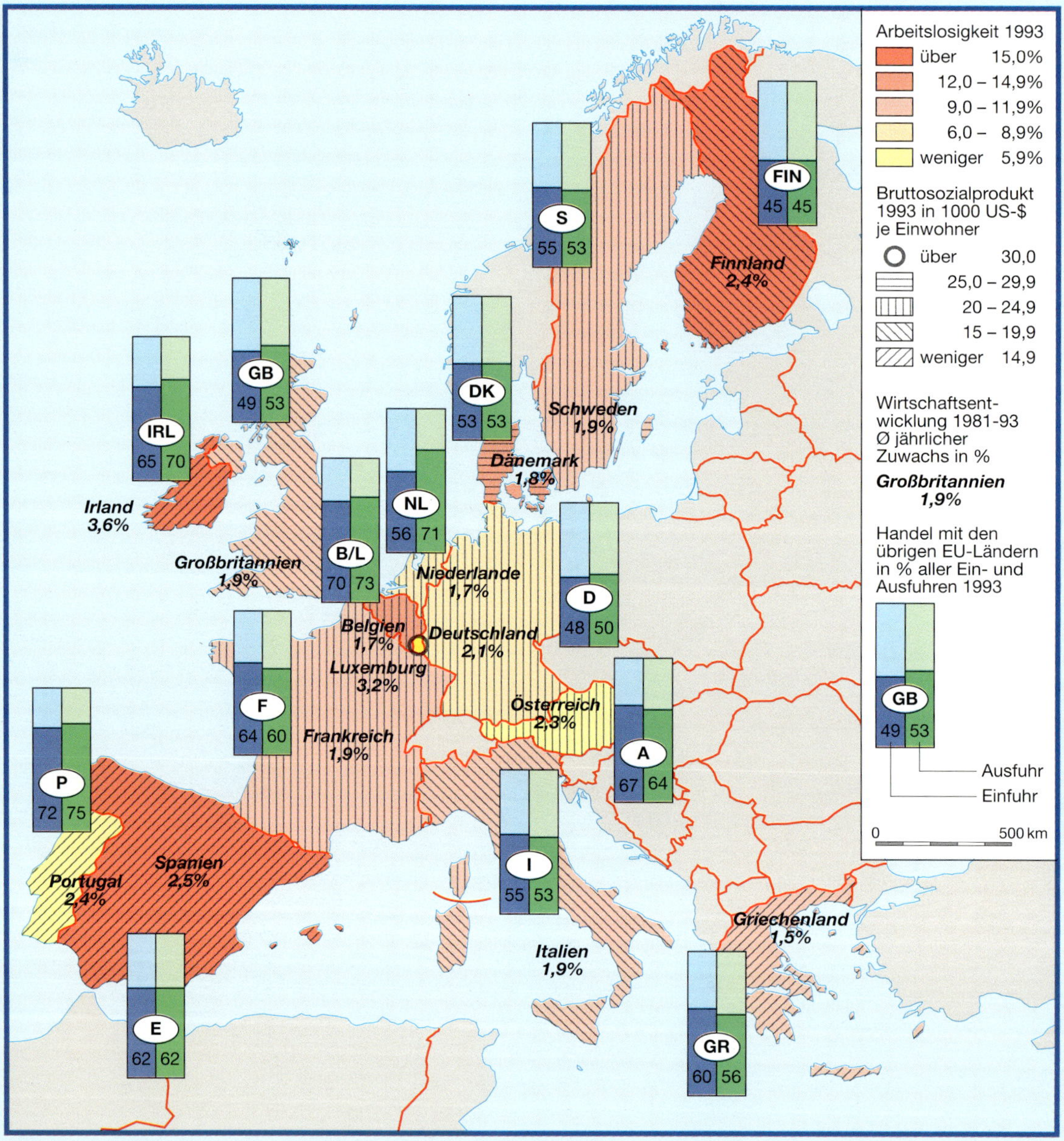

104.1 Die Europäische Union (EU): Wirtschaftlicher Überblick

8. Überprüfe, ob man innerhalb der EU von einem Nord-Süd-Gefälle sprechen kann (Mat. 104.1).

9. Stelle für je zwei wirtschaftsstarke und wirtschaftsschwache Länder die Aussagen von Mat. 104.1 in einen Zusammenhang mit der Struktur der Landwirtschaft und der Industrie (Mat. 102.1, 103.1). Benutze auch den Atlas.

10. Erläutere Probleme, die sich aus den strukturellen Unterschieden für das künftige „europäische Haus“ ergeben können.

11. Erkläre die Strukturpolitik der EU (Mat. 105.1).

12. Liste für die von dir in Aufgabe 9 gewählten Staaten die Fördermaßnahmen auf. Überlege, ob sie ein geeignetes Instrumentarium sind (Mat. 102.1, 103.1, 104.1, 105.1, Atlas).

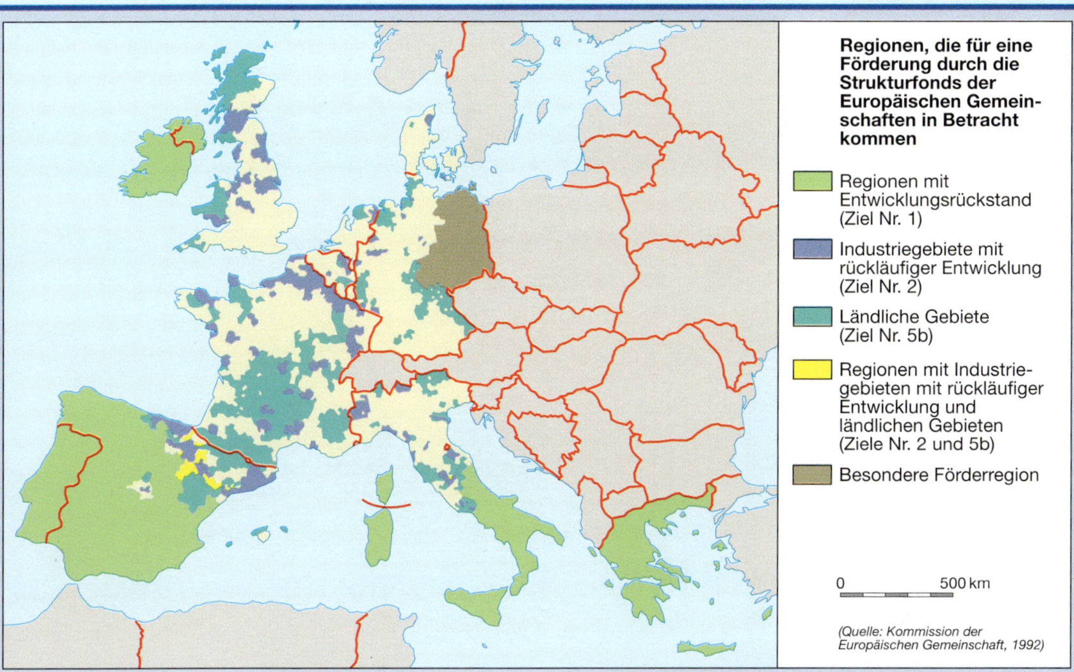

In der Europäischen Union bestehen zwischen den einzelnen Regionen erhebliche Unterschiede im Lebensstandard. Vorrangiges Ziel ist es, dieses Entwicklungs- und Wohlstandsgefälle abzubauen, indem die wohlhabenden Staaten den weniger entwickelten Regionen helfen, ihren Rückstand aufzuholen. Dabei wird in die gewachsenen Strukturen, wie z. B. in den Agrarbereich, in das Sozialwesen u. a., eingegriffen. Diese finanzielle Hilfe nennt man **Strukturpolitik** der EU.

Finanzielle Hilfe können die Regionen aus den drei sogenannten Strukturfonds erhalten:
- Der „Europäische Fonds für regionale Entwicklung“ stellt hauptsächlich Mittel zur Verbesserung der Infrastruktur zur Verfügung;
- der „Europäische Sozialfonds“ unterstützt Maßnahmen zur Bildung, Umschulung und Wiedereingliederung von Arbeitnehmern;
- der „Agrarstrukturfonds“ gibt finanzielle Hilfen bei der Produktion landwirtschaftlicher Erzeugnisse.

Ergänzend wurde 1993 ein Fonds speziell für Verkehrs- und Umweltinvestitionen in Spanien, Portugal, Griechenland und Irland geschaffen.

Mit Finanzmitteln der Fonds werden gefördert:
Ziel Nr. 1: Regionen mit Entwicklungsrückstand, gemessen am BIP. Insbesondere soll hier eine moderne Infrastruktur (Verkehr, Telekommunikation, Strom- und Wasserversorgung) errichtet werden. Mittelständische Betriebe werden unterstützt, Forschung und Entwicklung gefördert.
Ziel Nr. 2: Industriegebiete mit Problemen bei der Umstellung auf neue Wirtschaftstätigkeiten. Der Schaffung von Arbeitsplätzen und dem Umweltschutz wird Vorrang eingeräumt. Dies geschieht durch Wirtschaftsförderung sowie Boden- und Gebäudesanierung.
Ziel Nr. 5b: Entwicklung des ländlichen Raumes. Dies bedeutet Schaffung nichtlandwirtschaftlicher Arbeitsplätze, vor allem im Fremdenverkehr und in industriellen Kleinbetrieben. Außerdem werden Verkehrswege verbessert.

Neben diesen ausschließlich regional orientierten Zielbereichen gibt es drei weitere, die lageunabhängig sind:
Ziel Nr. 3: Maßnahmen zur Bekämpfung der Langzeitarbeitslosigkeit.
Ziel Nr. 4: Maßnahmen, die die Eingliederung von Jugendlichen in das Erwerbsleben erleichtern.
Ziel Nr. 5a: Anpassung der Agrarstrukturen und der Fischerei.

105.1 Die Strukturpolitik der Europäischen Union

Warschau

Wulfen-Barkenberg

Städte in Europa

Paris

Die Stadt als Lebensraum

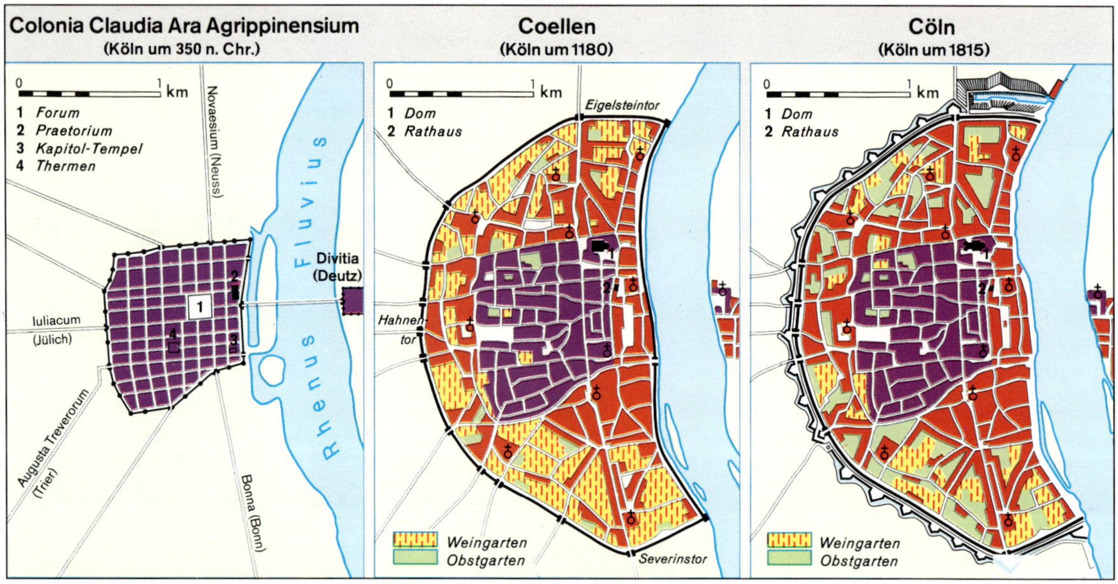

108.1 Stadtentwicklung von Köln

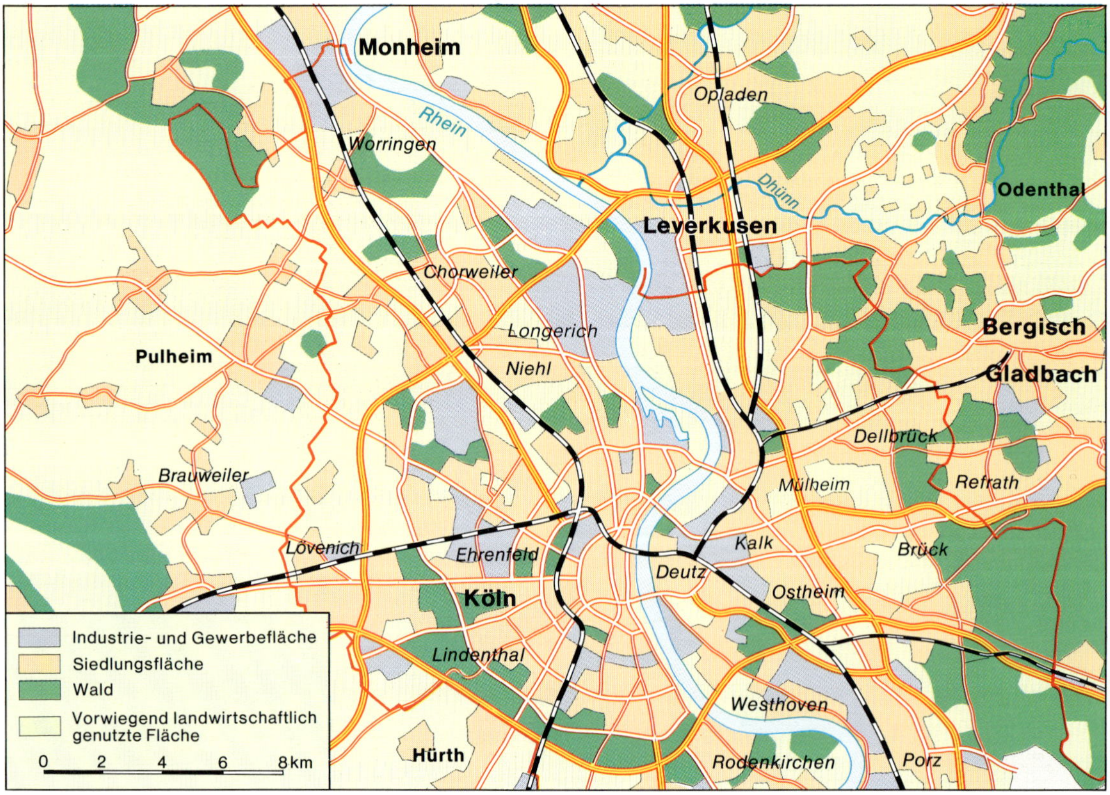

108.2 Köln heute

1. Eine Stadt entwickelt sich - Köln

In der Zeit von 38–12 v. Chr. errichteten die Römer auf dem Gebiet der heutigen Stadt Köln ein Militärlager. Sie gaben 50 n. Chr. der Siedlung Stadtrecht und befestigten sie mit Mauern und Türmen. In Köln kreuzten sich wichtige Handelsstraßen, die von Reims, Xanten, Trier und Mainz kamen.

1. Beschreibe anhand von Material 108.1 und 108.2 den Grundriß der Stadt Köln. Inwieweit ist der Grundriß der Römerstadt erhalten geblieben?

Im Mittelalter, einer Zeit, in der in Deutschland viele Städte gegründet wurden, dehnte sich Köln auf rund 400 ha aus und erhielt eine neue Stadtmauer. 1475 wurde Köln Freie Reichsstadt und bekam damit fast die gleichen Rechte wie ein selbständiger Staat. Dazu gehörten u. a. das Marktrecht, die eigene Gerichtsbarkeit und das Recht auf eigene Steuern. Durchfahrende Händler mußten ihre Waren drei Tage lang auf den Märkten Kölns anbieten.

Bis zum Ende des 18. Jh. wuchs Köln nur wenig. Erst mit dem Beginn der Industrialisierung und dem Bau der Eisenbahnen begann ein stürmischer Aufschwung (vgl. Mat. 109.3). Dadurch dehnte sich die Stadt über die zu Beginn des 19. Jh. angelegten Befestigungslinien aus. Die am Stadtrand oder vor der Stadt gegründeten Fabriken wurden Ausgangspunkte für neue Stadtviertel, die oftmals aus Mietskasernen für die Industriearbeiter bestanden. Die neuen Stadtteile entwickelten sich entlang von Radialstraßen. Die zwischen den neuen Stadtteilen freigebliebenen Flächen wurden nach dem Zweiten Weltkrieg bebaut. Benachbarte Dörfer wurden in den **Verstädterungsprozeß** einbezogen und z. T. eingemeindet. Der starke Bevölkerungszuwachs der letzten 20 – 30 Jahre führte dazu, daß wie in Chorweiler und Longerich weit außerhalb der Innenstadt neue Wohnviertel mit dichter Bebauung und eigenen Versorgungseinrichtungen entstanden.

2. Erläutere die Wachstumsphasen der Stadt Köln (Mat. 108.1, 108.2 und 109.3).

3. Untersuche die Stadtentwicklung einer mittelalterlichen Stadt in deiner Umgebung. Welche Parallelen gibt es zu Köln?

109.1 Römerturm

109.2 Rheinufer

Zeit	Einwohnerzahl	Fläche (in ha)
50 n. Chr.	ca. 40 000	100
300 n. Chr.	ca. 25 000	
12. Jh.	ca. 30 000	400
13./14. Jh.	ca. 50 000	
1670	37 000	
1816	50 000	770
1888	261 000	11 130
1900	373 000	
1910	517 000	11 740
1939	772 000	25 000
1946	220 000	
1950	595 000	
1961	810 000	
1970	848 000	
1987	967 000	40 500
1995	1 005 000	

109.3 Stadtentwicklung von Köln

Funktionen und Viertelsbildung

Im mittelalterlichen Köln gab es keine Trennung von Wohnen und Arbeiten. Die handwerkliche Herstellung von Waren, Verkauf und Wohnen waren unter einem Dach vereint. Straßennamen wie Schmiedegasse, Besenbinderstraße u. ä. weisen darauf hin, daß sich die Handwerker nach Gruppen in bestimmten Straßen angesiedelt hatten.

Die Industrialisierung im 19. Jahrhundert hat in Köln, wie auch in anderen Städten, zur Trennung von Arbeitsstätte und Wohnort und damit zur Bildung von **funktionalen Vierteln** geführt. Je größer eine Stadt ist, desto vielfältiger sind in der Regel ihre Funktionen und desto stärker ausgeprägt ist die **Viertelsbildung**.

Rund 400 Unternehmen in unterschiedlichen Branchen der Industrie beschäftigen in Köln über 100 000 Personen, die 6500 Gewerbebetriebe der Stadt bieten insgesamt 65 000 Arbeitsplätze.

Köln ist auch ein bedeutender Banken- und Versicherungssitz mit 59 Geldinstituten und 200 Versicherungsgesellschaften. Die Bedeutung des Handels in der Stadt wird durch 34 internationale Fachmessen pro Jahr bestätigt.

4. Welche der im Text angesprochenen Funktionen sind in eigenen Vierteln zu finden (Mat. 110.1 und 111.1)?

5. Erläutere die Lage der Industrieviertel mit Hilfe von Material 108.2 und 110.1 und stelle fest, wie sich die Branchen verteilen.

6. Beschreibe unterschiedliche Viertel in deinem Schul- oder Wohnort.

Ein besonderes Stadtviertel ist die **City** (Mat. 111.1). Sie ist das zentrale Hauptgeschäftszentrum und Dienstleistungszentrum Kölns.

Die wichtigsten Merkmale der City sind:
- dichte, fast lückenlose Bebauung;
- Gebäude, Kaufhäuser und Bürohäuser mit z. T. mehr als zehn Stockwerken; Neubauten meist in Stahlbetonbauweise mit Glasfassaden;
- Einkaufsstraßen als Fußgängerzonen mit durchgehenden Ladenfronten und Geschäftspassagen, z. T. Kolonnaden;
- Konzentration von spezialisiertem Einzelhandel, öffentlichen Diensten und privaten Dienstleistungen, wie z. B. Anwälten, Fachärzten, Banken, Versicherungen, Theatern und Kinos;

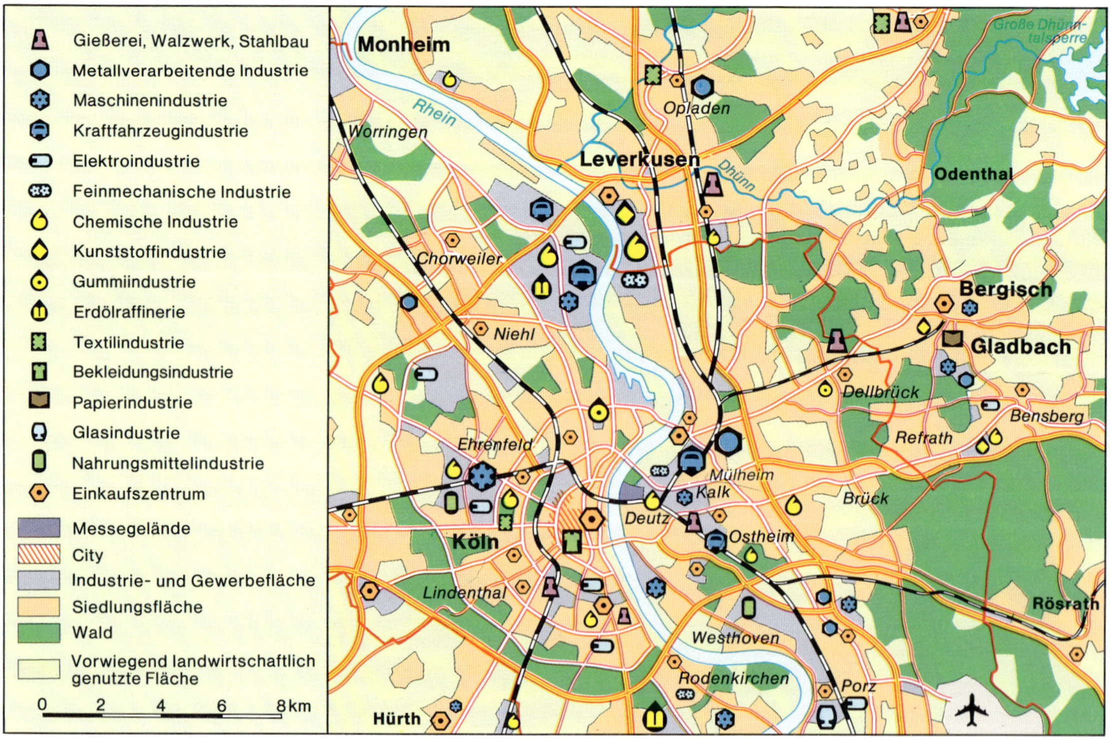

110.1 Funktionale Gliederung von Köln

- starke Verkehrsballung auf den Wällen und den Straßen, die in die City führen, besonders zu den Öffnungs- und Schlußzeiten der Geschäfte;
- geringe Anzahl von Wohnungen, die in der Regel in den oberen Stockwerken liegen.

Die Attraktivität der Kölner City und ihre starke Nutzung durch spezialisierte Betriebe des **tertiären Sektors** haben dazu geführt, daß die Bodenpreise und Mieten sehr hoch sind. Im Vergleich zu nur wenige hundert Meter von der City entfernten Stadtteilen sind sie zehnmal so hoch.

7. Untersuche die Verkehrslage der Kölner City anhand von Material 108.2 und 111.1.

8. Untersuche die Kölner City: Stelle fest, welche der im Text erläuterten Sachverhalte in Material 111.1 enthalten sind.

9. Lokalisiere die verschiedenen Dienstleistungen und untersuche, ob sich die City in weitere spezielle Viertel unterteilen läßt.

10. Als ein Merkmal der City wird der große Unterschied zwischen Tag- und Nachtbevölkerung genannt. Erläutere.

Physiognomische Gliederung *(Gliederung nach dem Aussehen), z. B.:*
- *Grundriß eines Viertels*
- *Aufriß (Baustil, Bauhöhe, Dachform)*

Funktionale Gliederung *(Gliederung nach der Nutzung von Flächen und Gebäuden), z. B.:*
- *Wohnviertel*
- *Industrieviertel*
- *Geschäftsviertel*
- *Bankenviertel*

Sozialräumliche Gliederung *(Gliederung nach gesellschaftlicher Stellung der Bewohner), z. B.:*
- *Oberschicht*
- *obere Mittelschicht*
- *mittlere Mittelschicht*
- *untere Mittelschicht*
- *Unterschicht*

Stadtplaner *unterscheiden folgende* **Viertel***:*
- *Wohngebiet*
- *Mischgebiet (Wohnen und Gewerbe)*
- *Gewerbegebiet (z. B. Büros, Verwaltung)*
- *Industriegebiet*
- *Sondergebiet (z. B. Kliniken, Hochschulen)*

111.2 Begriffe zur inneren Gliederung einer Stadt

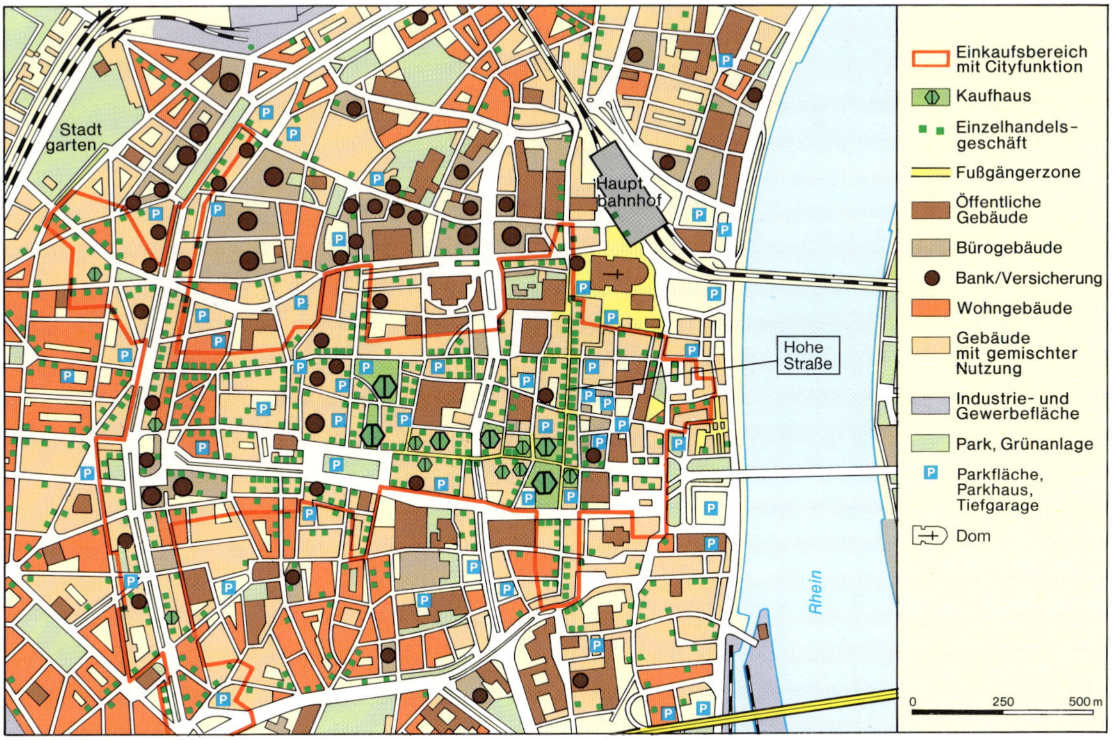

111.1 Kölner City

Aktionsseiten: Wir kartieren eine Geschäftsstraße

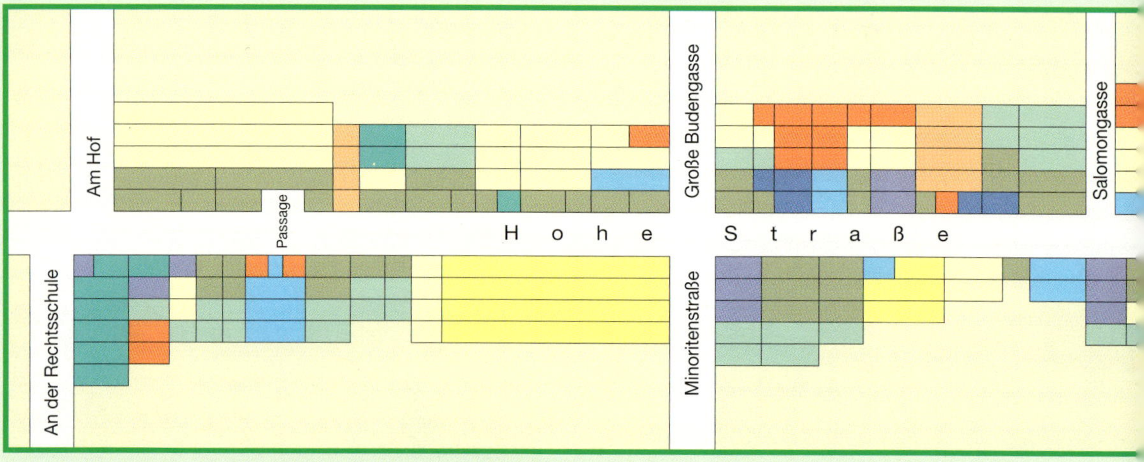

112.1 Kartierung der Hohen Straße in Köln (Ausschnitt)

112.2 Schüler beim Kartieren

1. Werte Material 112.1 aus:
– Welche Einzelhandelsbranchen sind besonders häufig vertreten und welche fehlen? Begründe.
– Stelle fest, wie die Erdgeschosse und wie die übrigen Stockwerke genutzt werden.
– Lokalisiere die Wohnungen in der Hohen Straße. Begründe ihre Anzahl und Lage.
– Stelle fest, welche Dienstleistungsbetriebe vorhanden sind. Erläutere das Fehlen von Teilbereichen des tertiären Sektors (vgl. Mat. 111.1).

2. Führe in deinem Wohn- oder Schulort eine Kartierung der Erdgeschoßnutzung in einer Geschäftsstraße durch. Beachte dabei die Hinweise in Material 112.3.

Um die Bedeutung einer Geschäftsstraße zu untersuchen, könnt ihr eine Kartierung durchführen. Am einfachsten ist es, wenn ihr dabei Vergrößerungen von amtlichen Karten (z. B. im Maßstab 1:1000) benutzt, die im Kataster- oder Stadtplanungsamt erhältlich sind. Stehen solche Karten nicht zur Verfügung, könnt ihr die zu kartierende Straße durch Abschreiten oder mit einem Maßband (20 m oder 50 m) selbst vermessen. In die Skizze der Straße tragt ihr die Breite der Häuserfronten ein (wie in Mat. 112.1). Bei amtlichen Karten, die die Grundstücksgrenzen und Häusergrundrisse enthalten, kann man die Nutzung der Erdgeschosse direkt eintragen.

Nachdem der Straßenplan fertiggestellt ist, könnt ihr mit der eigentlichen Kartierung beginnen. Es ist bei der Planung noch zu überlegen, ob ihr vorher in der Klasse die Geschäfte und Dienstleistungsbetriebe bestimmten Branchen (z. B. Bekleidung, Haushaltswaren, Gaststättengewerbe) zuordnen wollt und damit vorher bereits als Entscheidungshilfe eine Legende erstellt, oder ob ihr bei der Kartierung die Nutzung in eurem Plan genau benennt und später bei der Reinzeichnung die Zuordnung nach Branchen vornehmt sowie die Legende erstellt.

Damit die Kartierung mehr Spaß macht und ihr euch dabei auch beraten könnt, wird sie zu zweit oder als Gruppenarbeit durchgeführt. Zum Abschluß wird ein Gesamtplan wie in Material 112.1, jedoch nur mit der Erdgeschoßnutzung, erstellt.

112.3 Hinweise für die Kartierung

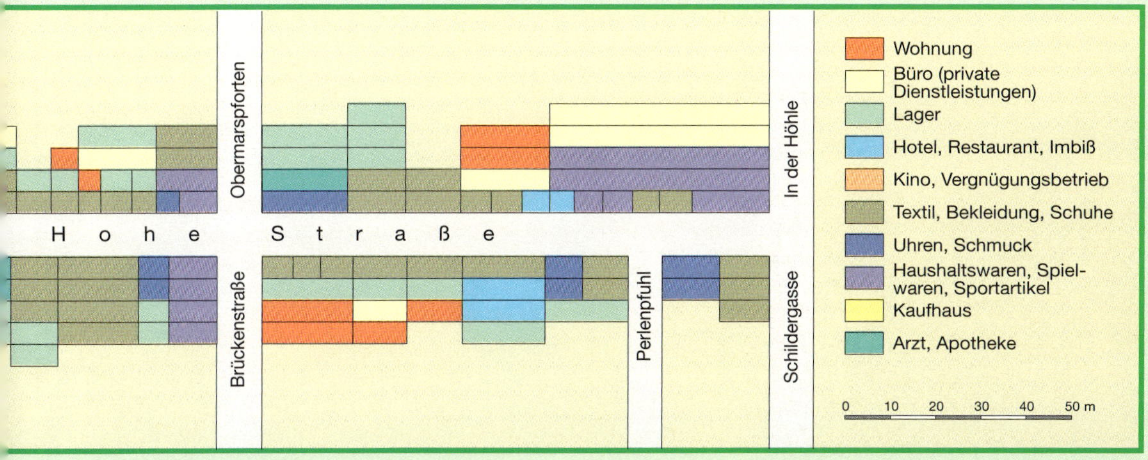

Als Hilfe für die Branchenzuordnung und die Erstellung einer Legende könnt ihr die folgende Aufstellung benutzen:

1. Wohnung
2. Großhandel
3. Kaufhaus/Warenhaus
4. Einzelhandel für den täglichen Bedarf (z. B. Backwaren und andere Lebensmittel, Körperpflegeartikel, Blumen)
5. Einzelhandel für den mittelfristigen Bedarf (z. B. Haushaltsartikel, Geschenkartikel, Schuhe und Bekleidung, Sportartikel, Schreibwaren, Malerartikel, Arzneimittel)
6. Einzelhandel für den langfristigen Bedarf (z. B. Möbel, Radio und Video, Uhren und Schmuck, Kameras, Brillen)
7. Gaststättengewerbe (z. B. Hotel, Restaurant, Café, Imbiß)
8. Vergnügungsbetrieb (z. B. Kino, Spielhalle)
9. Private Dienstleistungen (z. B. Arzt, Architekt, Friseur, Reinigung, Reisebüro, Rechtsanwalt, Steuerberater, Softwarebüro, Versicherung)
10. Öffentliche Dienstleistungen (z. B. Stadtverwaltung, Post, Polizei, kirchliche Einrichtung, Rotes Kreuz)

Ihr könnt nach Beratung in der Klasse diese Gliederung auch entsprechend der Ausstattung eurer Geschäftsstraße verändern oder auch die Legende in Material 112.1 verwenden.

Nun braucht ihr nur noch den Kartenausschnitt oder Millimeterpapier zum Zeichnen sowie Bleistift und Farbstifte, und es kann losgehen!

113.1 Hohe Straße in Köln

114.1 Paris – im Hintergrund La Défense

2. Paris – ein europäisches Zentrum

Paris ist ein wichtiges nationales, europäisches und globales Zentrum mit vielen internationalen Institutionen, wie der folgende Ausschnitt aus dem Telefonbuch zeigt:

- Agence Reuter
- Agence Cook
- Banca d'Italia
- Banque Franco-Allemande
- Banque Franco-Roumanie
- Banque Nationale de Grèce
- Barclays Bank
- Banco Espagnol
- Bibliothèque Polonaise
- Chambre de Commerce Belgo-Luxembourgeoise
- Chambre de Commerce Franco-Allemande
- Chambre de Commerce Internationale
- Croix-Rouge Internationale
- Der Spiegel
- Deutsche Bank
- Dresdner Bank
- Fédération Aéronautique Internationale
- Frankfurter Allgemeine Zeitung
- Interpol
- Office de Tourisme Africain
- Pen Club
- UNESCO
- UNICEF

Die überragende Bedeutung der französischen Hauptstadt (seit 987) liegt in ihrer geschichtlichen Entwicklung begründet. Die Stadt profitierte dabei schon früh von ihrer günstigen Verkehrslage. Alte Handelsstraßen, die z. B. Flandern mit Aquitanien und dem Mittelmeerraum verbanden, überquerten in Paris die Seine. Der entscheidende Grund für die Bedeutung von Paris liegt in der Errichtung eines zentralistischen Staatswesens mit der Konzentration aller Entscheidungsbefugnisse auf die Hauptstadt. Diese Entwicklung begann bereits im 12. Jahrhundert. 1789 wurde im Zuge der Revolution zwar die Monarchie mit ihren Herzogtümern und Grafschaften abgeschafft, dafür aber entstanden als neue Verwaltungseinheit die **Départements.** Diese aber verstärkten den Zentralismus, weil sie in vielen Zuständigkeiten von der Hauptstadt abhängig waren. Die Départements wurden von einem Präfekten verwaltet, der als „verlängerter Arm" der Regierung in Paris galt.

Dadurch wurde der Zentralismus gefestigt, und Paris konnte neben der politischen und kulturellen auch die wirtschaftliche Macht des Landes auf sich konzentrieren. Nach der industriellen Revolution des 19. Jahrhunderts wurde Paris allmählich auch zum Industriezentrum von Frankreich.

Auch im europäischen Rahmen nimmt Paris eine bedeutende Stellung ein. Im Großraum Paris (Ile-de-France) werden etwa 7,8 % des gesamten Bruttosozialprodukts der EU erzeugt. Damit ist Paris nach Norditalien (9,2 %) und dem Rhein-Ruhr-Raum (8,7 %) das drittwichtigste Wirtschaftszentrum in der EU. In keinem Wirtschaftsraum der EU ist das BIP pro Kopf so hoch wie in Paris, es liegt 65 % über dem Durchschnitt der EU. Mittlerweile haben die meisten großen europäischen und überseeischen Konzerne ein Niederlassungsbüro in Paris. Kodak, IBM, Fiat und andere nutzen die Standortgunst für Ausbildungszentren, Lager, aber auch für Produktionsstätten.

Obwohl die Agglomeration von Paris auf den ersten Blick wie ein hochverdichteter Raum erscheint, ist ihre Bevölkerungsdichte im europäischen Vergleich relativ gering. Mit 128 Einw/km^2 liegt sie nur wenig höher als der Durchschnitt (114 Einw/km^2) der gesamten EU. Innerhalb der zentralen europäischen Wirtschaftszone (vgl. Mat. 115.3) scheint Paris etwas abseits zu liegen, doch der erste Eindruck täuscht: Paris ist von Brüssel nur 292 km entfernt (vgl. Mat. 61.3). Angesichts der günstigen Verkehrslage von Paris im französischen (und demnächst europäischen) Hochgeschwindigkeits-Eisenbahnnetz ist das wenig. Durch den Kanaltunnel (vgl. S. 78) ist Paris auch nahe an London herangerückt, mit dem TGV ist die Entfernung in drei Stunden überbrückt.

„Ein besonderer Vorzug des Wirtschaftsraumes Paris ist seine Ausgewogenheit zwischen industrieller Produktion und dem tertiären Sektor, ja sogar die Landwirtschaft der Ile-de-France spielt noch eine Rolle. In dieser Hinsicht hebt sich Paris positiv ab von den Wirtschaftszentren in Deutschland und Italien, wo der produzierende Sektor überwiegt, und dem Wirtschaftsraum London, wo der produzierende Sektor schwach entwickelt ist. In einem Europa, das dabei ist, sich neu zu strukturieren, nimmt die Region Paris hinsichtlich ihrer Lage, ihrer Verkehrsverbindungen, ihrer Wirtschaftskraft und ihrer kulturellen Stellung eine zentrale europäische Bedeutung ein."

(nach DATAR: Le Bassin Parisien. Paris 1992)

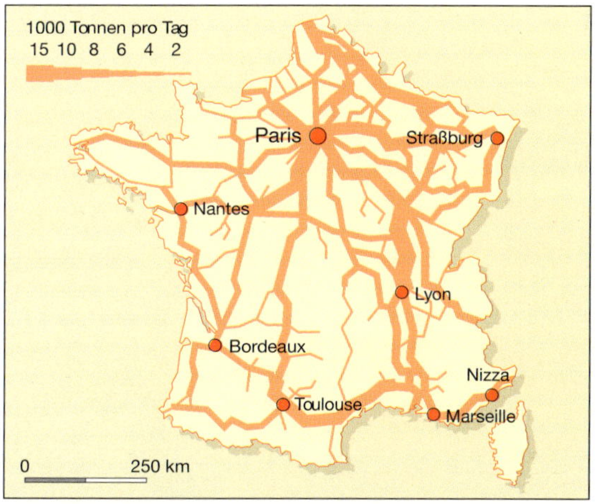

115.1 Güterbeförderung auf der Bahn

115.2 Glasfaserkabelnetz in Frankreich

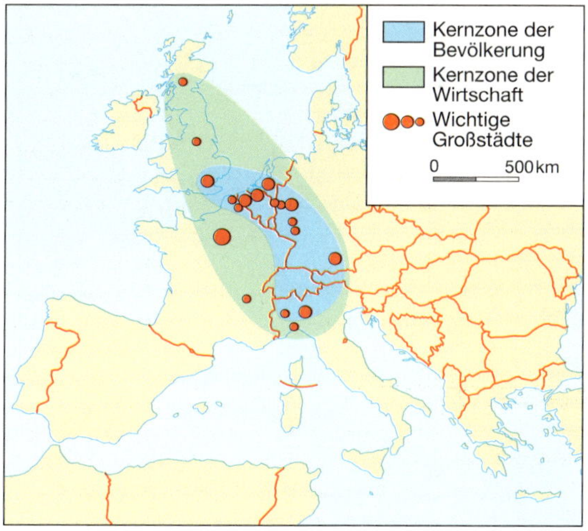

115.3 Die Lage von Paris in Europa

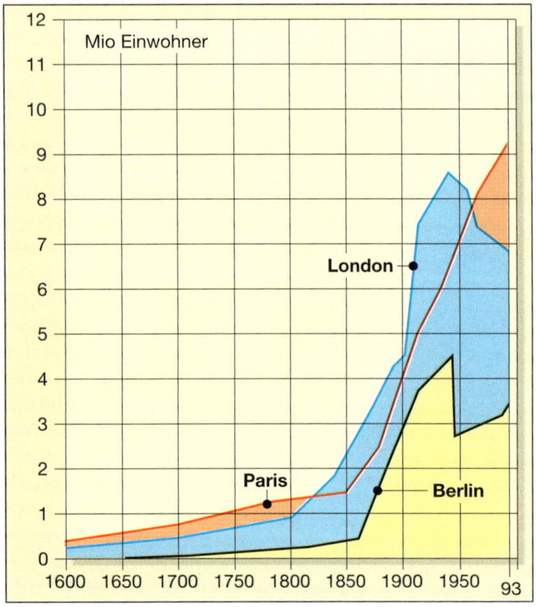

116.1 Entwicklung der Einwohnerzahlen

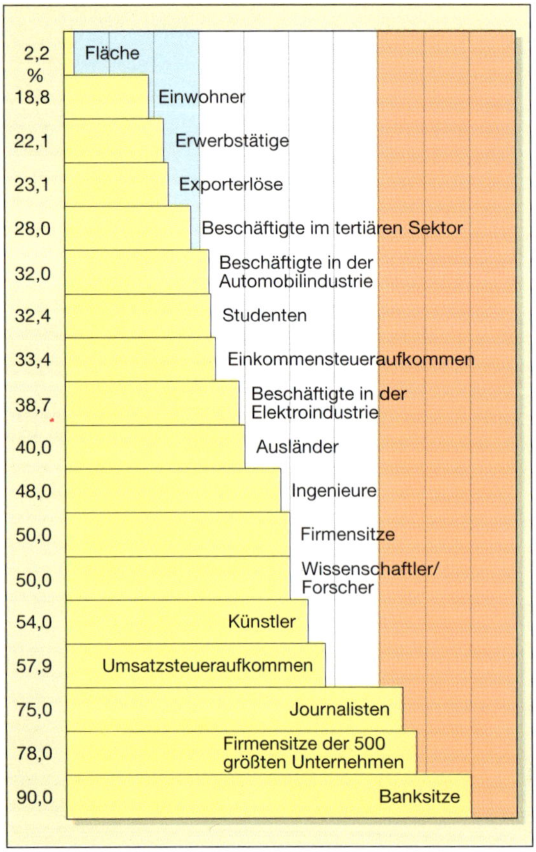

116.2 Anteil der Ile-de-France an Frankreich

Paris platzt aus allen Nähten

Die Hauptstadtfunktion und die Entwicklung zum wirtschaftlichen und kulturellen Zentrum Frankreichs führten dazu, daß die Einwohnerzahl von Paris rasch wuchs. Im Jahre 1500 hatte Frankreichs Hauptstadt bereits 150 000 Einwohner (London 60 000, Berlin 6 000), und um 1750 wurde die Millionengrenze überschritten. Auch in der Folgezeit nahm die Bevölkerung weiter rasch zu (vgl. Mat. 116.1). Nach dem Zweiten Weltkrieg, in dem Paris weitgehend unzerstört blieb, setzte eine besonders starke Zuwanderung ein. Dafür gibt es mehrere Gründe:

1. Der allgemeine Wirtschaftsaufschwung der Nachkriegszeit ließ die Industrie im Raum Paris expandieren und lockte Arbeitskräfte an.
2. Eine sehr familienfreundliche Politik der damaligen Regierung ließ die natürliche Bevölkerungswachstumsrate ansteigen.
3. Die Konzentration aller Macht auf Paris hatte auf die übrige „Provinz" eine starke Sogwirkung.
4. Nach der Selbständigkeit der französischen Kolonien kehrten viele Franzosen ins Mutterland zurück.
5. Seit einigen Jahren kommen aus den ehemaligen Kolonien (bes. aus Afrika) viele Menschen nach Frankreich, weil sie sich dort Arbeit und ein besseres Leben erhoffen. Der größte Teil von ihnen geht nach Marseille und Paris.

Mit dem starken Anwachsen der Bevölkerung in Paris und seinem Umland (vgl. Mat. 116.1) konnten weder der Wohnungsbau noch der Ausbau der Infrastruktur Schritt halten. Da außerdem nach dem Krieg zunächst noch kein einheitliches Planungskonzept für den Großraum Paris vorlag, kam es zu einem ungeordneten Wachstum, vor allem in den Vororten. Anfang der 1960er Jahre zeigten sich die Folgen dieser Fehlentwicklung: In den Vororten lagen schnell erbaute Wohnhochhäuser neben Lärm und Abgase entwickelnden Industriebetrieben. Frei- und Grünflächen waren weitgehend zugebaut, soziale und kulturelle Einrichtungen nur unzureichend vorhanden. Um dem abzuhelfen, entschloß sich die französische Regierung zu schnellem Handeln. 1965 wurde ein Leitplan für die Region Paris erlassen, der als Abhilfe u.a. vorsah, Arbeitsplätze, vor allem im industriellen Bereich, aus der Region auszulagern. Damit verbunden war die Hoffnung, daß auch Einwohner die Region Paris verlassen würden und der Zen-

117.1 Plan der Sanierungsprojekte in Paris

tralismus etwas gemildert würde. Derartige Maßnahmen werden als **Dezentralisierung** bezeichnet. Die Flächen der dezentralisierten Betriebe sollten für die Anlage von Grünflächen sowie den Bau von Wohnungen und Büros genutzt werden. Durch die Dezentralisierung z. B. in der Automobilindustrie fiel der Anteil von Paris an den Arbeitsplätzen dieses Sektors im Zeitraum von 1962 bis 1982 von 64 % auf 32 %. Bis 1977 wurden insgesamt 200 000 industrielle Arbeitsplätze aus Paris verlagert.

In einem zweiten Schritt gingen die Stadtplaner daran, Paris gründlich zu „renovieren". Dazu wurde 1977 der „Leitplan für die Stadtplanung und Stadtentwicklung von Paris" (SDAU) erlassen. Er legte u. a. folgende Ziele fest:

- Verbesserung der Wohnfunktion in Paris,
- Sicherung von Arbeitsplätzen,
- Verbesserung des Verkehrsnetzes,
- Verbesserung der Lebensqualität und Erweiterung sozialer und kultureller Einrichtungen.

1. Vergleiche die Bevölkerungsentwicklung von Paris mit der Londons und Berlins (Mat. 116.1).

2. Nenne Maßnahmen der Dezentralisierung und begründe ihre Notwendigkeit (Mat. 116.2).

3. Erläutere Maßnahmen zur „Renovierung" von Paris (Mat. 117.1 u. 2).

117.2 Neue Städte im Umland von Paris

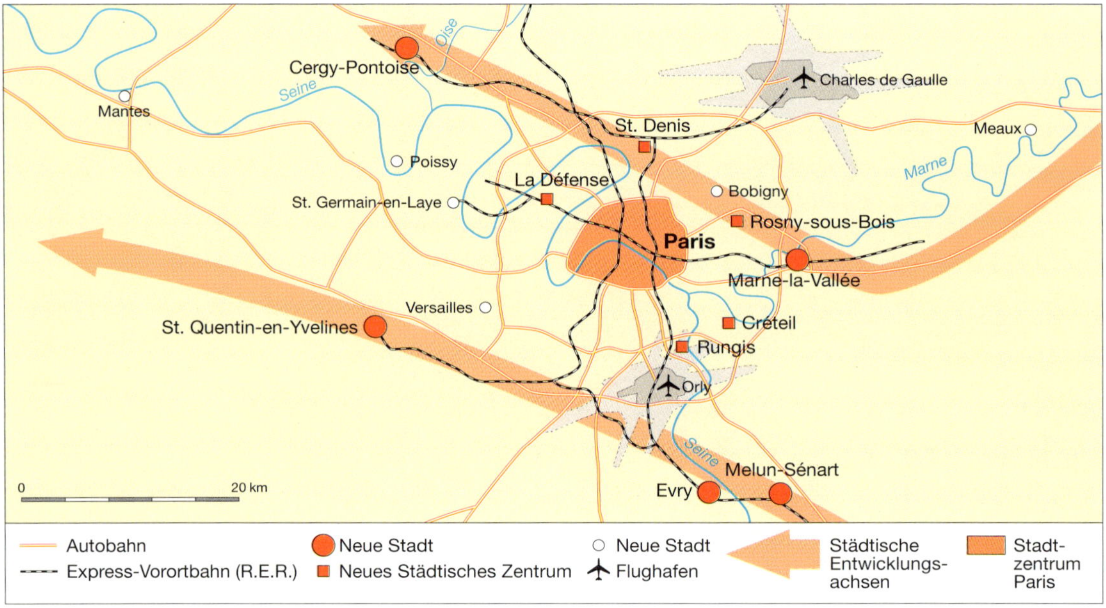

118.1 Schéma directeur (Leitplan)

Entlastung für die Metropole: Villes Nouvelles

Der Leitplan aus dem Jahr 1965 für die Region Paris sah vor, die hinzukommende Bevölkerung u. a. in die außerhalb des **Verdichtungsraums** gelegenen, neu zu errichtenden Städte (Villes Nouvelles) zu leiten. In der 1976 überarbeiteten Fassung des Leitplans sind die fünf **Villes Nouvelles** Cergy-Pontoise, Evry, St.-Quentin-en-Yvelines, Melun-Sénart und Marne-la-Vallée vorgesehen. Sie sollen in der Endphase um das Jahr 2000 jeweils etwa 200 000 bis 300 000 Einwohner haben.

Die Villes Nouvelles sind keine reinen Schlafstädte, sondern sie bieten Arbeitsplätze und alle Einrichtungen, die auch andere Großstädte anzubieten haben, also Schulen, Geschäfte, Krankenhäuser, Theater, Kinos, Kulturhäuser usw.

Dem Dezentralisierungsgedanken wurde Rechnung getragen, indem man ein differenziertes Arbeitsplatzangebot schuf. Auf diese Weise sollten die Villes Nouvelles möglichst vielen ihrer Einwohner Arbeit bieten und außerdem Arbeitskräfte aus dem Raum Paris abziehen. Ziel ist, für 80 % der Erwerbspersonen in den Villes Nouvelles Arbeitsplätze zu schaffen. Ein höherer Wert wird nicht angestrebt, da man davon ausgeht, daß ein Teil der Einwohner auch weiterhin nach Paris einpendeln wird.

Die Villes Nouvelles sollen ihren Bewohnern viele Frei- und Grünflächen – was man in Paris selten findet – sowie modern ausgestattete Wohnungen im Rahmen einer interessanten Architektur bieten. Nach diesem Konzept entstanden großflächige Städte, die aus mehreren Stadtvierteln bestehen. Die Viertel unterscheiden sich sowohl in ihrer Funktion (z. B. Wohnviertel unterschiedlicher Art, Industrie- und Gewerbeviertel, Verwaltungs- und Einkaufszentren) als auch in der Grundrißgestaltung und der Architektur. Zwischen den Vierteln befinden sich großzügige Grünflächen mit Ruhe- und Spielzonen. Diese weitläufige Gestaltung hat allerdings zur Folge, daß nicht mehr alle Wege zu Fuß zurückgelegt werden können. Die Bewohner müssen deshalb öffentliche Nahverkehrsmittel oder ihre Pkw benutzen.

Die Gestaltung der Viertel übernahmen z. T. berühmte Architekten aus dem In- und Ausland. Sie versuchten, ihre Vorstellung von Lebensqualität in einer geplanten Stadt zu verwirklichen. In Marne-la-Vallée z. B. übernahm jeweils ein Architekt die Gestaltung von einem Stadtviertel nach seinen städtebaulichen Ideen. So entstanden sehr unterschiedliche Viertel, die der Stadt ein abwechslungsreiches Bild geben. Die Frage ist allerdings, ob die Bevölkerung in den Villes Nouvelles die Vorstellungen der Architekten nachvollziehen kann und ob sie sich in ihrem Viertel bzw. in ihrer

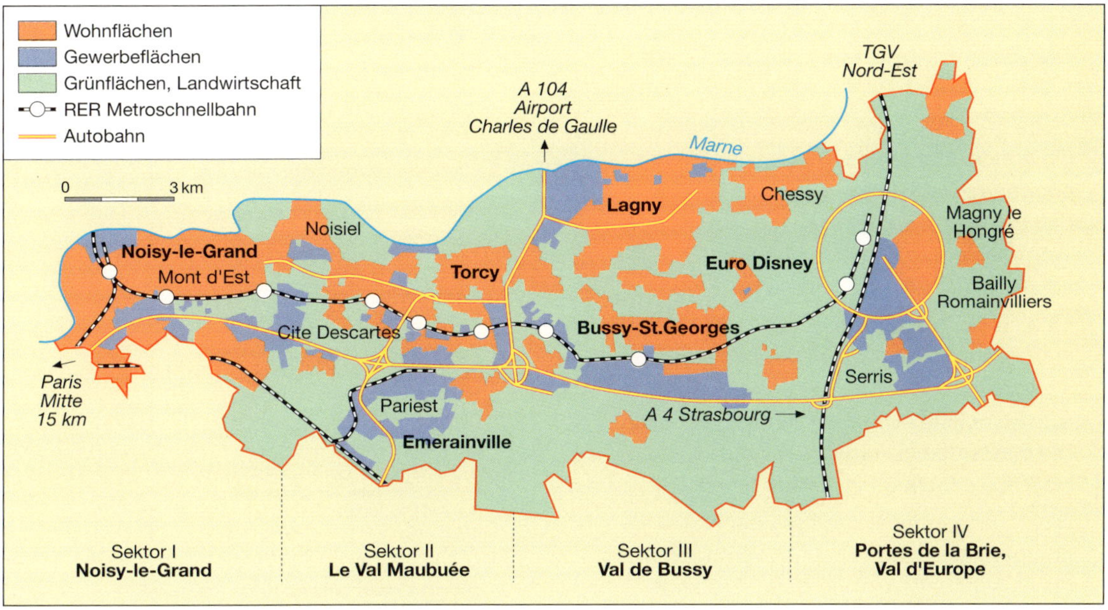

119.1 Marne-la-Vallée: Flächennutzung 1989

Stadt wohlfühlt. Dazu führte das französische Fernsehen 1992 verschiedene Befragungen in Marne-la-Vallée durch. Wenngleich diese nicht repräsentativ waren, so zeigte sich doch, daß wesentlich mehr Einwohner als angenommen sich mit ihrer Stadt identifizierten. Es gab allerdings auch Kritik, u. a. an den Innenhöfen, die „wegen des architektonischen Gesamteindrucks“ z. T. nicht mit Spielplätzen ausgerüstet werden durften.

Sind die Villes Nouvelles die erhoffte Entlastung für Paris? Noch kann diese Frage nicht vollständig beantwortet werden, da die Entwicklung nicht abgeschlossen ist. Immerhin haben die fünf Villes Nouvelles heute rund 700 000 Einwohner und bieten ihren 325 000 Erwerbspersonen 270 000 Arbeitsplätze an. Einige der Villes Nouvelles werden bis zum Jahr 2000 Universitäten für jeweils 20 000 Studenten erhalten. Die Stadtplaner erhoffen sich davon einen weiteren Aufschwung, vor allem im Bereich der High-Tech-Industrie.

4. Erläutere die Gründe für die Errichtung der Villes Nouvelles.

5. Welche Rolle spielen die Villes Nouvelles im Rahmen der Raumordnung im Großraum Paris (Mat. 118.1 und 119.2)?

6. Beschreibe am Beispiel von Marne-la-Vallée Grundriß und Gestaltung einer Ville Nouvelle (Mat. 119.1).

1987–1990	Cergy-Pontoise	Evry	Marne-la-Vallée	Melun-Sénart	St. Quentin	**Villes Nouvelles**
Fläche (ha) 1990	8000	4100	15000	11800	6300	**45200**
Einwohner 1987	140000	65000	193800	72000	117600	**588400**
Einwohner 1990	161200	75000	210800	81000	130000	**658000**
Arbeitsplätze 1987	65000	37000	58800	16000	45500	**222300**
Arbeitsplätze 1990	75000	42500	73600	19500	55000	**265600**
Erwerbspersonen 1990	71405	38563	106908	39889	65742	**322507**
davon Arbeitslose in %	8,2	7,5	7,4	7,2	6,2	**7,3**

119.2 Die Villes Nouvelles – Bevölkerung und Arbeit

Die Entwicklung einer neuen Stadt

Im Jahre 1958 wurde unweit der 2.000-Einwohner-Gemeinde Wulfen ein Schacht abgeteuft. Die Planer gingen davon aus, daß nach dem Zechenbau Industrie- und Wohngebiete in unmittelbarer Nähe entstehen würden.

Eine im Auftrag der Bergbaugesellschaft erarbeitete Studie kam zu dem Schluß, daß anstelle traditioneller Zechensiedlungen eine komplette neue Stadt entstehen sollte. Die Gesamtbevölkerung der Stadt sollte 50.000 bis 60.000 Einwohner betragen.

Die abnehmende Bedeutung der Kohle als Energieträger führte zu einer Verringerung der Beschäftigten im Bergbau. Die neue Stadt Wulfen wuchs langsamer als geplant.

	Wulfen	davon in Barkenberg	
1960	3.380		
1965	4.010	ca	400
1970	6.901	ca.	3.000
1975	13.921	ca.	7.200
1980	15.027		10.407
1985	15.150		10.750
1990	16.203		12.251
1994	17.521		12.362

(nach: Stadt Dorsten, Amt für Stadtentwicklung und Wirtschaftsplanung, 1995)

120.1 Bevölkerungsentwicklung von Wulfen

— Rundwanderweg von ca. 4km, ca. 1,5-2 Stunden
— Fuß-, Radwege

1 Wulfener Markt,zentraler Marktplatz für den Stadtteil Wulfen-Barkenberg Städtische Mischung von Wohnen, öffentlichen Einrichtungen, privaten Dienstleistungen und Freizeitangeboten.
2 Wohn- und Geschäftspassagen mit angebautem SB-Warenhaus.
3 Integrierte Gesamtschule mit öffentlicher Bibliothek.
4 Gemeinschaftshaus: Freizeitbadanlage, Gruppenräume, Altentagesstätte und Restaurant. Im Mittelpunkt die Agora für größere Veranstaltungen.
5 Ehemals Standort der Metastadt, Montagebausystem, variables Raumtragwerk aus Stahl. Umbauten und Erweiterungen schnell durchführbar. 1987 abgerissen.
6 Kaltluftschneise, dient dem Abzug von Kaltluft und Nebel. Zugleich als Spielwiese nutzbar. Stellenweise alter Baumbestand.
7 Große, teilweise achtgeschossige Wohnanlagen der Gründungsphase, gebaut zwischen 1966 und 1970.
8 Nebenzentrum mit Geschäften, Banken, Arztpraxen, Apotheke, Post und Gaststätten.
9 Beispiel einer größeren Grünzone innerhalb dichter Bebauung.
10 Napoleonsweg, Erhaltung des alten Baumbestandes durch Umwidmung der Allee zum Rad- und Fußweg.
11 Finnstadt, vier terrassierte Baukörper mit großen Dachgärten.
12 Freizeit- und Breitensportanlage mit Spielfeldern, Sporthalle, Tennishalle und Abenteuerspielplatz.
13 Stadtsee, künstlich angelegt, Bindeglied zwischen Zentrum und Bachtal.
14 Baugebiet Zentrum-West, Ein- und Mehrfamilienhäuser in städtischer Dichte.

120.2 Plan der Neuen Stadt Wulfen

3. Eine Stadt vom Reißbrett – Wulfen-Barkenberg

1. Lokalisiere Dorsten und Wulfen im Atlas.
2. Betrachte das Luftbild (Mat. 106.2) und den Plan (Mat. 120.2). Woran erkennt man, daß es sich um eine geplante Stadt handelt?
3. Die Neue Stadt Wulfen-Barkenberg wurde zum Experimentierfeld der Stadtplaner. Untersuche anhand von Material 120.2:
   - inwieweit die Natur einbezogen wurde;
   - welche Versorgungseinrichtungen für den täglichen Bedarf gebaut wurden;
   - die Angebote in den Bereichen „sich bilden" und „sich erholen/Freizeit".

Zwischen 1966 und 1972 wurden in Wulfen-Barkenberg vor allem Wohnhochhäuser errichtet. Sie ermöglichten eine hohe Wohndichte. So konnten eine Zersiedlung des Umlandes verhindert und der Naturpark Hohe Mark als Naherholungsgebiet bewahrt werden. Zugleich sollte durch dieses „verdichtete Bauen" städtisches Leben entstehen.

Seit 1970 werden in Wulfen-Barkenberg Mehrfamilien- und verstärkt Einfamilienhäuser gebaut. Ein Wechsel von Baumaterial, Geschoßhöhe und Grundriß soll Monotonie vermeiden.

Nicht alle Hoffnungen der Planer haben sich erfüllt. Die dichte Bebauung hat nicht automatisch zu städtischem Leben geführt. Die großzügig angelegten Plätze und Fußwege sind abends nahezu ausgestorben.

Die Kritik der Bewohner richtet sich auch gegen die Monotonie und Schmucklosigkeit der Wohnhochhäuser. Zudem weiß man heute, daß sie Isolation fördern und kinderfeindlich sind. Hinzu kamen Mängel an der Bauausführung und Planungsfehler. Lob und Ärger liegen nahe beieinander:

„Barkenberg ist die schönste Wohnstadt dieser Republik", befindet der Neuwulfener Peter R. in einem Leserbrief an die Lokalzeitung. Er steht mit seiner Meinung keineswegs allein. „Eine qualifizierte Mehrheit", so einer der Lokalpolitiker, „glaubt, daß man hier sehr gut wohnen kann". Fast ein Drittel der Bewohner von Barkenberg ist jünger als 18 Jahre. Für diese Jugendlichen ist das Freizeitangebot ein Problem. Zwar gibt es Veranstaltungen im Gemeinschaftshaus und im Heim der Offenen Tür der Kirchengemeinden, aber wer am Wochenende zu Tanzveranstaltungen will, ist auf den öffentlichen Nahverkehr angewiesen, um nach Dorsten oder Marl zu fahren.

Die 18jährige Nadine stellt bedauernd fest: „Ab 23.00 Uhr fährt kein Bus mehr nach Barkenberg. Wenn ich länger wegbleiben will, muß ich hoffen, daß mich jemand nach Hause fährt. Was wir brauchen ist ein Disco-Bus, der uns in den Morgenstunden nach Barkenberg zurückbringt."

4. Erläutere die Bevölkerungsentwicklung von Wulfen-Barkenberg (Mat. 120.1).

5. Diskutiert, was für und was gegen das Leben in einer „Neuen Stadt" spricht (Text, Mat. 120.2).

122.1 Lübeck

4. Wohnen in einem Denkmal – Lübeck

Im europäischen Denkmaljahr 1975 wurde die Altstadt von Lübeck in den Rang einer erhaltenswerten mittelalterlichen Stadt erhoben. 1987 hat die UNESCO, die Organisation für Erziehung, Wissenschaft und Kultur der Vereinten Nationen, den Kern der traditionsreichen Hansestadt auf die Liste des schützenswerten kulturellen Erbes der Menschheit gesetzt. Diese Liste umfaßt rund 440 Kulturstätten, Naturlandschaften und Gebäude in der Welt, unter anderem auch ganze Altstädte wie die von Venedig, Florenz, Warschau und Lübeck.

(nach: Stadtinformation, Hansestadt Lübeck, 1995)

Siebzehn Kilometer von der Ostsee entfernt, auf einer 2000 m langen und 1000 m breiten Insel in der Trave, wurde im Jahre 1143 Lübeck gegründet. Als „Tor zur Ostsee" wurde sie Hauptsitz der Hanse, eines Zusammenschlusses von mehr als 200 Städten, die im 14. und 15. Jh. den deutschen Fernhandel beherrschten. Zur Blütezeit der Hanse war Lübeck mit 24 000 Einwohnern die bevölkerungsreichste Stadt im Norden Europas. Mittelalterliche Bauten wie das Rathaus und das Holstentor bezeugen noch heute die Macht und den Wohlstand der freien Reichs- und Hansestadt. Die Silhouette der „Stadt mit den sieben Türmen" ist weltberühmt.

Anfang der 70er Jahre verfielen wegen mangelnder Unterhaltungsmaßnahmen die Altbauten. Hinzu kamen Mängel in der sanitären Ausstattung: Rund 30 % der Haushalte in der Innenstadt hatten keine eigene Toilette, 60 % hatten kein Bad. Eine umfassende Sanierung der Lübecker Altstadt war notwendig geworden.

Als **Sanierung** bezeichnet man solche Maßnahmen, durch die ein Gebiet zur Behebung städtebaulicher Mißstände verbessert oder umgestaltet wird. Dabei unterscheiden die Stadtplaner

- **Flächensanierung**: Totalabriß der Gebäude und evtl. Neubebauung;
- **partielle Sanierung**: Teilabbruch und evtl. Neuaufbau;
- **Objektsanierung**: Instandsetzung und Modernisierung von Einzelgebäuden.

1. Erläutere die Lage der Stadt Lübeck innerhalb Deutschlands und Europas (Text u. Atlas).

2. Arbeite mit Material 123.1:
a) Erläutere Merkmale einer mittelalterlichen Stadt (Straßenführung, Größe und Form der Grundstücke, historische Gebäude – vgl. auch Mat. 122.1 und Text).
b) Beschreibe die Lage des Kerngebietes. Welche Schwierigkeiten zeichnen sich für den Geschäftsverkehr ab?

3. Erkläre, warum Lübeck in die Liste der Kulturdenkmale aufgenommen wurde (Text, Mat. 122.1 und 123.1).

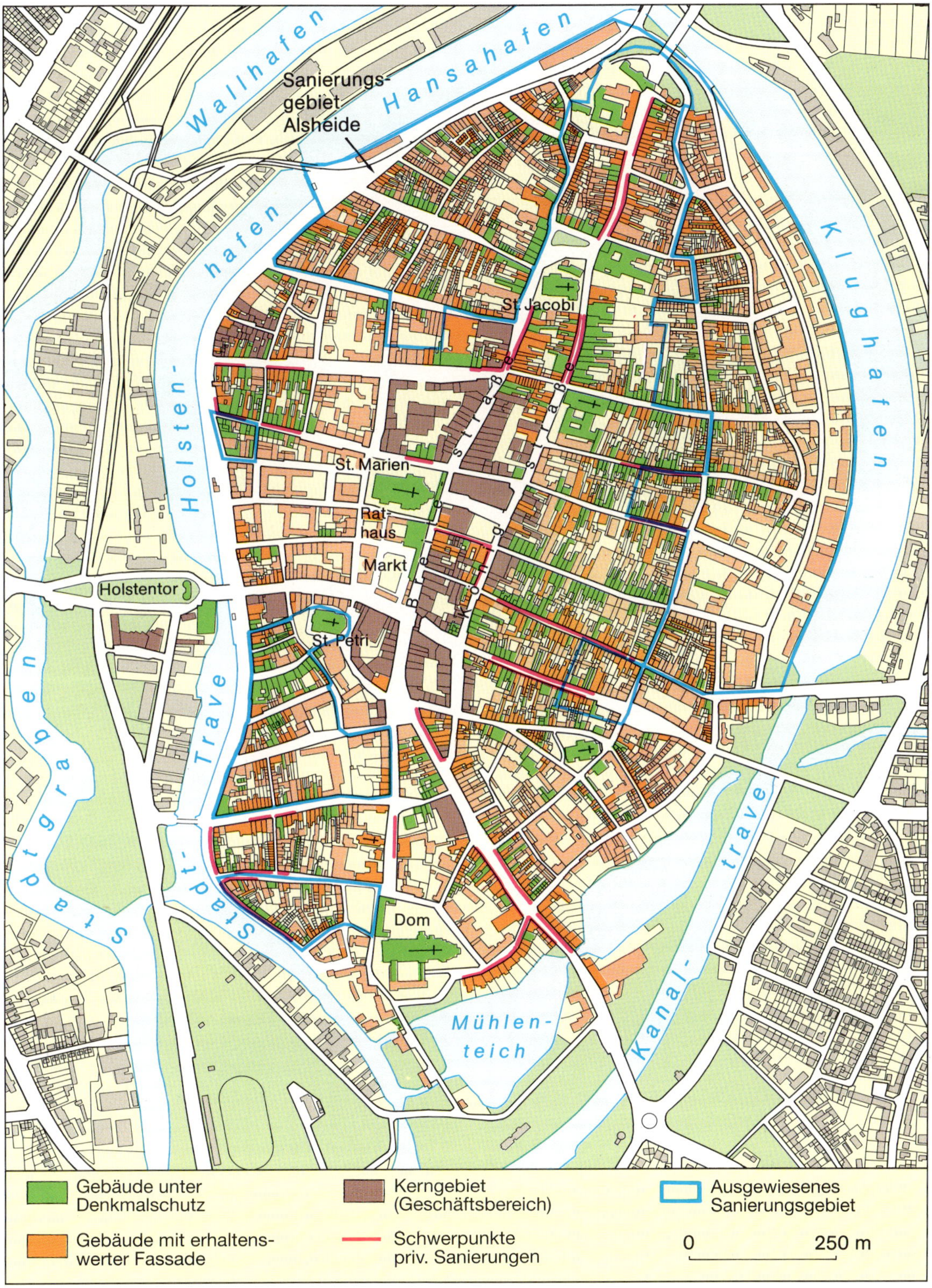

123.1 Altstadt von Lübeck (Stand: 1991)

124.1 Alsheide 17 (1974)

124.2 Alsheide 17 (1984)

Sanierung in der Altstadt

Ende der sechziger Jahre begann man in Lübeck mit einer gründlichen Bestandsaufnahme der Gebäude der Altstadt. Die anschließende öffentliche Diskussion über die Ziele der Sanierung dauerte mehrere Jahre. Im Jahr 1971 entschied sich der Senat der Hansestadt für die „erhaltende Erneuerung". Zu den am dringendsten erneuerungsbedürftigen Bereichen gehörte das Gebiet Alsheide, das 1972 zum Sanierungsgebiet erklärt wurde.

(nach: Lübeck plant und baut, Heft 37/1992)

Alsheide liegt im Nordwesten der Altstadt. Die Gebäude stammen aus dem 17. und 18. Jahrhundert. Die schmalen Parzellen besaßen dichte Hinterhofbebauung. Der Bauzustand war schlecht. Fast jede dritte Wohnung besaß weder WC noch Bad noch Heizung. 42 Wohnungen hatten Raumhöhen unter zwei Metern. Wegen der schlechten Wohnqualität waren die einkommensstärkeren Gruppen bereits ausgezogen. Die zurückgebliebenen älteren Bewohner, die sozial Schwachen und die Ausländer waren kaum in der Lage, die Wohnungen zu renovieren oder zu modernisieren.

Im Sinne der „erhaltenden Erneuerung" schied eine Flächensanierung aus. Der Senat entschloß sich zu einer **Entkernung** (vgl. Mat. 125.1).

Die Geschichte des Hauses Alsheide 17 ist typisch für viele Lübecker Bürgerhäuser:
Das Gebäude ist 400 Jahre alt und besitzt einen Renaissance-Treppengiebel. 1975 kaufte Familie Pröpper das Haus, das praktisch eine Ruine war. Sie entdeckten in der Diele hinter Kunststoffplatten einen 400 Jahre alten Kücheneinbau, im ersten Obergeschoß eine gewendelte Treppe und ein verwahrlostes Barockzimmer. Daraufhin wurde das Haus unter **Denkmalschutz** gestellt.

Familie Pröpper steckte 6500 Stunden Eigenarbeit in die Sanierung des Hauses. Dennoch beliefen sich die Gesamtkosten auf 408 000 DM. Der Abriß und Neuaufbau wären billiger gewesen.

Im Gebiet Alsheide ist die Sanierung seit 1993 abgeschlossen, aber es gibt 1995 noch 30 weitere Sanierungsgebiete, in denen 1294 Gebäude mit 3021 Wohnungen sanierungsbedürftig sind.

Zirka 250 Mio Mark an öffentlichen Mitteln sind in die Sanierungsmaßnahmen der Altstadt von Lübeck geflossen. Der private Mitteleinsatz

Einfache Sanierung: Der Gebäudezustand ist noch gut. WC, Bad/Dusche, Heizung werden erneuert oder neu eingebaut. *Während des Umbaus können Mieter und Pächter in den Wohnungen und Betrieben bleiben. Finanzierungshilfen für den Eigentümer sind möglich.*

Durchgreifende Sanierung: Tragende Wände, Decken und Sanitäranlagen sind zu erneuern. Bei zu geringer Raumhöhe und/oder schlechter Raumaufteilung ist der Grundriß zu verändern. *Während der Bauzeit ist das Wohnen in den Häusern nicht möglich. Bewohner und Betriebe werden nach Absprache an anderer Stelle untergebracht und können in vielen Fällen wieder in das Haus zurückziehen. Die Eigentümer erhalten Finanzierungshilfen.*

Abbruch: Sanierung ist nicht möglich. Der Raum wird Freifläche. *Bewohner und Betriebe werden an anderer Stelle untergebracht, die Eigentümer entschädigt.*

Abbruch und Neubau: Der schlechte Bauzustand schließt eine Sanierung aus. *Bewohner und Betriebe müssen umziehen. Sie können in den Neubau einziehen, wenn sie das wollen.*

D Denkmalschutz: Der ursprüngliche Zustand ist zu erhalten oder wiederherzustellen.

Freiflächen: Zustand 1974

125.1 Karte Alsheide 1975 (Ausschnitt)

ist etwa gleich hoch. Bis 1991 bekam die Stadt 10 bis 15 Mio DM Zuschuß jährlich. Seit der deutschen Vereinigung werden öffentliche Mittel schwerpunktmäßig in den neuen Ländern eingesetzt. Lübeck verfügt seitdem nur noch über einen öffentlichen Zuschuß von ca. 0,9 Mio DM pro Jahr.

4. Begründe die Notwendigkeit einer Sanierung für das Gebiet Alsheide (Mat. 123.1 und 125.1).

5. Erläutere die geplanten Sanierungsmaßnahmen (Mat. 125.1).

6. Beschreibe die Sanierungmaßnahmen am Beispiel des Hauses Alsheide 17 (Mat. 124.1 und 2, 125.1). Um welche Sanierung handelt es sich?

7. Erläutere die Wohnsituation in Alsheide nach Abschluß der Sanierung (Mat. 125.2). Welche Probleme lassen sich auch durch Sanierung nicht lösen?

Der traditionelle Mix verschiedener Branchen ist nicht mehr vorhanden. Störende Gewerbebetriebe wurden ausgesiedelt (1 Gaststätte, 1 Taxibetrieb, 1 Elektrogroßhandel, 1 Schlachterei sowie mehrere Lagerräume von Großhandelsunternehmen).

Geblieben ist das reine Wohnen. Hinzugekommen ist im Blockinnenbereich ein Spielplatz, dessen Problem in erster Linie die Nähe zu den Häusern ist.

Aber das Wichtigste ist, daß die Wohnungen allen neuzeitlichen Wohnkomfort bieten und das auch für die nächsten 50 Jahre. Jetzt sind die Straßen ringsum saniert, der Verkehr ist etwas beruhigt, die Anwohner haben die geforderten Anwohnerparkrechte erhalten. Doch gibt es immer noch die gleichen Probleme: der Anteil der Arbeitslosen, die geringen Einkommen, die teilweise hohen Mieten und die sozialen Probleme. Dies wird keine Sanierung lösen.

(aus: Lübecker Altstadtzeitung Nr. 25/Nr. 26 – 1992)

125.2 Sanierungsgebiet Alsheide, vorher – nachher

126.1 Warschau

5. Warschau – Wiederaufbau der polnischen Hauptstadt

Vom Fischerdorf zur Hauptstadt

Polens Hauptstadt Warschau liegt im polnischen Tiefland, eingebettet in das Weichselbecken.

Im 9. Jahrhundert als Fischerdorf entstanden, wuchs es schnell zu einer Handwerker- und Kaufmannssiedlung (vgl. Paris, S. 114 ff.).

Nach der Verleihung des Stadtrechts und seiner Befestigung war Warschau seit 1413 Sitz von Herzögen. Seit dem 15. Jahrhundert befanden sich in der Altstadt der Herrschersitz und die Häuser der Metallhandwerker, in der Neustadt das Textilgewerbe und die Keramikwerkstätten.

Ende des 16. Jahrhunderts wurde Warschau ständiger Versammlungsort des Sejm (polnisches Parlament) und Königsresidenz. Immer mehr Adelsfamilien siedelten sich nun demzufolge in Warschau an. So wuchs die Bevölkerung Mitte des 17. Jahrhunderts auf 20 000 bis 30 000.

Im 17./18. Jahrhundert wurde die Bebauung innerhalb der mittelalterlichen Mauern immer dichter. Es kam zur Stadtausdehnung, indem weitere Paläste mit großen Parks außerhalb der Stadtmauern angelegt wurden. Ende des 18. Jahrhunderts lebten bereits 100 000 Menschen in der Stadt.

Mit dem wirtschaftlichen Aufschwung im 19. Jahrhundert wuchs die Bevölkerungszahl weiter rasch an. Sie erreichte Ausgangs des 19. Jahrhunderts die Halbmillionengrenze. Neben Manufakturen der Textil-, Leder-, Pelz- und Metallverarbeitung sowie Eisenbahnlinien mit Bahnhöfen entstanden auch Mietskasernensiedlungen. Hier lebten die Fabrikarbeiterfamilien äußerst beengt in den viel zu kleinen Wohnungen. Viele Adelsfamilien verließen unterdessen Warschau. So änderte sich Warschaus Sozialstruktur dahingehend, daß vorwiegend das Bürgertum, Fabrikarbeiter und Dienstpersonal in der Hauptstadt wohnten. Zu Beginn des 20. Jahrhunderts überstieg dann die Einwohnerzahl die Millionengrenze.

1. Beschreibe die Lage Warschaus mit Hilfe von Atlaskarten.
2. Stelle die Entwicklung Warschaus bis zum Zweiten Weltkrieg dar.
3. Erläutere den Leidensweg Warschaus und seiner Bevölkerung während des 2. Weltkrieges (Mat. 127.1).

Die Zerstörung Warschaus

Mit dem Einmarsch der deutschen Truppen in Polen begann der Zweite Weltkrieg. Um dem polnischen Volk das Hauptstadtsymbol zu nehmen, sollte Warschau vollständig zerstört werden. Ab dem 8. September 1939 wurde die Stadt von der Artillerie beschossen. Nach schweren Kämpfen kapitulierte Warschau am 28. September 1939. Die Kampfhandlungen wurden eingestellt, und die deutschen Truppen marschierten in die Stadt ein.
Ein Drittel der Bevölkerung Warschaus waren Juden. Es wurde 1940 ein Ghetto errichtet, das die Juden nicht mehr verlassen durften. Von dort aus transportierte man 310 000 Juden in Konzentrationslager. Im Ghetto selbst starben bis Kriegsende über 100 000 Menschen.
Als die Juden 1943 erfuhren, daß das Ghetto dem Erdboden gleichgemacht werden sollte, erhoben sich 60 000 gegen die deutschen Besetzer. Der Aufstand dauerte einen Monat. Danach war das Ghetto zerstört.
Nach dem Ghettoaufstand folgte 1944 ein weiterer Aufstand der Warschauer Bürger gegen die systematische Zerstörung der übrigen Stadt.
Als die sowjetischen und polnischen Truppen 1945 in die Stadt einmarschierten, waren 90 % der Stadt zerstört. Nur 7 % der Gebäude galten als noch bewohnbar. Am Ende des Krieges lebten nur noch 15 % der Bevölkerung von 1939 (1,3 Mio) in der Stadt. 90 % aller Industrieanlagen waren ebenfalls zerstört.
Angesichts dieser Verwüstungen überlegte man sogar, Lódz zur Hauptstadt Polens zu erklären und Warschau an anderer Stelle wieder aufzubauen. Die Polen entschieden sich jedoch für den Wiederaufbau ihrer Hauptstadt an Ort und Stelle.

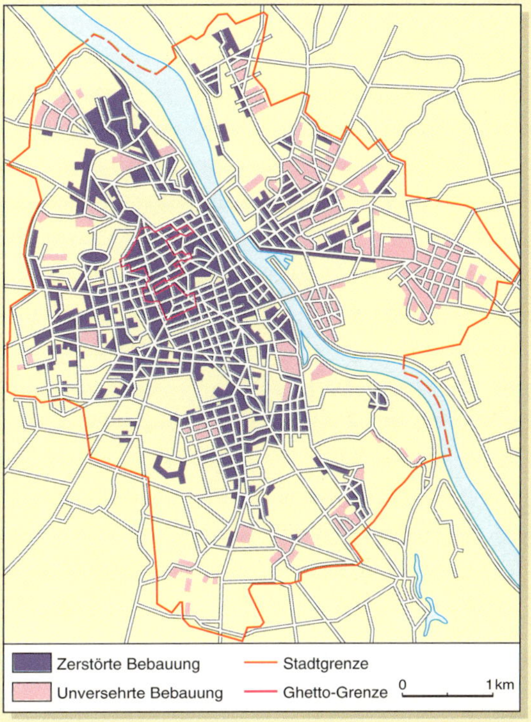

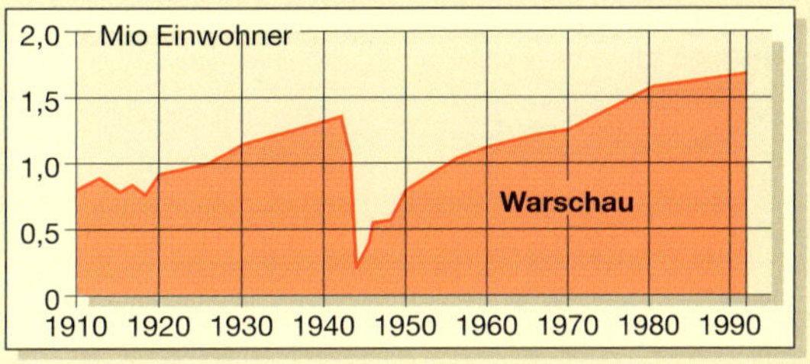

„Das äußere Bild des jüdischen Wohnbezirkes in Warschau

Der jüdische Wohnbezirk ist etwa 403 ha groß. Auf diesem Gebiet wohnen nach Angaben des Judenrates, der eine Volkszählung vorgenommen haben will, etwa 410 000 Juden, nach unseren Beobachtungen und Schätzungen, die von verschiedenen Seiten vorgenommen wurden, etwa 470–590 000 Juden.
Unter Zugrundelegung der statistischen Angaben des Judenrates und bei Inabzugbringung der Grundflächen und Friedhöfe wohnen 1108 Personen auf einem ha bebauter Fläche, d. h. also 110 800 je km^2. Die Bevölkerungsdichte der Stadt Warschau beträgt 14 400 Personen auf dem km^2 der Gesamtgrundfläche und 38 000 auf dem km^2 bebauter und bewohnbarer Fläche. (...)
Im jüdischen Wohnbezirk sind etwa 27 000 Wohnungen mit einem Zimmerdurchschnitt von 2 1/2 Zimmern. Die Belegung errechnet sich demnach auf 15,1 Personen pro Wohnung und 6 bis 7 Personen pro Zimmer. Der jüdische Wohnbezirk ist von dem übrigen Stadtgebiet unter Ausnützung von Brand- und Trennmauern und durch Vermauerung von Straßenzügen, Fenster-, Tür- und Baulücken abgetrennt. Die Mauern haben eine Höhe von drei Metern und werden durch einen Stacheldrahtaufsatz um einen weiteren Meter erhöht. Motorisierte und berittene Polizeistreifen sichern außerdem die Überwachung."

(aus: G. Schoenberner, Der gelbe Stern, Die Judenverfolgung in Europa 1933–1945)

127.1 Die Zerstörung Warschaus

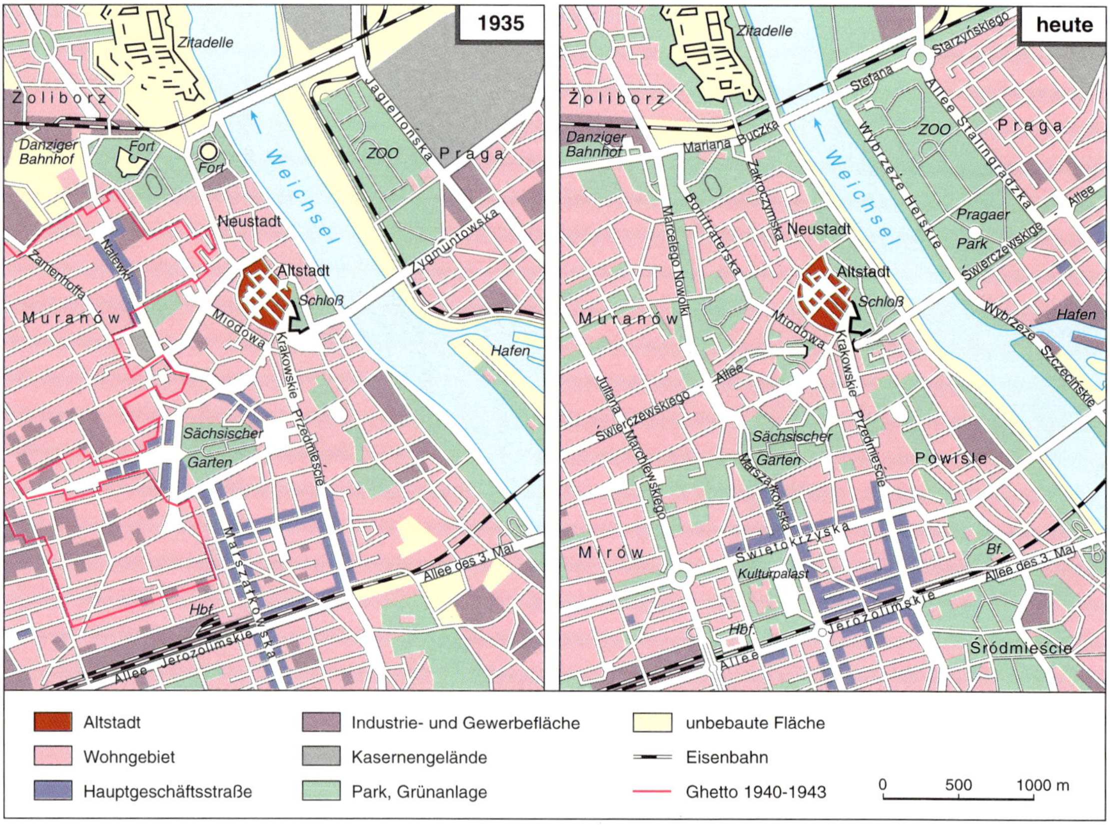

128.1 Warschau 1935 und heute

Der Wiederaufbau Warschaus

Nach der Industrialisierung Polens hatte der Aufbau der Hauptstadt die zweite Priorität. Er galt als Symbol für die nationale Identität und Einheit Polens. Von 1949 bis 1953 rekonstruierte man die Alt- und Neustadt. Ihre kulturhistorischen Bauten wurden wieder originalgetreu errichtet und mit moderner Innenausstattung versehen. Bei der Rekonstruktion der historischen Stadtteile orientierte man sich unter anderem an Bildern des italienischen Malers Canaletto, die er im 18. Jahrhundert in Warschau zeichnete. Nach dem Wiederaufbau der Altstadt wurde diese von der UNESCO zum Weltkulturerbe erklärt.

Beim Aufbau der anderen Stadtteile und Vororte kam es zu Veränderungen gegenüber dem Aussehen vor dem Krieg. Die gesamte Innenstadt zum Beispiel war von ihrer Bebauung her hoch verdichtet. Die in der Regel sechsgeschossigen Häuser hatten enge Hinterhöfe. Jetzt wurde eine aufgelockerte Bebauung mit vielen Grünflächen durchgesetzt. Anstelle von Mietsblöcken mit mehreren Hinterhäusern errichtete man nun einzeln stehende Häuser in geschlossener Bebauung. Trotzdem ist im Vergleich mit westeuropäischen Großstädten die Wohndichte im Zentrum außerordentlich hoch, da noch keine Verdrängung der Wohnbevölkerung aus der City stattgefunden hat (vgl. Paris, S. 114).

Beim planmäßigen Wiederaufbau der Stadt sah man eine Funktionstrennung zwischen Arbeiten und Wohnen vor, indem Betriebe aus den Stadtteilen an die Peripherie verlagert wurden.

Außerdem strebte man großzügigere Verkehrslösungen an. Aufgrund des hohen Verkehrsaufkommens wurden altstadtnahe Bereiche untertunnelt und somit auch eine Trennung von Alt- und Neustadt vermieden.

Große Aufmerksamkeit widmeten die Stadtplaner dem Ausbau der Infrastruktur. Trotzdem kam es in den 70er Jahren zu einer Überlastung der Straßen, da der Verkehr in Warschau durch die steigende Anzahl von Pendlern zunahm. Des-

129.1 Warschaus Altstadt mit Königsschloß

halb begann man 1983 mit dem Bau einer U-Bahn. Eine Bauphase der Umgestaltung bzw. Neuerrichtung repräsentativer Gebäude begann bereits 1955. So wurden zum Beispiel das Große Theater umgebaut und der 234 Meter hohe Kulturpalast, ein Geschenk der Sowjetunion, errichtet. 1971 begann man, auch das zerstörte Königsschloß wieder aufzubauen. Die Einwohnerzahl der Stadt wuchs stetig an (vgl. Mat. 127.1). Der Wohnungsnot versuchte man durch die Errichtung von Hochhauskomplexen Herr zu werden. Diese wirken jedoch aufgrund der Plattenbauweise sehr monoton.

4. Erläutere die politische Bedeutung des Wiederaufbaus von Warschau.

5. Erkläre die Veränderungen nach dem Wiederaufbau gegenüber der Stadt von 1935 (Mat. 128.1, 129.1 u. 2).

6. Beschreibe das Schicksal des Königsschlosses und das Engagement der Warschauer Bürger beim Aufbau (Mat. 129.2).

Am 17. 09. 1939, dem „Schwarzen Sonntag", wurde das Schloß von der Artillerie beschossen. Die darauffolgenden Brände verwüsteten die Schloßgebäude. Während der Zerstörung halfen Bürger und Soldaten bei der Sicherstellung der Kunstschätze. Nach dem Einmarsch der deutschen Truppen wurden die verbliebenen Kunstgegenstände nach Deutschland gebracht.

Polnische Kunstwissenschaftler wollten bereits im Oktober 1939 mit dem Wiederaufbau des Königsschlosses beginnen. Aber Hitler befahl persönlich die Sprengung. Das Schloß wurde auf die Sprengung vorbereitet, historische Bestandteile der Innenausstattung und die technische Ausrüstung demontiert. Die Sprengung erfolgte nach der Niederschlagung des Warschauer Aufstandes.

Nach Diskussionen über den Sinn des Wiederaufbaus des Königsschlosses sprachen sich 86 % der Bürger dafür aus. Mit unentgeltlicher Hilfe und enormen Geldspenden aus der Bevölkerung begann 1971 der Wiederaufbau. *(nach: W. Gerber, 1994)*

„Wie das Schloß in jenen Tagen aussah, beschreibt Eugeniusz S. Osikowski, Mitarbeiter der Schloßverwaltung:

Überall waren Schäden sichtbar, die durch Brände und Sprenggranaten verursacht waren. Der Sigismund- und der Ladislausturm waren beschädigt und hatten keine Helme mehr. Die Stahlbetonkonstruktion der Dächer war zum Teil entblößt. Die leeren Fenster gähnten trostlos, und die beiden Höfe (der Haupt- und der Küchenhof) waren mit Trümmern und bei den Bombenangriffen und beim Rauben zerstörtem Mobiliar übersät. Im Burg-, im Uhr- und im Johannestor standen deutsche Gendarmerieposten. Auf dem Haupthof hielten einige Lastwagen, auf die dort zusammengetriebene, terrorisierte Juden geraubtes Schloßgut luden: Möbel, Teppiche, Gobelins, Gemälde und dergleichen. Ein erschütterndes Bild der Zerstörung, der Verwüstung und der Plünderung."

(aus: J. Lileyko: Das Königsschloß in Warschau. Warszawa. 1981, S. 84)

129.2 Das Königschloß – Bericht von Zeitzeugen

Stadt und Umland

Münster *(265 000 Einw.) nennt sich das Oberzentrum des Münsterlandes, eines Lebensraumes für 2,4 Mio Menschen. Die Stadt war 130 Jahre Hauptstadt der preußischen Provinz Westfalen und ist bis heute der „Schreibtisch“ Westfalens geblieben. Zahlreiche Oberbehörden und Dienstleistungsunternehmen haben hier ihren Sitz.*

Die Stadt Münster und ihre Region sind auf vielfache Weise miteinander verflochten:
- *Die Verkehrswege sind auf das Oberzentrum ausgerichtet.*
- *Münsters Einzelhandel strahlt weit ins Land aus. Hinzu kommt das reiche Gastronomieangebot.*
- *Theater und Orchester versorgen auch die Städte des Münsterlandes in Form von Gastspielen.*
- *In Münster studieren an der Universität und an sechs weiteren Hochschulen und Akademien rund 49 000 Studenten.*

(nach: Geographische Rundschau 5/1985)

130.1 Münster – Stichworte zu einem Oberzentrum

1. Münster und das Münsterland

1. Nenne Einrichtungen in der Stadt, die sowohl von den Bewohnern der Stadt als auch von denen des Umlandes genutzt werden (Mat. 130.1 u. 2). Was ist mit der Bezeichnung Oberzentrum gemeint?

Wenn ein Ort oder eine Stadt auch die Bevölkerung des Umlandes mit Gütern und Dienstleistungen versorgt, ist sie für dieses Umland Mittelpunkt (Zentrum) oder **zentraler Ort**. Einrichtungen, die der Versorgung dienen, werden deshalb als **zentrale Einrichtungen** bezeichnet. Jede zentrale Einrichtung hat einen Einzugsbereich, also ein Gebiet, aus dem die Nutzer kommen. Die Ausdehnung eines Einzugsbereiches hängt von verschiedenen Faktoren ab, z. B. von den Verkehrsverbindungen zwischen Stadt und Umland oder der Konkurrenz zu anderen ähnlichen Einrichtungen.

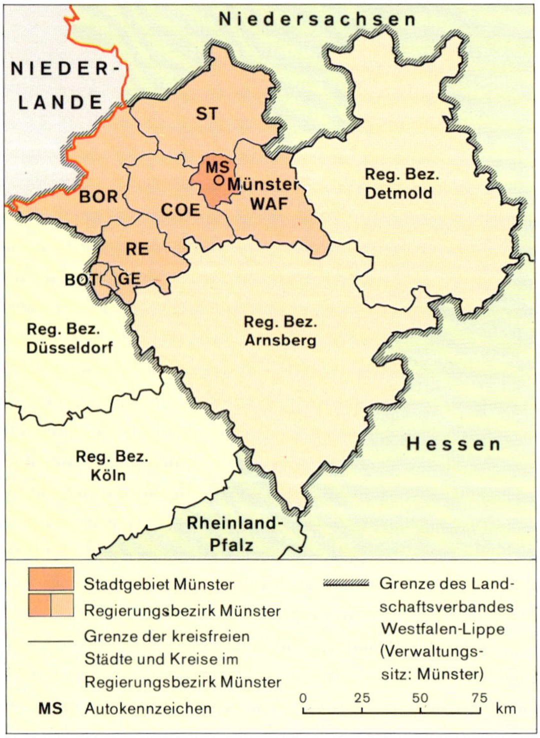

130.2 Münster als Verwaltungszentrum

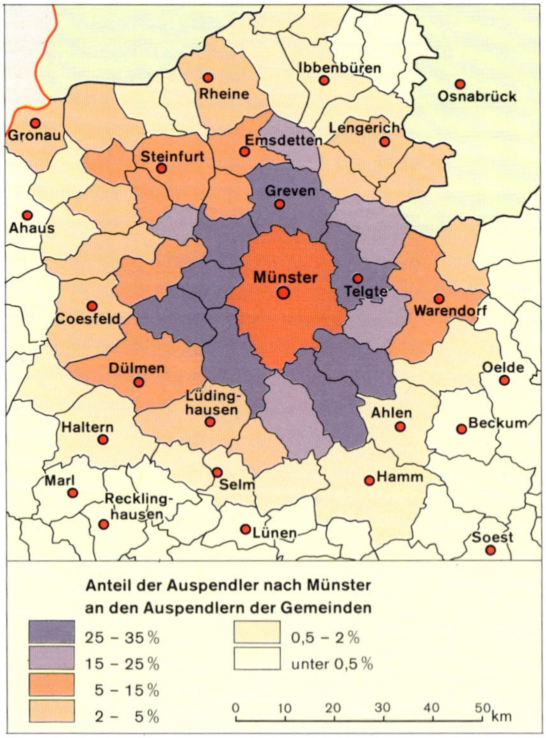

130.3 Münster als Einpendlerzentrum

Schüler untersuchen den Einzugsbereich des Wilhelm-Hittorf-Gymnasiums

Im Rahmen des Themas „Zentralität – Zentrale Orte – Zentrale Einrichtungen“ wurde der Einzugsbereich eines Warenhauses behandelt. Dabei kam uns der Gedanke, auch einmal den Einzugsbereich einer Schule zu untersuchen. Es lag nahe, als Objekt unserer Untersuchung das Wilhelm-Hittorf-Gymnasium (WHG) zu nehmen. Grundlage unserer Untersuchung waren die Klassenlisten, um die Herkunft der Schüler zu bestimmen. Insgesamt wurden die Wohnsitze von 994 Schülern erfaßt und mit farbigen Stecknadeln in einer Karte wiedergegeben.

2. Welche Faktoren haben Einfluß auf den Einzugsbereich des untersuchten Gymnasiums (Mat.131.1)?

3. Vergleiche den Einzugsbereich eines Gymnasiums mit dem einer Universität (Mat.131.1 und 131.3).

4. Worin unterscheiden sich die Einzugsbereiche von öffentlichen Verwaltungen (Mat.130.2) einerseits und Geschäften oder Theatern andererseits?

Gunstfaktoren und Ungunstfaktoren für die Zentralität der Schule

- *Im Einzugsbereich des WHG liegen verhältnismäßig viele Grundschulen (10).*
- *Die Lagegunst der Schule ist durch die radial verlaufende Ausrichtung der Haupteinfallstraßen – Hammer Straße, Weseler Straße – sowie durch die Zubringer – Kappenberger Damm und Mecklenbecker Straße – gegeben. Dagegen scheinen die Bundesbahnlinie nach Hamm und der Aasee Barrieren für den Zugang aus dem Osten und dem Nordwesten der Stadt zu sein. Man stellt fest, daß das WHG nicht im Mittelpunkt seines Einzugsgebietes liegt, sondern ziemlich weit im Norden nahe der Innenstadt.*
- *Die Verkehrsgunst durch den öffentlichen Personennahverkehr ist gegeben. Die Haltestellen von sieben Buslinien liegen zwar nicht am Schulgelände, sie sind aber in zumutbarer Entfernung zu Fuß zu erreichen.*

(nach U. Maciey (Hrsg.): Projekte und Untersuchungen im Erdkundeunterricht. Münster 1987)

131.2 Auszüge aus dem Ergebnisprotokoll

131.1 Einzugsbereich des Wilhelm-Hittorf-Gymnasiums

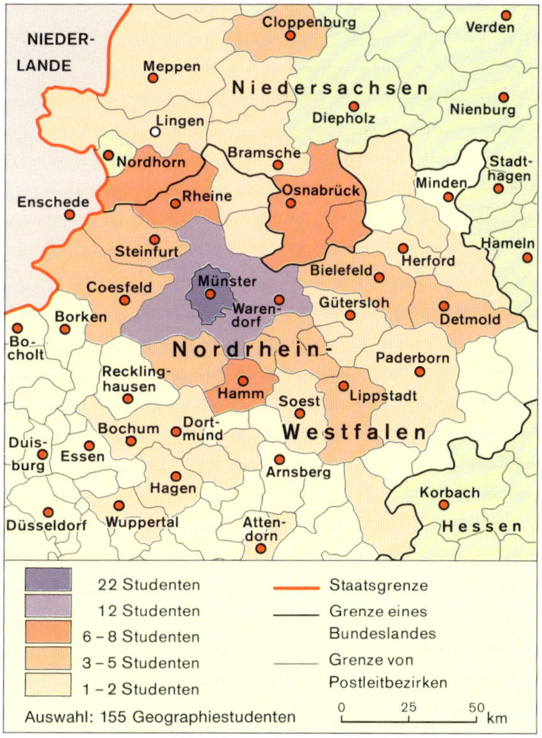

131.3 Herkunft von Studenten (Auswahl) der Universität

132.1 Zentralörtliche Gliederung des Münsterlandes

Dienstag, 4. April

Frau Schulte aus Ennigerloh, Kreis Warendorf, muß an diesem Tag wichtige Termine wahrnehmen.

7.40–8.05 Uhr: Fahrt mit dem Bus von Ennigerloh nach Warendorf;

8.15–8.35 Uhr: Gespräch im Bauamt des Kreises Warendorf wegen einer Baugenehmigung.
20 Min. Fußweg zum Bahnhof in Warendorf;

9.06–9.37 Uhr: Zugfahrt nach Münster;

10.11–10.29 Uhr: Fahrt mit dem Bus zur Hautklinik der Universität, Termin um 11.15 Uhr;

13.27–13.42 Uhr: Fahrt mit dem Bus in die Innenstadt, anschließend bis 14.30 Uhr Mittagessen im Schnellrestaurant eines Kaufhauses;

14.30–16.15 Uhr: Besuch mehrerer Kaufhäuser und Bekleidungsgeschäfte, um einen Mantel in einer Spezialgröße zu kaufen;

16.15–16.50 Uhr: Kurzbesuch in einer Gemäldeausstellung des Westfälischen Museums für Kunst- und Kulturgeschichte am Domplatz;

17.18–18.45 Uhr: Rückfahrt mit dem Bus von Münster nach Ennigerloh.

132.2 Ein anstrengender Tag

Je geringer die Bevölkerungsdichte eines Raumes ist, desto größer muß der Einzugsbereich der zentralen Einrichtung sein. So wird verständlich, daß nicht jeder Ort alle zentralen Einrichtungen aufweisen kann. In kleinen Orten oder Stadtteilen finden sich in der Regel nur solche, die den täglichen Bedarf der Bewohner im Nahraum decken. In größeren Orten können zusätzlich Güter des nichttäglichen, d. h. des periodischen und episodischen Bedarfs eingekauft und gehobene Dienstleistungen in Anspruch genommen werden. Nur wenige große Städte können zugleich Sitz von Oberbehörden, Universitäten, Opernbühnen oder ähnlichen Einrichtungen sein.

5. Warum mußte Frau Schulte verschiedene Orte aufsuchen (Mat. 132.2)?

6. Welche Zentralitätsstufen werden in Mat. 132.1 unterschieden? Erläutere die Legende mit Hilfe der Übersicht in Material 133.1.

7. Lokalisiere die von Frau Schulte aufgesuchten Orte (Mat. 132.1). Nenne ihre Zentralitätsstufe.

8. Ermittle mit Hilfe des Erkundungsbogens (Mat. 133.1) das Grund-, Mittel- und Oberzentrum, das zu deinem Wohnort gehört.

ERKUNDUNGSBOGEN „ZENTRALE ORTE“

Ermittle das Grundzentrum, Mittelzentrum und Oberzentrum, das von deinem Wohnort aus in Anspruch genommen wird. Stelle dazu fest, welcher Ort bzw. Stadtteil von dir oder deinem Familienangehörigen aufgesucht wird, wenn ihr die genannten zentralen Einrichtungen in Anspruch nehmen wollt oder müßt!

Wohnort/Stadtteil: ______________________ (Gemeinde: ______________________)

Zentrum und zugehörige zentrale Einrichtungen	vorwiegend aufgesuchter Ort bzw. Stadtteil	Entfernung (km)	außerdem aufgesuchter Ort- bzw. Stadtteil	Entfernung (km)
GRUNDZENTRUM				
Gemeindeverwaltung				
Grundschule				
Sekundarstufen-I-Schule				
Supermarkt				
Postamt				
Ärzte				
Bank/Sparkasse				
MITTELZENTRUM				
Kreisverwaltung				
Schulen mit gymnasialer Oberstufe				
Krankenhaus mit Fachabteilungen				
Textilkaufhaus				
Möbelkaufhaus				
Kino				
OBERZENTRUM				
Bezirksregierung				
Universität, Hoch- und Fachhochschulen				
Theater				
Spezialgeschäfte aller Art und Warenhäuser mit gehobenem Angebot				
Spezialkliniken				
Mehrzweckhalle für Großveranstaltungen				
Verbrauchermessen				

ERGEBNIS:

Überwiegend aufgesuchtes Grundzentrum: ______________________

Zusätzlich aufgesuchtes Grundzentum: ______________________

Überwiegend aufgesuches Mittelzentrum: ______________________

Zusätzlich aufgesuchtes Mittelzentrum: ______________________

Überwiegend aufgesuchtes Oberzentrum: ______________________

Zusätzlich aufgesuchtes Oberzentrum: ______________________

133.1 Erkundungsbogen

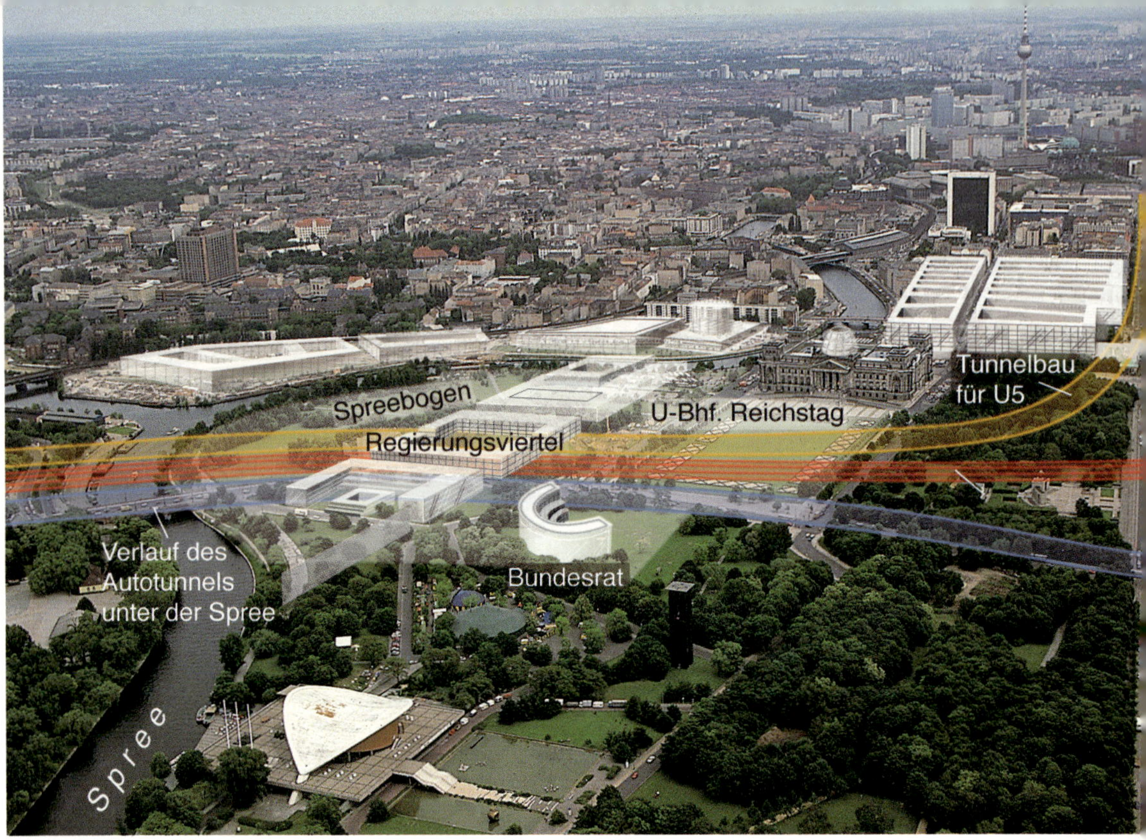

134.1 Baumaßnahmen im neuen Zentrum Berlins

1871: Berlin wird Hauptstadt des Deutschen Reiches; in den folgenden Jahrzehnten Entwicklung zu einem der größten Industrie- und Verkehrszentren in Europa
1875: Eine Million Einwohner
1900: Zwei Millionen Einwohner
1920: Durch umfangreiche Eingemeindungen entsteht „Groß-Berlin"; mit etwa vier Millionen Einwohnern ist Berlin nach London die zweitgrößte Stadt Europas
1945: Kriegsende; die zerstörte Stadt wird von den Siegermächten in vier Besatzungszonen aufgeteilt
1949: Gründung der Bundesrepublik Deutschland und der Deutschen Demokratischen Republik; der Ostsektor Berlins wird zur Hauptstadt der DDR erklärt; die Westsektoren (West-Berlin) behalten ihre Bindungen zu Westdeutschland
1961: Bau der 46 km langen Mauer durch die DDR
1989: Fall der Mauer
1990: Vereinigung der beiden deutschen Staaten; Berlin wird Bundeshauptstadt
1991: Beschluß des Bundestages, den Regierungssitz von Bonn nach Berlin zu verlegen

134.2 Berlin-Chronik (Auszug)

2. Planung für den Großraum Berlin

Die Vereinigung der beiden deutschen Staaten im Jahre 1990 brachte für keine deutsche Stadt so viele Veränderungen mit sich wie für Berlin. Mit dem Abbruch der Mauer, die Ost-Berlin jahrzehntelang von West-Berlin getrennt hatte, konnten die Planungen für die Neugestaltung des Zentrums beginnen. Vor allem am Potsdamer Platz klaffte eine viele Hektar große Bebauungslücke. 1994 wurde dort der Grundstein für eine neue Stadtlandschaft mit einem Büro- und Dienstleistungszentrum sowie Wohnungen gelegt. Durch dieses Projekt verwandelte sich der Potsdamer Platz Mitte der 90er Jahre in die größte Baustelle Europas.

Umfangreiche Baumaßnahmen wurden auch für den Ausbau Berlins zur Hauptstadt der Bundesrepublik Deutschland notwendig. Das neue Regierungsviertel mit dem Bundeskanzleramt entsteht im Spreebogen, nördlich des Reichstages. Der Reichstag wird zum Sitz des Deutschen Bundestages umgebaut. Spätestens zur Jahrhundertwende soll das Regierungsviertel bezogen sein. Das Zentrum Berlins erhält auch eine neue Ver-

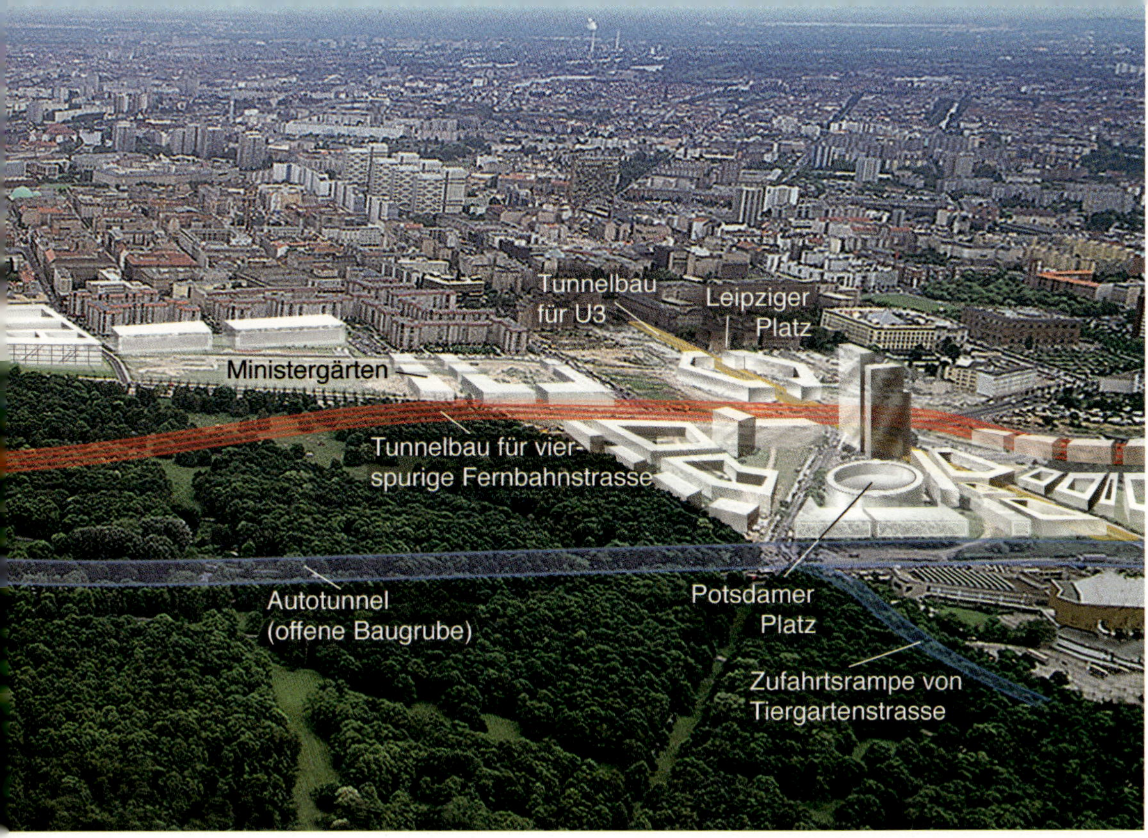

kehrsinfrastruktur. Der Lehrter Bahnhof wird zum neuen Zentralbahnhof ausgebaut. Neue Straßen sowie Fernbahn- und U-Bahngleise sollen durch kilometerlange Tunnel unter dem Regierungsviertel und dem angrenzenden Tiergarten hergeführt werden.

Die Pläne zum Ausbau des neuen Berliner Zentrums stoßen auch auf Kritik. Umweltschützer fürchten z. B., daß die Tunnelbauten den Grundwasserspiegel unter dem Tiergarten absenken und zum Absterben der Bäume im Park führen werden. Auch das Bebauungskonzept für den Potsdamer Platz ist umstritten. So wird befürchtet, daß die geplanten Büroflächen den tatsächlichen Bedarf weit übertreffen, während für dringend benötigte Wohnungen zu wenig Fläche vorgesehen sei.

1. Berlin verändert sein Gesicht. Erläutere (Mat. 134.1).
2. Beschreibe den Umfang der Baumaßnahmen im Zentrum Berlins (Mat. 134.1 u. 135.1). Lokalisiere das Gebiet auf einer Atlaskarte.
3. Begründe, warum die Bebauung des Potsdamer Platzes wichtig für das Zusammenwachsen von Ost- und West-Berlin ist (Atlas).

Bis zu 65 Meter hohe Baukräne ragen in den Himmel, Rammen dröhnen, Preßlufthämmer rattern, Bauzäune und Container versperren den Weg. In der Friedrichstraße im historischen Zentrum Berlins reiht sich Baustelle an Baustelle. Die einstige Geschäfts- und Vergnügungsmeile, die nach Kriegszerstörung und Mauerbau ein Schattendasein im Ostteil der Stadt fristete, wird zu neuem Glanz aufpoliert. Auf etwa drei Kilometern Länge sind etliche Projekte mit einem geschätzten Investitionsvolumen von sechs bis sieben Milliarden Mark im Bau oder in Planung.
(nach: Ruhr-Nachrichten vom 21. 2. 1994)

Der futuristische Bau der „Galeries Lafayette" steht kurz vor der Eröffnung. Das französische Kaufhaus ist Vorreiter in den Friedrichstadt-Passagen am Gendarmenmarkt. Büros, Läden, gastronomische und kulturelle Angebote sollen bald wieder für quirliges Großstadtgetriebe sorgen. Die Friedrichstraße wird aber noch ein paar Jahre Baustelle bleiben, bis am früheren Checkpoint Charlie das eine Milliarde teure American Business Center fertig ist.
(nach: Ruhr-Nachrichten vom 27. 2. 1996)

135.1 Bauboom im historischen Zentrum Berlins

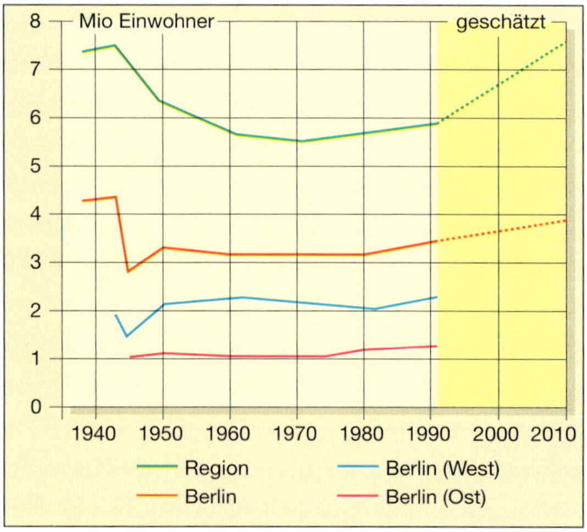

136.1 Bevölkerungsentwicklung

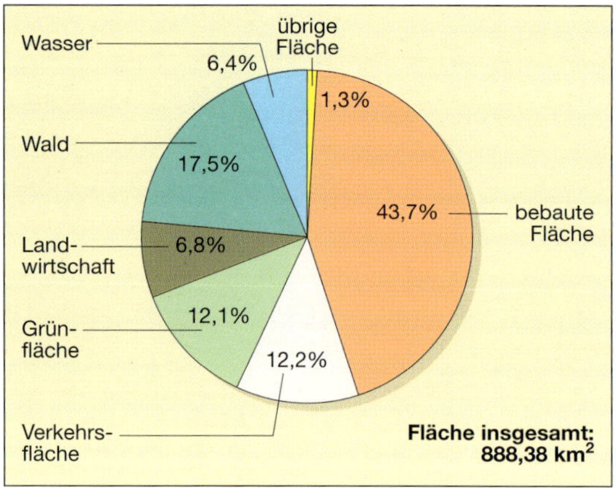

136.2 Gegenwärtige Nutzung der Stadtfläche

Berlin und sein Umland

Berlin entwickelte sich im vergangenen Jahrhundert zur größten Stadt Deutschlands und zu einem bedeutenden Industriezentrum. Die Versorgung mit landwirtschaftlichen Produkten, Energieträgern und Rohstoffen für die Industrie aus dem näheren oder ferneren Umland erforderte den Bau eines umfangreichen Verkehrsnetzes, das sternförmig auf die Hauptstadt zuführte. Durch den Bau der Mauer verlor West-Berlin sein Hinterland; der Zugang war nur noch über einzelne Verkehrswege möglich, ein Wachstum über die Grenzen hinaus konnte nicht erfolgen. Auch für Ost-Berlin, die Hauptstadt der DDR, war die Mauer ein Hindernis für die weitere Stadtentwicklung.

Durch die Vereinigung der beiden deutschen Staaten ist wieder eine Gesamtplanung für den Großraum Berlin möglich geworden, die außer der Hauptstadt selbst auch die umliegenden Kreise im Bundesland Brandenburg umfaßt. Die Planung neuer Straßen, Eisenbahnlinien und eines neuen Großflughafens kann nur in Kooperation zwischen den Bundesländern Berlin und Brandenburg erfolgen, da die meisten derartigen Vorhaben, die auf die Stadt Berlin zielen, auf dem Gebiet Brandenburgs gebaut werden müssen.

Brandenburg bietet auch für expandierende Industrie- und Dienstleistungsbetriebe aus Berlin neue Standorte. Bei der Ausweisung dringend benötigten Baulandes für neue Wohnungen bieten sich ebenfalls die weniger dicht besiedelten Kreise Brandenburgs rund um Berlin an.

Über 40 Jahre war West-Berlin von seiner ländlichen Umgebung abgeriegelt, und auch in Ost-Berlin fand seit 1945 eine Entwicklung ins Umland nicht statt. Nun beginnen sich die räumlichen Strukturen zu verschieben. Neue Schubkräfte sollen für das schwierige Zusammenwachsen mit der Region genutzt werden. Modell ist die „Hauptstadt mit großstädtischer Wirtschaftsstruktur".

Ost-Berlin hat den Abbau seiner sozialistischen Industriestruktur schon weitgehend hinter sich, mit bitteren Konsequenzen. Von 190 000 Industriearbeitsplätzen vor der Wende sind noch 46 000 übrig. Im Westteil steht der Umbruch noch bevor. Die Industriekreditbank glaubt, daß der Großraum Berlin während der nächsten Jahre die dynamischste Wirtschaftsregion Europas wird. Zu den Verlierern gehört das verarbeitende Gewerbe mit noch 200 000 Beschäftigten. 30 000 Arbeitsplätze werden wahrscheinlich in den nächsten Jahren abgebaut. Ausgelagert wird dennoch nur vorsichtig. Die West-Berliner Standorte sind zwar oft beengt, die Transportkosten hoch, Miet- und Bodenpreise explodieren. Andererseits sind besonders mittelständische Betriebe auf hochqualifizierte Mitarbeiter angewiesen und zögern mit dem Weggang. In den nächsten Jahren werden aber z. B. Druckereien, Lebensmittelindustrie und Handwerksbetriebe dem Kostendruck oder ungünstigen Verkehrsbedingungen ausweichen und ins Umland gehen.

(nach: Ruhr-Nachrichten vom 22. 1. 1993)

136.3 Wirtschaftsstandort Berlin im Umbruch

Das Hinauswachsen Berlins ins Umland bringt auch Probleme mit sich. Im sogenannten „Speckgürtel“, im direkten Einzugsbereich Berlins, steigen die Bodenpreise; es besteht die Gefahr der Zersiedlung durch neue Gewerbegebiete, Neubausiedlungen und Sportanlagen. Das Zentrum Berlin wirkt wie ein Magnet, der Bevölkerung und Wirtschaftskraft an sich zieht.

Zunehmende räumliche Disparitäten zwischen den nahe bzw. fernab von Berlin gelegenen Regionen Brandenburgs können die Folge sein. Bis zur Jahrhundertwende soll es zu einer Fusion der Bundesländer Berlin und Brandenburg kommen. Eine derartige Zusammenlegung würde die Raumplanung im Großraum Berlin wesentlich vereinfachen.

4. Beschreibe und erkläre die Bevölkerungsentwicklung in der Stadt und im Großraum Berlin (Mat. 136.1).
5. Berlin wächst über seine Grenzen hinaus. Erläutere (Mat. 136.1–3, 137.1 u. 2, Atlas).
6. Begründe, warum die Vereinigung Deutschlands für die Landkreise im Großraum Berlin sowohl positive als auch negative Folgen hat (Mat. 136.3, 137.1 u. 2, Atlas)
7. Erläutere das Raumordnungskonzept für den Großraum Berlin (Mat. 137.1 u. 138.2).
8. Stelle Vor- und Nachteile der geplanten Fusion von Berlin und Brandenburg gegenüber. Unterscheide dabei zwischen Berlin einerseits und Brandenburg andererseits (Mat. 138.1 u. 2, Atlas).

Überall in Brandenburg schießen Gewerbegebiete wie Pilze aus dem Boden. Jedes Dorf ist bestrebt, eigene Flächen zu erschließen. Ob aber genügend Firmen an einer Ansiedlung interessiert sind und wie sich die Preise für Boden und Gewerbemieten entwickeln, ist stark von der Nähe zu Berlin und der vorhandenen Infrastruktur abhängig. Berlinnahe Kreise können sich vor Interessenten kaum retten, ortsansässige Unternehmen müssen wegen der Preisentwicklung das Handtuch werfen. Entlegenere Regionen warten dagegen sehnsüchtig auf Investoren, um dringend benötigte Arbeitsplätze zu schaffen.

Am besten geht es der Landeshauptstadt und dem Kreis Potsdam-Land. Vor allem Firmen aus Berlin, aber auch aus den alten Bundesländern, Europa und der übrigen Welt stehen vor der Tür. In der Landeshauptstadt gibt es weit mehr Interessenten, als Boden oder Gewerberäume vorhanden sind.

Im Süden Berlins ist die Nachfrage nach wie vor größer als im Norden, was in starkem Maße auf die Verlagerung von Firmen aus dem früheren West-Berlin zurückzuführen ist.

Mit zunehmender Entfernung von Berlin sinkt das Interesse von Firmen, die nicht aus der unmittelbaren Umgebung kommen. In Frankfurt/Oder z. B., als künftiges Tor zum Osten gepriesen, hat man arge Probleme, produzierendes Gewerbe und damit sichere Arbeitsplätze zu schaffen.

(nach: Der Tagesspiegel vom 24.6.1993)

137.2 Entwicklung im Berliner Umland

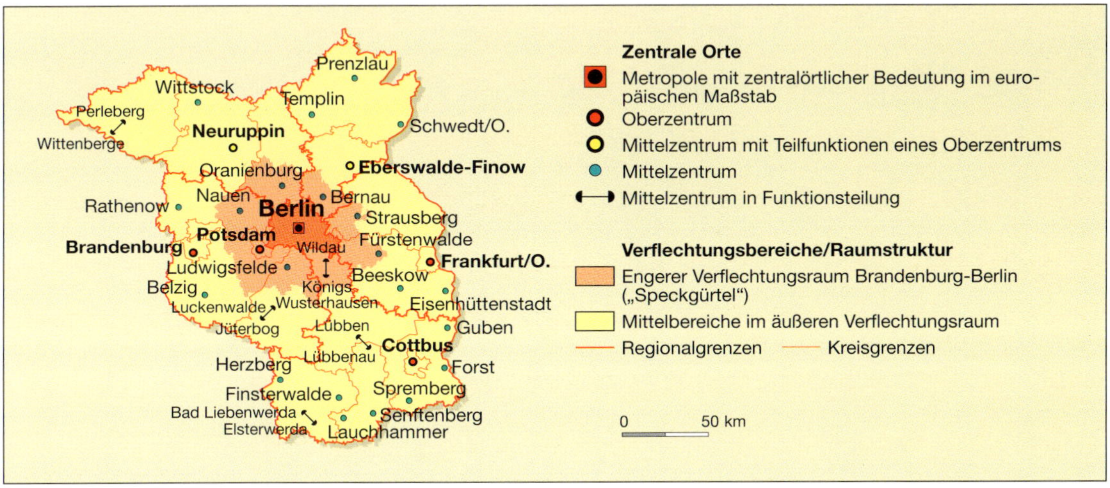

137.1 Großraum Berlin

Nach der Wende begann Berlin, allmählich seine frühere Mittelpunktrolle für den Wirtschaftsraum zurückzugewinnen. Durch die voranschreitende wirtschaftliche Integration erwuchs für Berlin und Brandenburg die Notwendigkeit, regionale Fragen abzustimmen. In diesem Zusammenhang nahm der Gedanke Konturen an, den Neuanfang in einem gemeinsamen Bundesland zu gestalten. Das Vorhaben trifft allerdings auf unterschiedliche Meinungen: Die Anhänger einer Vereinigung betonen, daß Berlin-Brandenburg mit derzeit insgesamt 6,2 Millionen Einwohnern zum fünftgrößten Bundesland aufrükken würde und zum drittgrößten Verdichtungsraum in Europa. Sie erwarten von Berlin als Parlaments- und Regierungssitz weiträumig ausgreifende Wirkungen, verbunden mit zentralen deutschen und europäischen Aufgaben. Das Wachstum würde aus Sicht der Befürworter stetiger und effizienter verlaufen, wenn sich beide Länder zusammenschlössen. Nur durch eine einheitliche Steuerung sind unnötige Doppelstrukturen und -ausgaben zu vermeiden. Die Gegner der Vereinigung verweisen in Brandenburg wie in Berlin auf mögliche Substanzverluste: in Brandenburg auf eine eventuelle Vereinnahmung durch das rund ein Viertel mehr Einwohner zählende und wirtschaftlich erheblich stärkere Berlin; in Berlin auf die Belastungen des Zusammengehens mit dem ökonomisch rückständigen und strukturschwachen Brandenburg. Die Kritiker aus Brandenburg betonen, erst einmal müsse das Land gesunden, um ein gleichberechtigter Partner sein zu können. Die (West-)Berliner Seite befürchtet hingegen eine „Verostung".

(nach: Informationen zur politischen Bildung, H. 240, S. 33)

138.1 Länderfusion Berlin-Brandenburg im Meinungsstreit

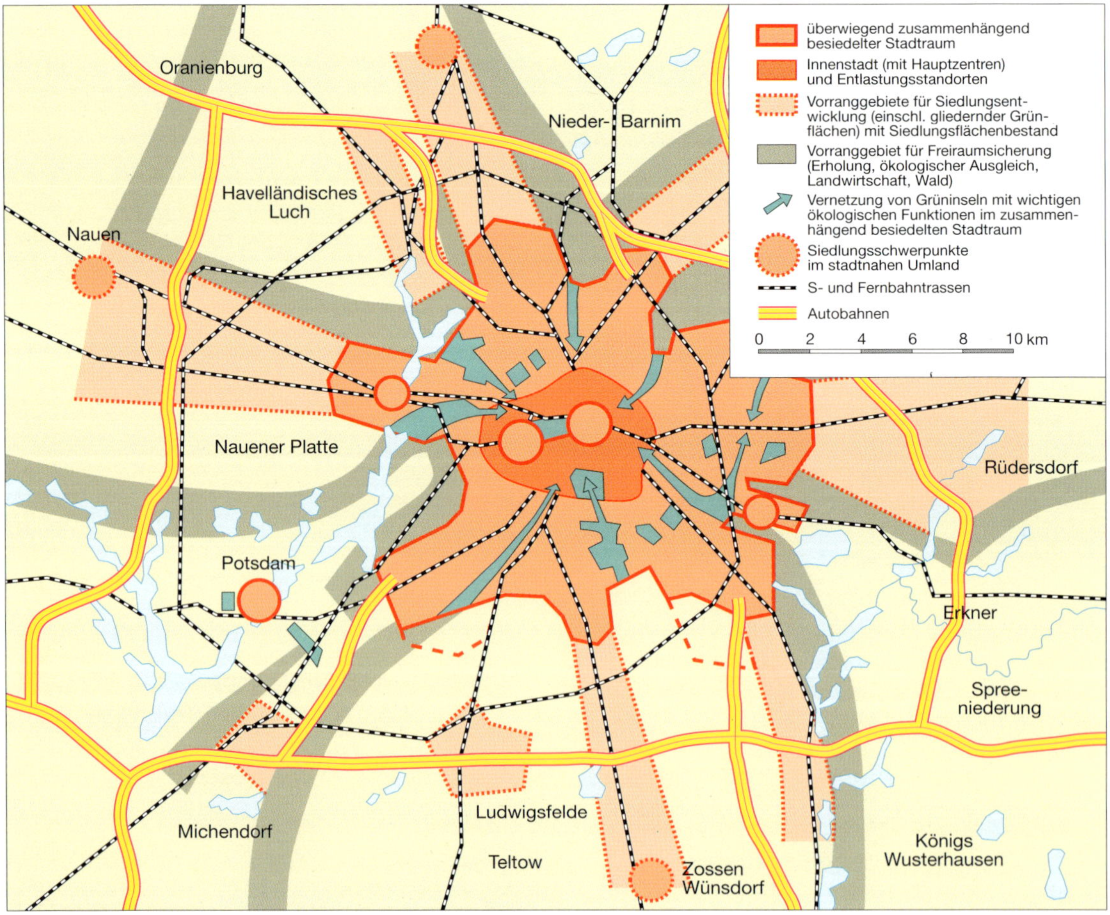

138.2 Raumentwicklungsplan Berlin-Brandenburg

Berlin in Deutschland und in Europa

Damit Berlin seine Funktion als Hauptstadt Deutschlands und Metropole an der Grenze zum östlichen Mitteleuropa in Zukunft erfüllen kann, ist vor allem eine Verbesserung der Verkehrsinfrastruktur erforderlich. Der Anschluß Berlins an das Hochgeschwindigkeitsnetz der Deutschen Bahn wird zügig vorangetrieben. Auch der Ausbau des Autobahnnetzes und der Binnenwasserstraßen werden in den nächsten Jahren für eine bessere Anbindung Berlins an das übrige Bundesgebiet sorgen.

Große Hoffnungen werden auf eine Intensivierung der wirtschaftlichen, wissenschaftlichen und kulturellen Beziehungen zu Polen und den übrigen Staaten des ehemaligen Ostblocks gesetzt. Berlin möchte an die Tradition der zwanziger Jahre anknüpfen und wieder zu einer Metropole mit internationaler Bedeutung aufsteigen.

9. Erläutere die Bedeutung Berlins im deutschen Städtesystem (Mat. 139.2).

10. Berlin sucht seine Rolle als neues Tor zum Osten. Erläutere (Mat. 139.1 u. 2, Atlas).

- Zentren mit bedeutenden Hauptstadtfunktionen
- Zentren mit weniger bedeutenden Hauptstadtfunktionen
- Größere Regionalzentren
- Mittlere und kleinere Regionalzentren
- Wichtige Verkehrs- und Wirtschaftsachsen

139.2 Berlin im deutschen Städtesystem

Mit der Aufhebung der Teilung Europas und der Übernahme der Marktwirtschaft in den Ländern des ehemaligen RGW bietet sich die Chance einer neuen Wachstumsachse im östlichen Mitteleuropa zwischen Berlin, Prag, Wien und Budapest. Diese könnte mit der „Blauen Banane" von London über die Rheinschiene nach Oberitalien, auf der sich das europäische Wirtschaftswachstum in den beiden vergangenen Jahrzehnten konzentrierte, durch eine West-Ost-Achse Paris-Berlin-Warschau-Moskau verbunden werden. Berlin läge dann wieder zentral. Berlin ist die einzige Millionenstadt, die Entwicklungskapazitäten von dieser Achse zur östlichen Seite hin abziehen kann, so wie es durch Paris zur westlichen Seite hin geschieht. Hier gibt es im gesamten Mitteleuropa kein anderes Zentrum, das hierfür in absehbarer Zeit eine hinreichende Dimension erreichen könnte. Berlin hat das erforderliche Startkapital: etwa viereinhalb Millionen Einwohner im Ballungsraum; in absehbarer Zeit rechnet man mit fünf bis sechs Millionen.

(aus: G. Rohwer, In: geographie heute, 5/1993)

Der Senat will Berlins Position als Ost-West-Drehscheibe, die die Stadt gegen Metropolen wie Wien, Budapest oder Prag verteidigen muß, gezielt stärken. So soll in der Humboldt-Universität im kommenden Jahr eine European Business School für angehende Manager und Verwaltungsfachleute aus Osteuropa gegründet werden. Zudem will der Finanzsenator unter dem Patronat der landeseigenen Bankgesellschaft östliche Kreditinstitute, vor allem solche aus Rußland, mit westlichen Banken, Versicherungen, Unternehmensberatern, Handelsagenten und Anwälten zusammenführen.

(nach: DIE ZEIT vom 25. 3. 1994)

Die Metropole Berlin wird sich innerhalb der nächsten zehn Jahre zu einem bedeutenden Büro- und Verwaltungsstandort in Europa entwickeln. Dennoch wird Berlin in Deutschland künftig nicht in der Weise dominieren, wie dies z. B. in Frankreich mit Paris oder in Großbritannien mit London der Fall ist.

(nach: FAZ Berlin-Beilage vom 10. 12. 1991)

139.1 Berlins zukünftige Bedeutung in Europa

Müllberge

Smogalarm

Umwelt in Gefahr

Erst wenn der letzte Baum gerodet, der letzte Fluß vergiftet, der letzte Fisch gefangen ist, werdet ihr feststellen, daß man Geld nicht essen kann. *(Häuptling Seattle, 1895)*

Waldsterben

Ökologische Probleme durch Verdichtungsräume

Smog über Stuttgart

Atmosphäre: *Lufthülle der Erde; außer gasförmigen Bestandteilen (Luft im engeren Sinne) befinden sich in der Atmosphäre meist auch feste und flüssige Bestandteile (z. B. Stäube, Wassertröpfchen).*

Emissionen: *Ausstoß von Schadstoffen in die Atmosphäre (z. B. Schwefeldioxid, Stickstoffoxide, Kohlenwasserstoffe).*

Immissionen: *Entwicklung von Schadstoffen auf die Umwelt (z. B. auf Mensch, Tier, Pflanze, Boden).*

Kohlenstoffdioxid: *Gas, das bei der Atmung aller Lebewesen frei wird und in die Atmosphäre gelangt. Es dient den grünen Pflanzen zusammen mit Wasser als Grundlage für die Photosynthese.*

Luft: *Gemisch aus verschiedenen Gasen:*

Stickstoff:	*78 %*
Sauerstoff:	*21 %*
Edelgase:	*weniger als 1 %*
Kohlenstoffdioxid:	*0,03 %*
Wasserdampf:	*0,002–4 %*

(Anteile am Gesamtvolumen)

Sauerstoff: *Gas, das bei der Photosynthese der grünen Pflanzen entsteht und in die Atmosphäre abgegeben wird. Fast alle Organismen verwenden einen Teil dieses Sauerstoffs für ihre Atmung.*

Wasser: *Im Rahmen des Wasserkreislaufs verdunstet Wasser von der Erdoberfläche und reichert sich als Wasserdampf in der Atmosphäre an. Durch Kondensation an Staubteilchen entstehen Wolken und Niederschläge. Viele Verunreinigungen der Luft sind im Wasser löslich oder sie reagieren unter Beteiligung von Wasser chemisch miteinander.*

1960

1985

142.1 Problem Luftverschmutzung

1. Wenn das Atmen zur Gefahr wird: Smog

Die Smog-Situation im Ruhrgebiet hat sich am Freitag dramatisch verschärft. Das nordrhein-westfälische Gesundheitsministerium in Düsseldorf rief um 14:50 für das westliche Ruhrgebiet die höchste Smog-Alarmstufe III aus. Das bedeutet, daß der private Autoverkehr in bestimmten Sperrgebieten völlig eingestellt werden mußte. Große Industriefeuerungsanlagen müssen gedrosselt oder völlig stillgelegt werden.

Auch in anderen Teilen der Bundesrepublik Deutschland herrschten gestern Smog-Gefahr und Smog-Alarm. In Kassel dauert der am Mittwoch ausgerufene Alarm an. Das Wiesbadener Umweltministerium schloß gestern mittag den Alarm für weitere hessische Städte nicht aus. In Bayern wurden erhöhte Belastungen von Schwefeldioxid gemessen. Die beiden ersten Smog-Alarme dieses Winters hatte es am 7. und 9. Januar in Berlin gegeben. In den belgischen Industriestädten Lüttich und Charleroi gaben die Behörden ebenfalls Smog-Alarm. (...)

Durch Smog sind vor allem Menschen mit Herz-Kreislauf-Schwächen, mit Asthma- und Bronchial-Krankheiten gefährdet. Kleine Kinder und ältere Menschen können unter Mattigkeit und Kopfschmerzen leiden. Bei allen Menschen kann durch die Belastung des Körpers mit Schadstoffen die Abwehrkraft gegen Infektionskrankheiten herabgesetzt werden.

(nach: Ruhr-Nachrichten vom 19.1.1985)

1. Erörtert anhand von Material 142.1 Probleme, die durch die Luftverschmutzung entstehen.

2. Nenne Ursachen und Folgen des Smog-Alarms im Winter 1985 (Zeitungsbericht).

In Verdichtungsräumen kann sowohl im Sommer als auch im Winter die Konzentration an Schadstoffen in der Luft sehr hoch werden. Man spricht dann von **Smog** (von engl. smoke = Rauch und fog = Nebel). Voraussetzung für die Bildung von Smog ist eine sogenannte **Inversionswetterlage**. Normalerweise nimmt die Lufttemperatur mit zunehmender Höhe kontinuierlich ab. Bei einer Inversion liegt dagegen in der Höhe eine wärmere Luftschicht über kälterer Bodenluft. Die Warmluft verhindert das Aufsteigen der bodennahen Luft, die sich nicht mehr mit höheren Luftschichten vermischen kann. Eine solche **austauscharme Wetterlage** ist durch geringe Luftbewegung gekennzeichnet. Im Winter können sich unter diesen Bedingungen gesundheitsschädliche Stoffe in den bodennahen Luftschichten ansammeln: Kohlenstoffmonoxid (CO), Schwefeldioxid (SO_2), Stickstoffoxide (NO_x), Staub und Ruß. Diese Stoffe entstehen vor allem bei der Verbrennung von Kohle und Erdölprodukten in Kraftwerken, Heizungen und Motoren. Wegen des hohen Anteils an Schwefeldioxid in der Luft wird der Winter-Smog auch SO_2-Smog genannt. Überschreitet die SO_2-Konzentration einen bestimmten Wert, wird **Smog-Alarm** ausgelöst. Durch Einschränkung des Autoverkehrs und Drosselung von Kraftwerken sowie Industrieanlagen soll dann der Ausstoß von Schadstoffen vermindert werden.

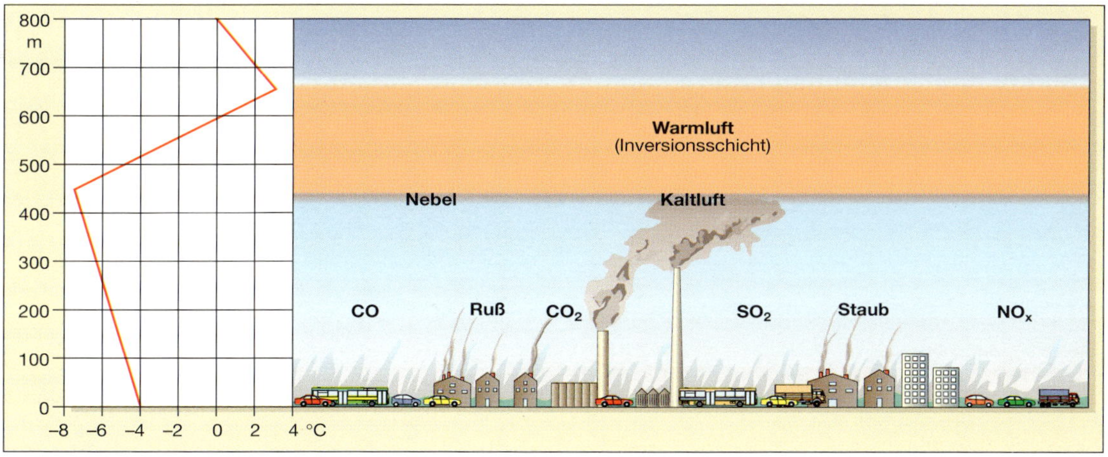

143.1 Die Entstehung von SO_2-Smog

Smog und Hitze forderten in Athen ein erstes Todesopfer. Über 1400 Menschen mußten bei der ersten mit Smog einhergehenden Hitzewelle dieses Sommers mit schweren Atem- und Kreislaufbeschwerden in Krankenhäuser eingeliefert werden. Gestern maß das Umweltministerium Rekordwerte beim Ozongehalt der Luft. Er erreichte 393 Mikrogramm pro Kubikmeter. Die Alarmgrenze liegt bei 300 Mikrogramm. Das Umweltministerium forderte die Bevölkerung der Vier-Millionen-Metropole auf, die Autos zu Hause zu lassen und nur dringend erforderliche Besorgungen in der Stadt zu erledigen. Auf Grund der Wetterlage geht das Umweltministerium davon aus, daß sich die Smogsituation vorerst kaum verbessern wird.

(nach: Ruhr-Nachrichten vom 20.06.1991)

Die Begriffe Ozon und Ozonalarm halten seit Wochen ganz Deutschland in Atem. Bei den Ozon-Werten ist Deutschland zur Zeit Spitzenreiter in Europa. Ein Vergleich ergab, daß der am 27. Juli in Hessen gemeldete Stundenmittelwert von 260 Mikrogramm Ozon pro Kubikmeter Luft nur noch in Paris erreicht wurde. Dicht gefolgt allerdings von den Niederlanden, Frankreich, Luxemburg und den Mittelmeerländern. Im Binnenland werden meist höhere Ozonwerte gemessen als an den Küsten, wo der Wind ozonbelastete Luft regelrecht wegbläst. Ein Gebirge direkt hinter der Küste, wie dies in Los Angeles oder in Athen der Fall ist, kann diesen Luftaustausch allerdings so behindern, daß auch dort Smog auftreten kann.

(nach: Ruhr-Nachrichten vom 04.08.1994)

Sommersmog entsteht auf völlig anderem Wege als SO_2-Smog im Winter. Geht Wintersmog normalerweise mit trübem und nebligem Wetter einher, so ist für die Entstehung von Sommersmog eine intensive Sonneneinstrahlung die Voraussetzung. Gasförmige Schadstoffe aus Fabrikschornsteinen oder von Kraftfahrzeugen, u. a. Stickstoffoxide und Kohlenwasserstoffe, wandeln sich unter dem Einfluß des Sonnenlichts vor allem in giftiges Ozon (O_3) um. Besteht ähnlich wie beim Wintersmog eine Inversionswetterlage, kann sich das Ozon in den bodennahen Luftschichten anreichern. Der Sommersmog wird auch **Ozon-Smog** genannt. Die höchsten Ozonbelastungen treten in den frühen Nachmittagsstunden auf. In der Nacht wird das tagsüber gebildete Ozon größtenteils wieder abgebaut. Der Mensch reagiert auf Ozon-Smog mit ähnlichen Beschwerden wie bei SO_2-Smog (vgl. S. 143).

Smog entsteht nur bei ungünstigen Witterungsbedingungen in Verdichtungsräumen. Die Luft wird aber ständig mit Schadstoffen belastet. Auswirkungen der Luftverschmutzung sind landesweit festzustellen. Besonders häufig wird vom **sauren Regen** gesprochen. Schwefeldioxid und Stickstoffoxide wandeln sich in der Atmosphäre zu Schwefelsäure und Salpetersäure um. Diese Säuren gelangen zusammen mit anderen aggressiven Stoffen als saurer Regen wieder zur Erde zurück. Auswirkungen der sauren Niederschläge sind u. a. Gebäudeschäden sowie das **Waldsterben** (vgl. S. 142 u. S. 156 ff.).

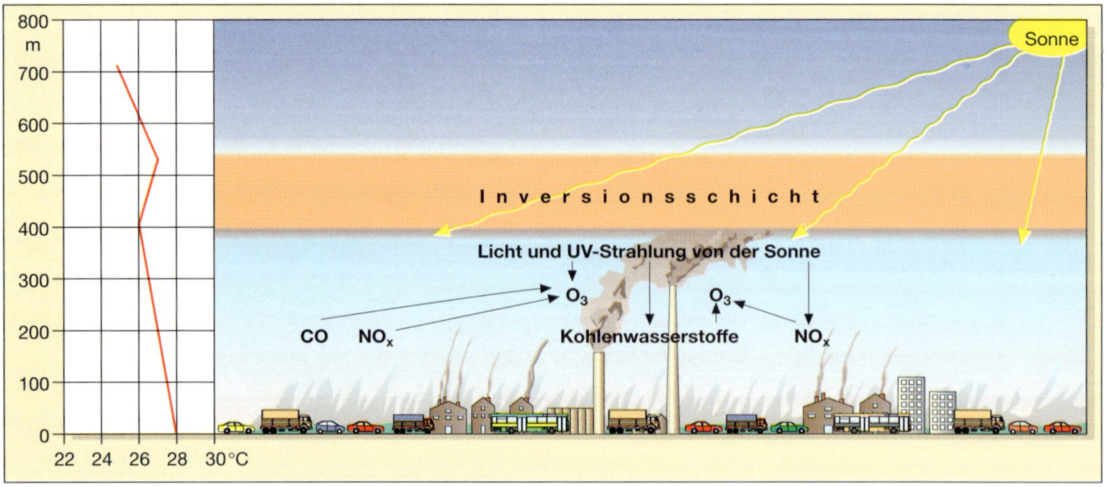

144.1 Die Entstehung von O_3-Smog

Seit Jahren gibt es in Deutschland Bemühungen, die Luftqualität durch Umweltgesetze zu verbessern. So müssen beispielsweise Großfeuerungsanlagen (u. a. Kohlekraftwerke) seit 1988 mit einer Rauchgasentschwefelungsanlage ausgestattet sein. Durch diese Maßnahme konnte der SO_2-Ausstoß in den letzten Jahren um etwa zwei Drittel gesenkt werden. Für viele Schadstoffe wurden Emissions- und Immissionshöchstwerte festgelegt. Industrieanlagen, Fahrzeuge und private Heizungen werden regelmäßig darauf überprüft, ob sie mehr als die gesetzlich erlaubten Höchstmengen an Schadstoffen ausstoßen.

Besondere Schwierigkeiten bereitet die Reduzierung des Schadstoffausstoßes durch Kraftfahrzeuge. Durch die Einführung von bleifreiem Benzin und Abgaskatalysatoren sowie die Verhängung von Fahrverboten und Tempolimits bei Smog konnten zwar erste Erfolge erzielt werden; diese werden aber durch die ständige Zunahme der Verkehrsdichte teilweise wieder aufgehoben.

Luftverschmutzung kennt keine Grenzen; Winde tragen Schadstoffe auch weit über Ländergrenzen hinweg. Wie in anderen Bereichen des Umweltschutzes auch, sind daher internationale Vereinbarungen zur Lösung des Problems notwendig. Wirksame Maßnahmen zur Luftreinhaltung sind allerdings auf Grund der hohen Kosten im internationalen Rahmen nur schwer durchzusetzen. So konnten z. B. bislang innerhalb der EU erst wenige einheitliche Gesetze zur Luftreinhaltung vereinbart werden. Ein großer Fortschritt gelang 1994: Auf einer Umweltschutzkonferenz verpflichteten sich 25 europäische Staaten und Kanada dazu, die SO_2-Emissionen bis zum Jahr 2010 um 80 % gegenüber 1980 zu reduzieren.

Besondere Probleme bestehen in den Staaten des ehemaligen Ostblocks. Dort sind Investitionen in Milliardenhöhe nötig, um beispielsweise die Luftverschmutzung durch veraltete Kraftwerke zu vermindern (vgl. S. 156 ff.). Die Finanzierung derartiger Maßnahmen ist aber bislang nicht gesichert.

3. Beschreibe die Entstehung von SO_2-Smog und von O_3-Smog (Mat. 143.1 und 144.1). Vergleiche.

4. Erläutere die Luftbelastung durch den Autoverkehr (Mat. 145.1, Atlas).

5. Luftverschmutzung ist ein internationales Problem. Begründe (Text, Mat. 145.2).

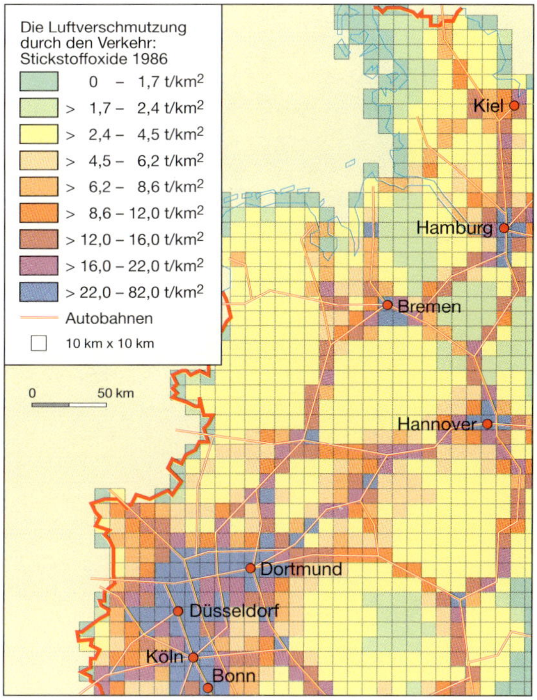

145.1 Luftbelastung durch den Autoverkehr

Die griechische Regierung hat angekündigt, die Luft in der Hauptstadt Athen werde bis zum Jahr 2000 entscheidend verbessert werden. Die Kosten von umgerechnet sieben Milliarden Mark sollten vor allem aus Mitteln der Europäischen Union gedeckt werden. Schon von dieser Woche an bis voraussichtlich zum September wird der Arbeitsbeginn in staatlichen Unternehmen, Behörden, Banken und Supermärkten zeitlich gestaffelt, um den Berufsverkehr zu entzerren. In der Zeit zwischen 7 und 10 Uhr sollen in der Stadt zudem Lastwagen nicht mehr be- und entladen werden. Es wird erwogen, den historischen Altstadtkern der griechischen Hauptstadt für den Privatverkehr zu sperren. Bald soll eine Abgasuntersuchung für alle Fahrzeuge eingeführt werden. Auch haben die Ordnungskräfte das Recht, Personenwagen, die mit nur einer Person besetzt sind, anzuhalten und mit einem Fahrverbot zu belegen. Der öffentliche Nahverkehr soll gestärkt werden, das zur Zeit im Bau befindliche U-Bahn-Netz ausgebaut, eine Straßenbahnlinie zu den westlichen Stadtteilen Athens eingerichtet werden.

(nach: Frankfurter Allgemeine Zeitung vom 08.06.1994)

145.2 Reine Luft für Athen im Jahr 2000?

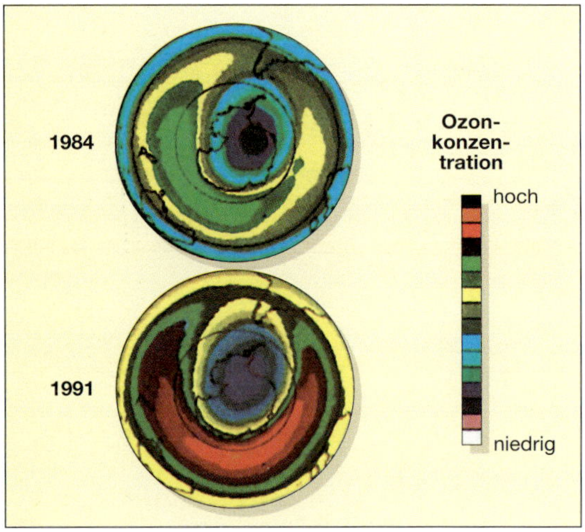

146.1 Ozonloch über der Antarktis

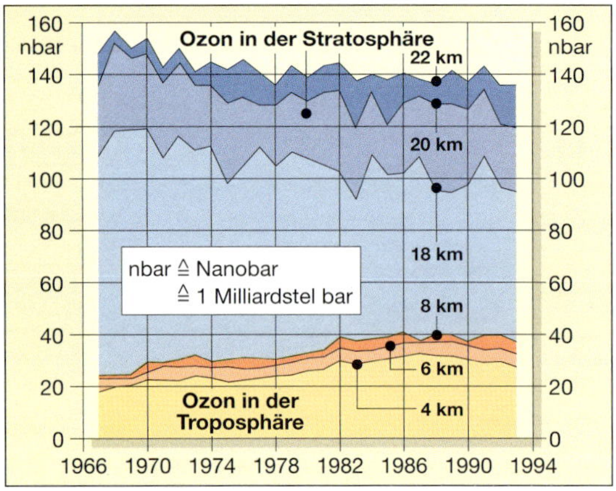

146.2 Entwicklung des Ozongehaltes

2. Globale Auswirkungen der Luftverschmutzung: Ozonloch und Treibhauseffekt

Ozon in den bodennahen Luftschichten ist giftig und schädigt alle Lebewesen (vgl. S. 144). Dasselbe Gas hat aber auch eine lebenserhaltende Funktion, und zwar in einer Schicht der Atmosphäre, die **Stratosphäre** genannt wird. In etwa 20–40 km Höhe liegt die sogenannte **Ozonschicht**. Die Ozonkonzentration ist dort nur gering; könnte man das gesamte Ozon zusammenpressen, würde sich lediglich eine 3 mm dicke Schicht ergeben. Das hauchdünn verteilte Ozon absorbiert dennoch den größten Teil der für Lebewesen schädlichen Ultraviolett-(UV)Strahlung aus dem Sonnenlicht.

Seit einigen Jahren nimmt die Ozonkonzentration in der Stratosphäre ständig ab. Besonders groß ist der Ozonverlust über der Antarktis. Man spricht vom **Ozonloch**. Die verstärkte UV-Einstrahlung durch das Ozonloch führt u. a. zu einem erhöhten Risiko, an Hautkrebs zu erkranken und vermindert die Erträge in der Landwirtschaft.

Mitverantwortlich für den Ozonabbau sind chlorhaltige Treibmittel, z. B. aus Spraydosen und Feuerlöschern sowie Kühlflüssigkeiten (FCKW). Viele Staaten haben die Verwendung von FCKW bereits verboten oder eingeschränkt. Ob diese Maßnahmen den gewünschten Erfolg haben, wird sich aber erst in 10–20 Jahren zeigen, denn FCKW können sich jahrelang in der Atmosphäre halten, bevor sie zerstört werden.

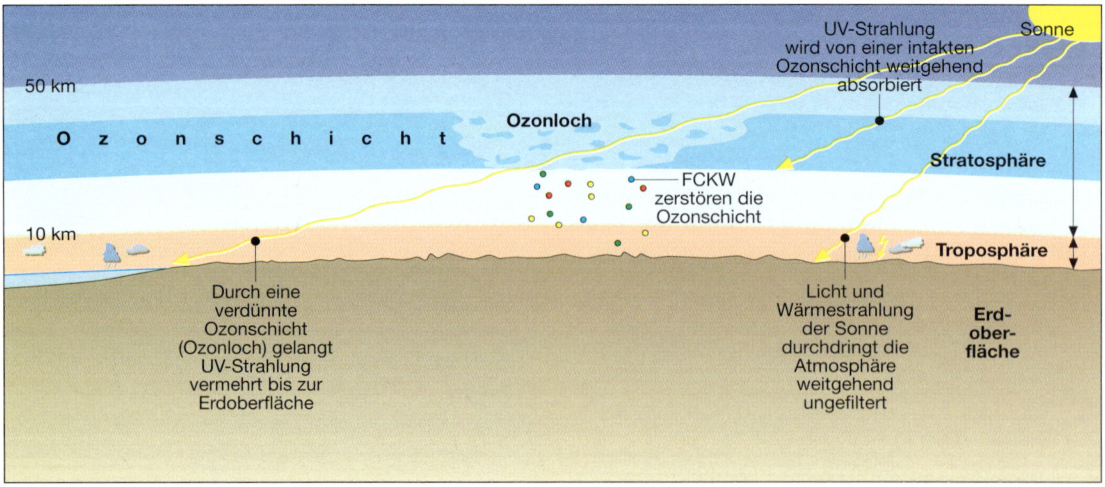

146.3 Wirkung der Ozonschicht

Vergleiche mit früheren Messungen zeigen, daß die Jahresmitteltemperatur auf der Erde heute um etwa 0,5 °C höher liegt als vor 100 Jahren. Diese Klimaänderung wird wahrscheinlich zum größten Teil durch den Menschen verursacht. Die Zunahme des Energieverbrauchs, vor allem durch Verbrennung von Kohle, Öl und Gas, setzt enorme Mengen an Kohlenstoffdioxid (CO_2) frei (in Deutschland 1990 etwa 1 Mrd t). Die Intensivlandwirtschaft steuert Methan und Lachgas hinzu. Diese und einige andere Gase wirken in der Atmosphäre wie die Scheiben eines Glashauses: Sie lassen die kurzwellige Sonnenstrahlung hindurch, halten jedoch die Wärmestrahlung der Erde weitgehend zurück. Man spricht daher auch von Treibhausgasen und vom **Treibhauseffekt**.

Einen Treibhauseffekt hat es immer schon gegeben. Durch den Menschen wird der natürliche Treibhauseffekt jedoch verstärkt. Modellrechnungen besagen, daß bei einer Verdoppelung des gegenwärtigen CO_2-Gehaltes mit einer Erwärmung um etwa 3 °C gerechnet werden muß. Dies würde innerhalb weniger Jahrzehnte zu erheblichen Veränderungen in den Klimazonen sowie zu einem Meeresspiegelanstieg von 0,2–2 m führen.

1. Erläutere die Bedeutung der Ozonschicht (Mat. 146.3).
2. Vergleiche und erläutere die Entwicklung des Ozongehaltes in Bodennähe und in der Stratosphäre (Mat. 146.1 u. 2).
3. Erörtert die Auswirkungen eines verstärkten Treibhauseffektes (Mat. 147.1–3).

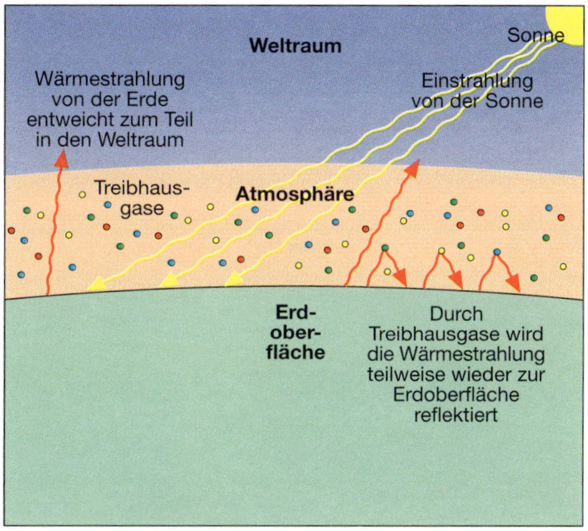

147.2 Treibhauseffekt

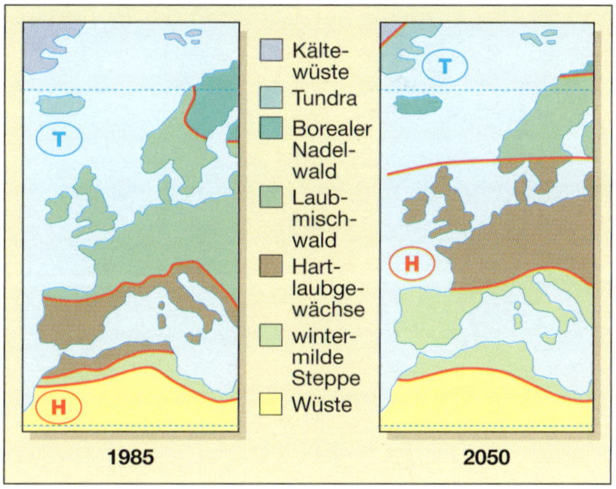

147.3 Mögliche Auswirkungen der Erwärmung

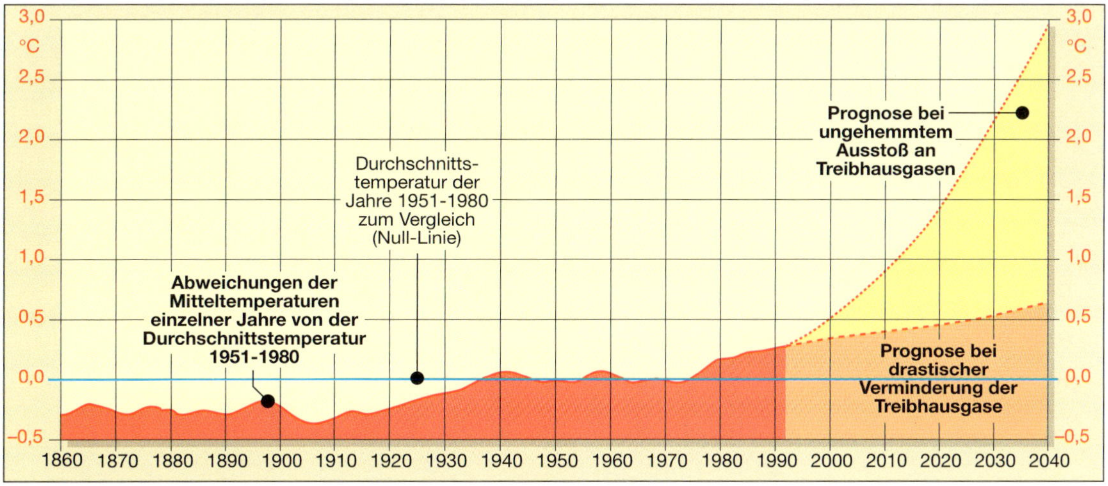

147.1 Temperaturentwicklung seit 1860 und Prognosen bis 2040

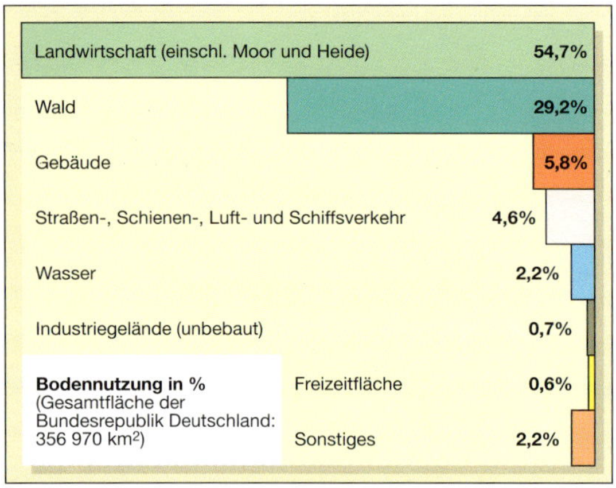

148.1 Die Nutzung des Bodens

1. Erläutere den Aufbau des Bodens und seine Bedeutung (Mat. 148.1 und 2).

2. Beschreibe, wie der Boden in der Bundesrepublik genutzt wird (Mat. 148.1).

3. Begründe die Aussage, daß der Boden eine empfindliche Haut und ein kostbares Naturgut ist (Mat. 148.1 und 2, 149.1).

4. Erläutere Ursachen und Folgen der Bodenbelastung (Mat. 149.1).

3. Der Boden – eine empfindliche Haut

Der Boden überzieht die Festländer der Erde wie eine dünne Haut. Wenn die Bodendecke in den Tropen eine Mächtigkeit von einigen Zehnermetern erreicht, so ist sie in unseren Breiten nur noch wenige Dezimeter mächtig.

Bei der Bodenbildung wirken viele Geofaktoren wie zum Beispiel verwittertes Gestein, Luft, Wasser, Pflanzen und Tiere mit.

Der Boden ist für uns eines der kostbarsten Naturgüter. Die Bundesrepublik hat nur einen begrenzten Flächenanteil am Boden, der effektiv genutzt und erhalten werden muß. Schnell kann durch unsachgemäße Nutzung der Boden geschädigt und zerstört werden. Das geschieht z. B. großflächig beim Bau von Siedlungen und Industrieanlagen. Aber auch in der Landwirtschaft kann durch Überdüngung oder den Anbau von Monokulturen die Bodenfruchtbarkeit sinken. Gelangen Öle, Schwermetalle und andere Schadstoffe in den Boden, werden sie über Pflanzen und Tiere in die Nahrungskette des Menschen aufgenommen.

Boden:
Durch Verwitterungsvorgänge aus festem Gestein und den organischen Resten von Pflanzen und Tieren gebildete oberste Schicht der Erdoberfläche. Lebensraum für viele Organismen (z. B. Bakterien, Pilze, einzellige Tiere, Würmer, Spinnentiere, Insekten). Bodenorganismen durchmischen den Boden und lockern ihn auf, so daß Hohlräume für die Durchlüftung und die Speicherung von Wasser entstehen; außerdem bereiten sie den Boden auf und setzen anorganische Nährsalze (z. B. Stickstoffverbindungen) frei, die Pflanzen zum Wachstum benötigen.

A – Oberboden:
Krümelige Struktur; Bodenorganismen wandeln hier Reste von Pflanzen und Tieren zu Humus um; aus Humus werden langsam Nährsalze freigesetzt, die von den Pflanzenwurzeln aufgenommen werden können.

B – Unterboden:
Humusarm oder ohne Humusstoffe; verwittertes Gestein mit Resten unverwitterter Mineralien; Nährsalze, die aus dem Oberboden ausgewaschen werden, reichern sich hier an.

C – Ausgangsgestein:
Noch weitgehend unverwittertes Gestein, aus dem der darüberliegende Boden entstanden ist.

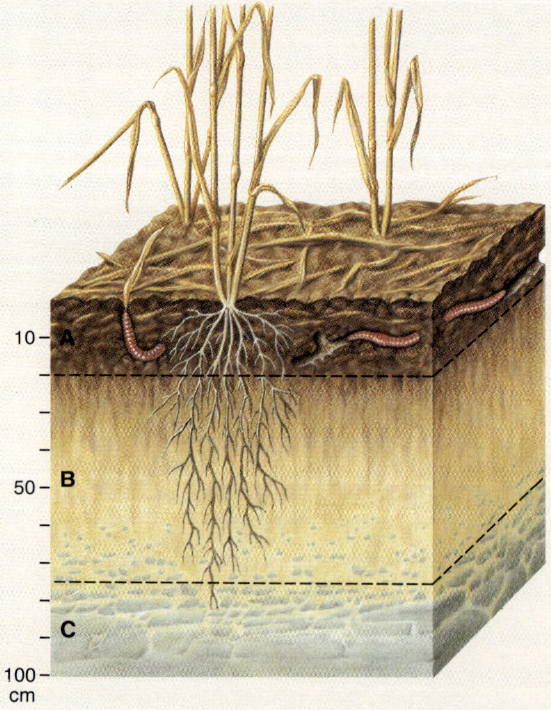

148.2 System Boden

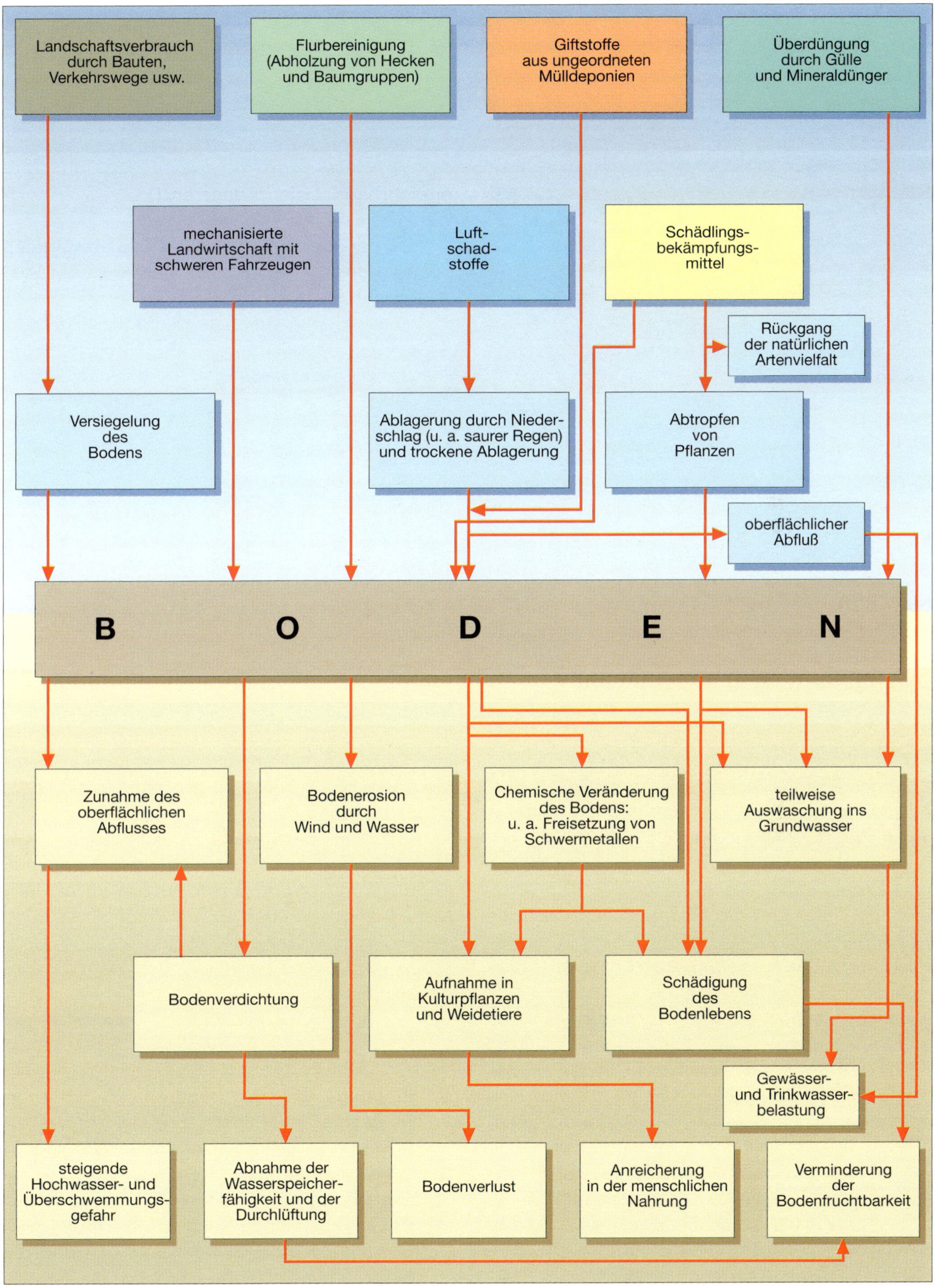

149.1 Bodenbelastung – Ursachen und Folgen

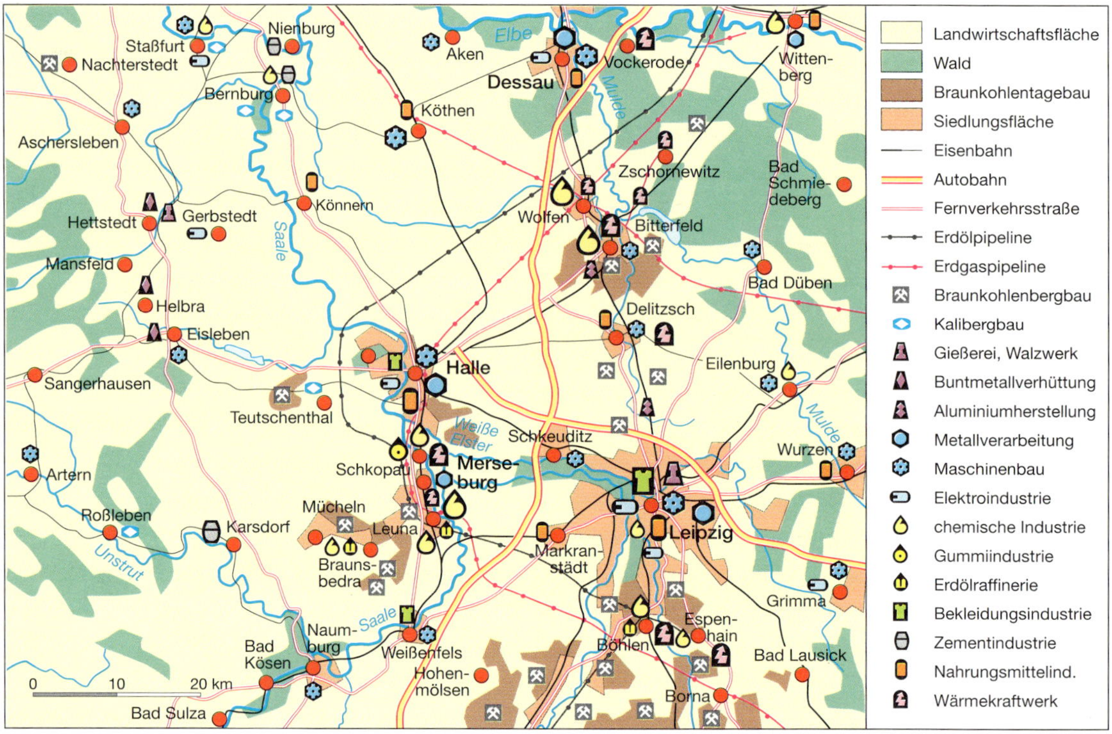

150.1 Industriegebiet Leipzig – Halle

Bodenbelastung in Deutschland

In ganz Deutschland gibt es nach Schätzungen des Bundesumweltamtes insgesamt 245 000 Flächen, die unter dem Verdacht stehen, vergiftet zu sein; zwei Drittel davon in den alten und ein Drittel in den neuen Bundesländern.

Genau 138 722 dieser Altlastverdachtsflächen sind einzeln erfaßt. Dabei handelt es sich überwiegend um stillgelegte Mülldeponien und wilde Müllkippen sowie frühere Industrie- und Gewerbestandorte, z. B. Chemiebetriebe, Gaswerke, Kokereien oder Bergwerke.

Selbst wenn in vielen Fällen Entwarnung kommt, ist Klarheit nötig. In den vergangenen zwanzig Jahren wurden allein in der alten Bundesrepublik knapp 30 000 Tankstellen stillgelegt, jede eine potentielle Altlast. Schwerer wiegen jedoch großflächige Industriestandorte. Im industriellen Ballungszentrum Leipzig, Bitterfeld, Halle und Merseburg ist eine ganze Region zu sanieren.

Wäre jede Verdachtsfläche in Deutschland im Schnitt nur zwei Hektar groß, ergäben alle zusammen eine Fläche, wesentlich größer als das Saarland. Bestätigt sich die Vermutung auch nur in zehn Prozent der Fälle, folgt daraus ein gigantischer Sanierungsbedarf, der leicht hundert Milliarden Mark oder mehr kosten kann. Es ist in den wenigsten Fällen so, daß die Verursacher dafür aufkommen, weil sie entweder nicht mehr zu ermitteln oder zu solchen Zahlungen gar nicht fähig sind.

Will man vor der Größe des Problems nicht kapitulieren, sind zwei Dinge notwendig man muß Prioritäten setzen und gute Ideen haben! In Bitterfeld hängt davon auch ab, ob durch Ansiedlung neuer Wirtschaftszweige einigen tausend Menschen wieder eine berufliche Perspektive gegeben werden kann.

(nach: L. Buchmann: Erde entgiften, das sagt man so leicht – In: P.M. 6/1994)

5. Erläutere, wo und wodurch der Boden in Deutschland großflächig belastet und welcher Aufwand für seine Sanierung notwendig ist.

6. Lokalisiere wichtige Standorte der Chemieindustrie der ehemaligen DDR, darunter das Chemiekombinat Bitterfeld (Mat. 150.1).

7. Beschreibe die Bodenbelastungen und die Sanierungsmaßnahmen auf dem Gelände des Chemiekombinates Bitterfeld (Mat. 151.1).

151.1 Mobile Anlage zur Bodensanierung

Bodensanierung im Chemiekombinat Bitterfeld

Die 600 Hektar Gelände des ehemaligen Chemiekombinates Bitterfeld bei Halle/Leipzig stellen ein Extremgebiet der Bodenbelastung dar. Hier wurden über 4500 verschiedene Chemieerzeugnisse mit vielen Zwischenprodukten hergestellt. Durch unsachgemäßen Umgang mit diesen Chemikalien gelangte ein Großteil direkt bzw. indirekt über die Luft und das Abwasser in den Boden.

In Bitterfeld wurden nach flächendeckender Entnahme von Bodenproben drei Hauptschadstoffgruppen festgestellt:
- Schwermetalle,
- leichtflüchtige Substanzen,
- Kohlenwasserstoffe.

Bei der Bodenbehandlung unterscheidet man zwischen der Bodensanierung (Wiederherstellung des Urzustandes des Bodens) und der Immobilisierung der Bodenschadstoffe (Bindung der Schadstoffe im Boden, so daß sie nicht in die Luft und in das Grundwasser gelangen können).

Bei der Bodenwäsche wird der Boden ausgebaggert, zerkleinert und in mobilen Waschanlagen mehrmals gewaschen. Der gereinigte Boden geht wieder in das Erdreich zurück, das Wasser durch eine Aufbereitungsanlage, der Klärschlamm ist Sondermüll.

Wesentlich aufwendiger sind mobile Dampf- und Hochdruckwaschanlagen. Bei dieser Technologie wird der Boden durch einen Wasserstrahl unter Druck von 350 bar mit einer Geschwindigkeit von 900 km/h gegen eine Stahlwand geschleudert. Durch den Aufprall trennen sich Schadstoffteilchen von den Bodenkörnern.

Völlig rein wird dadurch der Boden noch nicht. Erst eine mikrobiologische Reinigung bringt größere Erfolge. Bestimmte Bakterien zersetzen Kohlenwasserstoffe, also Benzin und Öl. Verschafft man ihnen dazu noch besondere Bedingungen wie die Zugabe von Phosphor und Stickstoff, eine Auflockerung des Bodens, damit Luft herankommt und Temperaturen von 20 bis 30 °Celsius, dann „fressen“ diese sich ganz besonders schnell durch die schmierigen Schadstoffe. Es werden demzufolge sogenannte „Sanierungsbeete“ in Zelten oder Hallen für sie angelegt.

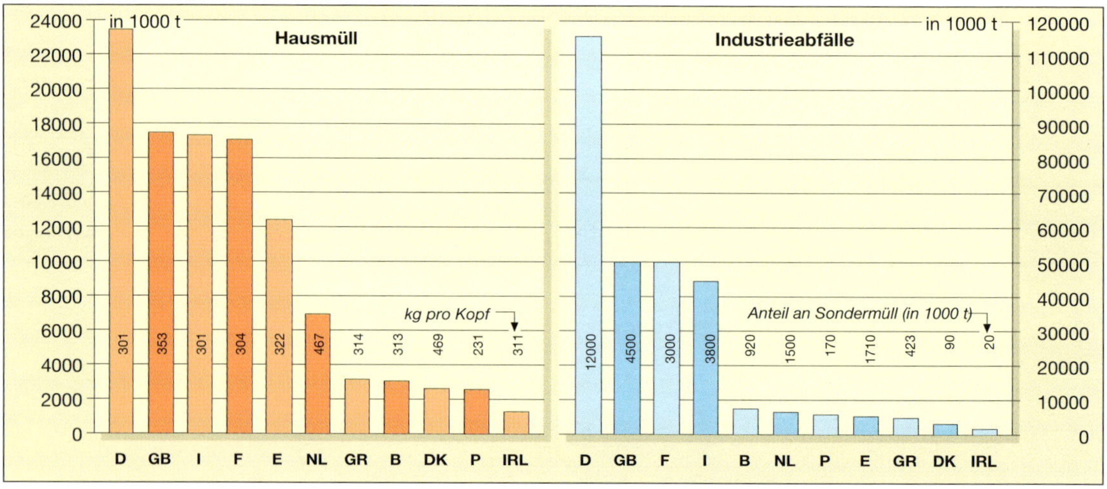

152.1 Müllaufkommen in Europa 1989

4. Abfallexporte – ein Weg aus der Müllflut?

1. Vergleiche das Müllaufkommen in verschiedenen Staaten Europas (Mat. 152.1).

2. Nenne Beispiele der verschiedenen Sorten von Hausmüll (Mat. 152.2).

Der steigende Lebensstandard hat in den letzten Jahrzehnten zu einem ständig wachsenden Müllaufkommen geführt. Statistisch gesehen leert z. B. jeder Deutsche 50 Getränkedosen im Jahr; das sind insgesamt etwa vier Milliarden Stück. An Verpackungsmüll kommt jeder Einwohner unseres Landes auf 70 kg im Jahr, zusammen etwa 5,6 Millionen Tonnen. Industrie und Haushalte erzeugen zusammen so viel Müll, daß man damit einen Güterzug füllen könnte, der einmal rings um den Erdball reichte.

Zur Beseitigung des Mülls gibt es verschiedene Verfahren. Die billigste Form ist das Sammeln auf einer geordneten Deponie. Dabei muß z. B. dafür Sorge getragen werden, daß Gewässer und Grundwasser im Umkreis der Deponie nicht gefährdet werden. Bei der Müllverbrennung kann die entstehende Wärme genutzt werden. Allerdings können einige Müllarten, z. B. Bauschutt, nicht verbrannt werden. Außerdem ist trotz Verwendung von Filteranlagen eine Luftbelastung durch giftige Abgase nicht auszuschließen. Die Müllkompostierung ist nur bei Müll aus organischen Grundstoffen, also z. B. Küchen- und Gartenabfällen, sowie bei bestimmten Papiersor-

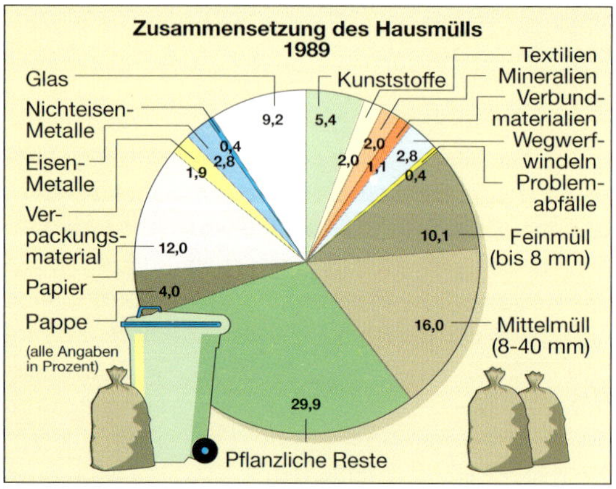

152.2 Zusammensetzung des Hausmülls

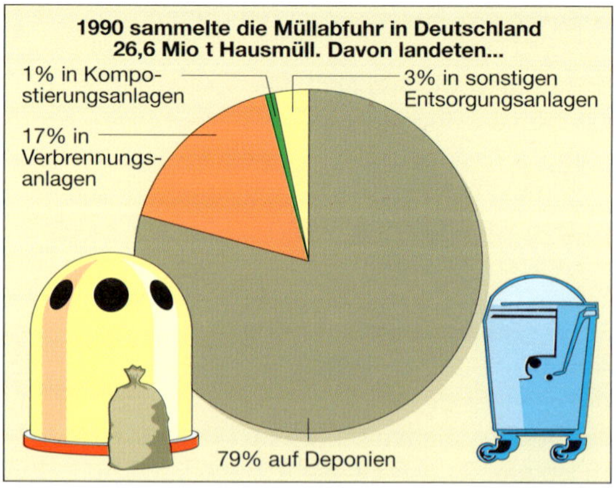

152.3 Entsorgung des Hausmülls in Deutschland

ten möglich. Der entstehende Kompost findet im Garten oder in der Landwirtschaft als Dünger Verwendung.

Viele Kommunen haben heute Probleme, ihren Müll zu entsorgen. Häufig sind die Entsorgungseinrichtungen der Müllflut nicht mehr gewachsen. Wo immer eine neue Müllverbrennungsanlage oder eine neue Deponie errichtet werden soll, gibt es heftigen Widerstand bei der betroffenen Bevölkerung. Dies gilt vor allem, wenn auf dem geplanten Standort Sondermüll beseitigt werden soll, also z. B. giftige Rückstände aus der chemischen Industrie. In dieser Situation sind manche Firmen dazu übergegangen, Problemabfälle ins Ausland zu exportieren. Nicht wenige Staaten erklären sich bereit, für entsprechendes Entgelt auch hochgiftigen Müll zu lagern. Mehrfach aber ist bekannt geworden, daß Transport und Lagerung bei solchen Exporten nicht mit der notwendigen Sorgfalt durchgeführt wurden. In mehreren Ländern kam es bereits zu gravierenden Umweltbelastungen und zu Gesundheitsschäden bei Menschen.

Nicht nur Sondermüll wird in großen Mengen ins Ausland gebracht. Auch Plastikabfälle mit dem „Grünen Punkt", die eigentlich im Inland einer Wiederverwertung zugeführt werden sollten, müssen teilweise exportiert werden, weil die Kapazitäten der wenigen deutschen Aufbereitungsanlagen noch nicht ausreichen. Im Ausland landen die Kunststoffreste aber häufig auf ungeordneten Deponien, statt aufbereitet zu werden.

3. Begründe die unterschiedlichen Anteile der Müllentsorgungsverfahren (Mat. 152.3).

4. Nenne Gründe, die für den Export von Müll maßgebend sind (Text, Mat. 153.1).

5. Verdeutliche den Umfang der deutschen Müllexporte in einer Kartenskizze (Mat. 154.1, Atlas).

6. Greenpeace spricht von „Müllkolonialismus" (Mat. 153.1). Nimm dazu Stellung.

Nach Recherchen von Greenpeace werden riesige Mengen an Haus- und Sondermüll in die neuen Bundesländer gebracht. Die weltweit größten legalen Müll-Ströme fließen nicht, wie oft vermutet, nach Afrika, sondern von West- nach Ostdeutschland. Im Jahr 1990 waren das allein 1,6 Mio Tonnen Hausmüll.

Doch nicht nur im innerdeutschen Müll-Transport ist die Bundesrepublik Spitze. Auch nach Abzug des Mülls, der jetzt in die neuen Bundesländer geht, schicken wir sogar mehr Abfall legal über die Grenzen als die USA. Exportiert wird alles, was in Deutschland schlecht und teuer zu entsorgen ist. Abfallprodukte aus der Chlorchemie, lösemittelhaltige Abfälle – alles, was Schwermetalle und Dioxine enthält, Aschen, Schlacken, Farbreste.

Abfall-Wirtschaft ist ein Millionengeschäft, in dessen Schatten der illegale Abfall-Handel blüht. Im illegalen Müllhandel setzt sich wegen der hohen Gewinnspannen die organisierte Kriminalität durch. Müllschieber-Banden arbeiten international und streichen Millionen-Gewinne ein.

Im Osten ist Polen nach wie vor das interessanteste Land für kriminelle Müll-Exporteure, obwohl Warschau den Import von Müll per Gesetz verboten hat. Jetzt konzentrieren sich die Anstrengungen der Müll-Exporteure auf andere Länder, z. B. die Baltischen Staaten, Rußland und Georgien.

(nach: Ruhr Nachrichten vom 2.11.1991)

„Der Müllexport hat immer eine ‚gute' Begründung. So werden grundwassergefährdende, wasserlösliche Stoffe angeblich in entlegene Wüstengebiete transportiert, wo sie ohne Gefahr für Mensch und Natur deponiert werden können. Tatsächlich enden diese Transporte aber meist in dichtbevölkerten Küstengebieten. Oder sie werden in Anlagen verbrannt, die dicht neben Wohnsiedlungen liegen, oder als Dünger verkauft und auf dem Acker unter die Erde gepflügt ...

‚Wirtschaftsgüter', ‚sekundäre Rohmaterialien' oder ‚Recyclingware' wie Batterien landen auf diese Weise z. B. in einer Quecksilber-Schmelze in Südafrika, die ihre verseuchten Abwässer einfach in den nächsten Fluß leitet, aus dem die Armen der Umgebung ihr Wasser entnehmen.

Verantwortlich dafür sind aber nicht nur die Händler, die Müll als Ware deklariert anderen Menschen unterschieben. Verantwortlich sind ebenso Unternehmen, die ihren Müll auf diese Weise billig loswerden. Verantwortlich sind die Politiker, die bis heute keine wirksamen Regeln und Gesetze gegen Müllexporte erlassen haben. Und verantwortlich sind nicht zuletzt die ‚umweltbewußten' Konsumenten in ‚Sauberland', die keine Deponie und keine Verbrennungsanlage mehr vor ihrer Haustür dulden wollen, aber nicht danach fragen, wo der Müll statt dessen bleibt. So führt die neue Reinlichkeit der Reichen geradewegs in den Müllkolonialismus."

(aus: Greenpeace Argumente: Müllexport)

153.1 Müllexporte aus Deutschland

Schluß mit den Müllexporten

Deutschland ist Weltmeister im Export von Giftmüll

552.000 Tonnen Giftmüll wurden 1990 über deutsche Grenzen verschoben – und zwar mit staatlichem Segen*. Das ist ein Zehntel der gesamten deutschen Jahresmenge. Diese amtliche Zahl umfaßt nicht die versuchten und tatsächlich durchgeführten Exporte nach:

Argentinien, Belize, Brasilien, China, El Salvador, Griechenland, Guatemala, Guayana, Hongkong, Indien, Irland, Italien, Kenia, Kongo, Marokko, Mauretanien, Namibia, Paraguay, Polen, Portugal, Rumänien, Saudi-Arabien, Somalia, Sowjetunion, Spanien, Südafrika, Taiwan,

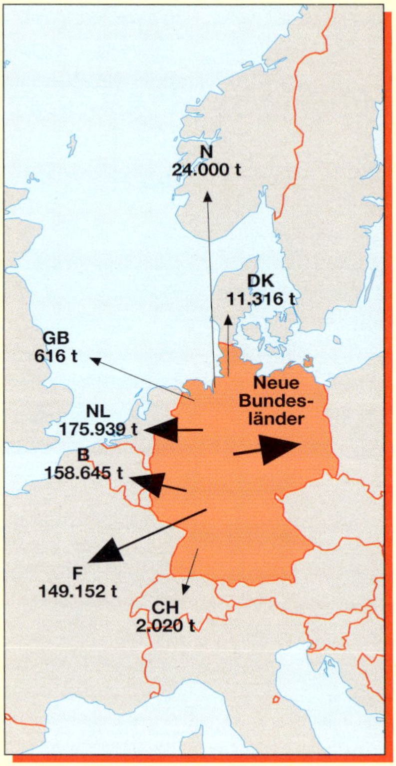

Tschechoslowakei, Türkei, Tunesien, Venezuela und Zaire (dokumentiert von Greenpeace 1988–92).

Das ist aber noch nicht alles:

Weitere 500.000 Tonnen Giftmüll gingen von West- nach Ostdeutschland.

Greenpeace fordert:

- Schluß mit den Giftmüllexporten!
- Jedes Land muß die Verantwortung für seinen Müll selbst übernehmen!
- Umweltschonende Produktion und Stoffkreisläufe ohne Müll!

Greenpeace bekämpft alle internationalen Müllgeschäfte – legale und illegale – rund um die Welt.

* Zum Vergleich: die USA exportierten im Jahr 1988 rund 141.000 Tonnen.

154.1 Aufruf der Umweltorganisation Greenpeace

Aufgrund der Protestes seitens Greenpeace und anderer Umweltschutzorganisationen mußte bereits mehrfach nicht sachgerecht deponierter Giftmüll aus dem Ausland wieder nach Deutschland zurückgebracht werden.

Durch Müllexporte, auch legaler Art, kann das Müllproblem in Deutschland nicht gelöst werden. Bei einigen Abfällen, z. B. Papier und Glas, hat sich die Wiederverwertung, das Recycling, durchgesetzt. In vielen Kommunen werden verschiedene Müllsorten bereits getrennt gesammelt, um die Wiederverwertung zu vereinfachen. In Zukunft wird das Recycling trotz hoher Kosten eine noch größere Bedeutung erlangen. Unumgänglich ist jedoch eine Reduktion des Müllaufkommens. Die Industrie muß Verfahren entwickeln, bei denen weniger Abfälle als bisher entstehen. Vor allem muß sich aber das Verhalten der Verbraucher ändern, sonst drohen die Menschen der „Wegwerfgesellschaft“ im eigenen Müll zu ersticken. Erste Erfolge zeigen sich: Seit einigen Jahren sinkt das Müllaufkommen wieder.

7. Wir leben in einer „Wegwerfgesellschaft“. Nenne Beispiele.

8. Stelle Möglichkeiten und Grenzen des Recycling gegenüber (Mat. 155.1).

9. Untersuche, welche Müllsorten in deinem Wohnort getrennt gesammelt und welche dem Recycling zugeführt werden.

10. Sammelt den Müll, der in eurer Klasse an einem Schultag anfällt. Ordnet nach Müllsorten (Mat. 152.2). Überlegt, welche Abfälle vermeidbar wären.

11. Stellt für eure Klasse (bzw. Schule: Projekttag!) Pläne zur Abfallvermeidung auf.

Aus Coladosen werden Fahrradklingeln, aus Zeitungen entstehen Verpackungskartons, und aus Joghurtbechern stellt man synthetisches Öl her. Der Kreislauf von Produktion und Wiederverwertung funktioniert in der Theorie reibungslos.

In der Praxis dagegen stößt schon das traditionelle Recycling von Glas, Papier und Schrott auf zahlreiche Schwierigkeiten. Und die Kapazitäten zur Verwertung von Kunststoffen müssen nach Angaben der Industrie erst noch ausgebaut werden.

Die Glasindustrie beispielsweise könnte mehr Altglas bei der Produktion von neuen Behältern einsetzen, wenn Weiß-, Braun- und Grünglas konsequenter getrennt gesammelt würden. Die Herstellung der Farbgläser läßt nur geringe Anteile fremder Farbscherben zu. Bei getrennter Sammlung könnten bis zu 90 Prozent Altglas bei der Produktion neuer Behälter eingesetzt werden, derzeit sind es insgesamt etwa 60 Prozent.

Altpapier dagegen läßt sich höchstens bis zu achtmal wiederverwerten. Die einzelnen pflanzlichen Fasern, aus denen Papier besteht, werden mit jedem Recycling kürzer und sind irgendwann nicht mehr lang genug, um für die nötige Reißfestigkeit von Zeitungs- und Briefblättern zu sorgen. Neue Zellstoffasern müssen deshalb bei der Herstellung hinzugefügt werden, um den Kreislauf in Gang zu halten. Als Rohstoff hat Altpapier insgesamt einen Anteil von 52 Prozent an der Papierproduktion, einzelne Verpackungen werden aber auch ganz aus Altpapier hergestellt.

Aber längst nicht alles Altpapier, was in Deutschland gesammelt wird, geht in die Wiederverwertung. Da Altpapier nur in bestimmten neuen Sorten eingesetzt werden kann und die hiesige Nachfrage nach Recyclingpapier nicht groß genug ist, wurden im vergangenen Jahr knapp 1,9 Mio t Altpapier exportiert. Das entspricht einem Viertel der Menge, die zur Wiederverwertung in Deutschland eingesetzt wird. Hauptabnehmer sind die großen Kartonhersteller in den Niederlanden und Österreich, die im eigenen Land bisher nicht auf genug Altpapier zurückgreifen können.

Die Stahlindustrie hat im vergangenen Jahr etwa 300 000 Tonnen Weißblechschrott, wie gebrauchte Getränkedosen, erfaßt und wiederverwertet. Nach den Angaben des Informationszentrums Weißblech ist das etwa die Hälfte der in der Bundesrepublik abgesetzten Weißblechverpackungen. Theoretisch kann Weißblech immer wieder neu verwertet werden. Würde die Sammlung dieser Abfälle ausgeweitet, wären weitaus höhere Recyclingquoten möglich. Allerdings könnte der Weißblechschrott auch dann nicht den Bedarf für die Stahlproduktion dekken. Die „Kreislaufschwäche" des Weißblechrecycling zeigt sich nach Ansicht des Bundes für Umwelt- und Naturschutz Deutschland (BUND) deutlich bei der Getränkedose. Hier werde mit viel Produktions- und Energieaufwand ein Metallerzeugnis hergestellt, das in der Regel schon wenige Wochen später wieder im Müll lande.

Der Energieverbrauch für Getränkedosen ist nach den Berechnungen des BUND fast doppel so hoch wie für Einwegflaschen. Eine Mehrwegflasche, die zehnmal den Kreislauf durchläuft, verbraucht weniger als die Hälfte der Energie einer Einwegflasche. Und Mehrwegflaschen durchlaufen den Kreislauf durchschnittlich mindestens 25mal.

(nach: Ruhr Nachrichten vom 2.8.1993)

155.1 Müll-Recycling

156.1 Auswirkung der Schadstoffkonzentration in den höchsten Lagen des Erzgebirges

5. Böhmen – ein ökologisches Notstandsgebiet?

Gefangen im Kohlenstaub

Gefördert wird in Nordböhmen die Braunkohle schon seit Beginn der Industrialisierung. Von Aussig bis Sokolov (Falkenau) erstreckt sich das Braunkohlenrevier; seine acht aktiven Gruben weisen jährlich 60 Millionen Tonnen Ausstoß auf. Das nordböhmische Kohlerevier ist der wichtigste Brennstofflieferant der Tschechoslowakei. (...) Braunkohle ist nicht gleich Braunkohle. Jenseits der Grenze, in der ehemaligen DDR, ist sie mit Sand durchsetzt, hier in Nordböhmen jedoch mit Lehm. Das bringt Probleme bei der Anpassung der im Westen gekauften Rauchgasentschwefelungsanlagen der Kraftwerke mit sich.

Rund 53 Ortschaften der Region sind seit 1945 vom Tagebau verschlungen worden. In den verschonten Dörfern bröckelt die alte Bausubstanz, gähnen leere Fensterhöhlen in den verlassenen

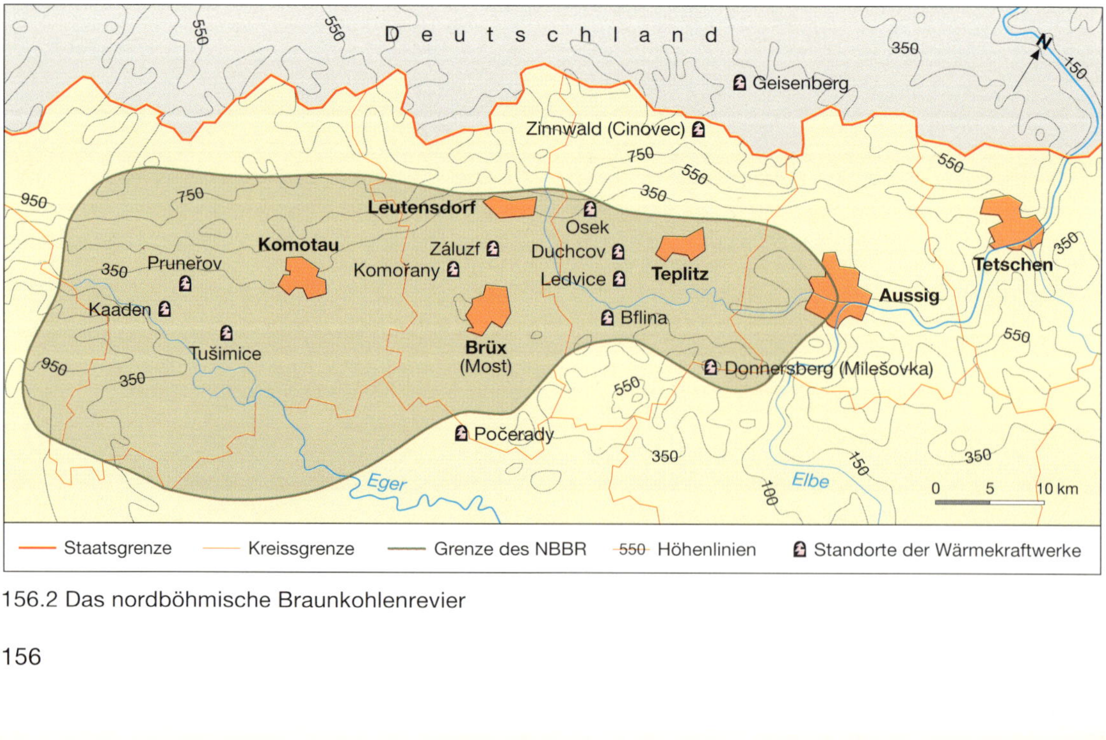

156.2 Das nordböhmische Braunkohlenrevier

Häusern. Vom stillen, einsamen Friedhof aus ist das Neue zu sehen: die qualmenden Schlote der Kraftwerke, die klobigen Kühltürme, die monotonen Blöcke der Neubauviertel des neuen Most mit seinen 60 000 Einwohnern – das historische Städtchen Most hat der Tagebau verschlungen.

Die Menschen in dieser Region werden noch nicht von der Arbeitslosigkeit, aber schon seit langem von miserablen Umweltbedingungen geplagt. Zwei nordböhmische Kraftwerke (Pruneřov und Tušimice) gehören zu den 15 größten Umweltverschmutzern Europas. Hier in der Region werden die Hälfte des Schwefeldioxids sowie mehr als ein Viertel aller Feststoffe der gesamten ČSFR in die Luft geblasen. (...) Das hat Auswirkungen auf die im europäischen Vergleich ohnehin niedrige Lebenserwartung. Hier in Nordböhmen weisen die Statistiken traurige Rekorde auf: Die Sterblichkeit, die Zahl der Krebserkrankungen, der Anteil an Berufserkrankungen, die Arbeitsunfähigkeit und Invalidität liegen wesentlich höher als in anderen Regionen. (...) „Wir müssen einen Weg finden, der für die Ökologie und die Menschen verträglich ist", sagt Jan Jurina, gelernter Bergbauingenieur und seit der politischen Wende neuer Direktor der Nordböhmischen Braunkohlenbetriebe. „Es gibt einen starken Druck von allen Seiten gegen die Nutzung der Atomkraft, gegen die Kohlenkraftwerke, gegen den Ausbau der Wasserkraft. Der Rahmen für den künftigen Energiebedarf muß festgelegt werden und auch, wie die Produktion an Kohle zurückgefahren wird."

(aus: Rheinischer Merkur Nr.27 vom 5.7.1991)

1. Beschreibe die Lage des nordböhmischen Braunkohlenreviers und nenne die Standorte der Wärmekraftwerke (Mat. 156.2, 157.1, Atlas).

2. Schildere die Folgen, die aus der Verstromung der Braunkohle für Mensch und Natur erwachsen (Text, Mat. 156.1).

3. Erläutere die Landschaftsveränderungen, die durch den Braunkohlentagebau verursacht worden sind (Mat. 157.1).

4. Wo gibt es in Europa weitere Braunkohlentagebaureviere (Atlas)?

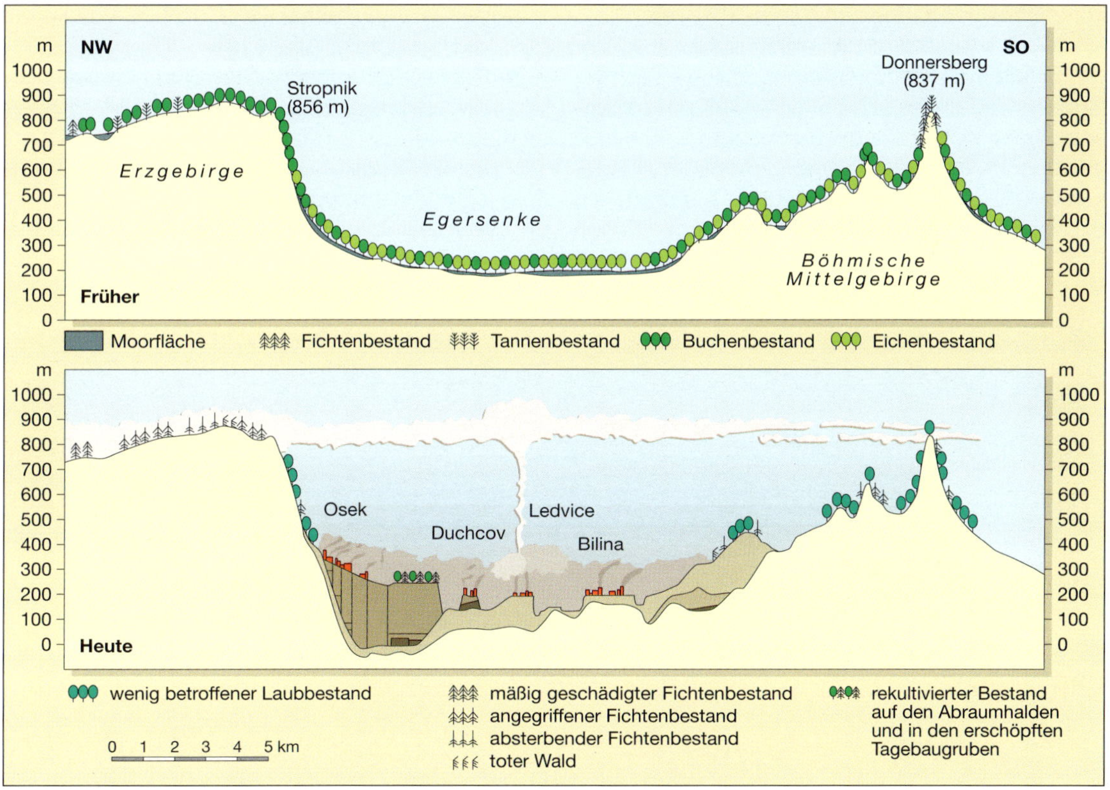

157.1 Landschaftsveränderungen im nordböhmischen Braunkohlenrevier

Bereits Ende der 70er Jahre warnten Wissenschaftler vor den verheerenden Folgen des hemmungslosen Raubbaus an der Natur in den Staaten Osteuropas. Vor allem in der damaligen Tschechoslowakei (ČSSR) hatte die Umweltverschmutzung mit hoher Schwefeldioxidbelastung, Wasserverschmutzung und Waldsterben ein ungeheures Ausmaß erreicht.

Die ehemalige ČSSR war auf ihren einzigen Energierohstoff Braunkohle angewiesen: Zunächst beutete sie die hochwertigen Braunkohlen mit hohem Heizwert aus, danach aber auch die minderwertigen, die einen höheren Anteil an Schwefeldioxid und Asche lieferten. Kohlegefeuerte Wärmekraftwerke tragen mit über 50% den Hauptteil der Energieversorgung des Landes. Ein Viertel der gesamten Elektrizität kommt aus Nordböhmen.

Vielen erscheint der Zeitpunkt für ein Abwenden der ökologischen Katastrophe zu spät: „Unser Wald ist zu großen Teilen bereits tot, die Generation unserer Kinder und Jugendlichen wird ohne ganz schnelle und einschneidende Maßnahmen eine Generation kranker und armer Menschen sein", klagte ein Teplitzer Mediziner nach einem der zahlreichen Smogs im Winter 1994/95.

Noch immer wird nur wenig gegen die Umweltbelastung unternommen: Westliche Technologie soll die Emissionen mindern, etwa Absauganlagen für Kohlenstaub aus Bochum. 1990 wurde die erste Anlage in Betrieb genommen; insgesamt 100 Anlagen würden jedoch benötigt, um die Schadstoffemission auf die in Europa gültigen Richtwerte zu reduzieren.

Seit 1990 ist die Braunkohlenförderung leicht rückläufig. Der Grund hierfür ist jedoch nicht in einem gestiegenen Umweltbewußtsein zu suchen; vielmehr sind die Preise für Energie nach der Hinwendung der Tschechischen Republik zur Marktwirtschaft gestiegen. Es fehlt nicht nur Geld hierfür, sondern es mangelt auch an einem tragfähigen Energiekonzept, das nicht nur die ökonomischen, sondern auch die ökologischen Bedürfnisse berücksichtigt. Viele Bewohner der Region wollten dies nicht abwarten: Seit 1960 ist die Bevölkerung durch Abwanderung um mehr als 40 000 Bewohner gesunken, während sie im Landesdurchschnitt deutlich gestiegen ist.

5. Beschreibe die Entwicklung des Braunkohlentagebaus (Mat. 158.1).
6. Wie haben sich Energieverbrauch und Umweltbelastung seit der politischen Wende in Osteuropa entwickelt (Mat. 158.1)?
7. Erläutere, warum es besonders im nordböhmischen Braunkohlenrevier zu großen Luftbelastungen kommt (Mat. 159.1 u. 2, Atlas).
8. Vergleiche die Emissionswerte der verschiedenen Verursacher (Mat. 159.2). Lokalisiere diese auf einer Atlaskarte.
9. Bewerte die gegenwärtige Situation der Laub- und Nadelwälder Böhmens (Mat. 156.1, 159.4).
10. In welchem Umfang finden im nordböhmischen Braunkohlenrevier Rekultivierungsmaßnahmen statt (Mat. 157.1, 159.3, Atlas)? Vergleiche mit dem Niederlausitzer und dem Rheinischen Braunkohlenrevier (Atlas).

Braunkohlenabbau u. Abraumvolumen im Nordböhmischen Braunkohlenrevier in ausgewählten Jahren mit Prognosen für 1995, 2000 u. 2005

Jahr	1860	1880	1914	1940	1945	1960	1970	1980	1989	1990	1991	1995	2000	2005
Abbau (1000t)	194	6280	14000	14000	5709	28117	44676	61860	65896	60703	58396	56200	49300	40800
Abraum (1000m³)					10316	55106	106007	152182			206600			

Braunkohlenverbrauch, Energieproduktion, SO_2-, NO_x-, feste Brennreste-, Schlacke-, Asche- und Abschaumproduktion aus den Wärmekraftwerken Tušimice I und II und Prunéřov I und II, 1990-1992

Jahr	Kohlenverbrauch (kt)	Energieproduktion (GWh)	SO_2 (kt)	NO_x (kt)	Brennreste und Schlacke (kt)	Asche und Abschaum (kt)	Flugasche (kt)
1990	14594	14686	470	60	3764	3144	22
1991	12510	12754	404	58	3123	2752	14
1992	11668	12253	359	46	3010	2529	16

158.1 Daten zum nordböhmischen Braunkohlenrevier

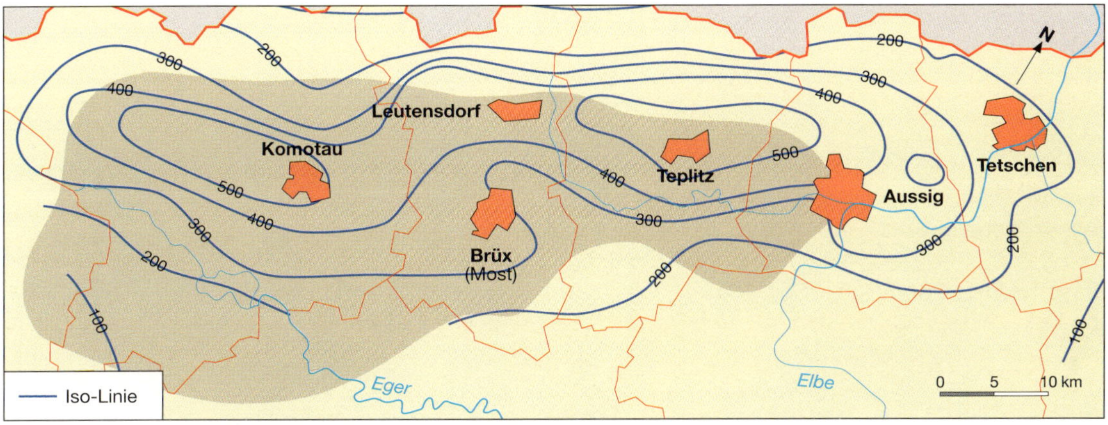

159.1 Mittelwerte der täglichen SO_2-Konzentration (µg/m³)

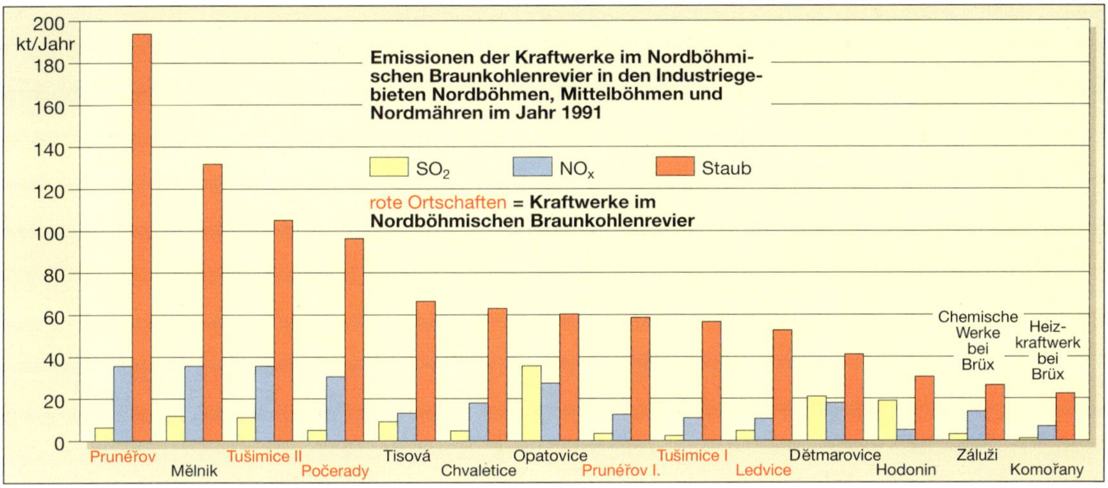

159.2 Emissionen im Vergleich

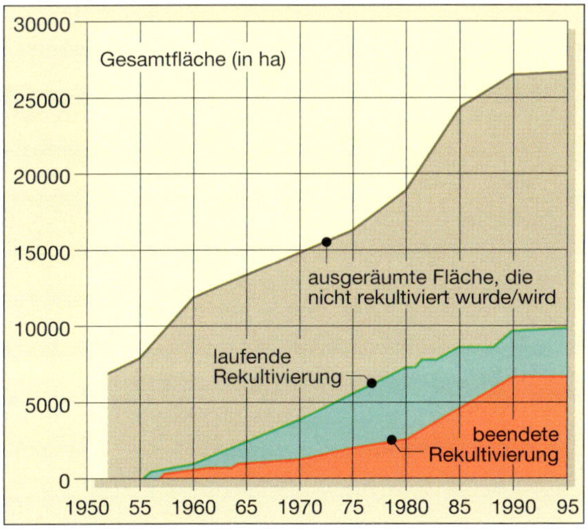

159.3 Flächenbilanz

Bezirk		*Nordböhmen*	*Südböhmen*
geschädigte	erste Anzeichen	829	228
	wenig	474	187
	mittel	176	22
	stark	67	–
	sehr stark	12	–
	absterbend	16	–
(betroffene Flächen in km² 1990)	tot	11	–
geschädigte	erste Anzeichen	420	–
	wenig	274	–
	mittel	–	–
	stark	–	–
	sehr stark	–	–
total (%)		100	14

159.4 Situation des Waldbestandes 1990

Belastung von Naturräumen

160.1 Intakte Ferienlandschaft an der Ostsee (Binz auf Rügen)

1. Die Ostsee – heile Ferienwelt oder Kloake?

Seebäder wie Grömitz, Timmendorfer Strand, Heringsdorf und Ferieninseln wie Rügen, Bornholm und Gotland werben um ihre Gäste mit dem Versprechen auf saubere Strände, reines Wasser und eine gesunde, abwechslungsreiche Umwelt im Hinterland. Andererseits berichten die Medien häufig über Nährstoffüberschuß, Sauerstoffmangel, gefährlich hohe Schadstoffkonzentrationen, Fisch- und Vogelsterben in und an der Ostsee.

Tatsächlich gibt es an der Ostseeküste noch Regionen mit einer weitgehend intakten Umwelt. Dies gilt meist auch für die Qualität des Wassers. Der Ostseeraum ist jedoch keine reine **Erholungslandschaft**. Im Einzugsbereich des Meeres leben über 70 Millionen Menschen. Alle Anrainerstaaten haben große Industriebetriebe und eine Intensivlandwirtschaft. Verdichtungsräume mit z. T. mehreren Millionen Menschen säumen die Ufer der Ostsee.

Abwässer aus Industriebetrieben, aus der Viehzucht und von Kommunen werden vor allem in den Staaten Mittel- und Osteuropas vielfach noch heute ungeklärt in die Flüsse eingeleitet und gelangen auf diesem Wege ins Meer. Erdöl und Erdölprodukte, Schwermetalle und giftige organische Verbindungen aus der Industrie, Mineraldünger und Schädlingsbekämpfungsmittel aus der Landwirtschaft werden über Flüsse ins Meer gebracht. In den Mündungsgebieten der meisten großen Flüsse ist das Ostseewasser aus diesem Grund besonders stark belastet.

Doch Flüsse sind nicht die einzigen Transportwege für Schadstoffe. Viele chemische Stoffe, die im Binnenland über Schornsteine oder als Autoabgase in die Luft gelangen, können durch den Wind über Hunderte von Kilometern transportiert und über Niederschläge z. T. ins Meer ausgewaschen werden. Dieser Schadstoffeintrag belastet den gesamten Ostseeraum und alle anderen Meere.

1. Erstelle eine Liste von Industriegebieten, deren Abwässer direkt oder über Flüsse in die Ostsee gelangen können (Mat. 162.1, 163.2, Atlas). Welche Meeresgebiete sind besonders stark, welche weniger belastet?
2. Zeige an Beispielen die Umweltbelastung der Ostsee auf (Mat. 161.1 u. 2, 163.2).
3. Auch Tourismus kann umweltzerstörend sein. Begründe (Mat. 161.3 u. 4). Stelle Forderungen für einen umweltverträglichen Tourismus an der See auf.
4. Alle Verschmutzungswege enden im Meer. Begründe diese Behauptung anhand von Material 163.1. Erläutere an Beispielen.

St. Petersburg ist die größte Industriestadt an der Ostsee und mit Abstand ihr größter Verschmutzer. Die Kanalisation ist verrottet, das Trinkwasser macht krank. An die tausend Fabriken arbeiten im Stadtgebiet, mehr als zwei Drittel ohne Abgas- und Abwasserreinigung. Es gibt Kanäle, die so stark belastet sind, daß sie in den härtesten Wintern nicht zufrieren. An einigen Stellen hat sich so viel Blei abgesetzt, daß die Fabriken das Sediment ausbaggern, um das Metall zurückzugewinnen.

Schwermetalle sowie krebserzeugende und erbgutschädigende Substanzen haben Pflanzen und Tiere in der Bucht von St. Petersburg bereits so weit vernichtet, daß die Selbstreinigungskraft des Meeres zusammenzubrechen droht. Doch die Behörden wollten das Desaster nicht eingestehen und verhängten bis letztes Jahr kein Badeverbot. Lieber opferten sie Menschen: Gelbsucht, Cholera und Hirnhautentzündung griffen um sich.

Für die Bucht von Riga wie für die ganze Ostsee ist eines der schlimmsten Übel die Landwirtschaft. Während der vergangenen drei Jahrzehnte stieg der Verbrauch von Pestiziden und Düngemitteln um das Vierfache, und die Agrarfabriken überfrachten damit nicht nur ihre Felder. Unmittelbar am Stadtrand von Riga bauten die Sowjets eine „Schweinefabrik" für 50 000 Tiere. Die Gülle versickert in Erdgruben oder wird auf die wenigen Felder verspritzt, die zur Fabrik gehören. Sie gelangt ins Grundwasser, mit dem Grundwasser in den Fluß und über den Fluß ins Meer. Riga ist die einzige Hauptstadt Europas ohne Kläranlage. Aus vier Rohren ergießen sich täglich 700 000 Kubikmeter Abwässer in die Düna.

(nach: Zeit Magazin Nr. 47/91)

161.1 Verschmutzungsquellen

161.2 Fisch mit Krebsgeschwür

Die steigenden Besucherzahlen führen zu einer zunehmenden Umweltbelastung: Übervolle und müllbedeckte Strände, verschmutztes Wasser und Autofluten sind das Resultat. Im Zusammenhang mit den touristischen Aktivitäten steht die Vernichtung naturnaher Ökosysteme durch Flächenumwidmung für touristische Infrastruktur wie Sandaufspülungen und Überbauung für Yachthäfen und Riesenbäder.

Auch einfache Campingplätze und die zahllosen Parkplätze an den Stränden oder in der freien Landschaft bedingen eine massive Störung des ökologischen Gleichgewichtes. Vor allem „wilde" Camper, die sich mit ihren Wohnmobilen mitten in die schönsten Landschaftsflächen stellen, beunruhigen die Tierwelt und zerstören die Vegetation.

Eine der größten Gefährdungen stellen die chemischen Campingtoiletten dar, deren hochgiftiger Inhalt – bestehend aus Desinfektionsmitteln und Geruchshemmern – die Bakterienkulturen von Kläranlagen für längere Zeit vollständig lahmlegen kann. Dadurch steigt die Gefahr, daß unvollständig gereinigtes Wasser aus den – zur Feriensaison sowieso schon überlasteten – Kläranlagen in die Ostsee eingeleitet wird.

Ein beträchtliches Problem bildet der in erheblichem Umfang anfallende Freizeitmüll gerade im Strandbereich. So finden sich an vielen Stränden Plastiktüten, Scherben und Dosen weit verteilt, und die überquellenden Müllbehälter erfreuen das Auge ebensowenig wie das in manchen küstennahen Gehölzen unübersehbare Toilettenpapier. Hier zerstört der Urlaubsgast seine eigene Erholungsgrundlage.

(nach: F. Liedl u. a.; Die Ostsee. Göttingen 1992, S. 98/99)

161.3 Negative Auswirkungen des Tourismus

161.4 Bauruine auf Rügen (Prora)

162.1 Wirtschaftsraum Ostsee

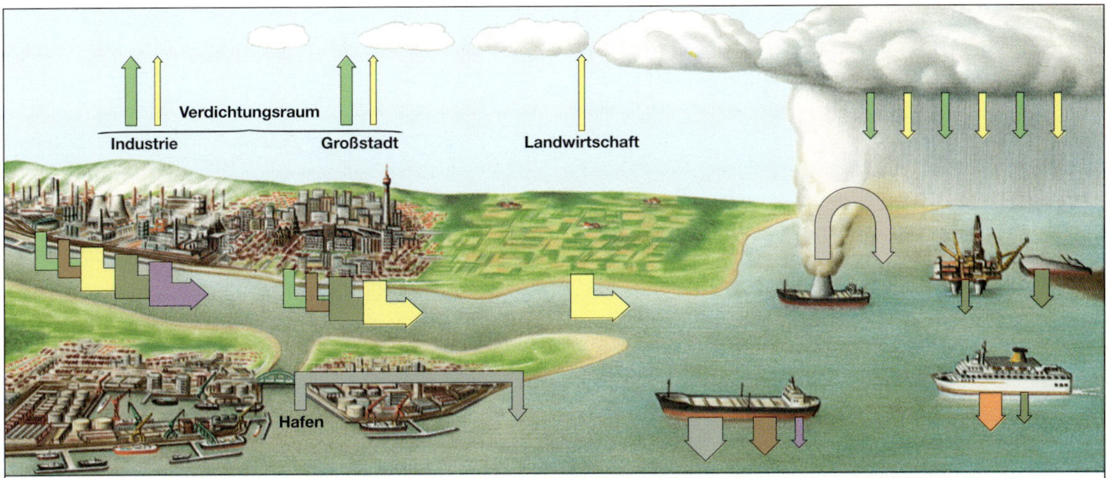

Schiffsabfälle
Schwermetalle
Schadstoffe durch Verbrennung auf See
Öl
Stickstoff/Phosphor
Industrieabfälle
Klärschlamm
Baggergut

163.1 Wege der Wasserverschmutzung

Eintrag von

N **Stickstoff**

P **Phosphor**

über die Luft

über die Gewässer

Angaben in t/Jahr

Abwasser aus der Papier- und Zellstoffindustrie

Industriestandort

für Fische tödlicher Sauerstoffmangel am Meeresboden (< 2 ml Sauerstoff/l)

stark verschmutzter Fluß

0 100 200 300 400 km

163.2 Ostseeverschmutzung

Durch Wasser- und Nahrungsaufnahme gelangen viele Schadstoffe auch in die Nahrungskette und reichern sich in Organismen an. Fische werden immer häufiger von Krebserkrankungen und Skelettdeformationen befallen. Man vermutet, daß Schwermetalle, z. B. Blei, Cadmium, Nickel und Quecksilber, aber auch Schädlingsbekämpfungsmittel aus der Landwirtschaft **(Pestizide)** und Gifte aus der chemischen Industrie an der Entstehung derartiger Krankheiten beteiligt sind. Große **Fischsterben** sind oft auf hochkonzentrierte Einleitungen eines bestimmten Stoffes in einem begrenzten Seegebiet zurückzuführen. Durch Erdöl und Erdölprodukte sind vor allem Vögel gefährdet, deren Gefieder verklebt und deren innere Organe durch giftige Bestandteile des Öls zerstört werden.

Eine besondere Gefahr geht von Düngemitteln aus. Diese Stoffe werden nicht nur von Landpflanzen als Nährstoffe aufgenommen, sondern auch von pflanzlichen Meeresorganismen, den Algen. Normalerweise sind Nitrate und Phosphate im Meerwasser nur in geringen Mengen vorhanden; die Vermehrung der Algen wird durch Nährstoffmangel begrenzt. Kommt es durch Einträge vom Land zu einer starken Anreicherung an Nährstoffen, vermehren sich manche einzelligen Algen fast explosionsartig. Bei einer starken **Überdüngung** bilden sich regelrechte Algenteppiche, die das Meer kilometerweit grün färben. Manchmal enthält ein Liter Wasser bei einer solchen Algenblüte mehr als 50 Millionen Algenzellen. Fische können in diesen Algenmassen ersticken, weil ihre Kiemen verstopfen. In manchen Fällen geht eine Algenblüte mit einem Massensterben an Meerestieren einher, weil einige der Arten, die sich explosionsartig vermehren können, giftig sind.

Sterben die Algen ab, so treiben sie als stinkende Masse auf die Strände zu oder sinken auf den Meeresgrund ab. Dort werden sie von Bakterien abgebaut. Zur Zersetzung von 10 kg Algen werden auch etwa 10 kg Sauerstoff benötigt. Im Bodenbereich kann es daher zu **Sauerstoffmangel** kommen. Im Extremfall stirbt in manchen Regionen das gesamte Bodenleben einschließlich Fischlaich und Jungfischen ab.

5. Überdüngte Felder können auch dem Meer und der Fischerei schaden. Erläutere.

6. Begründe, warum die Ostsee im Vergleich zum offenen Weltmeer ein besonders gefährdeter Lebensraum ist (Mat. 162.1, 164.1).

*Die Ostsee ist ein **Randmeer**, das nur durch die Meerenge des Kattegat Zugang zur Nordsee und damit zum Weltmeer hat. Der Salzgehalt ist wesentlich geringer als in der Nordsee; er nimmt von etwa 2,5% im Kattegat nach Osten hin ab und erreicht im Finnischen Meerbusen fast Süßwasserwerte **(Brackwassermeer)**. Die Ostsee ist durch untermeerische Schwellen in mehrere Becken aufgeteilt. Diese Becken behindern den Wasseraustausch erheblich. Die meisten Tiefwasserregionen sind seit Jahrzehnten völlig frei von Sauerstoff und ohne Leben. Stürme, die große Mengen an salz- und sauerstoffreichem Wasser aus der Nordsee durch die dänischen Meerengen drücken, können die Lebensbedingungen in der westlichen Ostsee zeitweise verbessern. Der Austausch des gesamten Ostseewassers dauert im Mittel 30 Jahre (Nordsee: drei Jahre).*

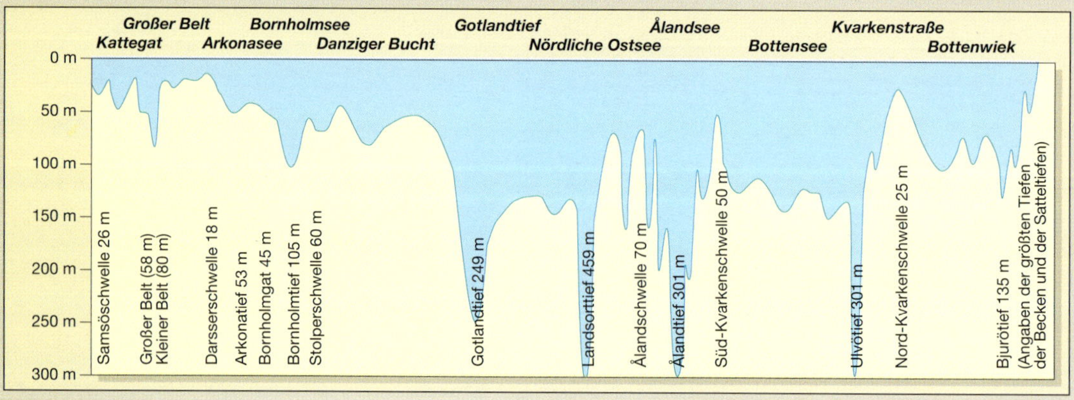

164.1 Lebensraum Ostsee

Nur internationale Zusammenarbeit kann die Ostsee retten

Bereits 1974 wurde eine **Ostsee-Schutzkonferenz** ins Leben gerufen, an der alle Anliegerstaaten beteiligt waren. Die damaligen Beschlüsse erwiesen sich jedoch als unzureichend. Die meisten Staaten kamen ihren Verpflichtungen nicht nach, vor allem die des damaligen Ostblocks. Bis 1989 galten dort Umweltdaten als geheim. Erst nach dem Zusammenbruch der kommunistischen Diktaturen in den östlichen Anrainerstaaten (vgl. S. 10) wurde das gesamte Ausmaß der Belastung dieses Meeres deutlich. Unter den neuen politischen Rahmenbedingungen stiegen die Aussichten auf die Einhaltung internationaler Vereinbarungen sowie eine vertrauensvolle Zusammenarbeit zwischen allen Ostseestaaten.

1992 beschlossen die Umweltminister der Ostseeanlieger ein Sofortprogramm zum Schutz des Meeres. Schwerpunktmaßnahmen sind u. a.:

- Neubau von Kläranlagen,
- Reduktion der Umweltbelastung durch die Landwirtschaft (u. a. Vermeidung des Eintrags von Chemikalien, Nährstoffen und Gülle),
- Einleitungsverbot für alle umweltschädlichen Stoffe aus Industrie, privaten Haushalten und Kommunen,
- Verminderung der Luftverschmutzung,
- Verbesserung der Abfall-, Abwasser- und Altölentsorgung für Schiffe durch entsprechende Einrichtungen in den Häfen,
- Schutz von ökologisch wertvollen Küstengebieten.

Bisher sind viele Vereinbarungen lediglich Absichtserklärungen geblieben, da die Finanzierung der Maßnahmen noch nicht gesichert ist. Durch Beteiligung internationaler Banken sollen die enormen Kosten (Schätzungen belaufen sich auf 1 Billion DM!) aufgebracht werden.

7. Erläutere den Maßnahmenkatalog zur Sanierung der Ostsee (Text, Mat. 161.1, 162.1, 163.1 u. 2). Begründe, warum auch Binnenstaaten wie Weißrußland oder die Tschechische Republik beteiligt sind.

8. Erläutere Interessenkonflikte, die sich im Spannungsfeld zwischen Wirtschaftsförderung und Landschafts- bzw. Umweltschutz ergeben können (Mat. 162.1, 165.1, Atlas).

Die Sorgen der Umweltverbände scheinen berechtigt: Trotz Widerstands aus den Reihen der Bevölkerung, der Urlauber und entgegen der ausdrücklichen Empfehlung des Landesumweltministeriums Mecklenburg-Vorpommern versuchen finanzkräftige Investoren, touristische Großprojekte auf Rügen und an der Bucht von Wismar durchzusetzen. Ferienanlagen sollen z. B. mitten in dem international geschützten Feuchtgebiet der „Wohlenberger Wieck" am Weststrand der Wismarer Bucht entstehen. Wichtige Rast-, Mauser- und Brutgebiete für Zehntausende von Wasservögeln würden unwiederbringlich zerstört.

Ein ähnliches Schreckensbild zeichnet sich für die Insel Rügen ab. Rund 320 Hektar Land am besten Badestrand sollen durch die Modernisierung und Erweiterung des berüchtigten „Prora"-Komplexes verbaut werden. Prora war im nationalsozialistischen Deutschland als Feriengebiet errichtet worden. Jetzt soll das fünf Kilometer lange Gebäude-Ungetüm an einen Investor verkauft und den heutigen Bedürfnissen entsprechend modernisiert werden. Mit einer geplanten Kapazität von 30 000 bis 40 000 Betten würde sich die Einwohnerzahl von Rügen bei voller Auslastung von Prora kurzfristig verdoppeln – mit entsprechenden Folgen für das Trinkwasser und die Abwasser- sowie Müll-Entsorgung.

(nach: Berliner Morgenpost vom 9.10.1994)

165.1 Ausverkauf der Ostseeküste

Ein besonderes Problem ist die Förderung der **strukturschwachen Wirtschaftsräume** in den neuen Ländern Deutschlands und in den Staaten des ehemaligen Ostblocks. Neue Industrieansiedlungen werden häufig gerade dort geplant, wo noch naturnahe Küstengebiete zu finden sind. Auch die Ausweitung des Tourismus stößt mancherorts auf Kritik. Auf der einen Seite sind z. B. die Einwohner auf den Inseln Rügen, Usedom oder Wollin auf die Einkünfte aus dem Tourismus angewiesen, andererseits ist die touristische Infrastruktur noch wenig ausgebaut. Neue Hotels, Feriendörfer, Golfplätze, Yachthäfen, Verkehrswege u. a. werden häufig ohne Rücksicht auf intakte Naturlandschaften angelegt. Viele ökologisch wertvolle Gebiete konnten noch rechtzeitig unter Schutz gestellt werden (Ausweisung z. B. als Nationalpark, vgl. S. 178), so daß Baumaßnahmen dort zumindest erschwert sind.

166.1 Lawinenabgang im Stubaital (Tirol)

Der Erläuterungstext zur Bestandsaufnahme für den Flächennutzungsplan der Gemeinde Neustift vom Juli 1973 stellt fest: Im Gemeindegebiet von Neustift sind 11 von 12 Siedlungen und Weilern durch Lawinen oder Wildbäche bedroht. Annähernd 100 Lawinen haben von 1973 bis 1987 den Talboden erreicht; 19 Wildbäche gefährden Siedlungen und Straßen.

18. und 19. Juli 1987: Außerordentlich starke Schneefälle im Spätwinter und die ungewöhnlich späte, um zwei Monate verzögerte Schneeschmelze auf den Gletschern, im Zusammenhang mit ergiebigen Regenfällen und Warmwetter bis in hohe Bergregionen, sind die Ursachen für das sprunghafte Ansteigen der Ruetz (Entwässerungsfluß des Stubaitals) mit ihren Seitenbächen. Der große Parkplatz an der Talstation der Gletscherbahn, der auf den planierten Schuttkegeln zweier Wildbäche errichtet wurde, wird zerstört. Von Ranalt an bricht die Ruetz aus ihrem künstlichen, zugunsten des Straßenverlaufs verlagerten Bett und richtet talauswärts ungeheure Schäden an. In Volderau wird das Sägewerk mit Geröll überschüttet und der Campingplatz völlig verwüstet. Die Talstraße wird an mehr als 12 Stellen weggerissen, 21 Häuser werden von Muren eingeschlossen.

An erosionsgefährdeten Hängen im Oberlauf der Ruetz werden mehrere ha Bannwald vernichtet. Insgesamt werden 35 ha Kulturland vernichtet.

(nach: A. Stern u. a.: Neustift im Stubaital. 1991)

166.2 Die Lawinengefahr nimmt zu

2. Sind die Alpen noch zu retten?

Das Stubaital, eines der touristischen Hauptzentren Tirols, liegt westlich der Brennerautobahn, in der Nähe von Innsbruck. Seit jeher gilt dieses Tal als wirtschaftlich selbständiger Raum.

Mit dem Aufkommen des Fremdenverkehrs in den 50er Jahren änderte sich die Berufsstruktur im Stubaital. Von 1971 an, als die Straße von Ranalt bis zur Talstation der Gletscherbahn vollendet worden war, wurde der Fremdenverkehr zum bedeutendsten Wirtschaftszweig. Dies zeigt sich durch neue Hotelbauten, großzügige Straßen und Parkplätze.

Mit diesem Wandel vollzog sich eine Änderung im gesellschaftlichen Leben der Einwohner. Der Jahreslauf richtete sich nicht mehr nach dem bäuerlichen Arbeitsjahr, auch nicht nach den kirchlichen Feiertagen, sondern nach dem Gast und seinen Urlaubsgewohnheiten, nach der „Saison".

1. Beschreibe den Weg von deinem Heimatort ins Stubaital (Atlas).
2. Erläutere den Strukturwandel im Stubaital.
3. Erläutere die zunehmende Gefährdung des Stubaitales anhand des Materials 167.2.
4. Stelle in einem Fließdiagramm die Gründe und die Auswirkungen der Katastrophe im Juli 1987 für das Stubaital dar (Mat. 166.2).
5. Oberhalb von Neustift ist ein kleines Skigebiet. Woran erkennst du Eingriffe in den Naturhaushalt? Beschreibe (Mat. 167.1 u. 2).

167.1 Stubaier Alpen

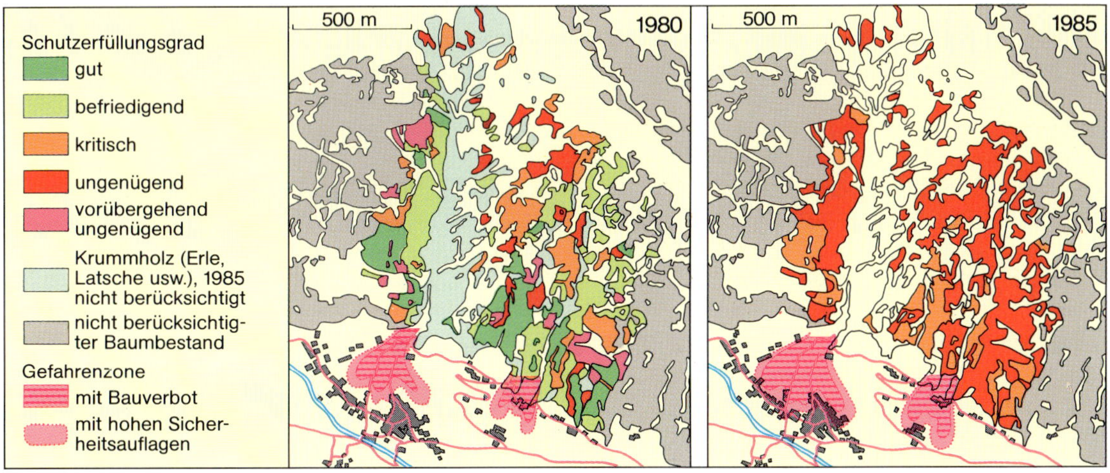

167.2 Gefahrenzonen in Neustift (Tirol)

Ein empfindlicher Lebensraum

Schon immer gab es in den Alpen Lawinen, Bergrutsche und Hochwasser, die sich für den Menschen oft katastrophal auswirkten. In den letzten Jahren hat es allerdings den Anschein, als ob sich Naturkatastrophen häufen. Immer mehr Wissenschaftler glauben, daß der Mensch durch wirtschaftliche Aktivitäten und Erschließungsvorhaben für Tourismus und Verkehr das Ausmaß und die Häufigkeit der Naturkatastrophen verstärkt. Hinzu kommt das Waldsterben, von dem bisher vorwiegend die nördliche Alpenregion betroffen ist.

In den Alpenländern hat man erkannt, daß Maßnahmen zur Verbesserung der ökologischen Situation in den Alpen ergriffen werden müssen. Vielerorts versucht man durch Schutzbauten, die Gefährdung durch Lawinen und Erdrutsche einzudämmen.

Um der steigenden Hochwassergefahr zu begegnen, sollen Stauseen gebaut werden. Derartige Projekte sind sehr kostspielig. Außerdem begegnen sie nicht den Ursachen der Gefährdung. Den besten Schutz der Alpentäler garantiert ein intakter Bergwald. Maßnahmen gegen das Waldsterben (u. a. Verbesserung der Luftqualität), Aufforstungen und der Verzicht auf weitere Erschließung für Verkehrswege und Touristenzentren wären zur Rettung der Alpenregion notwendig. Hier kommt es allerdings zu Interessenkonflikten, z. B. zwischen Naturschützern und Verkehrsteilnehmern, Touristen, Wirtschaftsverbänden, Gemeindevertretern und Menschen, die um ihre Arbeitsplätze fürchten. Erste gesetzliche Maßnahmen wurden inzwischen ergriffen. So gibt es z. B. in Bayern seit einigen Jahren Auflagen für den Alpenraum, die einer weiteren Zersiedlung und Übererschließung Einhalt gebieten sollen.

6. Erläutere die Bedeutung des Bergwaldes und die Gefahren durch Waldverluste (Mat. 168.1 u. 169.1).

7. Stelle in einer Tabelle zusammen, welche Faktoren zur Schädigung des Lebensraums Alpen beitragen. Verdeutliche die Zusammenhänge anschließend in einem Schema.

Wissenschaftler weisen dem Bergwald eine Schlüsselstellung für den Lebensraum Alpen zu. Sie wehren sich deshalb gegen weitere Rodungen für Skipisten, gegen neue Straßen, die in erosionsanfällige Hänge hineinschneiden und dabei die Wasserzufuhr der Bäume unterbrechen. Der Wald hat einen regulierenden Einfluß auf den Wasserhaushalt: Das Kronendach der Bäume nimmt einen Teil des Regens auf und läßt ihn dann gebremst niedergehen; die gut durchwurzelten Böden gewährleisten das Einsickern des Niederschlagwassers. So kann ein intakter Wald plötzlich auftretende Wassermassen über längere Zeiträume speichern. Die Störung des Wasserhaushalts durch Waldverluste sorgt für Hochwasserspitzen in rascher Folge, da die Böden ihre Wasserspeicherfähigkeit verlieren.

Nicht allein die Luftschadstoffe mit ihren nachteiligen Auswirkungen auf die Bergwälder bedrohen das komplizierte Ökosystem Alpen. Auf den Almen in den Hochlagen geht immer mehr Boden verloren. Die Erosion wird vor allem durch die extensivere Bewirtschaftung verursacht. Früher wurden die Kühe nur kurze Zeit auf einer Weidefläche gehalten; die Beanspruchung der Grasnarbe war gleichmäßig. Heute lassen die Almbauern die Tiere weit länger auf größeren Flächen fressen. Auf diesen Standweiden suchen sich die Rinder allerdings bevorzugte Futterstellen mit besonders schmackhaften Gräsern und Kräutern aus. Andere Flächen werden dagegen verschmäht. Dort machen sich dann statt der bisher vorherrschenden Pflanzen z. B. horstbildendes Borstgras oder Rasenschmiele, z. T. sogar Heidelbeeren breit. Die veränderte Vegetation hat zur Folge, daß die Gefahr der Bodenerosion gegenüber einer gepflegten Almweide deutlich steigt. Schneemassen finden bei horstbildenden Gräsern oder Buschwerk mehr Angriffsfläche, und sobald der Schnee ins Gleiten kommt, werden Vegetation und Boden mitgerissen.

(nach: Frankfurter Allgemeine Zeitung vom 31.1.1996)

Der Ausbau von schmalen Forst- und Almstraßen zu breiten Autostraßen, auf denen die hochgelegenen Skigebiete das ganze Jahr über erreichbar sind, ist ebenso problematisch wie die große Zahl von Zweitwohnungssiedlungen. Dabei wurden Gebiete als Bauland erschlossen, welche die Einheimischen aus Vorsicht vor Bergrutschen, Hochwasser und Lawinen sorgsam gemieden hatten.

(nach: Frankfurter Rundschau vom 5.9.1987)

168.1 Gefahren für das Ökosystem Alpen

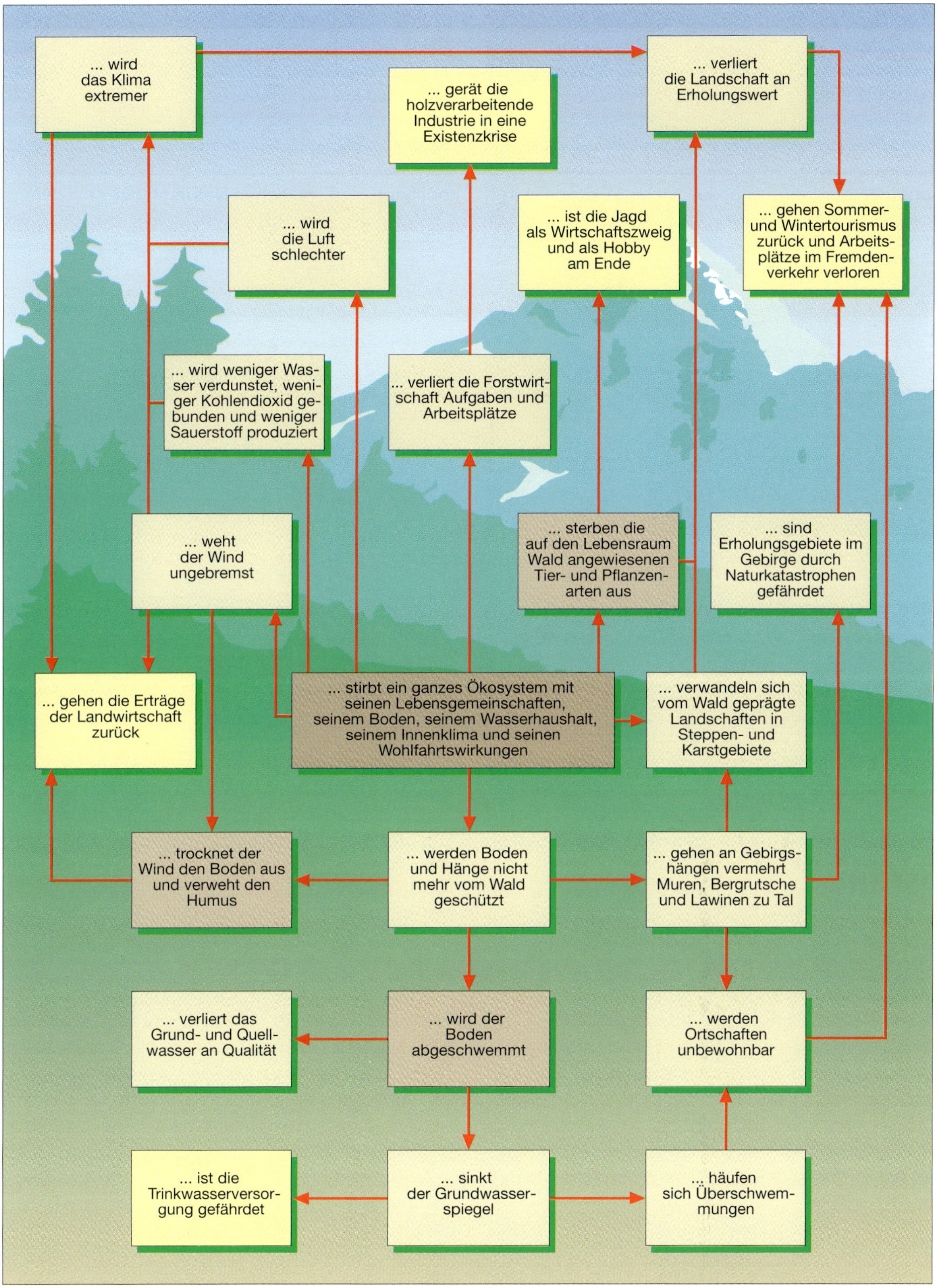

169.1 Wenn der Bergwald stirbt …

170.1 Transitverkehr Brennerautobahn

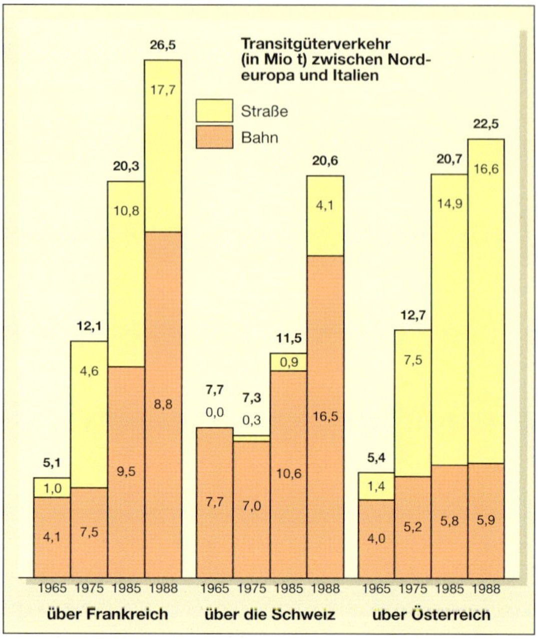

170.2 Transitgüterverkehr über die Alpen

Die Brennerautobahn – eine europäische Verkehrsschlagader

Eine der wichtigsten Transitstrecken der Alpen ist die Brennerautobahn, die durch das Wipptal nach Italien führt. Mit nur 1370 m Höhe ist der Brenner-Paß einer der niedrigsten und am leichtesten zu überquerenden Pässe des Alpenraumes. Über ihn rollen heute 9 Mio Pkw und etwa 1 Mio Lkw und Busse im Jahr. In Spitzenzeiten passieren täglich 6600 Lkw und Busse den Brenner.

Die Tiroler Landesregierung nimmt zu den Umweltbelastungen in einem Bericht Stellung: *„Das Wipptal wird jährlich mit einer Schadstoffemission von 5000 t belastet. Somit werden die autobahnnahen Waldbestände einer dauernden Schwefeldioxidbelastung ausgesetzt. Auch der Waldboden entlang der Autobahn weist hohe Konzentrationen an Blei auf, die deutlich über den Grenzwerten für landwirtschaftliche Böden liegen. Des weiteren werden autobahnnahe Böden und Pflanzen durch die intensive Salzstreuung im Winter (bis zu 84 kg je Autobahnkilometer) nachhaltig geschädigt."*

(Protokoll der Landesregierung, Innsbruck. 1989)

Eine Verringerung der Belastung für Natur und Mensch im Wipptal verspricht sich die Tiroler Landesregierung von dem Bau eines rund 55 km langen Eisenbahntunnels durch den Brenner. Gleichzeitig soll ein Gesetz erlassen werden, welches den Lkw-Transitverkehr im „Huckepack-Verkehr" auf die Schiene zwingt.

Der geplante Tunnel wird nur geringe Steigungen enthalten. Die Züge können 200 km/h fahren, und die transportierten Gütermengen können auf 30 Mio t gesteigert werden. (1992 passierten täglich 102 Züge den Brennerpaß, wobei die Güterzüge bei nur 35 km/h rund 5 Mio t jährlich transportierten.) Der neue Tunnel würde die Fahrzeit für Güterzüge auf der 400 km langen Strecke München – Verona von acht auf fünf Stunden verkürzen.

Ein derartiges Vorhaben resultiert aus der Zeit von 1970 bis 1989, in der sich der transalpine Güterverkehr durch Frankreich, die Schweiz und Österreich von 28 auf 50 Mio t erhöhte. Drei Viertel des Wachstums erfolgten im Straßenverkehr. Der Anteil des Schienenverkehrs sank von 80 auf 60 Prozent.

Eine weitere Umverlagerung fand zwischen den drei Staaten statt. Dies betraf besonders den Straßenverkehr. Die Schweiz, die schon seit 1934 ein Nachtfahrverbot für Lkw hat, beschränkte 1972 das Gesamtgewicht der Lastkraftwagen auf 28 t, während für die EU je nach Land 38 bis 42 t zugelassen sind. So meidet heute der Lkw-Transitverkehr die Schweizer Straßen und belastet dadurch die Übergänge in Frankreich und besonders die in Österreich zusätzlich.

Der Gütertransport auf der Brennerstrecke erhöhte sich nach Fertigstellung der Brennerautobahn von 3,1 Mio t (1970) auf 11,1 Mio t (1980) und 18,9 Mio t (1990). Der Schienentransport über den Brenner liegt seit 1980 mit knapp 5 Mio t an der Obergrenze der Kapazität.

9. Beschreibe den Verlauf der Brennerautobahn von Innsbruck bis Bozen (Atlas).
10. Erläutere die Bedeutung des Brennerpasses für das europäische Fernverkehrsnetz (Mat. 170.1 u. 2, Einband vorn).
11. Begründe, warum der Güterverkehr von der Straße auf die Schiene verlagert werden soll (Text).
12. Erläutere die EG-Hilfen für den Huckepack-Verkehr im Zusammenhang mit der Alpenkonvention (Mat. 171.2).
13. Sprecht über die Ziele der Alpenkonvention. Geht dabei insbesondere auf das Stubaital und die Brennerautobahn ein (Mat. 169.1, 171.1 u. 2).

In der Auseinandersetzung um freie Transit-Routen für den schweren Lkw-Verkehr sind die Verkehrsminister der EG der Schweiz und Österreichs entgegengekommen. Sie haben sich dafür ausgesprochen, Fuhrunternehmern Beihilfen zu gewähren, wenn sie im Transit ihre Lkw auf die Eisenbahn verladen. Damit wird es der EG-Kommission leichter gemacht, mit der Schweiz zu verhandeln.

Die Kommission versuchte bisher, für den Italien-Transitverkehr spezielle Straßenverbindungen einzurichten, die auch für 40-Tonner frei sind und für die kein Nachtfahrverbot gilt. Den Beschluß der Regierung in Bern, statt dessen den kombinierten Verkehr (Huckepack) auszubauen, wollte Brüssel allein schon deshalb nicht akzeptieren, weil er der Speditionswirtschaft hohe zusätzliche Kosten aufbürdet. Der kombinierte Verkehr koste den Fuhrunternehmer doppelt soviel, wie er an Treibstoff und sonstigen Betriebskosten spare. Im Huckepack durch die Schweiz kämen die rund 840 Kilometer von Freiburg nach Mailand zum Beispiel auf 1,95 DM Mehrkosten je Kilometer. Diese Kosten würde die EG also künftig zum Teil übernehmen.

(nach: Süddeutsche Zeitung vom 5. 3. 1989)

171.2 EG zahlt Hilfen für Huckepack-Verkehr

Übereinkommen zum Schutz der Alpen (Alpenkonvention) vom 7. November 1991
(beschlossen von Deutschland, Frankreich, Italien, Slowenien, Liechtenstein, Österreich, Schweiz)

Artikel 2 (Allgemeine Verpflichtungen)
(1) Die Vertragsparteien stellen ... eine ganzheitliche Politik zum Schutz der Alpen ... sicher. Die grenzüberschreitende Zusammenarbeit für den Alpenraum wird verstärkt sowie räumlich und fachlich erweitert.
(2) Zur Erreichung des in Absatz 1 genannten Zieles werden die Vertragsparteien geeignete Maßnahmen insbesondere auf folgenden Gebieten ergreifen:
a) Bevölkerung und Kultur – mit dem Ziel der Achtung, Erhaltung und Förderung der kulturellen und gesellschaftlichen Eigenständigkeit der ansässigen Bevölkerung und ihrer Lebensgrundlagen ...
b) Raumplanung – mit dem Ziel der Sicherung einer sparsamen und rationellen Nutzung und einer gesunden, harmonischen Entwicklung des Gesamtraumes unter besonderer Beachtung der Naturgefahren, der Vermeidung von Über- und Unternutzungen ...
c) Luftreinhaltung – mit dem Ziel der drastischen Verminderung von Schadstoffemissionen und -belastungen ...
d) Bodenschutz – mit dem Ziel der Verminderung der quantitativen und qualitativen Bodenbeeinträchtigung ...
e) Wasserhaushalt – mit dem Ziel, gesunde Wassersysteme zu erhalten oder wiederherzustellen ...
f) Naturschutz und Landschaftspflege – mit dem Ziel, Natur und Landschaft zu schützen, zu pflegen und, soweit erforderlich, wiederherzustellen ...
g) Berglandwirtschaft – mit dem Ziel, ... die Bewirtschaftung der traditionellen Kulturlandschaften ... zu erhalten ...
h) Bergwald – mit dem Ziel der Erhaltung, Stärkung und Wiederherstellung der Waldfunktionen ...
i) Tourismus und Freizeit – mit dem Ziel, die Freizeitaktivitäten mit den ökologischen und sozialen Erfordernissen in Einklang zu bringen ...
j) Verkehr – mit dem Ziel, Belastungen und Risiken im Bereich des inneralpinen und alpenquerenden Verkehrs ... zu senken ...

171.1 Auswege zur Rettung der Alpen

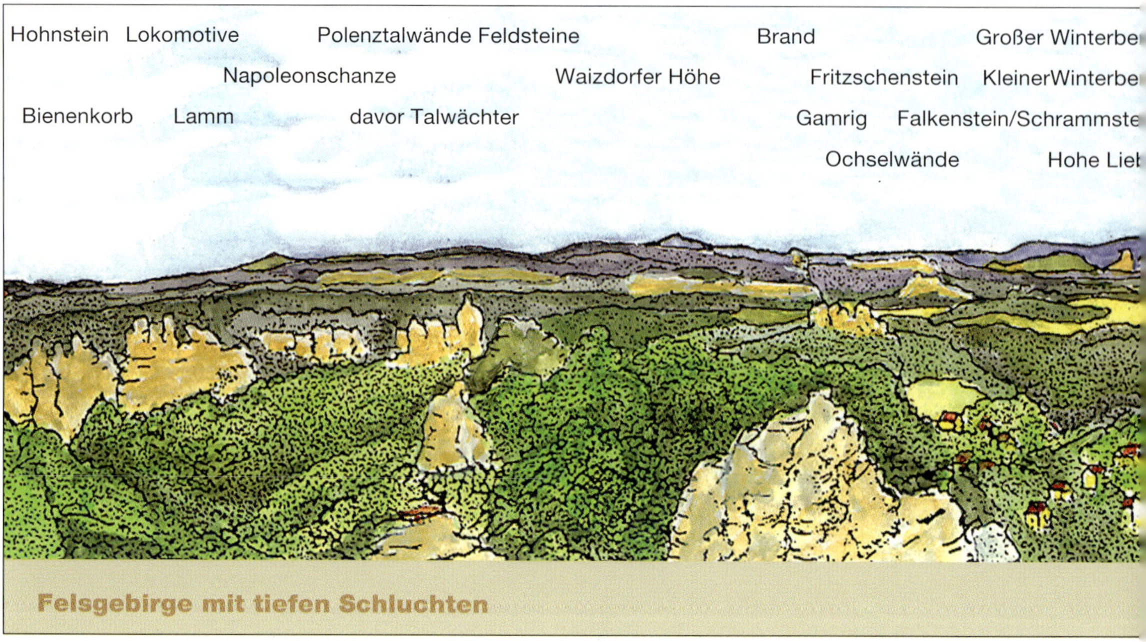

172.1 Die Landschaft des Elbsandsteingebirges

3. Nationalpark Sächsische Schweiz

Das Elbsandsteingebirge ist eine einzigartige Landschaft. Zwei Maler aus der Schweiz, die das Gebirge als Motiv für ihre künstlerische Tätigkeit wählten, gaben dem Gebirge den Namen Sächsische Schweiz, da sein Aussehen sie an ihre Heimat erinnerte.

Deutlich sind weitflächige Ebenheiten mit aufgesetzten Tafelbergen zu erkennen. Die Elbe und ihre Nebenflüsse haben stellenweise bizarre Felsgebiete geformt, indem sie tiefe steilwandige Schluchten eingeschnitten haben. Vor etwa 100 Millionen Jahren, in der Kreidezeit, haben sich mächtige Sandschichten in dem damals von einem Meer überfluteten Gebiet abgelagert. Im Laufe der Zeit, nachdem sich das Meer wieder zurückzog, verfestigten sich die Ablagerungen zu Sandstein. Durch die erosive Tätigkeit der Elbe und anderer Flüsse wurde dann diese einzigartige Landschaft weiter geformt.

Dieses Naturwunder wird jährlich von etwa 3 Mio Touristen besucht. Zu Feiertagen und in der Urlaubssaison gleichen die Wege oftmals Ameisenpfaden. Bis direkt an die Natursehenswürdigkeiten heran führen die Zufahrtswege. Die steilen Felswände locken viele Kletterer an, die hier ihr Hobby intensiv betreiben. Aufgrund der starken Belastungen entstand schon zeitig der Wunsch, dem Gebirge einen besonderen Schutzstatus zu geben. Die Sächsische Schweiz sollte nach den Vorstellungen breiter Bevölkerungskreise in den 50er Jahren der erste Nationalpark Deutschlands werden.

Diese Idee wurde jedoch erst mit der letzten DDR-Regierung im Jahre 1990 verwirklicht. Es gab bereits ein Landschaftsschutzgebiet. Darin richtete man zwei Nationalparkgebiete ein. Diese sind vorrangig in Staatsbesitz. Jegliche wirtschaftsbestimmte Nutzung ist hier untersagt. In Zukunft soll der Nationalpark auf böhmischer Seite durch ein drittes Gebiet erweitert werden.

1. Informiere dich darüber, was ein Nationalpark ist und wie man sich in ihm verhalten muß (s. S. 176 ff.).
2. Beschreibe die Lage der Sächsischen Schweiz (Mat. 173.1, Atlas).
3. Beschreibe die Oberflächenformen des Elbsandsteingebirges und erläutere ihre Entstehung (Mat. 172.1, Text).
4. Nenne Merkmale des Nationalparks Sächsische Schweiz (Mat. 172.1 und 173.1).

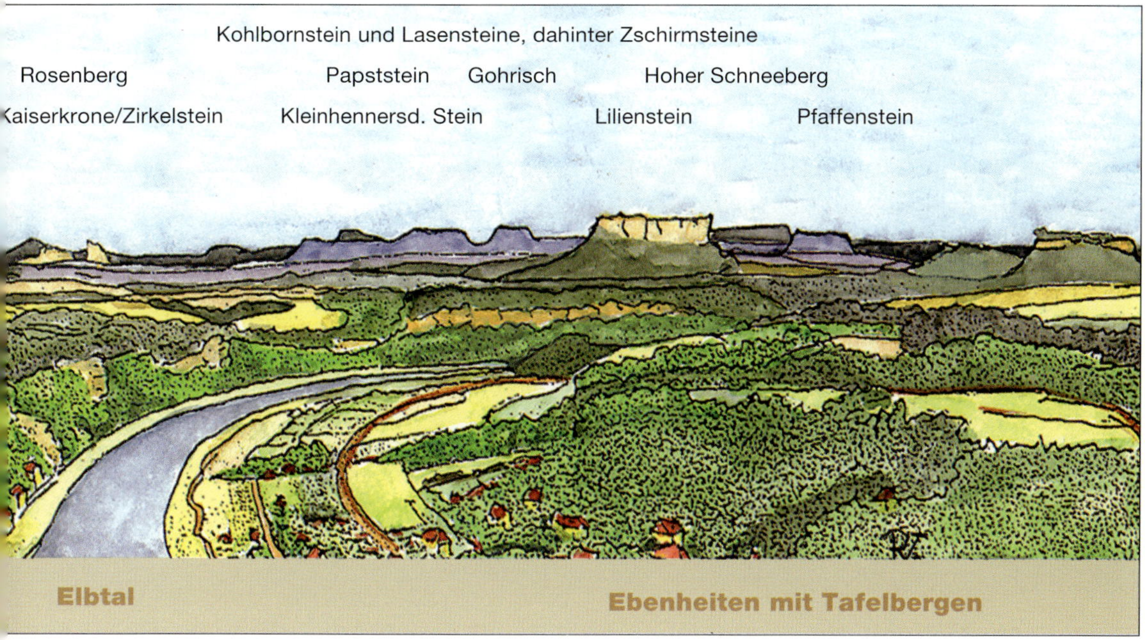

173.1 Nationalpark Sächsische Schweiz

174.1 Die Bastei

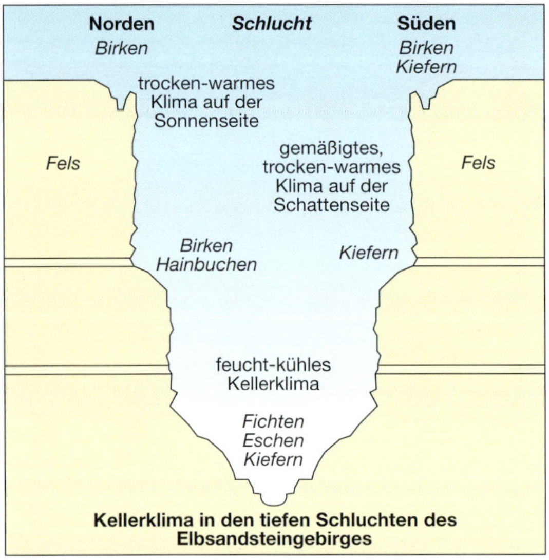

174.2 Kellerklima

174.3 Blick von der Burg Königstein ins Elbtal

Besonderheiten der Natur, die es zu bewahren gilt

Das Elbsandsteingebirge ist eine von Flüssen geschaffene Erosionslandschaft. Deutlich sind drei Stockwerke mit bedeutenden Höhenunterschieden bis zu 450 Metern auf engem Raum zu erkennen:

1. oberes Stockwerk mit Tafelbergen und Felsrevieren,
2. mittleres Stockwerk mit den Ebenheiten,
3. unteres Stockwerk der Täler, Gründe und Schluchten.

Neben den eckigen Sandsteintafelbergen wie dem Lilienstein und dem Königstein trifft man auch auf kegelförmige Berge, ehemalige Vulkane. Diese Berge hielten der Verwitterung und Abtragung durch die Elbe länger stand als ihre Umgebung. Imponierend sind die steilen Wände der Tafelberge. Am Fuße dieser Wände haben sich durch abgelagerten Gesteinsschutt mächtige Halden gebildet, die die Tafelberge umsäumen. Deutschlands größte Festung wurde auf einem dieser Tafelberge, dem Königstein, errichtet. Sie war früher für Feinde uneinnehmbar.

Eine Besonderheit haben die tiefen Schluchten aufzuweisen. Hier kommt es zu einer Temperaturumkehr, die als „Kellerklima" bezeichnet wird. Normalerweise nimmt die Temperatur mit zunehmender Höhe ab. In den Schluchten ist es umgekehrt. Da die Sonne nur den oberen Teil erwärmen kann, bleibt es im „Keller" der Schlucht auch im Sommer recht kühl. Das bedingt auch eine Umkehr der Höhenstufenabfolge der Vegetation. Die Pflanzen, die den kühlen Temperaturen noch standhalten, findet man nicht auf den höchsten Erhebungen der Felsreviere, sondern tief unten in den Schluchtgründen und Talmulden.

Majestätisch fließt die Elbe durch das von ihr geprägte Gebirge. Ihr Tal ist bis zu 250 Meter breit und stellt eine einzigartige Flußlandschaft dar. Das Elbtal ist gleichzeitig Siedlungs- und Verkehrsachse, die durch die Sächsische Schweiz führt. Parallel erfolgt hier der Transport auf Schiffen, der Eisenbahn und auf der Straße durch das Gebirge. Entlang der Elbe haben sich die Menschen in Städten und Dörfern angesiedelt. Die Zuflüsse der Elbe kommen aus engen, bis 150 Metern tiefen, canyonartigen Tälern und Schluchten.

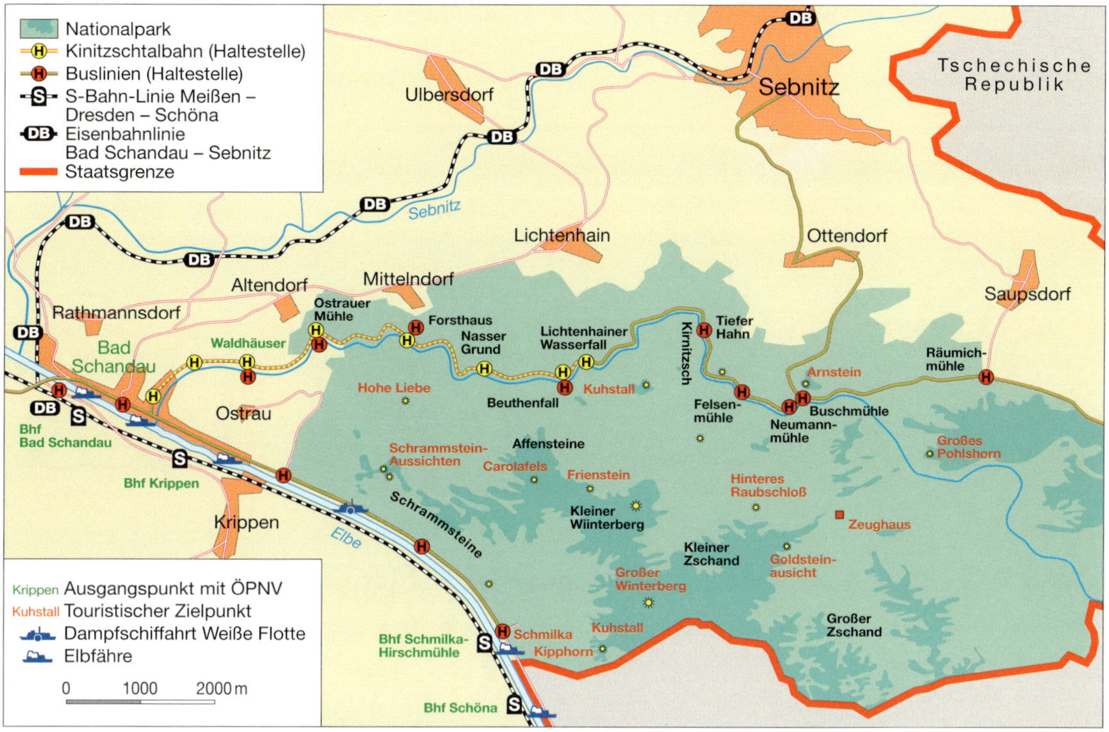

175.1 Anbindung des Nationalparks an das Nahverkehrsnetz

Der Nationalpark im Spannungsfeld zwischen Ökonomie und Ökologie

Nationalparks sind großflächige Schutzgebiete von nationaler und internationaler Bedeutung. In solchen Gebieten darf es keine wirtschaftsbedingte Nutzung geben, obwohl die großen Flächen auf den Ebenheiten sich zum Beispiel für die Anlage von Golfplätzen und den Bau großer Hotelkomplexe hervorragend eignen würden. Zumal die Nähe des Waldes, einer schönen Landschaft, das sportliche Betätigungsfeld für Wanderer, Jogger und Kletterer garantiert sind. Viele Investoren haben diesbezüglich schon Erkundigungen für ihre wirtschaftlichen Interessen eingeholt.

Mit dem Beschluß, in zwei der schönsten Gegenden der Sächsischen Schweiz den Nationalpark einzurichten, ist diesem unternehmerischen Treiben zum Schutze der Natur ein Riegel vorgeschoben worden. Trotzdem gibt es noch eine ganze Reihe anderer Probleme im Nationalpark:

- Wie bewältigt und lenkt man die Touristenströme?
- Wie kann es dabei zur Entflechtung von Erholung und Naturschutz kommen?
- Wie wird das Müllproblem des Massentourismus gelöst?
- Sollen die Touristen auch künftig mit ihrem Pkw in den Nationalpark fahren dürfen?
- Was gesteht man weiterhin den Kletterern zu?

Für all diese Fragen müssen in den nächsten Jahren Lösungen gefunden und in die Tat umgesetzt werden. Dafür sind jedoch viel Geld und viele Helfer notwendig. Es muß sich aber vor allem ein Wandel im Bewußtsein der Menschen vollziehen. Sie müßten auf Bequemlichkeiten und Abenteuer verzichten, um die Natur zu schonen.

In Zukunft wird auch an einen grenzüberschreitenden Schutz der Natur gedacht, indem ein weiterer Teil des Elbsandsteingebirges im böhmischen Gebiet zum Nationalpark erklärt werden soll. Dieses Vorhaben verringert die Probleme und Aufgaben keinesfalls (vgl. S. 76 ff.).

5. Beschreibe Besonderheiten der Natur in der Sächsischen Schweiz (Mat. 174.1–3).
6. Erkläre den Begriff „Kellerklima" (Mat. 174.2).
7. Erläutere die ökologischen Probleme in den Nationalparkgebieten. Berücksichtige dabei die Verkehrsproblematik (Mat. 175.1).

Aktionsseiten: Wir erkunden einen Nationalpark

Exkursions- und Erkundungsbogen zum Thema: Natur im Nationalpark

Aufgabe: Erforsche, wie sich die Vegetation den Reliefformen im Elbsandsteingebirge angepaßt hat. Stelle deine Ergebnisse zeichnerisch dar.

176.1 Skizze zur Übereinstimmung von Relief und Vegetation

Aufgabe: Erkundige dich nach seltenen Pflanzen und Tieren im Nationalpark, die zu schützen sind.

Bedeutsame Pflanzen:

Tannenbärlapp	2	Gemeine Krähenbeere	
Dorniger Schildfarn	2	Waldgeißbart	
Weißtanne	1	Waldläusekraut	2
Flutender Wasserhahnenfuß	2	Krauses Greiskraut	2
Gelbes Veilchen	4	Stengelumfassender Knotenfuß	2
Neunblättrige Zahnwurz		Waldgerste	
Sumpfporst	3		
Echte Bärentraube	1		

Bedeutsame Tiere:

Luchs	0	Sperlingskauz	2
Fischotter	1	Rauhfußkauz	3
Wasserspitzmaus	3	Eisvogel	2
Gartenschläfer	4	Schwarzspecht	
Siebenschläfer	3	Grauspecht	
Haselmaus	3	Wasseramsel	2
Schwarzstorch	1	Zwergschnäpper	4
Wanderfalke	0	Halsbandschnäpper	4
Waldschnepfe		Dohle	3
Uhu	1	Fledermaus	2

0 – Ausgestorben, 1 – Vom Aussterben bedroht, 2 – Stark gefährdet, 3 – Gefährdet, 4 – in Zukunft gefährdet

176.2 Bedeutsame Pflanzen und Tiere im Nationalpark

Exkursions- und Erkundungsbogen zum Thema: Probleme im Nationalpark

Aufgabe: Erkunde einen Nationalpark deiner Wahl. Erstelle dazu einen Erkundungsbogen nach dem Beispiel dieser Aktionsseite.

Siedlungsstandorte:
- Siedlung Waitzdorf (Ortsteil der Gemeinde Hohnstein) mit etwa 40 Einwohnern
- mehrere ganzjährig bewohnte Einzelgebäude

Nutzung:
- ursprünglicher natürlicher Buchen-Tannen-Eichen-Wald mit Kiefern, Birken und Fichten durch jahrhundertlangen menschlichen Einfluß grundlegend verändert
- heute dominieren auf dem Großteil der Fläche künstliche Forstgesellschaften (vorrangig Fichten)
- neben dem Staatsbesitz werden 14 Prozent der Gesamtfläche durch die anliegenden Landkreise und privat genutzt.

Verkehrswege:
- 29,6 Kilometer öffentliches Straßennetz
- dichtes Wegenetz zur Nutzung durch Touristen und Forstwirtschaftsfahrzeuge bestimmt
- Belastungsgrenze des Tourismus zeitweise in der Hauptsaison erreicht bzw. überschritten (u. a. durch Pkw, Lärm, Abgase)
- deshalb Errichtung eines großen Parkplatzes am Rande des Nationalparks und Einrichtung eines Pendelbusverkehrs zu den – Sehenswürdigkeiten
- weiterer Ausbau und Kennzeichnung von Wanderwegen

177.1 Siedeln, Wirtschaften und Verkehr

Belastungsgrenze des Tourismus zeitweise in der Hauptsaison erreicht

- Wegwerfen von Gegenständen schadet Pflanzen u. Tieren. Einige Verwitterungszeiten von Abfällen

– Papier	2 – 5	Monate
– Zigarettenstummel	10 – 12	Jahre
– Plastikbeutel	10 – 20	Jahre
– Plastikflasche	50 – 80	Jahre
– Aluminiumfolie	80 – 100	Jahre
– geschäumter Kunststoff	nie	

- seit 130 Jahren ist die Sächsische Schweiz ein Klettergebiet (11 Gipfel mit 14 000 Aufstiegsmöglichkeiten aller Schwierigkeitsgrade), zwei Drittel davon im Nationalpark
- Einschränkungen der Klettersportmöglichkeiten unbedingt notwendig
- zur Überwachung der Nationalparkordnung arbeitet die Nationalparkwacht mit vielen freiwilligen Helfern zusammen
- Erstellung von Bildungsprogrammen und Führungen durch die Nationalparkwacht, z. B.:

- Botanische Wanderungen
- Vogelstimmenwanderungen
- Waldkundliche Wanderungen
- Klettern und Naturschutz
- Aktion Sauberes Gebirge
- Naturreservat oder Rummelplatz?
- Spieletreff Nationalpark
- Natur erleben

177.3 Problem Massen- und Klettertourismus

Was darf ich tun ... in einem Nationalpark

- lauschen, lernen, spielen, malen, nachdenken
- die Natur genießen
- Felsen betasten
- fotografieren
- den Wald erleben
- Tiere beobachten
- allein mit sich und der Natur sein
- Tonbandaufzeichnungen machen
- Felsbildungen bestaunen
- auf Vogelstimmen lauschen
- die gute Waldluft atmen
- sich erholen
- wandern
- diskutieren

Was darf ich nicht tun ... in einem Nationalpark

- Steine werfen
- an Felsen malen und schreiben
- markierte Wege verlassen
- Steine abbrechen und sammeln
- das Echo ausprobieren
- auf Felsen klettern
- Abfälle wegwerfen
- Hunde frei laufen lassen
- Wege abkürzen
- überall parken
- Nachtwanderungen machen
- Flaschen wegwerfen
- Beeren pflücken
- Pilze sammeln
- Pflanzen abreißen
- Tierspuren verfolgen
- rauchen
- an steilen Hängen herumkraxeln
- lärmen
- angeln

177.2 Verhaltensregeln im Nationalpark

Übersicht: Nationalparks mit internationalem Schutzstatus in Europa

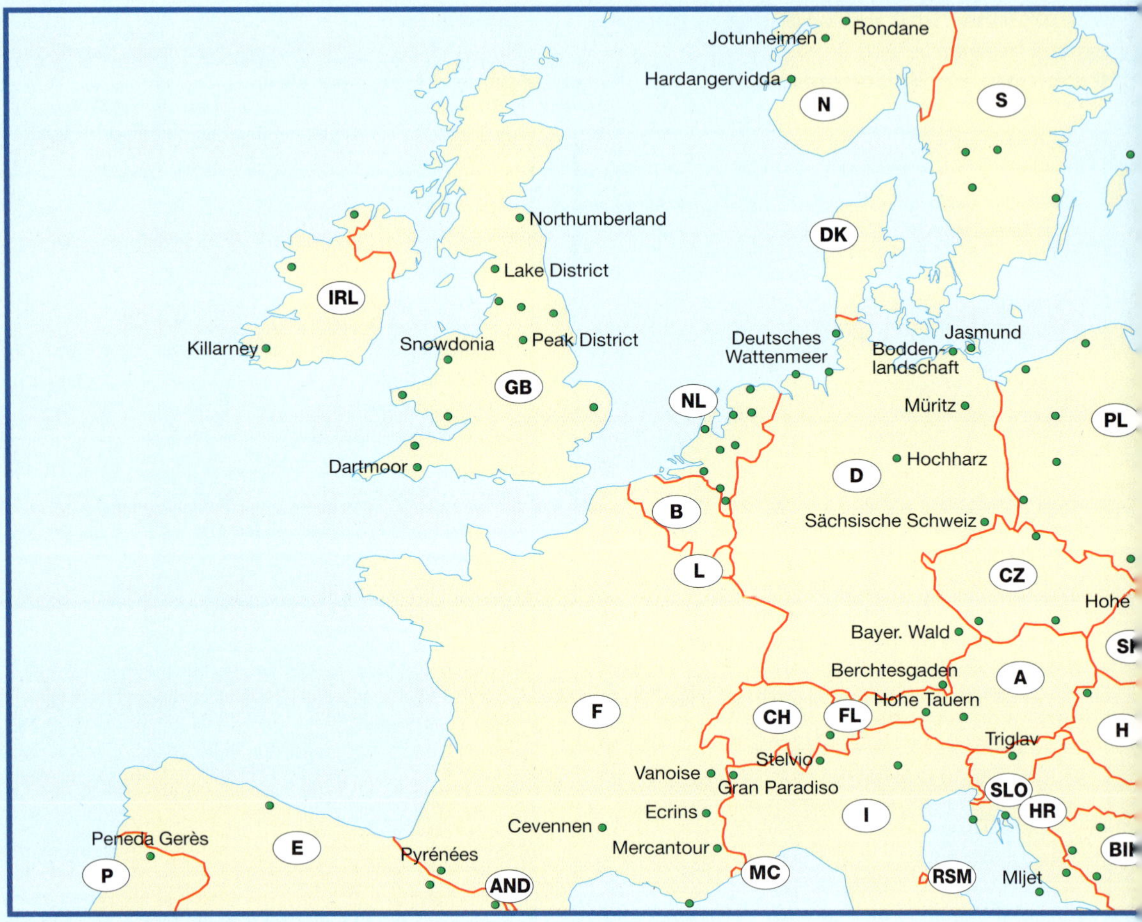

178.1 Nationalparks mit internationalem Schutzstatus 1995

Dies sind zusammenhängende Flächen, die zur Erhaltung der ökologischen Vielfalt und eines ausgeglichenen Naturhaushaltes dienen sollen. Ihr Erholungswert oder ihr besonderes Landschaftsbild soll gegen Veränderungen, die der Mensch verursacht, wie z. B. Abholzung, Aufforstung oder Industrialisierung, geschützt werden. Land- und forstwirtschaftliche Nutzung sind erlaubt.
Ausgangspunkt ist eine landschaftspflegerische Absicht; diese richtet sich auf einen Ausgleich zwischen den Leistungs- und Belastungsmöglichkeiten der Natur. Dabei kommen einer naturgemäßen und menschenwürdigen Umwelt existentielle Funktionen (Lebenserhaltung, Gesundheit), soziale Funktionen (Erholung, zwischenmenschlicher Kontakt) und ästhetische Funktionen (Erlebnis der Natur und ihrer Schönheit) zu.

178.2 Landschaftsschutzgebiete

Naturparks sind großräumige Landschaften, die Rechtsschutz genießen; sie werden nach den Grundsätzen der Landschaftspflege behandelt. Sie erfüllen eine doppelte Aufgabe: Zum einen sollen sie überwiegend aus Landschafts- oder Naturschutzgebieten bestehen; zum anderen sollen sie sich aber gleichzeitig wegen ihrer landschaftlichen Voraussetzungen für die Erholung besonders eignen. Sie haben also die Aufgabe, den Schutz und Erhalt der Kulturlandschaften mit Arten- und Biotopenvielfalt sicherzustellen und gleichzeitig naturverträgliche Erholung zu ermöglichen.
Im Bundesnaturschutzgesetz sind die Ziele der deutschen Naturparkarbeit festgelegt: Planung, Gliederung, Entwicklung und Erschließung von Naturparks gehören ebenso zur Naturparkarbeit wie deren Schutz und Pflege.

178.3 Naturparks

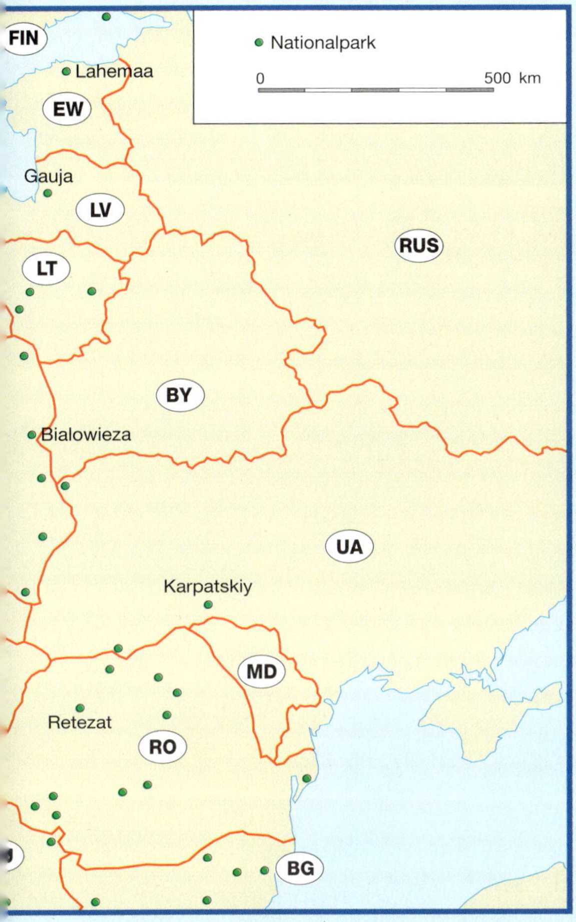

Nach der in den USA 1872 entstandenen Idee dürften als Nationalparks nur solche Schutzgebiete anerkannt werden, in denen jegliche Nutzung ausgeschlossen ist. Sie sollen möglichst so groß sein, daß sich ihr Komplex an Ökosystemen im biologischen Gleichgewicht erhalten kann. Tier- und Pflanzenarten müssen von besonderem Wert für Wissenschaft, Bildung und Erholung sein. Da jedoch in Europa Nationalparks erst im Laufe des 20. Jahrhunderts gegründet wurden, gibt es die völlig naturbelassenen Nationalparks hier nicht. Der jeweilige Staat verpflichtet sich jedoch, dieses Gebiet wirkungsvoll gegen künftige wirtschaftliche Nutzung zu sichern.

Nationalparks sind allgemein zugänglich. Hiervon ausgenommen sind lediglich Sonderschutzgebiete von außerordentlichem biologischen Wert. Die Gründung eines Nationalparks bedingt, daß eine Entscheidung im Nutzungskonflikt zwischen Ökologie und Ökonomie gefallen ist.

1. Nenne und lokalisiere die deutschen und einige europäische Nationalparks (Mat. 178.1).
2. Welche Landschaften sollen unter Schutz gestellt werden? Ziehe den Atlas hinzu.
3. Zu wessen Schutz sind Natur- bzw. Nationalparks eingerichtet worden?
4. Worin unterscheiden sich Naturpark, Nationalpark, Naturschutzgebiet und Biosphärenreservat? Was sind ihre Gemeinsamkeiten? Erstelle hierzu eine tabellarische Übersicht.

Durch das Ausweisen von Naturschutzgebieten sollen gefährdete bzw. gegen Eingriffe besonders empfindliche Landschaften oder Landschaftsteile erhalten werden. Hierbei handelt es sich um Räume, in denen die Natur in ihrer Ganzheit oder in einzelnen ihrer Teile aus wissenschaftlichen, landschaftsökologischen, bisweilen auch geschichtlichen, heimat- oder volkskundlichen Gründen oder wegen ihrer Schönheit und Eigenart geschützt wird. Sämtliche Nutzungen und Eingriffe sind in Naturschutzgebieten grundsätzlich verboten; hiervon ausgenommen sind lediglich notwendige und behördlich genehmigte Pflegemaßnahmen wie z. B. die Reduzierung des Wildbestandes. Ziel ist es, entweder den jeweiligen Zustand des Gebietes zu erhalten oder seine natürliche Entwicklung sich selbst zu überlassen.

179.1 Naturschutzgebiete

Der Gedanke des Kulturlandschaftsschutzes ist eng mit Biosphärenreservaten verbunden. Ein solches Reservat gliedert sich in eine streng geschützte „Kernzone", an die sich die „Pufferzone" anschließt, in der extensive Landnutzung erlaubt ist. Den äußeren Bereich bildet die „Übergangszone", in der intensiv, aber umweltverträglich gewirtschaftet werden darf. Diese Zone entspricht in etwa den Landschaftsschutzgebieten.
Mit der Einrichtung des Biosphärenreservats sind vorrangig wissenschaftliche Zielsetzungen verbunden: Jedes Reservat soll mindestens ein repräsentatives Beispiel eines natürlichen Ökosystems aufweisen.
In das angestrebte Prozeßgleichgewicht soll aber auch der Mensch als Besiedler, Besitzer, Nutzer und Gestalter miteinbezogen werden.

179.2 Biosphärenreservate

RAUMANALYSE: Wir untersuchen die Wasserver- und -entsorgung in Dortmund und im Ruhrgebiet

Auf den folgenden Seiten wirst du einen Raum in Nordrhein-Westfalen unter einer Leitfrage untersuchen: „Wie kann ein Verdichtungsraum seine Wasserversorgung sicherstellen?“ Du wirst bei dieser Untersuchung erarbeiten, wie die Bedürfnisse unserer Industriegesellschaft und eigene – fast schon selbstverständlich gewordene – Ansprüche und Gewohnheiten sich auf den Landschaftshaushalt einer ganzen Region auswirken und wie die Menschen in gemeinsamer Anstrengung versuchen müssen, mögliche Schäden an der Natur zu verhindern.

In den bisherigen Kapiteln hast du verschiedene Regionen in Deutschland und Europa mit ihren unterschiedlichen Strukturen und Problemen kennengelernt. Dadurch hast du Erkenntnisse gewonnen, die dir helfen, die vielfältigen Beziehungen in Europa und zwischen der EU und anderen Regionen in der Welt besser zu verstehen. Die eine oder andere dieser Fragen wird sicherlich auch für deinen Wohn- oder Schulort von Bedeutung sein.

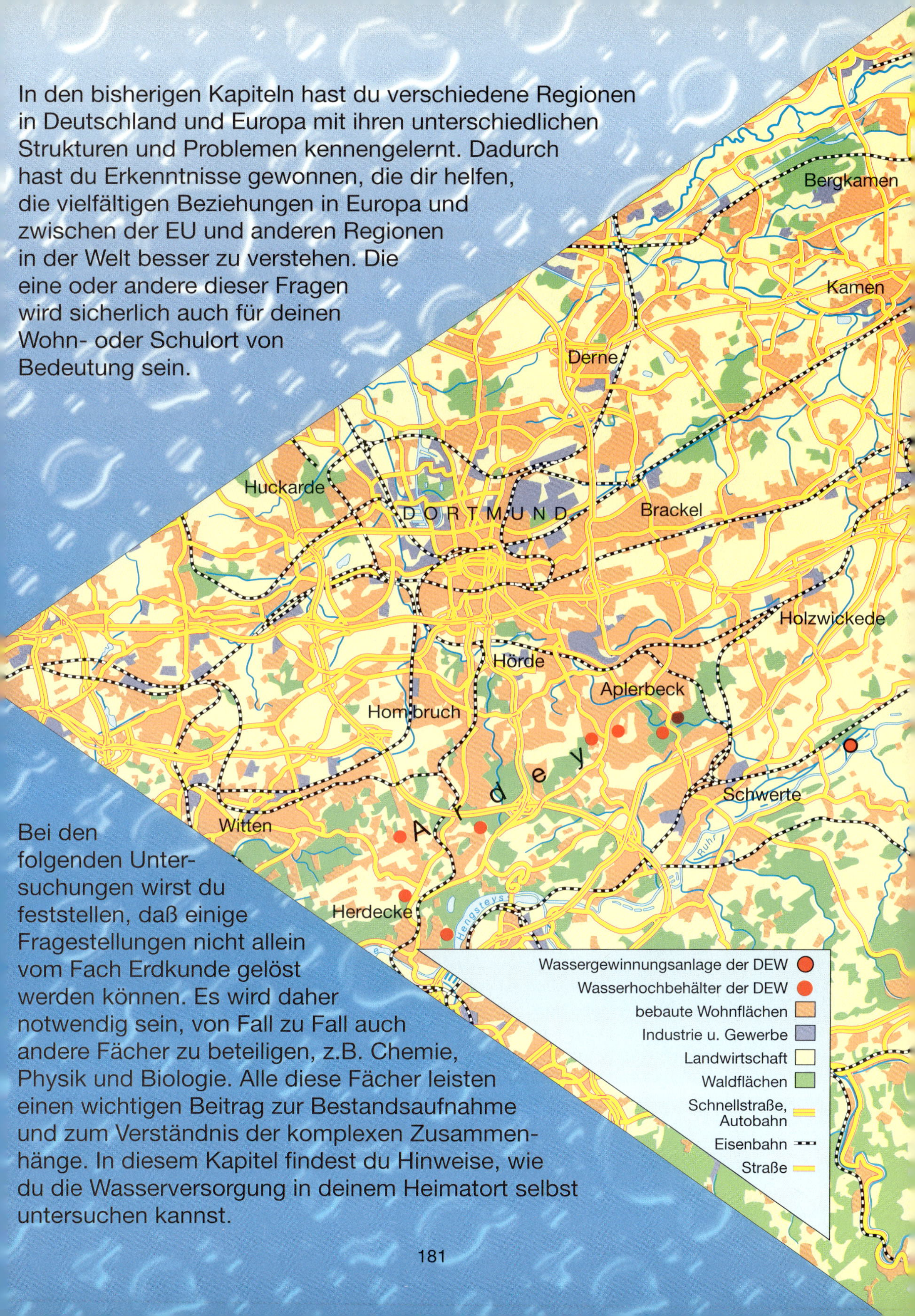

Bei den folgenden Untersuchungen wirst du feststellen, daß einige Fragestellungen nicht allein vom Fach Erdkunde gelöst werden können. Es wird daher notwendig sein, von Fall zu Fall auch andere Fächer zu beteiligen, z.B. Chemie, Physik und Biologie. Alle diese Fächer leisten einen wichtigen Beitrag zur Bestandsaufnahme und zum Verständnis der komplexen Zusammenhänge. In diesem Kapitel findest du Hinweise, wie du die Wasserversorgung in deinem Heimatort selbst untersuchen kannst.

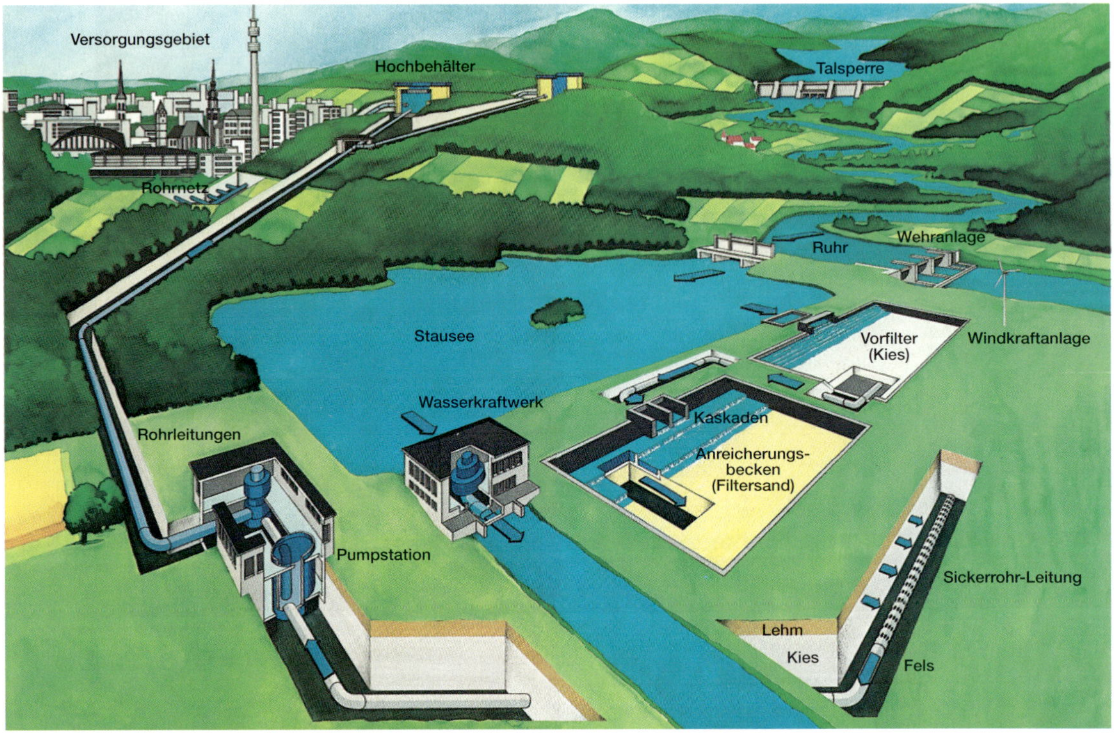

182.1 Wassergewinnung im Ruhrtal

Die Klasse 9b des Stadtgymnasiums besucht mit ihrer Erdkundelehrerin die Wassergewinnungsanlage in Schwerte-Geisecke. Herr Heimeier von der Dortmunder Energie- und Wasserversorgung GmbH (DEW) erläutert: „Jeden Tag benötigen die rund 600 000 Einwohner der Stadt Dortmund etwa 225 Millionen Liter Trinkwasser. Morgens, wenn die Menschen aufstehen, sich waschen und Kaffee kochen, wird mehr Wasser verbraucht als am Nachmittag, an einem heißen Sommertag mehr als an einem kalten Wintertag. Die Wasserbevorratung muß so dimensioniert sein, daß auch zu Spitzenzeiten des Verbrauchs genügend Wasser aus dem Hahn fließt. Um den Trinkwasserbedarf langfristig zu sichern, haben die Stadtwerke Dortmund ein ca. 12 km² großes Gebiet im südlich der Stadt gelegenen Ruhrtal erworben. Dort wird in einer Trinkwassergewinnungsanlage Ruhrwasser zur Grundwasseranreicherung entnommen. Es wird zunächst in ein Absetzbecken geleitet, wo sich Schwebstoffe und Sedimente des Flußwassers ablagern. Danach läuft das Wasser über Kaskaden, die in etwa wie Treppen aussehen, in ein mit Kies gefülltes Vorfilterbecken. Beim Passieren der Kaskaden nimmt das Wasser Sauerstoff auf, den die im Filter befindlichen Mikroorganismen zum Leben brauchen. Die Mikroorganismen sind Kleinstlebewesen, die sich von den Verunreinigungen im Wasser ernähren und somit das Wasser von Schadstoffen befreien. Vom Vorfilterbecken gelangt das Wasser über weitere Kaskaden ins Hauptfilterbecken. Hier sickert es durch eine 50–70 cm dicke Sandschicht in das im Flußschotter befindliche Grundwasser ein. Dort liegt in ca. 6–8 m Tiefe die Sickerleitung, die das Wasser aufnimmt und zur Pumpstation führt. Auf diese Weise bekommen wir aus dem angereicherten Grundwasser ein Trinkwasser bester Qualität.

Mit der Trinkwasserbereitung ist es jedoch nicht getan. Vom Ruhrtal muß das Wasser in die Haushalte gebracht werden. Die Stadt Dortmund ist in der günstigen Lage, daß das Wasser nur auf den südlich der Stadt gelegenen Ardeyrücken gepumpt werden muß. Von dort aus fließt es nach dem Prinzip der Schwerkraft sozusagen von alleine mit ausreichendem Druck in die Haushalte. Auf dem Ardeyrücken stehen daher auch unsere acht Hochbehälter."

182.2 Besuch in der Trinkwassergewinnungsanlage

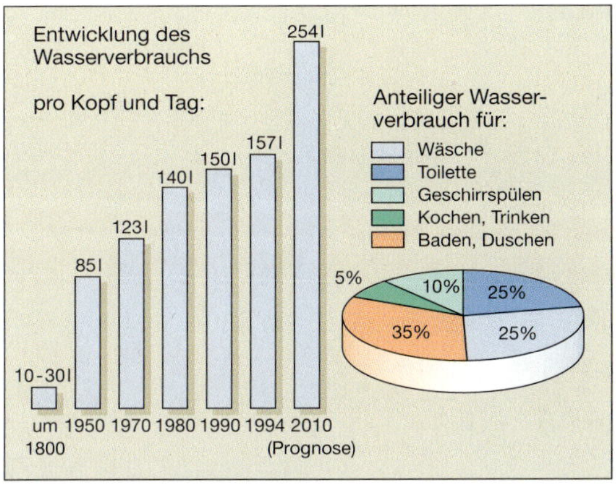

183.1 Wasserverbrauch

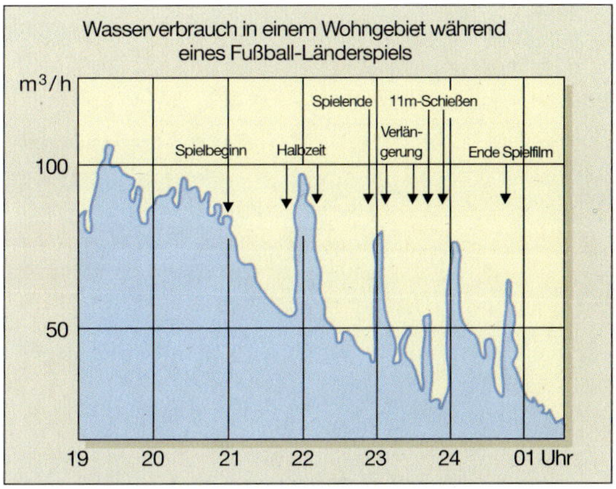

183.2 Schwankungen im Wasserverbrauch

1. Ein Verdichtungsraum braucht viel Wasser

Es gibt verschiedene Möglichkeiten, Trinkwasser zu gewinnen. Die am weitesten verbreitete ist die **Trinkwassergewinnung** aus **Grundwasser**. In der Regel ist Grundwasser so sauber, daß es nur wenig aufbereitet werden muß. In Verdichtungsräumen oder in Großstädten reicht die Grundwasserentnahme nicht aus; deshalb verwendet man künstlich **angereichertes Grundwasser**. In der Nähe größerer Flüsse wird Wasser aus dem **Uferfiltrat** entnommen. Dabei handelt es sich um Flußwasser, das in die Kies- und Sandschichten im Uferbereich eingesickert ist. In Bergländern kann häufig **Quellwasser** verwendet werden, das einen hohen Reinheitsgrad aufweist. Schließlich wird Flüssen, Talsperren und Seen auch **Oberflächenwasser** direkt entnommen. Da Oberflächenwasser oft durch Schadstoffe belastet ist, sind aufwendige Reinigungsverfahren notwendig.

1. Erläutere die Trinkwassergewinnung im Ruhrtal und lokalisiere die Anlagen zur Wasserversorgung von Dortmund (Mat. 181.1,182.1 u. 2).
2. Erläutere den Wasserverbrauch der Privathaushalte sowie die Entwicklung des Wasserverbrauchs pro Kopf. Befrage dazu auch deine Eltern und Großeltern nach früheren Gewohnheiten beim Wasserverbrauch und vergleiche mit heute (Mat. 183.1 u. 2).
3. Untersuche die Wasserversorgung in deinem Wohnort und vergleiche mit Dortmund. Benutze dazu die Hinweise in Material 183.3.

Wasserversorgung in meinem Wohnort

Ort: ....
Einwohnerzahl: ....

Fragen an das Wasserwerk:

Art der Wassergewinnung:
☐ Grundwasser ☐ Angereichertes Grundwasser
☐ Brunnenwasser
☐ Aufbereitetes Oberflächenwasser

aus ☐ Talsperre ....
aus ☐ See ....
aus ☐ Fluß ....

Härtegrad: ....
Standorte von Hochbehältern: ....
Leitungsnetz (in km): ....
Wasserverbrauch insgesamt: ....
Wasserverbrauch je Einwohner: ....

Informationen, die du im Fach Chemie bearbeiten kannst
Wasseranalyse:
Nitratgehalt ....
Nitritgehalt ....
Chloridgehalt ....
(weitere Stoffe) ....

Erkundige dich nach den aktuellen Grenzwerten der Trinkwasserverordnung!

183.3 Fragebogen Wasserversorgung

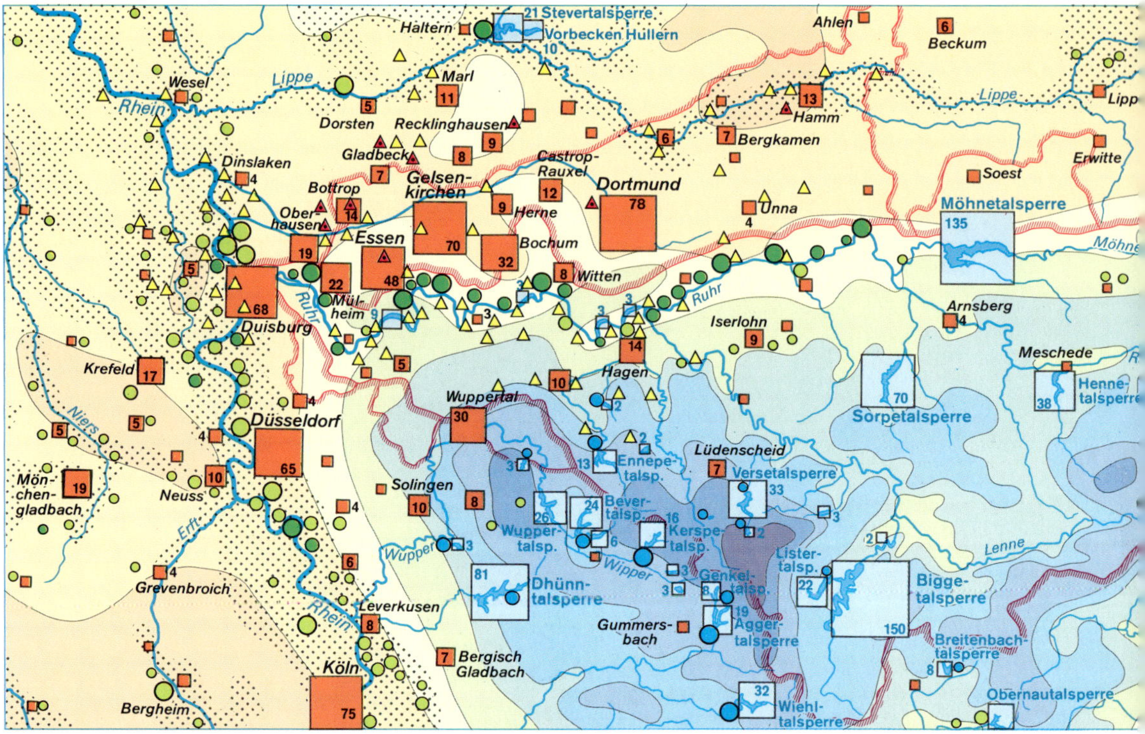

184.1 Wasserversorgung und -entsorgung im Ruhrgebiet

Das Ruhrgebiet kann sich nicht selbst versorgen

Nicht nur private Haushalte müssen mit Wasser versorgt werden, sondern auch Gewerbe- und Industriebetriebe. Diese haben z. T. einen sehr hohen Verbrauch. Für die Produktion von Waren werden z. B. folgende Wassermengen benötigt:

1 Liter Benzin .... 50 Liter
1 kg Zucker .... 40 Liter
1 kg Farbe .... 150 Liter
1 kg Papier .... 300 Liter
1 kg Stahl .... 1000 Liter
1 Auto (incl. aller Rohstoffe) ...... 300 000 Liter

Auch öffentliche Einrichtungen wie z. B. Schwimmbäder und die Straßenreinigung benötigen Wasser. Zählt man ihren Verbrauch sowie den der Industrie und der Privathaushalte zusammen, so ergibt sich insgesamt im Durchschnitt ein täglicher Wasserverbrauch von 740 Liter pro Person.

Das Ruhrgebiet ist Deutschlands größter Verdichtungsraum bezüglich der Einwohnerzahl und der Zahl der Industrie- und Gewerbebetriebe. Deshalb hat das Ruhrgebiet auch einen sehr hohen Wasserbedarf. Schon um die Jahrhundertwende war deutlich geworden, daß die Wasserver- und -entsorgung bei solchen Dimensionen nicht mehr von einzelnen Gemeinden zu leisten war. Darum wurden per Gesetz genossenschaftliche **Wasserverbände** geschaffen und ihnen die Aufgaben der Wasserbeschaffung und Abwasserbeseitigung übertragen. Der Arbeitsbereich der Verbände entspricht im Ruhrgebiet in etwa den Einzugsgebieten der Flüsse Lippe, Emscher und Ruhr. Weil sich Bedarf und Wasserdargebot in den einzelnen Gebieten nicht decken, ist es zu einer Verbundwirtschaft gekommen, bei der die drei Ruhrgebietsflüsse unterschiedliche Aufgaben erfüllen. Die Lippe, deren Wasser leicht salzhaltig ist, liefert Brauchwasser für die Industrie und Kühlwasser für Kraftwerke. Außerdem wird der Wasserstand der Schiffahrtskanäle mit Hilfe von Lippewasser auf gleichem Niveau gehalten. Die Emscher sammelt die Abwässer der Region und leitet sie ab. Die Ruhr sorgt schließlich für die Trinkwasserversorgung. Um in Zeiten mit geringem Niederschlag und geringem Abfluß Wasser liefern zu können, wurden im Einzugsbereich der Ruhr Talsperren errichtet, die den Wasserüberschuß während niederschlagsreicher Perioden speichern.

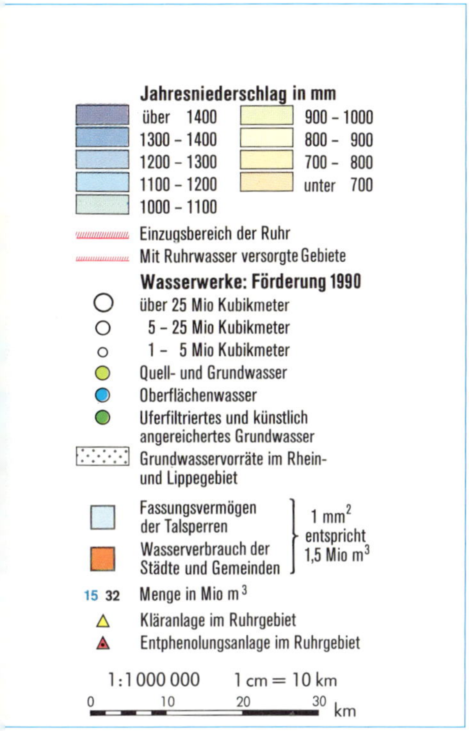

	km²	tsd. Einw.		km²	tsd. Einw.
Ruhrverband Ruhrtalsperrenverein	4488	2105	Niersverband	1305	645
Emscher-genossenschaft	865	2536	Großer Erftverband	2689	1513
Lippeverband	2780	1267	Aggerverband	1100	314
Wupperverband	835	971	Bergisch-Rheinischer Wasserverband	551	648
Linksniederrheinische Entw. Genossenschaft	968	450	Wahnbachtal-sperrenverband	930	525
			Talsperrenverband Eifel-Rur	2100	941

185.1 Wasserwirtschaftsverbände in Nordrhein-Westfalen

4. Stelle mit Hilfe einer Wirtschaftskarte im Atlas fest, welche Industrien im Ruhrgebiet ansässig sind und ob sie viel Wasser für die Herstellung ihrer Produkte benötigen (Text).

5. Untersuche die Niederschlagsverhältnisse im Ruhrgebiet und im Sauerland (Mat. 184.1) und stelle deren Bedeutung für die Wasserversorgung des Ruhrgebiets dar.

6. Erläutere die Bedeutung der Ruhr und der Talsperren für die Wasserversorgung des Ruhrgebiets (Mat. 184.1, Text).

7. Erläutere die unterschiedlichen Nutzungsmöglichkeiten der Talsperren (Mat. 184.1 und 185.2).

8. Berichte über Ziele und Aufgaben der Wasserwirtschaftsverbände (Mat. 185.1, Text).

9. Erläutere die „Aufgaben" der Flüsse im Ruhrgebiet (Text, Atlas).

10. „Wasserversorgung und Abwasserentsorgung sind in einem großen Verdichtungsraum Gemeinschaftsaufgaben ersten Ranges". Erläutere diesen Satz (Mat. 184.1 und 185.1, Text).

11. „Die Maßnahmen zur Wasserversorgung haben eine große Raumwirksamkeit". Nimm Stellung.

185.2 Möhne-Talsperre

Eigenschaften

Wasser ist ein wichtiges Lösungsmittel. Es enthält z. B. Mineralien, die Lebewesen dringend brauchen, aber auch giftige Stoffe.
Ohne Wasser gäbe es kein Leben auf der Erde. Menschen, Tiere und Pflanzen bestehen zu einem großen Teil (bis zu 99%) aus Wasser. Ohne Wasser kann der Stoffwechsel nicht „funktionieren“. Da die Lebewesen mit dem Stoffwechsel Wasser ausscheiden, muß es ständig ergänzt werden.

Nutzung des Wassers

Trinkwasser: Als Lebensmittel in der Nahrung (z. B. in Getränken und in Speisen), zum Kochen, zum Waschen und Reinigen, zur Hygiene und zur Gartenpflege

Brauchwasser: Industrie, Gewerbe, Landwirtschaft (Brauchwasser und Bewässerungswasser)

Kühlwasser: Wärmekraftwerke, Hochöfen und verschiedene Industriezweige

Energiegewinnung: Wasserkraftwerke

Abfallträger: Kanalisation, industrielle Abwässer

Verkehrsträger: Schiffahrt, Flößerei

Freizeit/Erholung: Baden, Wassersport, Landschaftselement

Lebensraum: Pflanzen und Tiere

Nahrungsmittelproduzent: z. B. Fisch- und Muschelzucht, Algenzucht.

Trinkwasser

Wasser, das aufgrund seiner Qualität für die Aufnahme durch den menschlichen Organismus geeignet ist. Es soll kühl, appetitlich, klar, farb- und geruchlos sowie frei von Krankheitserregern sein. In der Trinkwasserverordnung sind u.a. Grenzwerte für Schadstoffe festgelegt.

Wasserbelastung am Beispiel einiger Schadstoffe

Schadstoffe	Herkunft	Gefahren
Quecksilber	Papierindustrie, Plastikproduktion, Soda- und Düngemittelherstellung	Anreicherung im Nervensystem, Bewegungs- und Sprachstörungen
Cadmium	Erdölraffinerien, Petrochemie, Batterieherstellung	Schädigung des Knochenmarks, Skelettveränderungen
Phosphate/ Nitrate Chlorid	Landwirtschaft, Waschmittel, Kalibergbau, Sodaherstellung	Entkalkung des Körpers, Krebsbildung, Beeinträchtigung von Trink- und Bewässerungswasser

186.1 Wasser – ein kostbares Gut

2. Trinkwasser – ein kostbares Gut

Der Mensch kann ohne feste Nahrung einige Wochen auskommen, ohne Wasser aber nur wenige Tage. Der menschliche Körper braucht täglich etwa 2,5 bis 3 Liter Wasser, bei starker körperlicher Arbeit oder bei großer Hitze kann der Bedarf auf das Fünffache steigen.

Weil das Wasser somit als das wichtigste „Grundnahrungsmittel“ gelten kann, muß gewährleistet sein, daß es keine schädlichen Stoffe enthält. Die Anforderungen an das Trinkwasser sind daher besonders streng. Um die Reinheit des Trinkwassers zu garantieren, hat die Bundesregierung eine **Trinkwasserverordnung** erlassen.

„Sie enthält Bestimmungen über die Beschaffenheit des Trinkwassers, die Pflichten des Betreibers einer Wasserversorgungsanlage und die Überwachung durch die Gesundheitsämter. Außerdem sind in der Verordnung Grenzwerte für gesundheitsschädliche Stoffe (z. B. für Schwermetalle, Nitrate, organische Verbindungen) und Krankheitserreger festgeschrieben.“

(aus: Umweltbundesamt: Ohne Wasser läuft nichts! Berlin 1993)

Zusätzlich gelten die vom Rat der EG erlassenen Richtlinien zum Gewässerschutz und zur Wasserwirtschaft, die für eine Reihe von Schadstoffen sehr niedrige Grenzwerte festschreiben. Die Werte sind so bemessen, daß nach gegenwärtigem Stand der Wissenschaft die Gesundheit des Menschen auch bei lebenslangem Trinkwassergenuß nicht geschädigt werden kann.

Da das meiste Trinkwasser in Deutschland aus natürlichem oder angereichertem Grundwasser gewonnen wird, ist die Versorgung mit einwandfreiem Trinkwasser nur möglich, wenn das Grundwasser dauerhaft geschützt wird.

„Die hohe Bevölkerungsdichte und die intensive wirtschaftliche Tätigkeit haben zu Grundwasserbelastungen geführt, die nur mit großem Aufwand und in extrem langen Zeiten rückgängig gemacht werden können, soweit dies überhaupt möglich ist. Belastungsquellen sind:

- *Unfälle beim Umgang mit wassergefährdenden Stoffen,*
- *Auswaschung von Düngemitteln und Pflanzenschutzmitteln infolge der intensiven landwirtschaftlichen Bodennutzung,*

- *Eintrag von Luftschadstoffen mit Niederschlägen,*
- *Abwassereinleitungen aus undichten Kanalisationen.*

In Baden-Württemberg mußten in den vergangenen 12 Jahren 380 Trinkwasserbrunnen stillgelegt werden. Die Hälfte von ihnen enthielt Wasser mit zu hohen Nitratkonzentrationen sowie Beeinträchtigungen durch Krankheitserreger."

(nach: Geographie aktuell 1/1993)

Besonders problematisch ist der Nitratgehalt im Grundwasser, der durch zu starke Düngung mit Gülle oder Mineraldünger zustandekommt. Nitrate können durch den Stoffwechsel im menschlichen Körper zu Nitriten umgebildet werden. Nitrit behindert den Sauerstofftransport des Blutes, was besonders für Säuglinge sehr gefährlich werden kann. Nitrite können im Körper weiter zu Nitrosaminen umgewandelt werden. Diese gelten als krebserregend.

Weitere Gefahren drohen dem Grund- und Trinkwasser durch die Verwendung von Pflanzenbehandlungs- und Schädlingsbekämpfungsmitteln (Pestiziden). Sie dienen zwar einerseits der Ertragssteigerung in der Landwirtschaft, andererseits aber gelangen sie über das Grund- und Trinkwasser oder die Nahrungskette in den menschlichen Körper. Die meisten von ihnen werden relativ schnell abgebaut, ehe sie Schaden anrichten können, einige jedoch – wie z. B. das inzwischen in Deutschland verbotene DDT – können lange Zeiträume überdauern. In Deutschland dürfen 1200 Pflanzenschutzmittel mit über 200 unterschiedlichen Wirkstoffen verwendet werden. Zwar sind die Wirkstoffe im einzelnen überprüft worden, doch niemand weiß genau, wie sie in Kombination wirken und welche Schädlichkeit die Verbindungen besitzen, die aus der Reaktion dieser Wirkstoffe mit anderen Stoffen entstehen können.

Aus diesen Gründen fordert die Vereinigung Deutscher Gewässerschutz (1991):
- Stoffe, die nicht natürlich abbaubar sind, dürfen nicht in den Wasserkreislauf gelangen.
- Für die Zulassung von Pflanzenschutzmitteln muß die Umweltverträglichkeitsprüfung verschärft werden. Sie muß sich am Grenzwert der Trinkwasserverordnung orientieren.

Zum Schutz des Trinkwassers hat der Gesetzgeber den Einzugsbereich von Talsperren und Trinkwassergewinnungsanlagen zu **Wasserschutzgebieten** erklärt. Dort sind alle Tätigkeiten untersagt, die das Wasser gefährden könnten. Entsprechende Schilder und Hinweise sind zur Information angebracht worden.

In Zusammenarbeit mit den Fächern Biologie, Chemie und Physik können eine Reihe von Analysen durchgeführt werden. Du kannst untersuchen: Trinkwasser aus der Leitung, Wasser aus Brunnen (z. B. in Kleingärten), Wasser aus Seen Bächen und Flüssen.

Für Trinkwasser gelten u.a. folgende Grenzwerte (Auszug aus der Trinkwasserverordnung von 1991):

Wassertemperatur:	25 °C.
pH-Wert:	6,5 - 9,5
Eisen:	0,2 mg/l
Mangan:	0,05 mg/l
Nitrat:	50 mg/l
Nitrit:	0,1 mg/l
Chlorid:	250 mg/l

Zum Vergleich: Werte für Dortmund

Wassertemperatur:	11,9 °C.
pH-Wert:	7,7
Eisen:	0,02 mg/l
Mangan:	0,002 mg/l
Nitrat:	20,6 mg/l
Nitrit:	0,02 mg/l
Chlorid:	25,8 mg/l

Mit den in der Analyse ermittelten Werten kannst du die Qualität des untersuchten Wassers beurteilen.

- Begründe aus den Analyseergebnissen von Oberflächenwasser, warum dieses für die Verwendung als Trinkwasser aufbereitet werden muß.
- Wenn du für einen oder mehrere Qualitätsmerkmale ungünstige Werte ermittelt hast, untersuche, welche Verursacher dafür in Frage kommen.

187.1 Wasseranalyse

1. Erläutere die Bedeutung des Wassers für Mensch und Natur (Mat. 186.1, Text).

2. Stelle in einer Tabelle zusammen: Schadstoffe, Trinkwasser, Verursacher/Einleiter, Folgen für den Menschen (Mat. 186.1, Text).

3. Erläutere die Maßnahmen zur Sicherstellung der Trinkwasserversorgung (Text).

4. Stelle zusammen, welche Maßnahmen jeder einzelne ergreifen kann, um das Trinkwasser schonend zu nutzen.

5. Untersuche Wasser nach den in Material 187.1 genannten Gesichtspunkten/Kriterien.

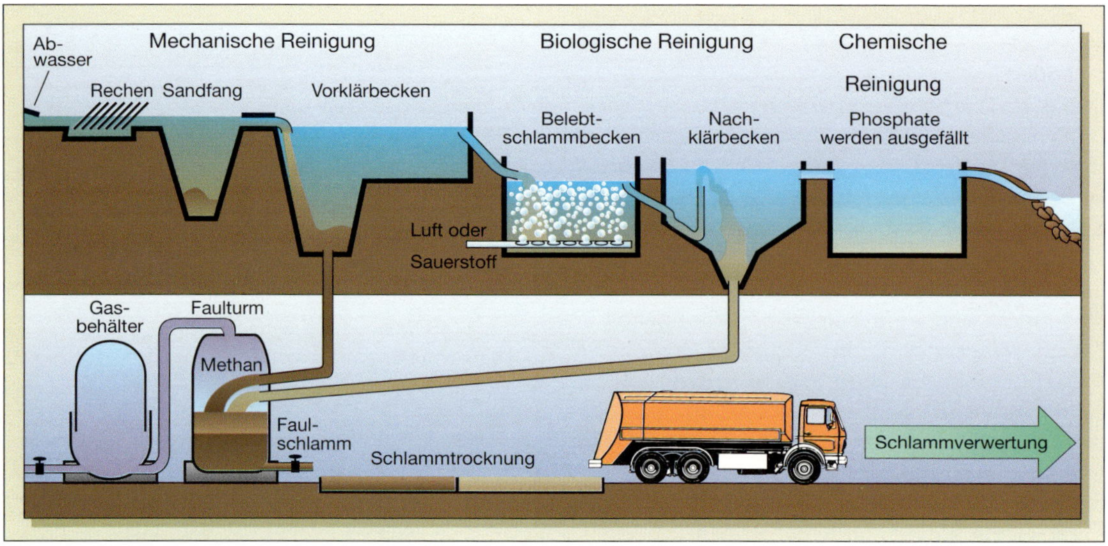

188.1 Funktionsschema einer Kläranlage

3. Wohin mit dem Abwasser?

Auf S. 183 hast du erfahren, daß jede Bürgerin und jeder Bürger im Durchschnitt rund 150 Liter Wasser pro Tag verbraucht. Was heißt „verbrauchen"? Der geringste Teil dieser Menge wird durch Essen und Trinken dem Körper zugeführt, der große Rest geht – mehr oder weniger verschmutzt – in den Abfluß. Wer also Wasser nutzt, wird gleichzeitig zum Abwasserproduzenten. Früher flossen zumeist häusliche Abwässer oftmals unbehandelt in die **Vorfluter.** Als Vorfluter bezeichnet man oberirdische Wasserläufe, in die Abwässer eingeleitet werden und die diese abführen. Solange die Mengen nicht zu groß waren, konnten die Fließgewässer aufgrund ihrer Selbstreinigungskraft die Verschmutzungen und Schadstoffe dieser Abwässer weitgehend abbauen. Die **Selbstreinigungskraft** eines Bachs oder Flusses besteht darin, daß die in ihm lebenden Mikroorganismen mit Hilfe von Sauerstoff in der Lage sind, organische Verunreinigungen abzubauen. Je mehr Abwässer jedoch aufgrund steigender Bevölkerungszahlen und des Aufschwungs der Industrie eingeleitet wurden, desto weniger reichte die Selbstreinigungskraft der Flüsse aus, um mit den Problemen fertigzuwerden. Zusätzlich reduzierten die eingeleiteten Schadstoffe den Sauerstoffgehalt und die Zahl der Mikroorganismen in den Fließgewässern, wodurch die Selbstreinigungskraft erheblich beeinträchtigt wurde. Wir machen uns heute oftmals kaum noch Gedanken darüber, was mit unseren Abwässern passiert. Doch zeigt ein Blick zurück, welche Probleme gerade in Verdichtungsräumen bei der **Abwasserbeseitigung** auftraten:

„Im Zuge der stürmischen Entwicklung des Emschergebietes zu einer zusammenhängenden Stadt- und Industrielandschaft mit 2,4 Mio Einwohnern sind seit der zweiten Hälfte des vorigen Jahrhunderts der kleine Emscherfluß und seine Zuflüsse für die Aufnahme und Ableitung immer größerer Abwassermengen in Anspruch genommen worden. Die dadurch hervorgerufenen und durch Bodensenkungen und Versumpfungen als Folge des Bergbaus noch verschärften Mißstände gipfelten in verheerenden Typhus- und Cholera-Epidemien kurz vor der Jahrhundertwende."

(aus: Emschergenossenschaft: Umgestaltung des Emscher-Systems. Essen 1991)

Auch die Ruhr und die Lippe mußten die Abwässer des Verdichtungsraums Ruhrgebiet aufnehmen und wurden stark verschmutzt. Im trockenen Sommer von 1911 war die Selbstreinigungskraft der Ruhr erschöpft. Der Fluß verkam zu einer stinkenden Kloake. In Mülheim erkrankten über 1500 Menschen an Typhus.

Die 1904 gegründete Emschergenossenschaft – ein Zusammenschluß der Kommunen, der Industrie und des Bergbaus – schaffte Abhilfe, indem

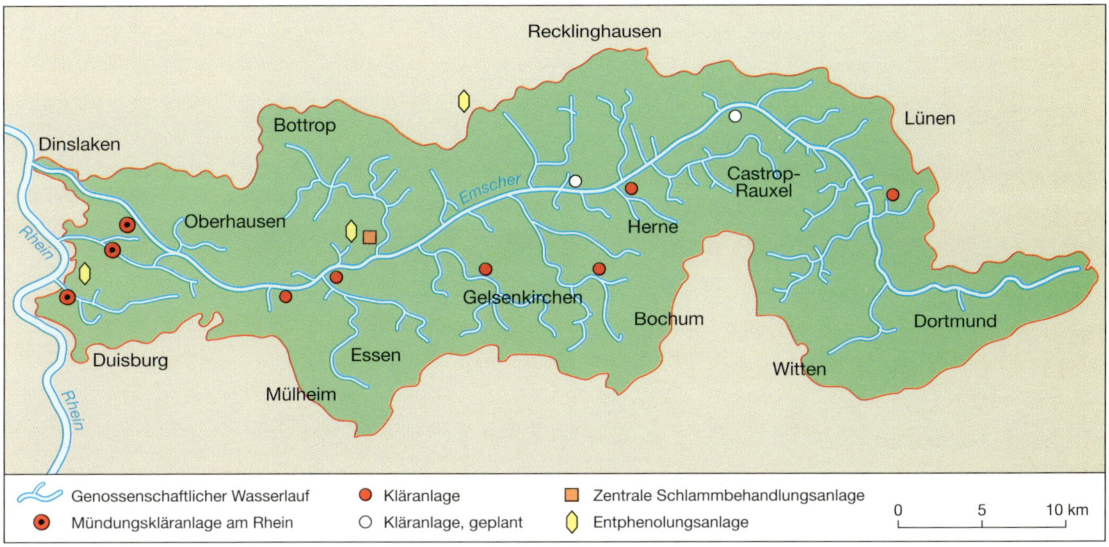

189.1 Abwasserbeseitigung im Gebiet der Emschergenossenschaft

sie zunächst durch Begradigung und technischen Ausbau der Wasserläufe mit fester Auskleidung (Verrohrung oder Betonbett) für einen schnellen Abfluß der Abwässer in den Vorflutern sorgte. Danach wurde das Abwasser gereinigt, was heute in modernen biologischen Klärwerken u. a. an der Mündung der Emscher in den Rhein erfolgt. Das 850 km² umfassende Emschergebiet ist so dicht besiedelt, daß die Emscher und ihre Nebenbäche zu Hauptsammlern eines zusammenhängenden Entwässerungsnetzes geworden sind. Die Genossenschaft unterhält rund 356 km Wasserläufe, die derart ausgebaut sind, daß sie das Abwasser abführen und die großen Regenabflüsse bewältigen können. Die Emschergenossenschaft baute und betreibt damit ein Entwässerungssystem zwischen Dortmund und Duisburg, in das die meisten Wasserläufe als Abwasser-Transportleitungen der Stadtregion einbezogen sind. Mit den technischen und finanziellen Mitteln des beginnenden 20. Jahrhunderts war keine andere Lösung der Regen- und Abwasserleitung zu verwirklichen.

(nach: Emschergenossenschaft, a. a. O.)

1. Begründe die Notwendigkeit, Abwässer aufzubereiten (Text).

2. Erläutere Ziele und Aufgaben der Emschergenossenschaft (Mat. 189.1, Text; vgl. auch S. 184/185).

3. Beschreibe die Funktionsweise einer Kläranlage (Mat. 188.1 und 189.2).

189.2 Klärwerk Emschermündung

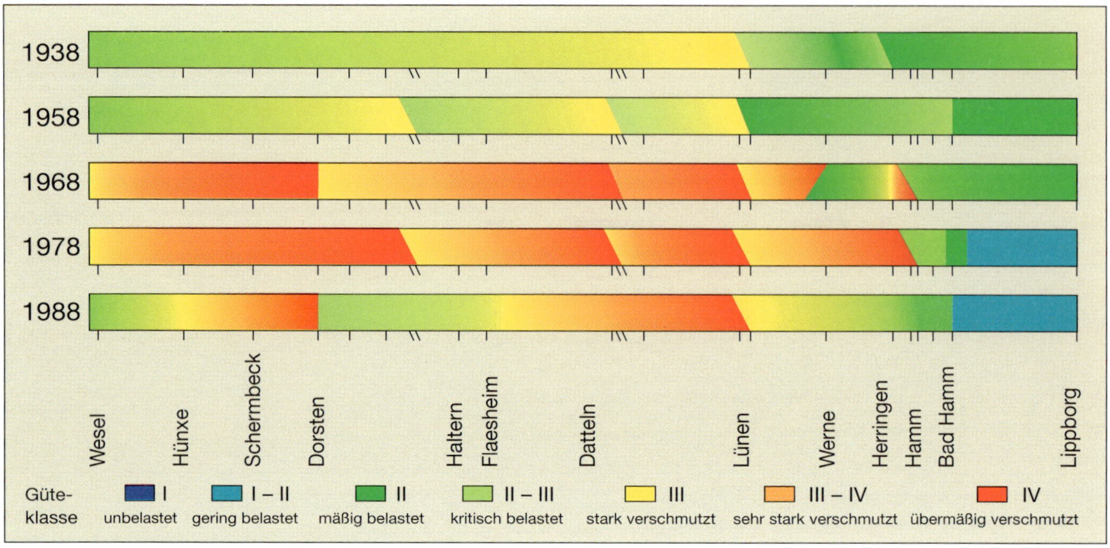

190.1 Schadstoffbelastung der Lippe

Erst mit den technischen Neuerungen und entsprechenden finanziellen Mitteln ist es nach dem Zweiten Weltkrieg gelungen, die Abwasserbehandlung so weit zu verbessern, daß sich allmählich auch eine Verringerung der Schadstoffbelastung der Flüsse im Ruhrgebiet einstellte. Die gesetzliche Grundlage für Maßnahmen der Abwasserbeseitigung und des **Gewässerschutzes** lieferte das **Wasserrecht** des Bundes. Es legt u. a. fest, daß jeder, der Abwasser in ein Gewässer einleiten will, eine behördliche Genehmigung einholen muß. Für die Abwassereinleitung ist eine **Abwasserabgabe** zu zahlen, deren Höhe nach Menge und Schädlichkeit des Abwassers behördlich festgelegt wird. Je höher der Schadstoffgehalt, desto höher die Abwasserabgabe. Damit wird ein finanzieller Anreiz geschaffen, das Abwasser besser zu klären. Mit den Abwasserabgaben finanziert das Land NRW Maßnahmen zum Schutz der Gewässer. In den letzten Jahren ist das Abwasserabgabengesetz mehrfach verändert worden. So wurden die Abwasserabgaben ständig erhöht, vor allem aber zusätzliche Abgaben eingeführt, wenn das Abwasser besonders schädliche Stoffe enthält (z. B. Chrom, Nickel, Blei, Kupfer).

Die gesetzlichen Vorschriften sowie die Abwasserabgaben machten es möglich, im Ruhrgebiet ein dichtes Netz von Kläranlagen einzurichten, das die Abwässer aufbereitet und dafür sorgt, daß die Flüsse immer sauberer werden.

Im Rahmen der „Internationalen Bauausstellung zur ökologischen und ökonomischen Erneuerung des Ruhrgebiets“ (IBA Emscherpark, vgl. S. 46/47) soll u. a. das Emscher-System ökologisch erneuert werden. Dazu werden Kläranlagen ausgebaut und die Emscherzuflüsse zu naturnahen Bachläufen umgestaltet. Dahinter steht die Erkenntnis, daß natürliche Gewässer mit ihren vielfältigen Lebensräumen ein wichtiger Baustein zur Wiederherstellung einer ökologisch intakten Umwelt sind.

Außerdem bedeutet ein renaturiertes und ökologisch intaktes Gewässer eine Bereicherung der Stadtlandschaft und eine Verbesserung des Wohnumfelds. Die damit verbundene Aufwertung der Emscherzone bringt auch ökonomische Vorteile und liefert insgesamt einen Beitrag zum Strukturwandel des Raumes.

4. Erläutere die Entwicklung der Wasserqualität der Lippe (Mat. 190.1).

5. Gib einen Überblick über die Gewässergüte der Ruhrgebietsflüsse und vergleiche mit der Gewässergüte einiger deutscher Flüsse (Mat. 191.1, Atlas).

6. Begründe Zusammenhänge zwischen der Gewässergüte und der Lage von Verdichtungs- und Industrieräumen.

7. Erkundige dich, wie in deinem Wohn- oder Schulort die Abwässer behandelt werden. Benutze für den Besuch einer Kläranlage den Fragebogen 191.2.

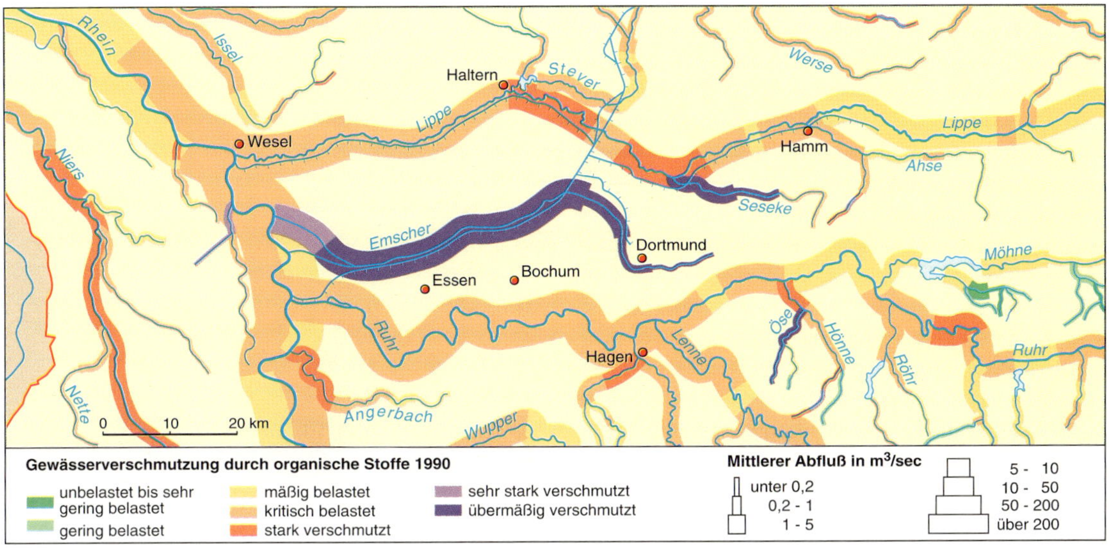

191.1 Gewässergüte im Ruhrgebiet

Kläranlage der Gemeinde/Stadt ....

Welche Abwässer fließen zu ?
Kommunale ☐ Industrielle ☐

Welche Verfahrensschritte werden in der Anlage angewendet?
Mechanisch ☐ Biologisch ☐ Chemisch ☐

Wie hoch ist der Reinigungsgrad? ....

Welche Schadstoffe sind nach dem Verlassen der Kläranlage noch im Wasser?

....

Ist der Vorfluter stark verunreinigt durch
Landwirtschaft ☐
Industrie ☐
mehrere Kläranlagen ☐

Was geschieht mit den Materialien die im Rechen/Sandfang aufgefangen werden?

....

Wie wird der Faulschlamm behandelt?
Faulturm ☐ Trockenbeete ☐
Sonstige Behandlung ☐

Wohin wird der Schlamm geliefert?

....

....

Wozu wird das Gas aus dem Faulturm verwendet?

....

....

Welche Betriebsstörungen sind denkbar?

....

....

Welche Maßnahmen werden zur Behebung ergriffen?

....

....

....

Gibt es Beeinträchtigungen für Anwohner der Kläranlage?

....

....

....

(nach Geers: Wasserversorgung und Abwasserbeseitigung. Köln 1985, S. 139)

191.2 Fragebogen zum Besuch einer Kläranlage

192.1 Dellwiger Bach früher ...

192.2 ... und heute

4. Von der Kloake zum naturnahen Bach – das Projekt Dellwiger Bach

1. Vergleiche die beiden Bilder vom Dellwiger Bach (Mat. 192.1 u. 2).

Seit der Industrialisierung wurden Bäche und Flüsse immer mehr den Interessen der Menschen untergeordnet und entsprechend umgestaltet. Besonders in Industrie- und Verdichtungsräumen mußten sie oft als Abwasserableiter herhalten und wurden verrohrt oder in Betonbetten gezwängt. Dadurch gingen die Wasserläufe vielen Tieren und Pflanzen als Lebensraum verloren. Im Ruhrgebiet sind besonders die Emscher und ihre Zuflüsse von solchen Umbauten betroffen. Wegen ihrer Funktion, die Abwässer von Teilen des Ruhrgebiets aufzunehmen, wird sie auch als „Kloake des Ruhrgebiets" bezeichnet.

Inzwischen hat ein Umdenken eingesetzt: Man hat die Bedeutung der Wasserläufe als wertvolle Biotope erkannt und versucht, sie in ihrer Ursprünglichkeit zu erhalten. Bereits verrohrte oder kanalisierte Wasserläufe sollen, wo dies möglich ist, wieder in einen naturnahen Zustand zurückgeführt – **renaturiert** – werden.

Ein solches Projekt ist der Dellwiger Bach in Dortmund.

Einen schmutzwasserführenden Bach wieder in einen natürlichen Bach zu verwandeln, ist an viele Voraussetzungen gebunden: Auch in Trockenzeiten muß dem Bach eine ausreichende Menge an Quell- und Grundwasser verbleiben. Nicht nur das Schmutzwasser muß in einem Parallelkanal abgeleitet werden, sondern auch ein großer Teil des aus bebauten Gebieten abfließenden Regenwassers, das sonst den Bachlauf verschmutzen würde.

In seinem östlichen Teil soll der Dellwiger Bach aus seiner geraden Trasse wieder dorthin verlegt werden, wo vordem sein Bett war. Durch das flach geneigte Gelände wird er sich mit geringer Einschnittstiefe wieder in zahlreichen Windungen schlängeln. Die Böschungen erhalten wechselnde Neigungen. Den jeweiligen Boden- und Gefälleverhältnissen entsprechend werden sie überwiegend durch Gehölze, vor allem Erlen, aber auch durch Uferstauden gesichert.

(aus einem Informationsblatt der Emschergenossenschaft)

Die Renaturierungsmaßnahmen des 3,5 km langen Bachabschnitts dauerten von 1982 bis 1986 und kosteten 9,5 Millionen DM. Bis heute hat sich wieder eine vielfältige Pflanzen- und Tierwelt eingestellt. Biologische Begleituntersuchungen belegen den Erfolg des Projektes, und inzwischen überlegt man, den renaturierten Bachabschnitt zum Naturschutzgebiet zu erklären.

2. Erläutere den Ablauf des Renaturierungsprojektes Dellwiger Bach (Mat. 192.1 u. 2, Text).

3. Untersucht einen Bachlauf an eurem Schulort mit Hilfe des Erhebungsbogens 193.1.

4. Diskutiert in der Klasse, ob ihr für einen Bachlauf eine Bachpatenschaft übernehmen wollt. Hinweise dazu stehen in Material 193.1.

Beobachtungsbogen für Fließgewässer

Bearbeiter: ....

Fließgewässer: ....

Abschnitt: von .... bis ....

Gewässer:

☐ langsam fließend ☐ schnell fließend

☐ Quelle ☐ Wildbach ☐ Bach

☐ Fluß ☐ Graben

Wassergüte:

☐ Klares Wasser ☐ Durch Abwasser belastet

☐ Durch Kühlwasser belastet

☐ Fischbestand vorhanden

Gewässerzustand:

☐ Natürlich oder naturnah

☐ Ausgebaut oder/und begradigt

Überflutung der Talaue:

☐ erfolgt ☐ erfolgt nicht

☐ wird durch Ausbau verhindert

Bewuchs:

☐ Wasserpflanzen im Gewässer

☐ Röhrichtgesellschaft

☐ Rasen oder Wiese auf der Böschung

Gehölze am Gewässer:

☐ nicht vorhanden

☐ Einzelne Bäume ☐ Baumgruppen

☐ Kronenraum der Bäume geschlossen

☐ Geschlossene Strauchschicht

☐ Altbestand

☐ Natürlicher Nachwuchs

☐ Neupflanzung

Zustand der Ufer:

☐ Natürlich oder naturnah

☐ Künstlich befestigt

Beeinträchtigungen an den Ufern:

☐ Unterspülung ☐ Abbruch

☐ Bis ans Ufer landwirtschaftlich genutzt

(nach: Praxis Geographie, H. 6/91, S. 19)

Bachpatenschaften

Bachpaten sind Menschen, die beschlossen haben, einen Bach in ihrer Umgebung zu betreuen und zu pflegen. Sie wollen Tiere und Pflanzen im und am Bach schützen. Eine Bachpatenschaft fängt bei Untersuchungen des Wassers an und geht bis zu Neubepflanzungen von Uferbereichen.

Im Prinzip kann jeder Bachpate werden. Da es aber viel zu tun gibt, ist es am sinnvollsten, wenn sich mehrere zu einer Gruppe zusammenschließen und die Arbeit untereinander aufteilen. Auch Schulklassen können eine Bachpatenschaft über nehmen. Bachpatenschaften sind allerdings nur sinnvoll, wenn sie für mindestens fünf Jahre über nommen werden.

Am Anfang einer Bachpatenschaft sind einige rechtliche Dinge zu klären:

1. Es muß festgestellt werden, wem der Bach „gehört". Meistens gehört er der Gemeinde oder der Stadt, manchmal aber auch Privatpersonen. Die Gemeinde-/Stadtverwaltung weiß darüber Bescheid.
2. Die Bachpaten sprechen dann mit dem Eigentümer ab, welche Aufgaben sie gerne übernehmen wollen und können.

Sinnvoll ist es, mit dem Eigentümer einen Vertrag abzuschließen, der folgende Punkte festlegt:

- Namen der Bachpaten
- Name und Streckenabschnitt des Bachs
- Ziele der Patenschaft
- geplante Maßnahmen
- Dauer der Patenschaft

Im Vertrag sollte außerdem festgelegt werden, daß die Bachpaten bei ihren Arbeiten versichert sind.

Bei Fragen wendet man sich am besten an das Büro/Amt der Gemeinde, das für Natur- und Um weltschutz zuständig ist.

(nach Mönter, B.: Mittendrin. Ohne Wasser läuft nichts. Wolfgang Mann-Verlag, Berlin 1988)

193.1 Untersuchung und Betreuung eines Fließgewässers

Glossar

Abfallexport: Beseitigung von nicht verwertbaren Stoffen (*Abfall*) durch Ausfuhr (*Export*) in das Ausland. Dieser Weg wird oft bei schwer und teuer zu entsorgenden Stoffen (Sondermüll) gewählt. Hauptabnehmer sind Staaten in Osteuropa und der Dritten Welt, vor 1989 auch die DDR. Hauptexporteur in Westeuropa ist Deutschland. Es nimmt aber auch in geringem Maße Sondermüll aus den westeuropäischen Staaten auf. Hauptmotiv für die Einfuhr der Ware „Müll" ist das Geld, das sich vor allem dann verdienen läßt, wenn die Entsorgung wenig umweltgerecht erledigt wird.

Agrarfabrik: Produktionsbetrieb zur Massentierhaltung. Auf Grund sinkender Preise für landwirtschaftliche Produkte stellten viele bäuerliche Betriebe auf einseitige Tierhaltung, z. B. Schweinezucht, Legehennenhaltung, Rindermast um. Eine solche gewinnbringende Betriebsorganisation vernachlässigt häufig die artgerechte Tierhaltung. Fleisch, Milchprodukte und Eier aus Argrarfabriken sind nicht unbelastet, da beispielsweise nur durch Medikamentenzugabe einer Seuchengefahr vorgebeugt werden kann.

Agrarreform: Grundlegende Neuordnung der Eigentums- und Nutzungsrechte im ländlichen Raum. Wenn nur die Neuordnung des Landeigentums durchgeführt wird, spricht man von Bodenreform. Erst zusätzliche Maßnahmen im sozialen und wirtschaftlichen Bereich sowie der Infrastruktur führen zu einem dauerhaften Wandel der Kulturlandschaft.

Aktivraum: Teilraum innerhalb eines Gesamtraumes, z. B. eines Staates, indem eine überdurchschnittliche wirtschaftliche und soziale Entwicklung vorliegen. Dies trifft auf Regionen mit hoher Industrieansiedlung, großem Dienstleistungsangebot und starkem Bevölkerungswachstum zu.

Altlasten: Im Boden vorhandene Schad- und Giftstoffe, die früher abgelagert wurden (z. B. auf Deponien).

Austauscharme Wetterlage: → Inversionswetterlage

City: Zentrum einer Großstadt mit überwiegenden Handels- und Verwaltungsfunktionen. Häufig ein Teil oder der gesamte Bereich der historischen Altstadt.

Dèpartement: Allgemein wird darunter eine Abteilung oder ein Verwaltungszweig innerhalb der politischen Verwaltung eines Staates verstanden. In Frankreich sind die Dèpartementes die größten regionalen Verwaltungsbezirke (z. Z. 95). An ihrer Spitze steht ein Präfekt, der vom französischen Präsidenten ernannt wird und die Regierung vertritt. Die Dèpartements bildeten sich in Frankreich als Folge der Französischen Revolution. Die Aufteilung in Verwaltungsbezirke berücksichtigte die bevölkerungspolitisch gewachsenen Strukturen der alten Provinzen. Benannt sind sie nach jeweiligen Flüssen, Gebirgen usw. (z. B. Ardennes, Seine et Marne).

Direkte Einkommenshilfe: Maßnahme im Rahmen der europäischen Agrarpolitik, um die Überschüsse aus der Landwirtschaft abzubauen. Ab 1992 wurden die Preise für landwirtschaftliche Produkte, z. B. Getreide, Ölsaaten, Rindfleisch erheblich gesenkt. Als Ausgleich erhalten die Landwirte einen bestimmten Betrag je Hektar bzw. je Tier, wenn sie 15 % ihrer Anbaufläche stillegen bzw. weniger Tiere halten. Ziel dieser Maßnahme ist es, die Lagerberge und Lagerkosten von Nahrungsmitteln in der EU zu senken.

Enarendo-Kultur: Altes Anbauverfahren in der spanischen Landwirtschaft, um einen möglichst frühen Erntetermin von Obst und Gemüse zu erreichen. Bei diesem Verfahren wird zunächst eine Lage Stallmist zur Düngung auf den Boden gebracht. Diese Lage wird mit Sand abgedeckt. Sie wirkt als Wärmespeicher und verhindert das Verdunsten von Wasser.

Entkernung: Maßnahme zur Verbesserung oder Erhaltung von Altbauten.

Euregio: Der Name steht für europäische Region. Diese Regionen werden an den Grenzen der europäischen Staaten gegründet, um neben den unmittelbaren Kontakten der Städte und Gemeinden eine grenzüberschreitende Zusammenarbeit auf regionaler Ebene zu erreichen. 1995 gab es bereits 72 Euregionen.

Flächensanierung: Totalabriß von Gebäuden oder ganzen Baublöcken zur Behebung städtebaulicher Mißstände (→ *Objektsanierung).*

Fonds: bezeichnet eine Geld- oder Vermögensreserve (fonds [frz.] = Grund, Grundstock). Fonds finden sich heute in Bereichen der Wirtschaft, Politik, Kultur usw.
Beispiele: „Europäischer Fonds für regionale Entwicklung" stellt Mittel zur Verbesserung der Infrastruktur zur Verfügung; „Europäischer Sozialfonds" unterstützt Maßnahmen zur Bildung von Arbeitnehmern.

Funktionales Viertel: Stadtteil, in dem vorrangig eine Tätigkeit, Leistung, Aufgabe ausgeübt wird. So führte z. B. während der Industrialisierung die zunehmende Trennung von Arbeiten und Wohnen zur Enstehung von Stadtteilen mit einseitiger Funktion.

Garantiepreis: Zusage im Rahmen der europäischen Agrarpolitik der 60er Jahre, für landwirtschaftliche Erzeugnisse, einen bestimmten Preis unabhängig von der Nachfrage am Markt zu erhalten. Damit sollte den Landwirten ein sicheres Auskommen garantiert werden, was wiederum die Selbstversorgung mit Nahrungsmitteln innerhalb der EG sicherstellen konnte. Dies führte zu einer Überschußwirtschaft (→ *Direkte Einkommenshilfe).*

Handelsdefizit: Hat ein Staat gegenüber dem Ausland, wenn sich durch die Handelsbeziehungen Schulden ergeben haben. Der gesamte Handelsverkehr, d. h., Einfuhr und Ausfuhr von Sachgütern, Dienstleistungen und unentgeltlichen Leistungen wie z. B. Zahlungen an die EU wird jährlich wertmäßig in der sog. Leistungsbilanz erfaßt. Import und Export werden verglichen. Ist der Wert des Imports höher als der des Exports, so spricht man von negativer Leistungsbilanz oder auch von einem Handelsdefizit.

Inversionswetterlage: Wetterlage, in der die Aufwärtsbewegung der Luft durch eine Luftmassengrenze in der Atmosphäre verhindert wird. Möglich wird eine solche Situation durch eine Luftschicht, deren Temperatur mit zunehmender Höhe nicht abnimmt, sondern zunimmt (Inversion). Eine solche austauscharme Wetterlage kann zum gesundheitsgefährdenden Smog führen.

Lohnstückkosten: Arbeitskosten pro Produktionseinheit (pro Stück).

Lomé-Abkommen: Handelsabkommen zwischen der EU und den sog. AKP-Staaten(Afrika, Karibik und Pazifik-Staaten), das 1975 in Lomé, Hauptstadt von Togo, geschlossen wurde. Darin wurde den AKP-Staaten der zollfreie Zugang ihrer Produkte zum Europäischen Markt gesichert, soweit diese keinen Wirtschaftsbereich der EU gefährden. Weiter wurde ein → *Fonds* gegründet, um diesen Ländern stabile Rohstoffpreise garantieren zu können.

Mezzogiorno: Italienisches Wort mit mehreren Bedeutungen (mittags 12 Uhr, Süden, Süditalien). Der Mezzogiorno beginnt südlich der Regionen Latium und Umbrien. Er umfaßt 41 % der Fläche Italiens mit 35 % der Bevölkerung. Dort wird aber nur 24 % des italienischen Bruttosozialprodukts erwirtschaftet. Der Raum ist weitgehend von Armut geprägt.

Milchquote: Milchmenge, die ein Landwirt in der EU zu einem fest garantierten Preis verkaufen kann. Um die „Milchseen" innerhalb der EU zu verkleinern, wurde ab 1984 diese Quotenregelung eingeführt. Sie stellte sich als unzureichend heraus. Schrittweise ist eine weitere Senkung um je zwei Prozent, bei Butter um fünf Prozent vorgesehen (→ *Direkte Einkommenshilfe*).

Montanindustrie: Gesamtheit von Unternehmen, die der Eisen- und Stahlindustrie oder dem Bergbau angehören.

Objektsanierung: Maßnahmen zur Verbesserung und Instandsetzung von Einzelgebäuden (→ *Flächensanierung).*

Ökologischer Landbau: hat das Ziel,Umwelt und Natur bei der Bewirtschaftung der Böden zu schonen. Ökologisch bewirtschaftete Betriebe unterscheiden sich von den konventionell bewirtschafteten z. B. durch vielseitigere Bodennutzung, geringenen Viehbestand, geringeren Einsatz von Pflanzenschutz- und Düngemitteln, höhere Lohnkosten, höhere Erzeugerpreise.

Offshore: Flachmeerbereich bis maximal 200 m Tiefe vor der Festlandsküste. Der Begriff wird hauptsächlich im Zusammenhang mit der Förderung von Erdöl und Erdgas verwendet.

Ozon-Smog: Andere Bezeichnung für Sommersmog. Durch intensive Sonneneinstrahlung wandeln sich gasförmige Schadstoffe in giftiges Ozon um. Bei austauscharmer Wetterlage (→ *Inversionswetterlage)* werden die bodennahen Luftschichten mit Ozon angereichert. Die Belastung durch das Ozon ist am Nachmittag am höchsten. Nachts wird das Ozon weitgehend wieder abgebaut.

Ozonloch: Deutliche Abnahme des Ozongehaltes in der → *Ozonschicht,* das erstmals an den Polen festgestellt wurde. Da Ozon mit Hilfe von UV-Strahlen aus Sauerstoff gebildet wird, ist dieser Prozess durch die Winterzeit an den Polen lange unterbrochen. Die durch Fluor-Chlor-Kohlenwasserstoffe (FCKW) angegriffene Ozonschicht kann sich somit erst im Sommerhalbjahr teilweise wieder aufbauen.

Ozonschicht: Konzentration des Gases Ozon in der Stratosphäre (20–40 km Höhe). Sie absorbiert die für Lebewesen gefährlichen ultravioletten Strahlen.

Pestizide: Sammelbezeichnung für chemische Schädlingsbekämpfungsmittel, die zum Schutze landwirtschaftlicher Erzeugnisse eingesetzt werden, die aber auch das Grundwasser belasten.

Planwirtschaft: Wirtschaftssystem der sozialistischen Staaten, im Unterschied zur *Marktwirtschaft* auch Zentralverwaltungswirtschaft genannt. Der Staat als Eigentümer der Produktionsfaktoren (Boden, Kapital, Arbeit) lenkt durch einen zentralen, für einen bestimmten Zeitraum aufgestellten Plan (z. B. *Fünfjahresplan)* die gesamte Produktion, die Güterverteilung sowie die Preise und Löhne.

Raumplanung: Faßt Landesplanung, Regionalplanung, Orts- bzw. Stadtplanung zusammen und liegt in Deutschland im Zuständigkeitsbereich der Länder und Gemeinden. Es geht bei der Raumplanung darum, die räumliche Ordung von z. B. Wohnstätten, Verkehrswegen, Wirtschaftseinrichtungen zu planen und durchzuführen.

Renaturierung: Zurückführung in den naturnahen Zustand. Diese Maßnahme führt man z. B. bei begradigten Flußläufen durch und erreicht dadurch neuen Lebensraum für Tiere und Pflanzen.

Saurer Regen: Folge der Luftverschmutzung. Schwefeldioxid und Stickstoffoxide werden in der Atmosphäre zu Schwefelsäure und Salpetersäure umgewandelt. Diese Säuren gelangen zusammen mit anderen schädlichen Verbindungen als saurer Regen wieder zur Erde zurück. Hier richten sie Schäden an Gebäuden an, belasten Wasser, Boden und Pflanzen. Auch an vielen Waldschäden ist nach Meinung einiger Wissenschaftler der „saure Regen" schuld (→ *Waldsterben).*

Smog: Gebildet aus dem engl. smoke = Rauch und fog = Nebel. Man versteht darunter eine Konzentration von Schadstoffen in der Luft. Damit es zu einer solchen Konzentration kommen kann, ist eine → *Inversionswetterlage* notwendig.

Standortfaktoren: Alle Faktoren, die ein Unternehmen veranlassen, sich an genau diesem Standort niederzulassen, da sie den Unternehmenserfolg maßgeblich beeinflussen. Diese können sein: Verkehrswege, Arbeitskräfte, Lohnniveau, steuerliche Belastung, vorhandene Energiequellen, Umweltauflagen, Nähe zu Absatzmärkten, usw.

Strukturfonds: Finanzmittel für die → *Strukturpolitik* der EU. Damit sollen Unterschiede im Entwicklungsstand der verschiedenen Regionen und der am stärksten benachteiligten Gebiete verringert werden. Gefördert werden vor allem: Gebiete mit Entwicklungsrückstand, Regionen mit rückläufiger industrieller Entwicklung, Maßnahmen zur Bekämpfung der Langzeitarbeitslosigkeit, Maßnahmen zur Anpassung der Agrarstrukturen und zur Entwicklung des ländlichen Raumes.

Strukturpolitik: Maßnahmen der Wirtschaftspolitik, die kurzfristig in Wirtschaftsabläufe eingreifen, um Engpässe bei Unternehmen, in Regionen oder Wirtschaftssektoren auszugleichen und strukturelle Anpassungen zu erleichtern. Strukturpolitik der EU z. B. will verstärkt solche Regionen fördern, die wirtschaftlich unterentwickelt sind. Finanzmittel der EU-Strukturpolitik werden dem → *Strukturfonds* entnommen.

Stukturwandel: Veränderung der Wirschaftsstruktur eines Landes oder einer Region in einer mittleren Zeitspanne. Einflüsse auf den Strukturwandel können neue Produkte, der internationale Wettbewerb, neue Produktionstechniken usw. haben. → *Strukturpolitik* versucht, Fehlentwicklungen im Zusammenhang mit Strukturwandel zu vermeiden oder sozial verträglich zu gestalten.

Treibhauseffekt: Klimaerwärmung auf Grund von natürlichen Spurengasen in der Atmosphäre. Die kurzwelligen Sonnenstrahlen passieren zunächst ungehindert die Luftschicht bis auf den Erdboden. Von dort reflektieren sie als Wärmestrahlen in die Atmosphäre zurück. Da die Spurengase, die einen großen Teil der Wärmestrahlen zurückhalten, wie Glasscheiben eines Treibhauses wirken, spricht man hier von dem natürlichen Treibhauseffekt. Da die Spurengase durch den wirtschaftenden Menschen zunehmen, kommt es zu einer zusätzlichen Erwärmung, dem künstlichen Treibhauseffekt.

Überdüngung: Übersättigung an Nährstoffen, z. B. durch Düngemittel und → *Pestizide.* Die im Wasser gelösten Nährstoffe ermöglichen es den pflanzlichen Meeresorganismen, den Algen, sich explosionsartig zu vermehren. Fische können in den Algenmassen ersticken. Sterben die Algen ab, werden sie von Bakterien zersetzt, was zu Sauerstoffmangel im Meeresbodenbereich führt.

Uferfiltrat: Flußwasser, das in die Kies- und Sandschichten im Uferbereich eingesickert ist. Uferfiltrat wird zur Trinkwassergewinnung dem ggf. nicht ausreichenden Grundwasser hinzugefügt.

Verdichtungsraum: Ein Raum, in dem eine Konzentration von Einwohnern, Arbeitsplätzen mit entsprechender Bebauung und Infrastruktur vorliegt. Gleichbedeutend ist der Begriff Ballungsgebiet.

Viertelsbildung: Bildung von funktionalen Vierteln in der Stadt, z. B. Wohnviertel, Geschäfts- und Verwaltungsviertel, Gewerbe- bzw. Industrieviertel.

Villes Nouvelles: Neu errichtete Städte, die in der Region Paris außerhalb des → *Verdichtungsraumes* entstanden und in der Endphase um das Jahr 2000 etwa 200 000 bis 300 000 Einwohner beherbergen sollen. Diese Städte bieten neben attraktiv gestalteten Wohnvierteln auch Arbeitsplätze und sämtliche Einrichtungen der Bildung, Kultur und Freizeit an. Mit den Villes Nouvelles soll eine Entlastung für Paris erreicht werden.

Vorfluter: Ein Becken oder Gewässer (meist Bach, Fluß oder See), das zufließendes Wasser sammelt. Der Vorfluter ist wichtig bei der Abwasserreinigung, da die *Selbstreinigungskraft* fließender Gewässer geringe Mengen verunreinigter Abwässer klären kann. Daher müssen bei allen wasserbaulichen Maßnahmen die Wirkungen auf den Vorfluter (Wassermangel, Wasserstau, Hebung des Wasserspiegels u. ä.) berücksichtigt werden.

Währungssystem: Auch Währungsordnung genannt, bezeichnet die gesetzliche Ordnung des Geldwesens eines Staates. Dazu gehören Regelungen des Geld- und Zahlungsverkehrs im Inland und mit fremden Ländern sowie die Organisation der internationalen Währungsbeziehungen. 1979 wurde das Europäische Währungssystem (EWS) eingeführt, in dem der ECU als rechnerische Währungseinheit verwendet wird. Der Name der zukünftigen Währungseinheit in Europa wird „Euro“ sein.

Waldsterben: Großflächige Schädigung von Baumbeständen bis hin zum völligen Absterben. Die Ursachen sind vielfältig und schwer zu gewichten. Als Sicher gilt, daß die Luftverunreinigungen und der saure Regen, aber auch Pilzbefall, Insekten, Dürre, Wildschäden usw. dazu beitragen. In Europa ist ein Viertel des Waldes krank. Nadelbäume sind stärker betroffen als Laubbäume.

Wasserrecht: Gesetzliche Grundlage für Abwasserbeseitigung und Gewässerschutz. Es legt z. B. fest, daß für die Einleitung von Abwasser in ein Gewässer eine behördliche Genehmigung einzuholen ist. Nach der Belastung des Abwassers mit Schadstoffen und der Menge richtet sich die Abwasserabgabe, die zu zahlen ist.

Zentralität: Eigenschaft eines Standortes, funktionaler Mittelpunkt eines Raumes zu sein.

Register

Bildquellen

Action Press, Hamburg: 10.2
Aerocamera, Rotterdamm: 25.3
Bach, Grünwald: 37.1, 126.1, 129.1
Bavaria, Mittenwald: 3.3, 6.1 (TCL), 117.2 (French)
Centro, Oberhausen: 49.1
Cramm, Langenhagen: 28.3, 28.4
Damm, Verkehrsamt Köln: 109.1, 113.1
Deutsche Luftbild, Hamburg: 122.1, 185.2
dpa, Frankfurt: 5.1, 83.1, 100.2
Emschergenossenschaft, Essen: 192.1, 192.2
GEO, Hamburg: 34.1
Gerber, Leipzig: 22.1, 23.1, 30.9, 57.1
Gerke, Mahlberg: 28.2
Heinze – von Hippel, Garmisch-Partenkirchen: 109.2
IFA, Taufkirchen: 4.1 (Kohlhas), 12.2 (v. Stroheim), 31.2 (Hollokö), 32.2 (Amthor), 64.1(2) (Fiedler), 107.1 (Everts), 174.1 (Schösser), 174.3 (Comnet)
IMA, Hannover (agrar-press): 14.1, 15.1, 18.1
Interfoto, München: 3.2
Jäger, Satteldorf: 100.1
Jürgens Ost + Europa Foto, Berlin: 13.1
Kalkstein, Langenhagen: 112.1, 180.1
Konopka, Schwerte: 155.1
KVR-Bildflug, Essen: 106.2, 189.2
Lade, Frankfurt: 84.1, 88.1, 156.1
Lichtblick, Berlin: 134.1
Mauritius, Mittenwald: 84.2, 106.1 (Curtis), 114.1 (Cash), 126.2 (Torino), 140.1 (Rawi), 140.2 (Pietzer), 160.1 (Mehlig)
Mittag, Borken: 70.2
Neumann, Grevenbroich: 85.1, 85.2
Pini, Königslutter: 10.1
Pröpper, Lübeck: 124.1, 124.2
Reko, Sachsenheim: 151.1
Rother, Passau: 12.1, 66.1, 67.1, 67.2, 68.2, 69.2
Stadtarchiv Oberhausen: 48.1
Stadtverwaltung Dinxperlo: 72.1
Stone, München: 78.3
Transglobe Agency: 59.1, 60.1
Verlagsarchiv: 90.1, 90.3
Verkehrsamt Köln: 109.1 (Gaertner), 109.2 (Barten), 113.1 (Damm)
Visum, Hamburg: 50.1 (Lange)
Vogelsang, Castrop-Rauxel: 49.2
Zefa: 164.1 (Eugen)

Strukturdaten ausgewählter Staaten Europas

	Fläche (in 1000 km²)	Bevölkerung (in Mio Mitte 1993)	Jährl. Bevölkerungswachstum (1985-1993 in %)	Säuglingssterblichkeit (in ‰ 1993)	Zahl der Grundschüler (in % der Altersgruppe 1992)	Einwohner je Arzt (1993)	BSP pro Kopf (1993 in US-$)	Jährliches BSP (Pro-Kopf- Zuwachs
Albanien	29	3,4	1,8	29	101	574	340	-3
Belgien	31	10,0	0,3	6	99	310	23 650	1
Bulgarien	111	8,9	-0,8	14	90	320	1 140	0
Dänemark	43	5,2	0,2	7	95	390	26 730	2,
Deutschland	357	81,3	0,6	6	107	370	23 560	2,
Estland	45	1,6	0,1	16	85	260	3 080	-2,
Finnland	338	5,1	0,4	5	100	410	19 300	1,
Frankreich	544	57,5	0,6	7	106	350	22 490	1
Griechenland	132	10,4	0,5	10	97	580	7 390	0
Großbritannien	242	57,9	0,3	7	104	611	18 060	2
Irland	70	3,5	0,0	7	103	630	13 000	3,
Island	103	0,3	1,2	5	100	355	24 950	1
Italien	301	57,1	0,2	8	95	210	19 840	2
Lettland	65	2,6	0,1	14	99	280	2 010	-0,
Litauen	65	3,7	0,7	13	92	230	1 320	-2,
Luxemburg	2,6	0,4	0,3	8	100	469	37 320	2,
Moldau	34	4,4	0,5	25	94	250	1 060	-2,
Niederlande	42	15,3	0,7	8	98	410	20 950	1
Norwegen	324	4,3	0,5	8	99	305	25 970	2
Österreich	84	7,9	0,7	6	103	230	23 510	2
Polen	313	38,3	0,4	15	98	450	2 260	0,
Portugal	92	9,8	-0,6	10	120	490	9 130	3,
Rumänien	238	22,8	0,0	29	88	540	1 140	-2,
Rußland	17 075	148,7	0,4	21	98	220	2 340	-1,
Schweden	450	8,7	0,6	5	101	370	24 740	1,
Schweiz	41	7,0	1,0	6	105	630	35 760	1
Slowakei	49	5,3	0,4	12	100	290	1 950	-2,
Slowenien	20	1,9	0,6	8	99	496	6 490	
Spanien	505	39,5	0,2	9	107	280	13 590	2,
Tschechische Republik	79	10,3	0,0	9	95	270	2 710	2
Türkei	779	59,6	2,1	62	112	980	2 970	2
Ungarn	93	10,2	- 0,5	17	89	340	3 350	1
Weißrußland	208	10,2	0,4	16	87	230	2 870	2
zum Vergleich:								
Brasilien	8 512	156,4	1,9	57	106	685	2 930	0,
Indien	3 287	898,2	2,1	80	102	2 460	300	3,
Japan	378	124,5	0,4	4	102	610	31 490	3,
Mali	1 240	10,1	2,8	157	25	21 180	270	-1,
USA	9 529	257,8	0,9	9	104	420	24 740	1,